中国料理と近現代日本
食と嗜好の文化交流史

岩間一弘 編著
IWAMA Kazuhiro

慶應義塾大学出版会

目　次

序　章　日本の中国料理はどこから来たのか　　　　　　　　　　岩間一弘　1
   1　帝国日本の中国料理　1
   2　第二次世界大戦後の中国料理　7
   3　日中国交正常化から現在まで　14
   4　本論集の概要　19

第Ⅰ部　近現代日本の中国料理

第1章　戦前期日本の「支那料理」
      ── 家庭での受容と「支那料理店」をめぐる状況　　　川島真　37
  はじめに　37
   1　明治期の支那料理 ── 評価の転換　38
   2　家庭の料理としての支那料理 ──『主婦之友』等を手掛かりとして　44
  おわりに　49

第2章　日本における中国料理の受容：歴史篇
      ── 明治〜昭和30年代の東京を中心に　　　　　　　草野美保　55
  はじめに　55
   1　黎明期 ── 幕末〜1898（明治31）年　55
   2　揺籃期 ── 1899（明治32）年〜1909（明治42）年　57
   3　確立期 ── 1910（明治43）年〜関東大震災：1923（大正12年）　58
   4　発展期 ── 1924〜29（大正13〜昭和4）年,
       　及び全盛期 ── 1930〜37（昭和5〜12）年　60
   5　低迷期 ── 1938（昭和13）年〜終戦：1945（昭和20）年　68
   6　復興期 ── 終戦〜1955-64年（昭和30年代）　69
  おわりに　71

i

第3章　日本における中国料理の受容：料理篇
　　　　── 明治〜昭和30年代の東京を中心に　　　　　　　　草野美保　77
　　はじめに ── 日本の定番中国料理　77
　　1　豚肉の生産　78
　　2　豚肉料理　80
　　3　〔芙蓉蟹〕から〔かにたま〕へ　86
　　4　〔八宝菜〕〔チャプスイ〕そして〔中華井〕　88
　　5　各種麺類　90
　　6　〔春巻／春捲〕　92
　　7　デザート類　93
　　おわりに　95

第4章　日本の華僑社会におけるいくつかの中国料理定着の流れ
　　　　── 神戸・大阪を中心として　　　　　　　　　　　　陳來幸　101
　　はじめに　101
　　1　幕末の開港から40年　102
　　2　20世紀前半の50年　104
　　3　戦後の50年　110
　　おわりに　113

第5章　京都の中国料理 ── 伝統の創造と料理の帰属　　　岩間一弘　121
　　はじめに　121
　　1　京都における老舗中国料理店の系譜　123
　　2　京都の北京料理　129
　　3　京料理としての中国料理　138
　　おわりに　142

第6章　熊本の「郷土料理」としての中国料理「太平燕」から考える
　　　　── 素材と文脈，文化を「囲い込む」こと，開くこと　田村和彦　149
　　はじめに　149
　　1　中国料理としての太平燕／熊本の中国料理としての太平燕　150
　　2　中国の太平燕 ── その素材と料理の文脈依存性について　152
　　3　熊本の「当たり前」から全国に誇る「郷土料理」へ　158
　　おわりに　163

第7章　日本における中国料理の料理人の現地化と業界団体の変化

陳嘉適　169

はじめに　169

1　日本における中国料理系外食産業の発展　170

2　日本における中国料理業界の現地化と業界団体の変化　173

おわりに　184

第Ⅱ部　越境する中国料理

第8章　料理人と料理教育者 —— 台湾が日本に輸出した「中国料理」：
1945年から1970年を中心に　　　　陳玉箴（持田洋平 訳）　193

はじめに　193

1　料理人の移動 ——「華僑」と国外に派遣された料理人たち　194

2　料理教育者 —— 辛永清と傅培梅　197

おわりに　203

第9章　チャジャン麺ロード —— 20世紀東北アジア，チャジャン麺流浪の旅

周永河（丁田隆 訳）　205

はじめに —— 1990年代半ばの北京，チャジャン麺の失踪　205

1　1930年代，韓国の山東風チャジャン麺　206

2　1950年代後半，アメリカの小麦供給と韓国風チャジャン麺の大衆化　208

3　2000年代まで受け継がれた長崎のチャジャン麺　214

4　2000年代の中国大陸，炸醬麺の再生　217

おわりに　220

第10章　朝鮮半島における「中国料理」の段階的受容
—— 分断後の韓国までを視野に　　　　　　　林史樹　225

はじめに　225

1　近現代の朝鮮半島にみられる中国料理の浸透と定着　226

2　朝鮮時代から近現代への連続性
—— 朝鮮時代の料理にみられる中国式粉食　230

3　「中国料理」の段階的受容　233

おわりに　236

第11章　グローバル政治におけるディアスポラ汎中国料理の創出

呉燕和（大道寺慶子 訳）　243

はじめに　243

1　ホノルルの「秋葉」の事例　250

2　ニューオーリンズの「福園」　254

おわりに　257

第12章　中国語教育と中国の「食文化」に関する考察
　　　　——中国語テキストにおける事例を中心に　　　　浅野雅樹　265

はじめに　265

1　語学教育における文化的な要素の導入について　266

2　「中国語教育」と「中国食文化」の関係性　268

3　中国語テキストにおける「食文化」に関する語彙　271

4　中国語教育ガイドラインと〝課文〟「テキスト本文」の整合性について　273

おわりに　278

第Ⅲ部　中国料理の文化と政治

第13章　「中国料理」はいつ生まれたのか
　　　　——『申報』に見える料理の語彙の分析を通して　　西澤治彦　285

はじめに　285

1　中国料理の総称としての
　　「唐菜」「中国菜」「華菜」「中餐」などの語彙　286

2　外国料理の総称としての
　　「番菜」「外国菜」「西菜」「洋飯」「西餐」などの語彙　290

3　考察　292

おわりに　301

第14章　1920-30年代における上海の調味料製造業と市場競争
　　　　—— 中国の味精と日本の味の素に着目して

李培徳（湯川真樹江 訳）　305

はじめに —— 語り継がれる市場競争　305

1　味の素と味精の出会い　307

2　味精と味の素の競争 —— 盗用，模倣，それとも借用か　310

iv

3　上海調味料市場の競争　316
おわりに　319

第15章　太平洋戦争下の食と健康
── 中国の日本人俘虜は何を食べていたのか　　　貴志俊彦　323
はじめに　323
1　収容所環境の変化と俘虜の食事　324
2　1945年，収容所環境の悪化　330
3　俘虜をめぐる戦後直後の変化　333
おわりに　335

第16章　北京老字号飲食店の興亡 ── 全聚徳を例にして
　　　　　　　　　　　　　　　　　　　　　　　山本英史　339
はじめに　339
1　創業・発展・戦争　340
2　人民中国と全聚徳　344
おわりに　350

後　記　357
執筆者・翻訳者紹介　379

付録
資料①　東京(都心)有名中国料理店地図　　　　　　362
資料②　中国料理関連文献目録（Web 公開）　草野美保　373

序章

日本の中国料理はどこから来たのか

岩間一弘

我が中国の近代文明の進化は，ことごとくみな人に先を越されて後れをとっているが，ただ一つ飲食の進歩だけは，今に至るまでまだ文明各国が中国に及ばない（孫文，1918 年）[1]。

中国人は，古代，偉大な文明をおこした民族だが，19 世紀になると，世界へのもっとも大きな貢献は，中華料理をすみずみまでひろげたことにあるだろう（司馬遼太郎，1991 年）[2]。

1 帝国日本の中国料理

偕楽園・四海楼・維新號・漢陽楼

　近代日本における最初期の代表的な中国料理店として，東京・日本橋の「偕楽園」（1883-1943 年）がある。偕楽園は，もともとは中国料理を通じた日中親善のためのクラブとして[3]，渋沢栄一・大倉喜八郎・浅野總一郎などの財閥創始者が出資して創業された。偕楽園には，中国公使の黎庶昌が北京料理の料理番を連れてきたり，その後に上海・寧波系の料理人が入ったりした[4]。とはいえ，元・長崎通辞（中国語通訳）の陽其二などおもに長崎出身者が発起人となり，長崎出身の政治家・伊東己代治が支援していたこともあって，偕楽園の早期の献立は，江戸時代に長崎から京都・大阪・江戸に伝わって一時流行した和華蘭折衷の卓袱料理の影響が強いものであった。それは当時の多くの料理書でも紹介されているので，明治期の中国料理が江戸時代の卓袱料理の延長上で親しまれていたことがわかる[5]。

　1894 年，朝鮮半島をめぐって対立を深めた日本と清国が開戦した当時，長崎には 600 人ほどの華人[6]がいたが，その半数以上が本国へ引き揚げた。日本に居

残った華人は，蔑視にさらされながらも商売を続けた。1892 年に「蝙蝠傘一本」を持って長崎に来て反物の行商していた陳平順（1873-1939 年）は，1899 年に「四海楼」を開店した[7]。四海楼が開業した広馬場は中国料理店の集中区で，海楼と称する店が「一海楼」から「八海楼」まで 8 軒できたが，四海楼（現在は松が枝町に移転）はその唯一の名残である[8]。開業当初の四海楼は，旅館も兼営して，「清国料理」のほかにも「各国料理」すなわち簡単な日本料理や西洋料理も出す店であり[9]，併設されたカフェーは白いエプロン姿の女給が働く長崎では草分け的な存在であった[10]。1899 年まであった外国人居留地には西洋人が住み，彼らが中国人コックを雇っていたので，日本では 20 世紀初頭まで，中国料理店が西洋料理を出すことや，中国人コックが西洋料理を作ることがなんら不思議ではなかった[11]。

そして，長崎ちゃんぽんの発祥をめぐっては諸説あるが[12]，もともとは四海楼のまかない料理で，福建の郷土料理「湯肉絲麺」を改良した「支那饂飩」であるとする説が有名である。ちゃんぽんのスープは，鶏ガラスープに豚骨を入れて炊き上げるのでコクと栄養価が増し，麺は小麦粉に唐灰汁を入れるので独自の風味とコシが生まれる。陳平順は，長崎近海のエビ・イカなどの魚介類，長崎でとれたモヤシ，当時はまだ珍しいキャベツなどを用いて，故郷の麺料理を現地化した。1905 年頃までに登場した「ちゃんぽん」という名称は，「吃飯」（ご飯を食べる）の福建語の発音「シャポン（セッポン）」に由来するという説がある。さらに陳平順は，同じく福建の細切肉入り焼きそば（「炒肉絲麺」）から「皿うどん」を開発したという[13]。

ところで，日清戦争後に始まった中国人青年による歴史的な規模の日本留学（「東遊」）ブームは，日露戦争及び科挙廃止（1905 年）の後にピークに達して，大学の多い東京の神田・神保町付近に日本最古の中国人留学生街を形成させた。そこで最盛期にはおよそ 140 店にも及んだ中国料理店で出されたのは，上海・北京周辺の留学生が多かったからか，寧波料理と山東料理が中心であったという[14]。その後，中国人留学生の減少にともなって，神田・神保町界隈の中国料理店の顧客は日本人が中心になっていく。例えば，1899 年創業の「維新號」は，日中戦争後に銀座に移転して現存しているし，1911 年創業の「漢陽楼」などは，日本留学中の周恩来がお気に入りだった「獅子頭」（大きな豚肉団子）を今でも出している。

日本における専門の中国料理書の刊行は，江戸時代の 1861 年に『新編異国料理』（又玄斎南可画・著）が出されてから，1909（明治 42）年に『日本の家庭に応用したる支那料理法』（柴田波三郎・津川千代子著，日本家庭研究会）が刊行される

まで，半世紀近くも途絶えていた[15]。1908年の時点で山方石之助（香峰）は，洋食であれば日本人の著述がすでに10数種類あるのに，中国料理に関しては1冊もない理由として，日本人が西洋の文物を吸収するのに努めた結果，中国が日本に学ぶべきものが多く，日本が中国に学ぶべきものが少ないと考えるようになったこと，そして日清戦争以降に日本人が中国を侮蔑する観念を持つようになったことを挙げている[16]。

　この当時はまだ，中国食文化の中心地は，北京であった。北京の料理店は清末民国初年に最盛期を迎え，軍人・政治家の接待にも利用されて繁盛したが，政治の中心が南方に移ると不景気になった。それゆえ，北京において今日まで商号が残る有名老舗料理店は，清代末期の創業がほとんどである。北京に代わって民国期に「食の都」ともいうべき中心的な地位に上昇したのが，上海であった。同時代の広州も要所であったが，近代日本には主として上海経由で新たな中国料理を受容することになる。

　往時の北京と同じく，民国期の上海もまた中国各地の料理が寄せ集まって同化する過程にあった。それゆえ日本では，上海で流行した広東・福建・北京料理などが，厳密な区別もないまま広まることになった。東京ではとりわけ関東大震災の後から「支那料理屋」が増えたが，上海から来る料理人が多くなるにつれて，中国料理といえば「上海流が全体の七八割」を占め「何も彼もが上海風」[17]になったという。老舗の偕楽園の主人も，両大戦間期の上海で中国と日本の中国料理のちがいを自覚し，卓袱風を改めて上海風の料理を出すことによって時代遅れになることを避けていた[18]。

回転テーブルの普及

　この頃の日本の中国料理店で使われるようになった重要な器具に，回転テーブルがある。大正期に芝浦で日本料理・北京料理などを出す高級料亭「雅叙園」を創業した細川力蔵は，1931年に目黒にも雅叙園を開店するのにあわせて，「席に座ったまま料理をとりわけ，次の人に譲る」ことができる回転テーブルを考案した。それが日本で現存最古の回転テーブルとして，現在でも修復されて使われている[19]。ただし，目黒雅叙園が中国料理に使われる回転テーブルの発祥地であると日本ではいわれることもあるが，正確ではない。そもそも，フードジャーナリストの先駆けであった松崎天民が，雅叙園の「第1号の回転テーブル」が製作されたとされる1931年末–32年よりも以前に，日本橋の京蘇菜館・濱の家で回転テーブルを使っていたことを確認できる[20]。

　さらに重要なことに，回転テーブルは18世紀初期にはイギリスで"dumb-

序章　日本の中国料理はどこから来たのか　3

waiter" と呼ばれて使われ始めており[21]，1891 年にはアメリカで "self waiting table" として特許が申請されており[22]，1903 年の『ボストン・ジャーナル』には管見の限り初めて "Lazy Susan" と称されて絵入りで紹介されている[23]。さらに 1921 年 7 月 24 日，H・フォードが主催したキャンプ旅行での食事の写真では，W・G・ハーディング大統領と T・エジソンを含む 14 人が巨大な回転テーブルを囲んで座っている[24]。アメリカではその後，回転テーブルが流行遅れとなったが，1950-60 年代には南カリフォルニアから再び使われ始めて[25]，現在でも広く販売されている。しかし，中国大陸への伝播については，ヨーロッパの回転テーブルが両大戦期に広州・香港・上海あたりから伝わったのか[26]，あるいは華人が日本で見た回転テーブルを第二次世界大戦後に伝えたのかなど諸説あるが[27]，正確な伝播経路はわかっていない。

戦争・軍隊と中国料理

　ところで，歴史学者の K・J・チフィエルトカ氏によれば，日本の中国における帝国主義的な拡張が日本の中国料理の普及に果たした役割は重要で，それは文明開化の政策が日本に西洋料理を普及させた重要性に匹敵するという[28]。

　近代日本の中国進出が日本の食文化に与えた影響として最初に特筆されるべきは，華北原産の白菜の受容であろう。今では中国野菜であることが忘れられるほどに日本で定着した白菜は，1875 年に清国より山東白菜を移入して，愛知県栽培所で初めて栽培し，1901 年頃までに容易に結球するようになり，1917 年に「愛知白菜」と命名された[29]。さらにそれとは別に，義和団の乱（1900 年）の際の出兵後，河北の保定に入った日本人が，名産地として名高く清朝帝室用の白菜も栽培していた徐水（保定の北方）から，日本内地に種子を送って栽培が始まったという[30]。すでに日露戦争（1904-05 年）では，日本軍の兵士が，戦場となった南満洲で入手しやすい白菜を常食していた[31]。

　日本の軍隊の調理書に最初に中国料理が登場したのは，海軍が 1918 年 1 月に作製した内部教育資料『海軍主計兵調理術教科書』[32]であるという。陸軍では，1918 年のシベリア出兵の際，陸軍糧秣廠の丸本彰造が軍隊の栄養状態を視察し，派遣軍の兵食を寒地作戦に適応させるためには多脂性の中国料理を採り入れるべきと考えて，満洲から『随園食単』（袁枚，1792 年刊）を持ち帰り，抄訳を関係者に配布した。1922 年，丸本らは華北に駐屯する軍隊の兵食改善のために出張し，天津で唐紹儀（当時は孫文の中華民国軍政府の総裁の一人）のコック・李鶴亭の講習を受けた[33]。李鶴亭はその後に東京の帝国ホテルに招聘され，さらに京橋で独立開業しただけでなく，日本にある材料でできる簡単な家庭中国料理を研究した。

李鶴亭の研究に基づいて陸軍糧秣廠は講習会を開催し，軍隊の炊事係だけでなく一般家庭の主婦に対しても中国料理の普及をはかった[34]。

　くわえて，帝国日本の拡大が日本の中国料理に及ぼした影響は，学術面においても指摘されている。1937 年に勃発した日中全面戦争は，戦後の日本において中国料理の歴史研究が発展するきっかけにもなった。例えば，中国食物史研究の先駆者として著名な篠田統は，1938-45 年に足かけ 7 年間にわたって技師として従軍し，揚子江から黒竜江まで中国各地の食物・食生活を見て味わったことが，生理学から転じて中国食物史研究に取り組む上で役立ったという（篠田統『中国食物史』柴田書店，1974 年，「あとがき」）[35]。

朝鮮・台湾・満洲

　20 世紀前半の帝国日本は台湾と朝鮮半島を植民地としたので，朝鮮と台湾の中国料理の発展は日本の影響を受けることになった。朝鮮半島では，李朝時代にも餃子（「饅頭」，만두）や饅頭（「霜花」，쌍화）などは食べられていたが[36]，その他の中国料理は，1882 年の壬午事変で清国軍の侵攻と同時に清国商人が入り始めた頃から食べられるようになったとされる。

　韓国の中国料理のなかで最も代表的なのは，チャジャン麺（「炸醬麵」，짜장면）である。チャジャン麺は，大豆などから作られた黒味噌にカラメルを加えた「春醬」（춘장）でタマネギや豚肉などの具材を炒めた「炸醬」をかけた麺料理である。それは仁川港の労働者の食物にルーツがあり，1908 年頃に建てられた仁川の山東会館で食堂のメニューとして最初に出され始めたと考えられている。山東会館の食堂は，辛亥革命によってアジアで最初の共和国・中華民国が誕生した1912 年に「春の日のような中華民国」を象徴する「共和春」へと店名を改めた。1914 年に朝鮮総督府が清国租界地を撤廃すると，仁川華人社会は一時低迷するが，1920 年代半ばからは山東から多くの労働移民が流入し，1930 年代までには中国料理店が数多くできた。一方，共和春などの名店も，政財界や地元の有力者などが訪れて繁盛した。共和春はその後閉店したが，旧店舗は改装されて 2012 年よりチャジャン麺博物館となっている[37]。また，共和春の名義を取得した韓国人経営者が，2004 年に新たに開店している[38]。

　このようにチャジャン麺は，現在では韓国の「国民食」とされ，韓国人が海外でアイデンティティを確認する食物にもなっている（本書 9 章参照）。ただしそれにもかかわらず，チャジャン麺は，キムチや生タマネギのほかにしばしばタクワンが付け合わされる。そこには，帝国日本の植民地主義の名残が見られる。

　また，韓国でチャジャン麺に次いで人気のある中国料理は，チャンポンである。

チャンポンは，1899 年に長崎で四海楼を創業した福建出身の陳平順が貧しい清国留学生のために作り始めたという説が有力である[39]。朝鮮半島においてこの麺料理は，九州―釜山航路の船員が釜山に持ち込んだのが広がったとする説や，もともと華人が持ち込んでいた「炒碼麺」を朝鮮の日本人が「チャンポン」と名づけたとする説などがある。いずれにせよ注意すべきことに，韓国のチャンポンが現地化して唐辛子で真っ赤な辛いスープが用いられるようになったのは，1970年代後半以降のことである[40]。

台湾では，1920 年代初頭に創業された「江山楼」や「蓬莱閣」といった中国料理店（「酒楼」）が，台湾対岸の福建の料理のほかに，中国各地（華北・四川・江蘇・浙江・上海・広東など）の料理を提供していた。しかし，1923 年に皇太子（後の昭和天皇）が台湾を巡幸して江山楼で御用料理を召し上がった頃から[41]，それらの店の料理は，日本人に「支那料理」ではなく「台湾料理」と認識されるようになり，多くの紀行文にも描かれた。同時に，台湾の中国料理店は日本化していき，店先の「御料理」と書かれた木牌の看板，日本料理及び日本酒・日本ビール・コーヒー・ケーキ，日本式の服装をした従業員，日本語を話す芸妓や酌婦などがみられた[42]。

ほかにも，日本式の弁当が，植民地期の台湾[43]及び「満洲国」成立後の中国東北地方[44]で普及したことは，興味深い史実である。中国では火の通った温かい食物が何より好まれ，冷めた白飯とおかずを入れて食べる弁当の習慣はなかったからである[45]。

他方，植民地や属国の食文化が，逆に本国へ影響を与えることもあった。例えば，中国東北部では，1932 年に日本の傀儡政権である満洲国が建国されると，南満州鉄道株式会社やジャパン・ツーリスト・ビューローなどが主導して，「満洲料理」，「満洲食」を創成しようとする動きがみられた。「国民」の支持を欠いていた「満洲料理」，「満洲食」は，満洲国崩壊後に中国東北部ではほとんど痕跡をとどめなかったが，戦後の日本にジンギスカン料理や焼きギョウザを伝えることになった[46]。

味の素の帝国

そして，日本の帝国主義が中国料理に及ぼした影響を考える上でもっとも重要な事例の一つは，一世を風靡した味の素の使用である。1909 年に販売開始された味の素が日本の中国料理にも使われるようになったのは，日本料理よりも遅れて 1921 年頃のことである。すでに 1914 年から台湾・中国大陸での販売活動が始まっており，味の素はまず台湾・中国で中国料理に使用された後，日本でもそれ

に倣って用いられていったようである。例えば，目黒・雅叙園（前述）では，もっとも多い月には金色缶（1,125 g）数10ダースもの味の素が使われたという[47]。

　東アジアに拡張した味の素の販路は，帝国日本の勢力圏と重なり合った。台湾では当初から日本内地よりも販売成績が良好で，人口あたりの味の素の年間消費量がどこよりも多く，味の素が中国人の嗜好に適することが確認されていた。植民地の台湾が，味の素の中国大陸進出の「導火線」となったのである。中国において，味の素は仁丹[48]とともに代表的な日本商品とみられたので，1919年以降は日本製品ボイコット運動の影響を強く受けるが，排日の気運が下火になるとまた売れ行きを盛り返すということを繰り返して，少しずつ売り上げを伸ばしていった。ただし，「天厨味精」など中国人が経営する味の素類似品の製造工場が上海に数多くできて（第14章参照），品質は劣っても愛国心に訴える販売戦略でシェアを拡大し[49]，味精は香港・シンガポールにまで販路を伸ばしていた[50]。

　中国東北部（満洲）においては，味の素は当初日本人向けの販売が主であったが，中国人の上流家庭や中国料理店を中心に広まっていった。1929年に味の素の初代社長が奉天で東三省主席の張学良に面会した際，張は「私に満洲の一手販売をさせてくれたらいくらでも売れますよ」と太鼓判を押したという。朝鮮半島では，味の素は冷麺やソルロンタン（雪濃湯）などに用いられ，1960年代になって韓国産の味元・味豊[51]などに取って代わられるまで料理店でよく使われていた。ほかにはアメリカでも，味の素は1930年代から缶詰・加工食品そして軍食に用いられて，アメリカ人にあまり気づかれないまま大量に消費されていた[52]。

2　第二次世界大戦後の中国料理

終戦後の在日華人

　終戦直後の混乱にあった日本で，中国料理店が急発展したことは記されてよいだろう。主食の統制強化で日本人の飲食業が全面禁止されるなか，中国人は連合国人として統制の枠外に置かれたので，食材の輸入もできる華人の飲食店が新興闇成金やアメリカ人などを顧客として大いに繁盛したのである[53]。戦後に法的地位が曖昧であった在日台湾人も，1946年7月の渋谷事件をきっかけとして同年末までに臨時華僑登録証を取得し，中国大陸出身の華人と同等に戦勝国民として扱われるようになった[54]。

　とはいえ，華人名義や華人の偽名を用いる悪徳日本人業者，さらに裏口営業と称する脱法行為も普通にみられていた。そして1947年7月5日の政令とその後の執拗な摘発によって，日本全国の華人の料理業者がいっせいに閉店を余儀なく

序章　日本の中国料理はどこから来たのか　7

されると，彼らは利幅の大きかった喫茶店や[55]，密輸砂糖を使用した菓子の製造・販売などに転業したものの，その後の日本人業者の参入後にも発展を続けられた華人業者は少なかった。日本で華人が賠償を求めながら戦勝の恩恵にあずかれた期間は短かったのである[56]。

だがそれでも，50年間にわたる植民地支配で日本化していた台湾出身者は，戦後に「新華僑」と呼ばれて[57]，彼らのなかに日本の食文化の発展に重要な役割を担う者が現れた。例えば，黄萬居は，1931年に台湾より来日して貿易業を始め，戦時には干しバナナ，戦後にはキャラメルなどの販売を主にし，1948年には大阪で大信実業（現・TSインターナショナル）を設立して香港経由の中国貿易を開始した。そして1963年には香港からコックを招き，神戸の居宅を料亭式の高級中国料理店「蘇州園」として営業を始めた[58]。その後，黄萬居やその子息の黄躍庭氏は，関西華人社会の重鎮として活躍する。一方，蘇州園は多くの著名人が足を運ぶ名店となったが，1995年の阪神淡路大震災で営業を停止した後に売却されて，ブライダルレストラン「ザ・ガーデンプレイス蘇州園」として現存している[59]。

そしてまた，即席麺・カップラーメンを日本及び世界に広めた日清食品の創業者・安藤百福も，戦後の日本で活躍した「新華僑」の一人であった。安藤百福は，1910年に台湾で呉百福として生まれ，一貫して日本の政府高官や財界の大物との関係を構築しながら，戦前に繊維業，戦時に軍需物資とエネルギー，戦後に大規模食品加工の事業を展開していく。安藤の戦後期のビジネスモデルとは，低コストの材料から食品を作り出し，栄養とエネルギー源という外見を整えて，政府のルートを通じて販売するという考えに沿ったものであった。1958年に販売開始したチキンラーメンでも，便利さよりも栄養を強調する宣伝活動が行われた。さらに，フォークだけで食べられるカップヌードルを開発して1971年から販売を始め，即席麺を日本発の世界商品とすることに成功したのである[60]。

引揚者と餃子

ところで，第二次世界大戦後の東アジアにおける歴史的な規模の人の移動は，各地の中国料理に劇的な変化をもたらしていた。例えば日本では，餃子が焼売に替わって中国料理の花形スナックに躍り出た。戦後の餃子ブームは，中国大陸に対する「郷愁（ノスタルジア）」をあてこんだ引揚者が商売を始めたことから起こったとされている。1955年頃の東京では，ほとんどの高級中国料理店が中国人によって経営されていたのに対して，餃子店はすべて日本人，とくに満洲からの引揚者によって開かれていたという[61]。

とはいえ，日本の餃子の由来は，正確には把握されていない。とくに「餃子」は，日中戦争中までは「チョーツ」「チャオツ」といった標準中国語に近い発音で読まれたが，戦後には「ギョウザ」という呼称が定着した。「ギョウザ」という発音は，満洲で用いられる山東方言説が有力であるが[62]，満洲語説などもある[63]。

ここでは，終戦直後に開店した2軒の有名な餃子店を紹介しておきたい。戦後に大連から引き揚げてきた高橋通博は，1948年に渋谷・百軒店で「友楽」という中国料理店を始め，1952年に恋文横丁に移転して「珉珉羊肉館」と店名を変えた。珉珉羊肉館は，満洲で体験した味を懐かしむ引揚者ばかりでなく，新奇な味覚を求める客で賑わった。すぐに恋文横丁には餃子店が軒を連ねるようになると，珉珉羊肉館は他店と差別化するためにニンニクをたっぷり入れてスタミナがつくことをアピールした[64]。珉珉羊肉館は1967年に道元坂裏に再移転後，近年（2004年以降）に閉店した。しかし，1953年に珉珉羊肉館に住み込んで焼餃子の作り方を習った水墨画家の古田やすおが，大阪で「珉珉」を開業し，後にチェーン展開して現在に至っている[65]。

また，昭和20年代に創業した「みんみん」（現「宇都宮みんみん」）は，1990年代に「餃子で町おこし」された宇都宮に現存するなかで最も古い餃子店である。創業者・鹿妻三子の夫は国鉄社員で，戦時に華北交通で勤務することになり，家族は北京で暮らして，そこで阿媽（お手伝いさん）に教えてもらった家庭料理が餃子であった。戦後日本に引き揚げて，老酒とともに餃子を食べさせる店を出すと，復員軍人などで賑わった。中国ではニンニクをたれにすりおろして使うが，みんみんは臭わない工夫として餡にニンニクを入れた[66]。

ちなみに，なぜ戦後日本では餃子にニンニクを入れるようになったのかについては，諸説ある。ここではとりあえず，渋谷の珉珉羊肉館と宇都宮のみんみんとでも，その理由（スタミナアップ／臭い消し）が一様ではなかったことを確認しておきたい。

ほかにも，1952年の東京・池袋では，台湾の独立活動家・史明（1918-2019年）が中国料理の屋台を出すと，そこでも焼餃子が最大の売り物になっていた。台北で生まれた史明は，1936年に来日して早稲田大学に学んでマルクス主義に傾倒し，1942年に上海に渡って中国共産党の地下工作に加わり，1945年11月には北京の「狗不理」で粉もの（「麺食」）料理を学んだ。史明は華北で活動を続けて1947年には「台湾隊」を結成したが，強権を振るう中国共産党に失望して1949年に台湾に戻ると，翌年には台湾独立革命武装隊を組織して蔣介石暗殺を謀ったので，叛乱罪で特務警察に追われる身となった。

そのため 1952 年に日本に逃亡した史明は，自活のために東京・池袋で屋台を開いた。その際，一度は焼きビーフン（「炒米粉」）などの台湾料理を売ろうとしたが，台湾よりも中国大陸から引き揚げた日本人のほうがずっと多いことを考えて，北京風味の焼餃子やターロー麺（「大滷麺」，山東系のタンメンで韓国の中国料理の定番にもなっている）などを売ったところ，大繁盛したという。1952 年に「珍味」と命名されて開店した屋台は，1954 年に路面店に昇格した。1980 年代まで台湾独立運動の活動拠点であった東京において，それは史明たちの生活と活動を資金面で支え続け，池袋に「新珍味」として現存している[67]。

高度経済成長と東京の「リトル・ホンコン」

第二次世界大戦後に台北・香港経由で日本にもたらされたものには，四川料理の麻婆豆腐もある。1919 年に四川省で生まれた陳建民は，日中戦争の終結後にコックを続けながら重慶→武漢→南京→上海→台湾→香港と渡り歩いた後，1952 年に来日すると，1958 年に東京・新橋の田村町（後述）で「四川飯店」を開店した。

たしかに，日本の植民地となった台湾の「江山楼」や「蓬萊閣」といった大料理店では，すでに現地経営者の努力によって四川料理が提供されていた[68]。しかし，四川省には日本軍が進駐しなかったこともあって，日本に四川料理が本格的に流入して認知されたのは第二次世界大戦後のことになった[69]。陳建民は，辛みの強い麻婆豆腐・回鍋肉・エビチリ・担々麺などを日本人の味覚に合うように現地化して，日本風の四川料理を大いに普及・定着させたのである[70]。

陳建民のように台北・香港を経由して本格的な腕前を持つ料理人がやって来たのは，日本では戦争によって修業中の若い料理人が戦場に駆り出されて，料理人の世代にブランクができていた時期であった[71]。そこに戦後復興・高度経済成長が重なり，好景気が料理人と美食を呼び寄せて，東京を中心に日本の中国料理の水準が飛躍的に向上することになった[72]。

とりわけ多数のコックが台湾・香港方面から来日したのは，1964 年の東京オリンピックに向けて大規模ホテルとそれに付設される中国料理店が続々と開かれた頃からである。例えば，1960 年に芝パークホテル内に開かれた「北京マンション」が日本初のホテル直営の中国料理店である[73]。1962 年に開業したホテルオークラ本館にも中国料理店「桃花林」ができて，一流ホテルのなかで西洋・日本料理と店を並べることによって，中国料理とそのコックは地位を向上させた[74]。

ただし，当時の中国人コックのなかには偽造パスポートで来日した者もいて，不法滞在者の取り締まりや本国送還が中国人コックを不足させることがあった[75]。

さらに，1964年の東京オリンピック前に来日したまま日本に居住し続ける中国人コックが増えると，1966年になって日本の法務省入国管理局が新たな措置を公布した。1960年以降にコックとしての在留を認められた中国人は単身者ならば3年，家族持ちならば5年を期限として，居留期間の延長が認められないことになった。この規定の対象となる中国人コックは，東京・横浜・大阪・神戸などに計216名いた。中華民国の外交部・大使館は，日本の法務省入国管理局と交渉して，緩和的な措置（コックの再来日を認める，コックの家族は一度帰国しなくてもよいなど）が認められた[76]。しかし，こうした中国人コックに対する規制は，東京オリンピック後にホテルや大料理店で日本人チーフが増えていくきっかけの一つになったと考えられる[77]。

　高度経済成長期の日本の中国料理にとって，一流ホテルとともに重要だったのは，東京・新橋の田村町である。当時最先端の中国料理を出す本格的な店が数多く出店して，そこは世界の中国料理の中心地の一つといえるほどに発展した。田村町の近くには，NHK・第一物産（三井物産）・日比谷公会堂・帝国ホテルなどのほかに，GHQやアメリカ大使館などもあって，外国人を含めた多くの顧客を集めることができた[78]。この一角の代表的な中国料理店には四川飯店（前述），「留園」，「中国飯店」などがあり，中国の各地方料理が珍味を競っていたので「料理店全体の献立を残らず並べれば七千種に及ぶ」といわれ[79]，それゆえに田村町界隈は「東京のリトル・ホンコン」と称されるほど賑わった[80]。

　他方，横浜のチャイナタウンは，1955年に旧来の「唐人街」「南京町」から「中華街」という新しい呼称を掲げた当時，まだ地元の華人相手の安くてうまい食堂・食品店が中心であり，調理技術の水準で東京の高級店には及ばなかった[81]。横浜では戦前から，コックに習った人が次の人に教えることで店が続けられ，しかも日本人は地位の低い中国料理のコックにはなりたがらなかった。それゆえ，終戦直後には中国料理コックの約半数が朝鮮・韓国人であったとまでいわれることがある[82]。しかし，1960年代には横浜中華街でも台湾・香港からコックを招いたり[83]，横浜中華街出身者も東京の高級店で中国料理の修業をしたりするようになった。

　例えば，1990年代に多くのテレビ番組に出演して全国的に知られた周富徳は，戦時中の1943年に横浜市山下町に生まれ，1961年に田村町の中国飯店に入社した[84]。中国飯店は，味の素の東南アジア方面の総代理店を経営していた霍然起が社長を務め，その料理は上海・香港などを経由して来日したコックの上海風広東料理（「海派粤菜」）の流れをくみ，懐かしい故郷の味を越えたプロの宴会料理であった[85]。例えば，点心作りの名人といわれた伍貴培らを擁したばかりでなく，

序章　日本の中国料理はどこから来たのか　11

フカヒレや「牛排」（ステーキ）なども絶品であったが，広東人の出資者同士の内輪もめによって一度閉店することもあったという[86]。それでもこの中国飯店は，周富徳のほかに梁樹能（ホテルオークラ「桃花林」）や斎藤昌一（ホテルパシフィック東京「楼蘭」）など数多くの広東料理の名コックを輩出して，今日の日本の本格的な中国料理の土台を築いた名店となった。ここで周富徳ら横浜中華街出身のコックたちは，香港から招かれた腕利きコックと日本人コックの橋渡し役として活躍していた[87]。

留園と新橋亭──東京・新橋の中国料理店

東京・新橋の田村町において，竜宮城をイメージした雄大清楚な宮殿造りの中国建築がひときわ目立っていたのが，「留園」（1961-1980年代初頭）であった。留園の創業者・盛毓度（1913-93年）は，清末に李鴻章の右腕として洋務運動に活躍した盛宣懐の孫であり，20歳代には日本留学を経験し，1949年の中国革命のさなかに上海から日本に亡命した富豪である。留園の開店経費7億5千万円の約半分を八幡製鉄・三井物産などが出資したのは，盛家の所有した大冶の鉄山（1908年に漢冶萍鉄鋼公司に合併）が，ピーク時には日本の官営製鉄所で用いる鉄鉱石の半分までを供給していたからであった[88]。

留園のコックはおよそ200人，日本で初めて北京・広東・四川・上海・蒙古・点心がすべてそろった大型中国料理店であり，各部門で計6名のコック長がいた[89]。留園は開業にあたって香港から25人のコックを連れてきており[90]，その後も毎年7-8人の優秀な従業員を香港に見学に行かせていたように[91]，香港経由で中国料理を受容していたが，1980年頃には北京の全聚徳からコックと技術を取り入れて北京ダックも本格的に焼くようになった[92]。

留園は1973年までに10店舗を展開し年商も約10億円にまで達していたが[93]，1980年代初頭までに「土地の値段が400倍，また人件費もだいたい20倍くらい上がってるのに，料理の値段は倍にしかなっていない」ことから，廃業して貸しビルに建てかえられた[94]。このような留園の歩みは，まさに田村町の中国料理店街「リトル・ホンコン」の盛衰を象徴していたといえる。また，政権交代期の中国からの亡命者が日本に中国料理を伝えたという点で，盛毓度の功績は，1659年に長崎に亡命して水戸光圀に餃子を伝えたとされる明の儒者・朱舜水と重なり合うところもある。

そして，新橋に唯一残存し，往事の田村町・中国料理店街の繁栄を今日に伝えているのが，「新橋亭」（1946年創業）である。新橋亭会長[95]の呉東富氏によると，1935年頃，目黒の雅叙園の創業者・細川力蔵が，中華民国政府を通じておよそ

10 名の一流コックを日本に招聘し，そのほかにも上海の中国料理店に通いつめて腕利きコックの呉宝祺（呉東富氏の尊父）を引き抜いた。呉宝祺は，1901 年に福建省に生まれ，上海で働いていた。上海人の妻とともに来日した呉宝祺は，日中戦争中も雅叙園で働き，迫害や弾圧を受けることはなかったという。日本人の板前やコックが戦争に召集されていなくなるなか，呉宝祺は 1943 年に雅叙園の総料理長になったが，まもなく雅叙園は食材不足などで営業できなくなった。雅叙園での呉の最後の仕事は，東京の海軍病院の医師・看護師・スタッフ・傷病兵に対して，約 600 人分ものチャーハンなどを作ることであり，チャーハンの大鍋をどんぶり二つでかき回して作っていたという。

　日本の敗戦後，海軍病院は閉鎖となり，雅叙園も他の日本人経営の飲食店と同じく営業を再開できないなかで，呉宝祺は独立を決意して雅叙園を退職する。中華民国籍の呉宝祺は戦勝国民となっていたので，1946 年 5 月 5 日，新橋の借りビルに新橋亭を開店することができた。開店からまもない新橋亭の広告が，『中華日報』（1946 年 1 月に台湾人実業家の羅錦卿が新宿で創刊）に掲載されている。そこで新橋亭は，「北京料理」（「北平料理」）及び「喫茶」と宣伝されている[96]。なぜならば，呉宝祺は福建省の出身で，上海で料理を作っていたが，中国の四大料理（北京・上海・広東・四川）をすべて採り入れる方針であり，北京が中国の中心でブランド力があるため，「北京」（北平）料理と名づけることにしたという[97]。また，新橋亭はその並びに「夜来香」という中国歌謡の音楽喫茶（ライブハウス）も営業していたために，「喫茶」とも宣伝されていた。

　呉宝祺の料理には地元の有力者のファンがいたので，彼らが呉の独立開業を応援していた。さらに，近くにあった GHQ（現・第一生命ビル）・アメリカ大使館や，米・英・仏・ソ連・中国の戦勝国代表団の関係者が重要な顧客となった。当時，中国料理はすでに欧米人に受け入れられていたし，さらに華人経営の新橋亭には 1940 年代から酒（当時は紹興酒ではなく日本酒）が豊富にあったことから，宴会をしやすかった。こうして新橋亭の経営は，順調に滑り出した。さらに新橋亭は，1955 年，保守政党が合同して自由民主党を結成し，さらにその主要ポストを決める話し合いの場所にもなった。新橋の新橋亭は，政財界の宴会場所としても，重要な役割を果たしてきたのである。

　なお，新橋亭のコックはすべて日本人であり，香港・中国からコックを招聘しないことは，創業者の呉宝祺の遺志であったという。なぜならば，本当の一流コックは元の店に高給を提示されて引き止められるので，日本に来るのは「下り坂」のコックが多くなってしまうこと，中国人コックのなかには秘密主義で後進を育てようとしない者がいること，オーナーがいるところでは良い料理を提供す

序章　日本の中国料理はどこから来たのか　13

るが一般客への料理では手を抜くコックがいることなどから，新橋亭では日本人コックを一から教育して育てるのが良いと考えているという。くわえて新橋亭では，ホールの女性スタッフが，かつての仲居さんの服装をそのまま受け継いで，現在に至るまで和服の着物を着用している。着物はスタッフを自然と躾ける効果があって，スタッフは行儀がよくなり，アルバイトの中国人留学生も喜んで着ているし，同時に顧客の評判も上々であるという。

3 日中国交正常化から現在まで

「中華料理」から「中国料理」へ

日本における中国料理に関する呼称は，日中戦争後に「支那料理」から「中華料理」へと変わった[98]。そして，1972年に日本と中華人民共和国が国交を正常化してから，「中華民国の料理」を意味する「中華料理」の呼称を改めて，「中国料理」の呼称に「中華人民共和国の料理」という意味を込めて使い始めたとする

表 0-1 「中国料理」「中華料理」の呼称の変遷

		「中国料理」	「中華料理」
1940年代後半（1945〜49年）	読売新聞	0	13
	図書名	0	2
1950年代（1950〜59年）	読売新聞	11	93
	図書名	9	11
1960年代（1960〜69年）	読売新聞	87	47
	図書名	27	5
1970年代（1970〜79年）	読売新聞	141	31
	図書名	29	7
1980年代（1980〜89年）	読売新聞	80	22
	図書名	6	3
1990年代（1990〜99年）	読売新聞	213	922
	図書名	33	27
1990年代（1990〜99年）	読売新聞	684	2,241
	図書名	37	30
2010年代（2010〜18年）	読売新聞	532	1,651
	図書名	30	25

注：読売新聞については，ヨミダス歴史館を使用し，言葉の揺らぎ（表記の多様性）を含まないで検索し，1945〜89年は見出しのみ，1990〜2018年は見出し・記事本文を対象とした全文検索のヒット件数を示している。図書名については，国会図書館のNDL-OPACにおけるヒット件数である。

説があるが[99]，それは誤りである。表 0-1 から明らかなように，日中国交正常化以前の 1960 年代からすでに，「中国料理」の呼称が「中華料理」よりも多用されていた。

　台北で発行された『華僑経済年鑑』によれば，日本では 1961 年頃から「中国料理」の呼称が盛んに使われるようになったという。当時には簡易な麺や惣菜などを売る数多くの個人店がみな「中華料理」と称していたので，新たに開業した本格的な大店舗が「中国料理」と称して差別化を図ったからであった[100]。すでに述べたように，当時は 1964 年の東京オリンピックに向けて，東京を中心に大規模ホテルとそれに付設される中国料理店が続々と開業し，さらには新橋の田村町が高級中国料理店の密集地となり，多数の腕利きコックが香港・台湾から招かれて，世界的にも最新で最高水準の中国料理が日本で提供され始めた時期に当たる。こうして日本では韓国と異なって[101]，中華人民共和国との国交正常化よりも以前に「中華料理」から「中国料理」への呼称変化が起こっていたのである。

　そしてこの頃の呼称変化は，日本で現存する二つの中国料理に関する協会の名称に反映されている。すなわち，1949 年設立の主として経営者の団体である「全国中華料理生活衛生同業組合連合会」は「中華料理」を，1977 年設立の主としてコックの団体である「公益社団法人日本中国料理協会」は「中国料理」を，それぞれ団体名に用いている。

　このように 1960-80 年代にかけては「中国料理」の呼称が常用されていたが，表 0-1 からわかるように，1990 年代以降は再び日常的には「中華料理」の呼称が優勢となっている。1960 年頃に生み出された「中華料理」に対する「中国料理」の名称の差別化がすでに忘却されて，両者の区別が曖昧となり，一時は廉価な大衆食を意味することが多かった「中華料理」の呼称のほうが，より一般的に用いられるようになったと考えられる。

　こうした歴史的経緯から，現在の日本では厳密に区別されていないものの，「中国料理」は高度な技術を要する本格的な料理というニュアンスを含むことがある。他方で「中華料理」は，日本では日常的に使いやすく，「中華」というとそれだけで中国料理の意味を示すことさえある。しかし，「中華料理」という呼称は，とくに中国や韓国などの人々からみて，日本人の味覚に合わせて日本化した中国料理を意味することがある。編者は，日本と同じく漢語を用いる現在の中国では「中国菜」，韓国でも「中国料理（중국요리）」という呼称がより一般的であることをふまえて，それらと同一の客観的な名称として「中国料理」という用語を使うことにしたい。ただし，こうした背景をふまえながらも，本書では各論文の執筆者・翻訳者がいずれかの用語をそれぞれ選んで用いている。

序章　日本の中国料理はどこから来たのか　15

日中国交正常化と中国料理

さて，日本の横浜中華街では，1950 年代から台湾派と大陸派の政治的対立が続いたが，両派から中立的な香港のイメージを使って，観光地化が進められていくことになる[102]。1960 年頃の横浜中華街では，外国船員・軍人相手のバーやキャバレーのほうが中国料理店よりもずっと多かったが，店が大型化して目立ち，異国情緒も強めて，街には「デラックスではないが安くてうまいものを食わせるぞ」という雰囲気があった[103]。日本人は，1964 年に観光目的の海外渡航が認められるより前には香港に行けなかったが，横浜中華街に来れば中華世界を体験できたのである。1960 年代には日本の高度経済成長と横浜港周辺の開発によって中華街も発展し，さらに 1972 年の日中国交正常化が巻き起こした中国ブームによって，中華街の来訪者もますます増加した。

1972 年の日中国交正常化の当時，中国大陸は文化大革命のさなかにあった。上海や北京などでは，サービス業が何か特色を出そうとすれば「資産階級の旦那様への奉仕」として批判され，有名料理店は「人民」「紅旗」といった革命風の店名に改められて，労働者・農民・兵士向けの大衆食堂となっていた[104]。このような政治運動の吹き荒れる人民共和国初期には，中国料理の伝統的な技術継承が困難になったが，思いがけず日本人女性がその役割を担うことがあった。佐藤孟江氏は，1940 年代に済南の老舗「泰豊楼」で，女人禁制のなか男装をして山東料理の修業をし，1948 年に日本へ引き揚げるが，1969 年に東京で「済南」を開店すると多くの著名人に愛された。そして佐藤氏は，1972 年の日中国交正常化以降に毎年渡航して中国の調理学校で教鞭をとるようになり，その功績が中国政府に認められて，1990 年に「魯菜特級厨師」「正宗魯菜伝人」の認定を受けたのである[105]。

また，日中国交正常化後，1981 年からは中国残留孤児の訪日肉親捜しが本格的に始まり，帰国した中国残留日本人が中国料理店を開くことがあった。例えば，1934 年に旅順で生まれた八木功氏は，1958 年に転職した大連の第二建設公司で文化大革命を耐え抜いた後，日本にいた父の誘いに応じて 1979 年に帰国すると，陳建民（前述）が創設した恵比寿中国料理学院に学んだ。八木氏は，1983 年に東京・蒲田で「中国家庭料理　你好」を開店して，かつて上海で食べた「生煎饅頭」を思い出しながら試行錯誤して考案した羽根つき餃子などを売り出した。你好は 2017 年現在，12 店舗にまで拡大したが，そこで出される餃子はいずれも手作りのままである。さらに，八木氏の弟妹家族もみな中国から日本へ移住して，蒲田で「金春」，「歓迎」などを開店したので，蒲田は餃子の街として全国的にも有名になっている[106]。

横浜中華街と池袋チャイナタウンの興隆

　1884 年創業の「聘珍樓」は，横浜中華街でも 1-2 位を争う老舗であったが，林 康弘氏（1974 年に中華民国籍から日本に帰化）が 1975 年に社長に就任すると，積極的な経営を展開する。林氏の社長就任当時には，ファミリーレストランの「すかいらーく」（1970 年に 1 号店開店）が成長してきており，聘珍樓がそれをまねて効率化・標準化・無人化・セントラルキッチン化を目指すと，どんどん人気がなくなった。林氏は香港・台湾の評判の店を食べ歩くと，中国料理の奥深さに打ちのめされ[107]，「広東料理の調理工程が火とそのタイミングにかかっているので，熟達した調理士が必要で，標準化は困難」[108]という結論に達した。1986 年からはすかいらーくグループが中国料理のファミリーレストラン「バーミヤン」を展開したが[109]，それとは異なって聘珍樓はとりわけ料理のクオリティを追求した。聘珍樓は，1980 年代には香港からベテランコックを招きながら多店舗展開を進めると同時に[110]，1988 年に香港に現地法人を設立して日本から中国料理店を出した。

　1980 年代初頭に広東料理の「点心（dim sum）」が日本で人気となったのは聘珍樓の貢献が大きく，聘珍樓は横浜中華街のイメージを本格的な中国料理を食べる場所へと変えた。この頃に日本の中国料理の中心地は東京から横浜に移り始め，横浜中華街から発信された広東風点心は，例えば 1993 年にはミスタードーナツで「飲茶」が始められるなど，広く普及することになった[111]。飲茶や焼売を見かけない韓国の中国料理と比べれば，横浜の中国料理が香港から大きな影響を受けたことがわかる。香港スタイルの飲茶（「港式飲茶」）は台湾や中国大陸でも高い地位と価格を獲得し，広東語ポップスなどとともに香港大衆文化の一つとして世界各地に拡散していた[112]。

　横浜中華街は，1995 年から町のルール（「憲章」）作りを始めると同時に，山下町・元町と連携したイベントやサービスを展開している。山下公園一帯で遊び，元町でショッピングをし，夜は中華街で食事をすれば，テーマパークのように楽しむことができる。さらに「萬珍樓」（聘珍樓と経営者が兄弟関係にある）などでは，ディズニーランドの経営方針を目標に社員教育を行い，顧客の期待を越える満足度を目指している[113]。こうして，香港の料理・街並み・雰囲気が投影された横浜中華街は，中国料理のテーマパークとして，世界でもっとも多くの観光客を集めるチャイナタウンとなっている。

　ただし，このように勃興した横浜中華街も，2007 年の段ボール肉まん事件（北京の露店で段ボール入りの偽装肉まんが販売されていると地元テレビ局がやらせ報道した事件）と毒入り餃子事件（河北省の天洋食品が製造した輸入冷凍餃子による中毒事

件）では，大打撃を受けた。両事件によって，中国からの輸入食品の危険性が日本の家庭で広く認知され，横浜中華街も風評被害を受けることになった。横浜中華街の中国料理店の食材はたいてい日本で仕入れられているにもかかわらず，中国料理店の売れ行きが一時落ち込んだのである[114]。

そして，中国食文化の発信地として，横浜中華街に続いて見ておきたいのは，「池袋チャイナタウン」の形成である。池袋周辺には日本語学校が多数あり，アルバイト先となる飲食店や居住向きの格安アパートが多数あったことから，1980年代末には日本語学校へ通う中国人就学生が集まった。1991年には池袋駅北口に中国食品スーパー「知音」（2010年閉店，「知音食堂」は現存）ができて，改革・開放後に中国大陸から出国した「新華僑」の社会が形作られ始めた。

1990年代半ば以降，新大久保周辺には韓国系移民，池袋周辺には中国系移民と棲み分けが進み，さらに池袋には中国東北部の出身者が増えて，東北料理店がたくさんできた。横浜中華街の中国料理は日本人向けにマーケティングされたものであるが，池袋チャイナタウンの中国料理は中国の大衆食堂と同じ味付けである[115]。

ただし，北池袋のチャイナタウン化に対しては，地元の商店主の反対が根強く，新大久保のコリアンタウンに比べると順調に発展しているとはいい難い。また近年には，埼玉県の西川口駅前にも多くの中国料理店が林立して，「新華僑の新中華街」と称されるようになったが，やはり地元商店・住民との関係が課題になっている。

さらに進む大衆化と洗練化

さて最後に，日本の中国料理の今後の趨勢について考えたい。そのために，まずは北京ダックの大衆化についてみておこう。その先鞭をつけた際コーポレーションの中島武氏は，1980年代末に福生に「韮菜饅頭」を立ち上げた後，バブルが弾けて閉店した空き店舗に「紅虎餃子房」を開いて「鉄鍋棒餃子」というヒット商品を生み出し，そして「胡同四合房　広尾店」で北京ダックを当時の相場の半額の一羽4,000円で売り出した[116]。また2000年代には，北京ダックを一羽3,000円以下で提供するレストランも現れ（「中国茶房8」など），さらに阪神淡路大震災（1995年）以降に増加した神戸南京町の屋台店では，2010年代半ばまでに食べ歩き用の北京ダックも人気となっていた。

ほかにも，1999年頃から刀削麺を看板メニューとする店が日本に現れ，2017年には蘭州ラーメンの老舗店「馬子禄」が日本に初上陸した。近年では，小龍包の専門店（天津の「狗不理」，上海の「南翔小龍包」，台湾の「鼎泰豊」）や人気火鍋

店（「小肥羊」「海底撈」など中国の人気店）などの日本進出も多い[117]。くわえて今年（2019年）は，1990年代，2008年頃に続く第3次のタピオカ・ミルクティー（珍珠奶茶）ブームのただ中にある。すでに今回のブームの以前から，台湾の主要外食企業の海外店舗数の上位は，タピオカ・ミルクティーのチェーン店（フランチャイズ店を含む）によって占められており[118]，それは台湾の飲食文化を象徴する一品になっていた。今では，横浜中華街から東京都内の商店街に至るまで現地資本の店も急増している。

　このように本場大衆の味を再現する中国料理とともに，日本発のスタイリッシュな高級中国料理もさらに洗練されてきている。例えば，脇屋友詞氏は，都内ホテルの料理長などを務めた後，1996年に「トゥーランドット游仙境」，2001年に「Wakiya 一笑美茶樓」を開店して以来，伝統的な上海料理にフレンチの盛り付けや日本の旬の食材を取り入れながら新しい味を構築している。脇屋氏の中国料理は，2007-08年にかけてニューヨークのグラマシーパークホテル内にも開店して海外進出を果たしている[119]。また，川田智也氏は，中国料理店「麻布長江」と「日本料理龍吟」に学び，2017年に東京・南麻布で「茶禅華」を開くと，わずか9カ月でミシュランの2つ星を獲得し，一躍トップシェフの仲間入りを果たした。川田氏は，中国から伝来した食文化を日本の食材や精神性で昇華させる「和魂漢才」をテーマとし，清らかさと力強さが調和した料理を目指す。それはすなわち，中国の伝統性を表現する一方，日本に眠る「食材の天性」を理解してそれを超える味つけをせず，日本料理から学んだように素材の持ち味を最大限尊重する料理であるという[120]。和（日本）と漢（中国）のバランスのとり方については，第5章で論じる京都の中国料理でも重要なテーマになっている。川田氏の「和魂漢才」の中国料理に対する国際的に高い評価は，日本の高級中国料理に一つの方向性を示すものとなる。

　なお，本書に収録された東京中国料理店歴史地図（362-371頁）からわかるように，1990年代まで中国料理の名店はホテル及び大型店がほとんどであったが，2010年頃からは独立した一人の料理人によるユニークな個人店が増えてきている。

4　本論集の概要

　以上では，近現代日本の中国料理に関する先行研究を吟味して，若干の新史料とインタビュー記録及び拙見をも織り交ぜながら，20世紀の日本・中国及び東アジアにおける食の文化交流を一瞥した。日本の中国料理が多様な文化越境の連

鎖・連関のなかで発展してきたことにくわえて，その政治・社会的背景の一端までもが垣間みられれば幸いである。

　本論集の主な目的は，こうした国際交流史の視点に立って，中華圏における中国料理の形成・発展だけでなく，日本での現地化のプロセスを具体的に論じることにある。人文・社会科学の方法にもとづく近現代の中国料理に関する研究は，アメリカが圧倒的にリードしており[121]，東南アジアについても一定の蓄積がある[122]。これらに比べると，近現代日本の中国料理に関する研究は，大きく後れを取っている感が否めない。そうした差を縮めるためにも，本書の各論文はできるだけ論拠を示して，反証可能性のある学術論文としての体裁を整えることに留意しながら執筆されている。

　日本の中国料理に関する先行研究について，詳しくは本書付録の資料②（後述）を参照されたい。とくに代表的な書籍として，田中静一著『一衣帯水──中国料理伝来史』（柴田書店，1987年）が古典的な名著といえるが，近現代の部分を中心に政治・社会・経済を視野に入れて，多様な観点から書き換え，書き足されなければならない。突出してラーメンに関しては，近年に興味深い書籍が続々と公刊されたが[123]，一つのキーアイテムだけでなく，中国料理の体系全体を多面的に論じる必要があることはいうまでもない。本書の各論文は，歴史学・文化人類学などの観点から，ユニークに発展した日本の中国料理の特色を浮き彫りにし，さらに中国料理を通して見える日本及び東アジアの近現代史を明らかにしようとするものである。以下では，各論文の要点を紹介したい。

　第Ⅰ部「近現代日本の中国料理」は，明治期から現在に至るまでの日本における中国料理の受容や現地化の試行錯誤，そしてその社会的背景の移り変わりを論じる。おもに，メディア（新聞・女性誌等），料理店，定番料理，業界団体といった切り口から明らかにしようとする論文と，東京，神戸，大阪，京都，熊本といった特定の地域にスポットライトを当てて考察する論文を収録している。

　第1章「戦前期日本の「支那料理」──家庭での受容と「支那料理店」をめぐる状況」（川島真）は，明治期日本の居留地制度や内地雑居問題が中国料理業にどのような影響を与えていたのか，清末民国期中国の外交現場において料理はいかに位置づけられたのか，といった政治外交史の観点からの問題提起をしている。そしてこれらを考える上での基礎作業として，日本における中国料理の受容について論じる。具体的には『読売新聞』，『朝日新聞』の「支那料理」関連記事を主要史料として，例えば，19世紀日本の中国料理店は日本人が経営する店に中国人コックが勤務する形態にならざるをえなかったこと，1885年に清国公使館が

20

「特別支那料理」で副島種臣ら漢学者を饗応していたこと，1891 年に北洋艦隊が東京湾内で日本の皇族や各国公使に中国料理を振る舞う計画があったことなど，興味深い史実が示されている。本章では，日本社会における「支那料理店」の普及とともに「支那料理」の家庭への浸透，及びそれらが直面していた課題が論じられる。そして『主婦の友』からは，中国料理の地位向上に伴う「和洋支」概念の普及，「台湾料理」の登場，「満洲版」に「満人」の料理として焼き餃子が紹介されていることなども明らかにされている。

　第 2・3 章「**日本における中国料理の受容――明治〜昭和 30 年代の東京を中心に**」（草野美保）は，近代日本の新聞・雑誌・料理書などから中国料理関連の記事を丹念に発掘・収集して分析した労作である。まず第 2 章「**歴史篇**」において，明治期から第二次世界大戦後の復興期を経た昭和 30 年代までの日本における中国料理の受容・発展を 7 つの段階に分けて通観している。西洋料理・洋食に比べて普及の遅かった中国料理は，とくに関東大震災後に浸透し，東京での店舗数は 1930（昭和 5）年にピークを迎えた。第二次世界大戦後にも中国料理はいち早く復興をとげた。同時に，中国料理に対するイメージや日本の食における位置づけも変化してきた。続く第 3 章「**料理篇**」においては，豚の角煮，チャーシュ，すぶた，かにたま，八宝菜，中華丼，やきそば，冷やし中華，春巻，杏仁豆腐といった日本人になじみ深い中国料理を取り上げて，どんな料理がいつ頃から定番化したのかを，レシピを中心に昭和 30 年代頃までの変遷を跡づけた。例えば，「咕咾肉」が豚肉の生産増・値段の安さを背景に人気メニューとなり，「芙蓉蟹」が鶏卵の国内生産の増加や蟹缶製造の発展とともに定着して，大正末までに「すぶた」「かにたま」と称されて定番化したという。また，「八宝菜」は，20 世紀前半期に世界的に普及した「チャプスイ」の別称と考えられることもあれば，別の料理と考えられることもあったという。

　第 4 章「**日本の華僑社会におけるいくつかの中国料理定着の流れ――神戸・大阪を中心として**」（陳來幸）は，安政の開港以来，様々な出身地をもつ華僑がもたらしたもの，という切り口から中国料理の日本での定着過程を見た。そして 20 世紀半ばまでには，広東人が横浜の，浙江寧波人が東京の，大阪川口華商をルーツとする山東人が京阪神の大型中国料理店の礎を築いたとする。なかでも本章では，神戸・大阪の山東人にスポットを当てて，神戸では本格的な中国料理店が南京町から発祥したわけではないこと，京阪神地区では来客数の多い宴会は北帮山東人の経営する北京料理店で行うのが一般的であったことなど，横浜・東京との興味深い比較の視点から指摘されている。くわえて，1954 年当時の神戸の「華僑料理店」の分布地図も力作である。

第5章「京都の中国料理――伝統の創造と料理の帰属」（岩間一弘）は，聞き取り調査と文献収集によって，京都の老舗中国料理店の多様な系譜や志向を明らかにしようとした。すなわち，京都の老舗中国料理店としては，注目されている「鳳舞系」「盛京亭系」の二大系譜のほかにも「山東（北京）系」が重要であり，その「桃園亭」は京都初の中国料理店とされる「ハマムラ」よりも早く開業している可能性が高い。山東（北京）系の桃園亭と「東華菜館」では，1960-80年代頃にかけて在日朝鮮・韓国人が頻繁に結婚披露宴を開いていた。また，京都では本格的な山東（北京）料理の大型高級店を山東華人ではなく日本人が開業したこともあり，日中戦争期に中国大陸や東南アジアでキャバレー・料理店を展開した木下彌三郎が1962年に「御池飯店」を創業して一世を風靡していた。総じて，料理の食材・調味料・調理方法で「京料理」「京風中華」「広東料理」「北京料理」を区別するのは容易ではない。それゆえに，京都の老舗中国料理店は，京都及び日本の料理の一種として「伝統」を構築していくのか，それとも本場の中国料理としての「伝統」を強調していくのか，という二つの異なる方向性があると論じた。

　第6章「熊本の「郷土料理」としての中国料理「太平燕」から考える――素材と文脈，文化を「囲い込む」こと，開くこと」（田村和彦）は，「太平燕（タイピーエン）」（春雨スープに五目炒めや揚げ卵を合わせた麺料理）が「熊本名物」となった背景として，中国から華僑によって伝えられた料理というストーリー性，九州新幹線開業を地域活性化に結びつける運動，近年の健康志向を指摘している。それだけでなく，熊本の太平燕のルーツを探し求め，中国福建省の太平燕は，より日常的にやりとりされる線麺（寿麺・喜麺・誕麺・太平麺）と同様に，提供される文脈に応じて名称を変える料理の一つであり，祝賀の儀礼で特別な意味を担う際に「肉燕」ではなく「太平燕」と呼ばれることを明らかにしている。そして，日本と中国の太平燕が近年急速に全国的知名度を獲得した背景として，ともに物語性を重視する地域の文化資源の発掘というレベルでは類似するものの，熊本の太平燕はオープンリソースとしての特徴を持つ点を高く評価している。

　第7章「**日本における中国料理の料理人の現地化と業界団体の変化**」（陳嘉適）は，日本の中国料理業界の変化を料理人とその業界団体に着目しながら論じる。日本の中国料理業界では，1970年代以降に日本人料理人の割合が増えて，現在までに9割以上に達するという推計もあり，世界的に見て高い水準にある。それゆえ，日本では在日華僑の同郷団体と職業団体から独立した料理業界団体が早くから活動を展開し，例えば，全国中華料理生活衛生同業組合連合会（1949年）と全日本中国料理調理士協会（1977年）がそれぞれ創立され，日本における中国

料理の普及と業界の地位向上に貢献した。また本章は，1950-70年代の日本で四川料理の普及に尽力した陳建民のほかに，多くの広東料理人を育てた譚恵・伍貴培といった名料理人を紹介している。他方，21世紀の日本の外食支出に占める中国料理の比率は（ラーメンを算入しないと）低下しており，市場規模の縮小と料理人の人材不足による影響が大きく，その打開策としては，海外進出及び訪日外国人観光客を新たな客層として取り込んでいくことが課題であると提言している。

第Ⅱ部「越境する中国料理」は，中国，台湾，朝鮮・韓国，アメリカといった日本の近隣諸国・諸地域における中国料理の変容を明らかにして，日本の中国料理を考える上での比較材料を提供する論文だけでなく，それらが日本の中国料理にどのような影響を与えているのかを考察する論文も収録している。

第8章「料理人と料理教育者——台湾が日本に輸出した「中国料理」：1945年から1970年を中心に」（陳玉箴著・持田洋平訳）は，東京の「台湾料理」に関する専門論文[124]も執筆した台湾の若手研究者による寄稿である。台湾は，第二次世界大戦後から1970年代初頭に至るまで，グローバルな「中国文化」の主要な輸出地であり，料理もその中に含まれていた。かつて台湾から日本にやって来た料理人には，日本植民地期から日本に居住した者のほかに，1960年代に中華民国政府によって選抜されて日本に送られた者がおり，後者は台湾のほかにも中国の様々な地域からやって来たコックを含んだので，中国北方の料理を得意とする者が多かった。また1960年代には，辛永清や傅培梅といった著名な料理教育家も日本にやって来た。辛永清が台南人で，台湾風の味つけを基礎としたのに対して，傅培梅は，第二次世界大戦後に台北に来た中国北方出身者で，多種類の中国料理を体系化して広く教育した。

第9章「チャジャン麺ロード—— 20世紀東北アジア，チャジャン麺流浪の旅」（周永河著・丁田隆訳）は，韓国食文化研究の第一人者である周永河氏による寄稿である。まず，1908年頃から仁川で出されるようになったチャジャン麺（韓国式炸醤麺）が，1950年代における米国からの余剰小麦流入と，1960年代に朴正熙政権によって始められた粉食奨励運動を契機として，「国民食」へと発展していく歴史が概観される。さらに，長崎の中華街で韓国風チャジャン麺が出されるのは，帝国日本の傘下で朝鮮と日本の華人が共生していたからであること，また，韓国のチャジャン麺が1990年代以降の北京の炸醤麺再生運動にさらなる拍車をかけ，炸醤麺を「老北京」（古き良き北京）の象徴に押し上げたことなど，ユニークな指摘がされている。

第 10 章「朝鮮半島における「中国料理」の段階的受容——分断後の韓国まで
を視野に」(林史樹)によれば，これまで韓国における中国料理は 1960-70 年代
に普及したものと考えられていたが，近年，すでに植民地期の 1920 年代には朝
鮮人社会に中国料理が広まっていたとする説が提起された。両説を吟味しつつ，
本章は，一般に「中国料理」というカテゴリで括られがちな食が、朝鮮（韓国）
社会に受容された際、集合体としてではなく、ジャンルやメニューごとに段階的
に受容されていったと論じる。例えば，今日では餃子を指すことが多い「マン
ドゥ（饅頭）」は，朝鮮時代の宮中料理では皮の材料にソバ粉を用いるのが主流
であり，19 世紀までは麺料理にしてもソバ粉や緑豆粉を用いることが多かった。
小麦粉を使った麺料理（インスタントラーメン・チャジャン麺・チャンポン）は，当
初はマンドゥよりも受け入れられにくく，1960 年代頃から本格的に定着した。

第 11 章「グローバル政治におけるディアスポラ汎中国料理の創出」(呉燕和
著・大道寺慶子訳)は，世界的に知られる中国料理文化研究者の一人である呉燕
和氏（David Y. H. Wu）が，1960 年代以降のアメリカで台湾からの移民が経営する
「北方中国料理」の店について，大陸中国と台湾をめぐるグローバルな政治的状
況と結びつけて論じている。呉氏によれば，現在のアメリカの中国料理の主流は，
19 世紀後半から広まったチャプスイ（米国式中国料理）と，1960 年代以降に広ま
る「北方中国料理」の組み合わせのようなものとして理解できる。後者は，台湾
から渡米した高学歴の若者たちによって始められ，アメリカの中国料理にとって
重要な画期となった。本章では，1970 年代にホノルルとニューオーリンズで開
店して成功した 2 店に関する貴重な聞き取り調査の成果が例示されている。

中国国外において，中国料理に関する知識や習慣は，中国語学習を通じて得ら
れる場合も多い。とはいえ，第 12 章「中国語教育と中国の「食文化」に関する
考察——中国語テキストにおける事例を中心に」(浅野雅樹)によれば，時間的
な制約のある日本の中国語教育においては，食文化それ自体の知識を授けるので
はなく，それを言語的な要素と融合させて，言語技術及びコミュニケーション能
力を向上させることが主目的になるという。本章は，中国語教材で見られる飲食
関連の語彙や本文を分析して，学習すべき内容や事項を検討する。そのなかで例
えば，日本語に完全には相当する概念がない「饅頭」(中国式蒸しパン)・「油条」
(中国風長揚げパン)・「小吃」(軽食)，日本語と同じ漢字でも意味が異なる「猪
肉」(豚肉)・「湯」(スープ)・「酒店」(ホテル)，一見簡単であるが複雑な文化義
が含まれる「会点菜」(注文するのがうまいね)などが指摘されている。本章から
は，日本の語学教育の現場において中国食文化がどのように伝えられているのか
を体系的に知ることができる。

第Ⅲ部「中国料理の文化と政治」は，中国本土の北京，上海，重慶といった地域での具体的な政治状況下における中国料理文化を考察する論文を収録した。これらは，日本の中国料理を考えるための基礎研究として重要な意味を持つ。

　第13章「「中国料理」はいつ生まれたのか――『申報』に見える料理の語彙の分析を通して」（西澤治彦）は，上海で刊行されて中国の広い地域で販売された近代中国を代表する商業新聞『申報』（1872-1949年）のデータベースを活用して，中国料理のカテゴリに関する語彙の初出や用法を分析し，国民国家建設が模索された清末民国期における「国民料理」としての中国料理の形成を考察しようとした。そして，中国料理を意味する「唐菜」，「中国菜」，「華菜」，「中餐」の語彙は，西洋料理を意味する「番菜」，「外国菜」，「西菜」，「西餐」の語彙と見事な対応関係にあり，後者が前者の生まれる契機になっていたことを明らかにしている。ほかにも日本との関連では，「日本料理」という概念が生まれたのと同じ1884年頃，『申報』で「中国菜」，「華菜」の語彙が使われ始めていること，日本で「西洋料理」，「日本料理」の後に，「洋食」，「和食」の語彙が使われ始めたのと同じように，中国でも「西菜」，「華菜」の後に，「西餐」，「中餐」の用語が生まれたこと，和製漢語の「中華料理」という語彙が『申報』の日本関連記事でも登場していることなど，新鮮な気づきが示されている。

　ところで，中国において呉蘊初という企業家は，近代中国を代表する「愛国企業家」，「民族資本家」の一人とされ，「味精」という調味料の発明・製造によって化学工業の発展に貢献したことから「味精大王」として名を馳せている[125]。しかし，日本の味の素の社史において，呉蘊初の天厨味精廠は，近代上海に数多く生まれた「類似品工場」の一つとして登場するだけであり[126]，調味料の発明と普及をめぐって日中間に歴史認識の相違が生じている。第14章「1920-30年代における上海の調味料製造業と市場競争――中国の味精と日本の味の素に着目して」（李培徳著・湯川真樹江訳）は，同時代資料を精査して，天厨味精廠と味の素社の商品開発，商標，広告内容，販売戦略を比較しながら，上述のような歴史認識の違いが生まれた背景を考察したものとして読める。中国の愛国主義や排日運動との関連で論じられることの多い両社の競合だが（6-7頁参照），本章はとくに，呉蘊初が特許の一部を放棄して上海の調味料製造業の発展を促していたこと，それによって天厨味精廠と味の素社の競合にその他多くの中小企業が関わっていたこと，味精と味の素がともに粗悪な偽物と戦う必要があったことなどに着目している。

　第15章「太平洋戦争下の食と健康――中国の日本人俘虜は何を食べていたのか」（貴志俊彦）は，外務省外交史料館外交記録及び立命館大学国際平和ミュー

序章　日本の中国料理はどこから来たのか　25

ジアム所蔵の鹿地亘関係資料を用いて，日中戦争期の在華日本人俘虜の食生活を論じる。重慶国民政府の俘虜収容所では，中国人コックのもとで日本人俘虜が手伝って食事を用意することもあり，総じて平均的な中国兵の食事や日本兵が故郷で摂っていた食事よりも良かった。しかし，戦況悪化・物価急騰は俘虜の食事の質量を低下させ，汁の中に大根の切れはしが浮いている「太平洋汁」と呼ばれるものまで食べられるようになった。1944年末の大陸打通作戦実施前まで，日本人俘虜は中国兵よりも豊かな食事をしていたが，日本軍が中国大陸での侵攻を進めるとともに苦境に陥っていったことを明らかにしている。

第16章「北京老字号飲食店の興亡──全聚徳を例にして」（山本英史）は，中国の老舗料理店の事例研究として，北京ダックで有名な全聚徳の興隆・発展の歴史をたどる。そして，清末民国初期の北京に数多く誕生した料理店の中で，なにゆえ全聚徳が北伐・日中戦争・国共内戦，さらには人民中国における社会主義改造・文化大革命を乗り越えて生き残ってきたのかを考察した。すなわち全聚徳は，民国期には張作霖・張宗昌といった軍人政治家や梅蘭芳といった文化人にひいきにされて地位を上げ，人民共和国期には毛沢東や周恩来の庇護を受けて国家宴会や外国人賓客の接待に使われることで発展した。このような国・政府による庇護は，改革・開放以降にも大手国有企業集団の傘下に入ることによって維持されたが，近年の市場経済の急速な発展の下で転換点にあること，その状況は北京の他の老舗料理店にも共通していることなどが指摘されている。

以上のほかにも，本書の巻末には，**付録「資料①　東京（都心）有名中国料理店地図」**（362-371頁）として，1930年代，1961年，1967年，1992年，2017年の東京都心における中国料理の名店を表示した地図を掲載する。5枚の地図を見比べれば，変わらぬ老舗料理店がある一方，有名料理店が確実に移り変わってきたことを視覚的に確認できる。これらの地図を参考に中国料理を食べに行けば，日本の中国料理の歴史的変化を実体験できるだろう。さらに，本書の**付録「資料②　中国料理関連文献目録」**（373-377頁）として，創刊から第二次世界大戦後期までの料理雑誌『料理の友』，『栄養と料理』における中国料理関連記事一覧と，第二次世界大戦後から現在に至るまでの日本における中国食文化研究の関連文献一覧をWEB上で公開する。草野美保の製作によるこれらの文献リストは今後，日本の中国料理の歴史を調べる上では欠かせない基本データになるはずである。

---

1)「孫文学説」は，1918年12月30日に上海で序文が書かれ，初版は上海の華強書局より翌年6月5日に発行されている。「建国方略　孫文学説（心理建設）」，国父全集

編輯委員会編『国父全集』第 1 冊，近代中国出版社，1989 年，355-357 頁を参照さ
れたい。

2) 司馬遼太郎『街道をゆく　35　オランダ紀行』朝日新聞社，1991 年，95 頁。

3)「偕楽園」という名前は，渋沢栄一が「クラブ」の意味を翻案してあて字をしたもの
であるという。1885 年，笹沼源吾が偕楽園の経営を引き受けて，料亭として再出発
した。1909 年に源吾が急死して後を継いだ笹沼源之助は，谷崎潤一郎の小学校時代
からの友人として知られ，1940 年にはライファン工業株式会社（現存）を創業し，
終戦後に大量生産された魚肉ソーセージの袋を提供した。留井重平「中華料理店偕
楽園主からライファン工業を築いた笹沼源之助氏の半生」，『実業之日本』60 巻 18
号（1419 号）（1957 年 9 月 15 日），95-97 頁，「渋沢秀雄対談　話の献酬　ライファ
ン工業社長　笹沼源之助」，『実業之日本』60 巻 23 号（1424 号）（1957 年 12 月 1 日），
74-80 頁。本資料をご教示くださった草野美保氏に感謝します。

4) 同上。

5) 拙稿「中国料理のモダニティ――民国期の食都・上海における日本人ツーリストの
美食体験」，関根謙編『近代中国　その表象と現実――女性・戦争・民俗文化』平凡
社，2016 年，285-313 頁。

6)「華僑」，「華人」という呼称は，時代や地域によって様々な用法・区分が存在するが，
本章では固有名詞等の例外を除いて，原則として「華人」の用語で統一する。

7) 陳優継『ちゃんぽんと長崎華僑――美味しい日中文化交流史』長崎新聞社，2009 年，
21，30，33 頁。

8) 浜崎国男『長崎異人街誌』葦書房，1994 年新装版，71 頁。

9) ツー ティモシー ユンフイ（Timothy Y. TSU）「近代日本における西洋料理受容の
「触媒」としての中国人料理人の役割について」，『関西学院大学国際学研究』6 巻 1
号（2017 年 1 月），1-10 頁。

10) 陳優継（前掲）『ちゃんぽんと長崎華僑』，35 頁。

11) ツー ティモシー ユンフイ（前掲）「近代日本における西洋料理受容の「触媒」とし
ての中国人料理人の役割について」，『関西学院大学国際学研究』。

12) 小菅桂子『にっぽんラーメン物語』講談社，1998 年，215-223 頁。

13) 陳優継（前掲）『ちゃんぽんと長崎華僑』，38-46，101-103 頁。

14) 川島真「神保町界隈から見る日中関係　1899 〜 1919 年」，勝見洋一「留学生たちの
舌の記録をたどる」，鳥居高「世界でも異質なチャイナタウン」，『東京人』302 号
（2011 年 11 月），31，40，76 頁。

15) 東四柳祥子・江原絢子「近代料理書に見る家庭向け中国料理の形成とその受容の特
質」，『日本食生活文化調査研究報告集』23 号（2006 年 11 月），1-61 頁。

16) 山方香峰『日常生活　衣食住』実業之日本社，1908 年，438-442 頁。

17) 丹後四郎「支那料理時代」，『食道楽』14 号（1928 年 9 月），2021 頁。

18) 拙稿（前掲）「中国料理のモダニティ」，関根謙編『近代中国』。

19) ホテル雅叙園東京のホームページ「雅叙園を知る」（http://www.hotelgajoen-tokyo.
com/history），2019 年 3 月 24 日最終閲覧。雅叙園の回転テーブルの訪問調査として
は，西澤治彦「中国料理店の回転テーブル――目黒雅叙園に残る第一号回転テーブ

ルについて」,『Vesta』No. 56（2004 年 11 月）, 60-65 頁。西澤氏によれば, 雅叙園の回転テーブルは,「回転部分がパイプを組み合わせた一本軸の構造」である「現在の形のルーツ」と考えられるという（「東京トリビア　中華の回転テーブルは…」,『東京新聞』2014 年 10 月 1 日 12 版 32 頁）。

20) 例えば,「長寿延命若返り」,『食道楽』（3 巻 10 号, 1929 年 10 月）, 58-77 頁の集合写真（58 頁）には, 1929 年 9 月 3 日夜に日本橋「濱のや」にて開かれた第 16 回食道楽漫談会で用いられた回転テーブルが写されている。松崎天民が雑誌『食道楽』とその漫談会の主催者である。そして 1931 年 1 月に刊行された松崎天民著『東京食べある記』（誠文堂）には, 濱のやでは「上の圓形の卓をグルグル廻せば, 食品を入れた器が, 順々に自席の前に來るやうな仕掛が, 便利であり面白かつた」（61 頁）とある。さらに詳しくは, 尽波満洲男「夏の宵, 鎌倉由比ヶ浜で試みた松葉いぶし」,「正陽楼の本物の鍋で焼かせた濱町濱の家」（「現場主義のジンバ学」, http://www2s.biglobe.ne.jp/~kotoni/index.html）, 2019 年 3 月 24 日最終閲覧。

21) "Weekly Essays in April, 1732," *The Gentleman's Magazine: or, Monthly intelligencer*, Vol. II, No. 16, April 1732, p. 701.

22) Elizabeth E. Howell, *Self-waiting Table, Patent No. 464,073*, Maryville, Missouri: United States Patent Office, September 14, 1891, (http://www.google.com/patents/US464073?hl=ja#v=onepage&q&f=false), accessed Mar 24, 2019.

23) "Hingham Indian Maidens Revive Ancient Arts: Lazy Susan, Dumb Waitress," *Boston Journal*, November 8, 1903, Third Section, p.3.

24) ヘンリー・フォード博物館（Henry Ford Museum and Greenfield Village）のデジタルコレクション, President Harding Dining with the "Vagabonds" during a Camping Trip, 24 July 1921,（Object ID）P.189.1522.

25) Levine Bettijane, "Back Story: Who Was Susan, and Was She Truly Lazy?" *The Los Angeles Times. L.A. at Home*, March 25, 2010,（http://latimesblogs.latimes.com/home_blog/2010/03/lazy-susan-history-who-invented-mystery.html）, accessed Mar 24, 2019.

26) 1917 年の広州での公衆衛生に関する会議の夕食において, 中国で初めて回転テーブルが用いられたとする説もある。Daniel A. Gross, "The Lazy Susan, the Classic Centerpiece of Chinese Restaurants, Is Neither Classic nor Chinese," *Smithsonian. com*, 21 February 2014,（http://www.smithsonianmag.com/arts-culture/lazy-susan-classic-centerpiece-chinese-restaurants-neither-classic-nor-chinese-180949844/）, accessed Mar 24, 2019. アメリカの回転テーブルの歴史に関する記述は, 英語版ウィキペディアの記述をもとに筆者が原典史料を直接確認していったものである。

27) 西澤治彦（前掲）「中国料理店の回転テーブル」,『Vesta』, 注 5。

28) Kataryna J. Cwiertka, *Modern Japanese Cuisine: Food, Power and National Identity*, London: Reaktion Books, 2006, pp.139, 147-148.

29) 愛知郡役所『尾張國愛知郡誌』愛知郡役所, 1923 年, 441-442 頁。

30) 「白菜」,『北支』9 号（2 巻 2 号）, 1940 年 2 月。

31) 藤田昌雄「戦場の食──日露戦争における日本陸軍の糧秣体系」,『軍事史学』41 巻 1・2 号（2005 年 6 月）, 49 頁。

32) 当該書は，田中静一（『一衣帯水——中国料理伝来史』柴田書店，1987 年，203 頁）
   が引用する 1918 年初版を入手できず，味の素食のライブラリー所蔵の 1943 年 2 月
   改正版（1925 年 2 月増補，1938 年 10 月増補）を確認した。

33) 丸本彰造編「自序」，『支那料理の研究——附・その料理法と随園食単』糧友会，
   1938 年，1-8 頁。

34)「廉くて美味しい支那料理普及運動——陸軍糧秣廠の講習会」，『国民新聞』1923 年 3
   月 10 日 5 頁。

35) Katarzyna Cwiertka and Yujen Chen, "The Shadow of Shinoda Osamu: Food Research
   in East Asia," in Kyri W. Claflin and Peter Scholliers (eds.), *Writing Food History: A
   Global Perspective*, London: Berg, 2012, pp.181-196.

36) 李盛雨（鄭大聲・佐々木直子訳）『韓国料理文化史』平凡社，1999 年，234-242 頁。

37)「자장면 원조 , 차이나타운 공화춘 " 우리 모두 봄날에 꽃핀듯이 잘　살아보자 "（チャ
   ジャン麺の元祖，チャイナタウン共和春〝私たちは皆春の日に花咲くように見事に
   生きてみよう〟）」，『미추홀신문（ミチュホル新聞）』2008 年 4 月 7 日 17 面 .「［짜장
   면박물관 특별전］청관（清館），그 기억을 거닐다（［チャジャン麺博物館特別展］清
   館，その記憶を散策する）」，Culture & History Traveling, Since 2008, Korea & World
   by younghwan，(http://www.dapsa.kr/blog/?p=10899)，2019 年 3 月 24 日最終閲覧。本
   資料をご教示くださった湯川真樹江氏に感謝します。

38) 山下清海『新・中華街——世界各地で〈華人社会〉は変貌する』講談社，2016 年，
   130 頁。

39) 陳優継（前掲）『ちゃんぽんと長崎華僑』。

40) 伊東順子「チャイナタウンのない国——韓国の中華料理店」，『言語文化』（明治学院
   大学）21 巻（2004 年 3 月），132-143 頁。주영하（周永河），「나가사키 화교 음식 ʻ 짬
   뽕 ʼ 이 한국에 있는 까닭（長崎華僑の食べ物 ʻチャンポンʼ が韓国にある理由）」，
   『신동아（新東亜）』2008 年 7 月 25 日，(http://news.naver.com/main/read.nhn?mode
   =LSD&mid=sec&sid1=103&oid=262&aid=0000001606)，2019 年 3 月 24 日最終閲覧。
   林史樹「チャンポンにみる文化の「国籍」——料理の越境と定着過程」，『日本研究』
   30 号（2011 年 2 月），47-67 頁。朝倉敏夫・林史樹・守屋亜記子『韓国食文化読本』
   国立民族博物館，2015 年，88-89 頁。

41)「御泊所の大食堂にて　臺灣料理を召上られ　供奉高官全部に御陪食」，『臺灣日日新
   報』1923 年 4 月 26 日 7 頁。「御宴與臺灣料理 江山樓之光榮」，『臺灣日日新報』1923
   年 4 月 27 日 8 頁。陳玉箴「食物消費中的国家体現——日治與戦後初期的「台湾菜」」，
   「台湾史青年学者国際研討会」会議論文（国立政治大学台湾史研究所・東京大学大学
   院総合文化研究科・一橋大学大学院言語社会研究科，於台北・世新会館，2008 年 3
   月）。

42) 曾品滄「日本人の食生活と「シナ料亭」の構造的変化」，老川慶喜編『植民地台湾の
   経済と社会』日本経済評論社，2011 年，213-231 頁。

43) 日中戦争期まで上海で活躍したジャーナリスト・小説家の包天笑は，1948 年，台湾
   で職員・労働者・公務員が弁当（「飯匣」）を持参して食べることに驚いて記してい
   る。包天笑著（孫慧敏・林美莉校註）『釧影楼日記　1948-1949』中央研究院近代史

序章　日本の中国料理はどこから来たのか　29

研究所，2018 年，29-30 頁。

44）楊文騏『中国飲食文化和食品工業発展簡史』中国展望出版社，1983 年，134 頁。

45）朝鮮半島の弁当（도시락）も植民地時代に日本の影響を受けたものだが，朝鮮時代に存在した「도슭」（籤などで編んだ楕円形の小さな容器）を語源とする説がある。また，宮中で用いられた「饌盒（찬합）」は，朝鮮後期に日本に派遣された朝鮮通信使を通じて日本の「箱饌」が流入したとする説がある。周永河氏のご教示による。

46）拙稿「『旅行満洲』に見る都市・鉄道・帝国の食文化——「満洲料理」「満洲食」の創成をめぐって」，高媛・田島奈都子・岩間一弘解説『『旅行満洲』解説・総目次・索引』不二出版，2019 年，67-83 頁。

47）味の素沿革史編纂会『味の素沿革史』味の素株式会社（非売品），1951 年，201-204 頁。

48）中国市場における仁丹とその類似品の競合については，李培徳「日本仁丹在華的市場策略及其與中国人丹的競合」，『中央研究院近代史研究所集刊』89 期（2015 年 9 月），85-124 頁。

49）味の素と天厨味精との競合については，Karl Gerth, "Commodifying Chinese Nationalism: MSG and the Flavor of Patriotic Production," Susan Strasser ed., *Commodifying Everything: Relationships of the Market*, New York: Routledge, 2003, pp. 235-258. 及び本書 14 章を参照されたい。

50）味の素沿革史編纂会（前掲）『味の素沿革史』，480 頁。

51）味元・味豊については，Jung Kuen-Sik, "Colonial Modernity and the Social History of Chemical Seasoing in Korea," *Korea Journal*, Vol.45, No.2, Summer 2005, pp.163-185. などを参照されたい。

52）味の素沿革史編纂会（前掲）『味の素沿革史』，432-515 頁。ジョルダン・サンド（天内大樹訳）『帝国日本の生活空間』岩波書店，2015 年，59-106 頁の第 2 章「『味の素』——味覚の帝国とグローバリゼーション」。

53）内田直作・塩脇幸四郎編『留日華僑経済分析』河出書房，1950 年，64-65，126-127 頁。大掛達也「日比谷通りがネオンの中華街？　田村町のいまむかし」，『料理王国』166 号（2008 年 6 月），20-21 頁。

54）楊子震「帝国臣民から在日華僑へ——渋谷事件と戦後初期台湾人の法的地位」，『日本台湾会報』14 号（2012 年 6 月），70-88 頁。

55）陳鵬仁『日本華僑問題分析』台北，天馬出版社，1979 年，32 頁。

56）内田直作・塩脇幸四郎編（前掲）『留日華僑経済分析』，64-65，126-127 頁。

57）同上，75-76 頁。

58）TS INTERNATIONAL, LTD. のホームページの「社史・あゆみ」（http://tsi.gr.jp/about/outline/），2019 年 3 月 24 日最終閲覧。

59）「古家の風格　新鮮力　野田豊プラン・ドゥ・シー社長」，『日経流通新聞』2002 年 3 月 26 日 28 頁。

60）詳しくは，安藤百福『魔法のラーメン発明物語——私の履歴書』日経新聞社，2002 年，及びジョージ・ソルト（野下祥子訳）『ラーメンの語られざる歴史——世界的なラーメンブームは日本の政治危機から生まれた』国書刊行会，2015 年，120-147 頁。

61）「ぎょうざ・マンボ全盛時代」，『丸』8 巻 7 号（1955 年 7 月），17-24 頁。「中国版お

好み焼　餃子ブームを解剖する」、『サンケイグラフ』48 号（1955 年 7 月）、10-13 頁。

62) 草野美保「国民食となった餃子——受容と発展をめぐって」、熊倉功夫編『日本の食の未来』思文閣、2013 年、164-205 頁。

63) 石橋崇雄『大清帝国』講談社、2000 年、17-18 頁。

64) 高橋通博の後を継いだ妻・美枝子へのインタビュー記事「珉珉餃子館　日本の餃子の手本となった店」、『サライ』1999 年 18 号（1999 年 9 月 16 日）、18-19 頁。

65) 程一彦『料理は海を越える——程さんの台湾料理店』晶文社、1992 年、96-100 頁。

66) 五十嵐幸子『秘訣は官民一体　ひと皿 200 円の町おこし　宇都宮餃子はなぜ日本一になったか』小学館、2009 年、79 頁。

67) 史明口述史訪談小組『史明口述史』台北、行人文化実験室、2013 年。史明『史明回憶録——追求理想不回頭』台北、前衛出版社、2016 年、423-461 頁。

68) 陳玉箴（前掲）「食物消費中的国家体現——日治興戦後初期的「台湾菜」」、「台湾史青年学者国際研討会」会議論文。

69) 謝春遊（「食のグローバル化における四川料理の海外展開——日本の「四川飯店」とオーストラリアの「水井坊四川酒楼」の事例を中心に」、『会誌　食文化研究』14 号（2018 年 12 月）、23-34 頁、注 13）は、前掲の『日本の家庭に応用したる支那料理法』（1909 年）に掲載された「拌鶏絲」や「米粉肉」と同様の料理が、商業部飲食服務局編『中国名菜譜』第 7 輯（北京、軽工業出版社、1960 年）で四川料理に分類されていると論じる。しかし、確かに両書には類似した料理名が見られるが、食材・調味料・調理法まで同様の料理は見つけられず、現状では戦前の日本で四川料理が受容されていた根拠はないものと考えられる。

70) 陳建民『さすらいの麻婆豆腐』平凡社、1988 年。

71) 田中静一（前掲）『一衣帯水』、241 頁。

72) 木村春子「日本の中国料理小史　戦後の歩みのワンシーン①　新橋田村町の時代」、『月刊専門料理』30 巻 1 号（1995 年 1 月）、116-119 頁。

73) 芝パークホテルのホームページの「歴史」（https://www.shibaparkhotel.com/history/）、2019 年 3 月 24 日最終閲覧。

74) 梁樹能氏（株式会社ホテルオークラグループ中国調理名誉総料理長）へのインタビュー（2016 年 1 月 12 日に陳嘉適氏と筆者で行う、肩書きは当時のもの）。

75) 田中静一（前掲）『一衣帯水』、242 頁。

76) この時の議論は、中央研究院近代史研究所檔案館所蔵「旅日厨師居留権問題」（外交部檔案、063.4/0001）から詳しくわかる。

77) 田中静一（前掲）『一衣帯水』、242 頁。

78) 木村春子（前掲）「日本の中国料理小史　戦後の歩みのワンシーン①　新橋田村町の時代」、『月刊専門料理』。

79) 植原路郎「明治大正昭和　飲食物年表　追補編」、『中国菜』6 号（1963 年 12 月）、63-66 頁。

80) 松本暁美「ルポタージュ　東京のリトル・ホンコン」、『週刊サンケイ』11 巻 17 号（1962 年 4 月 9 日）、30-33 頁。

81) Sidney C. H. Cheung, "The Invention of Delicacy: Cantonese Food in Yokohama

Chinatown," David Y. H. Wu and Sidney C. H. Cheung (eds.), *The Globalization of Chinese Food*, Richmond, Curzon Press, 2002, pp. 170-182.

82）「私の〝ゆく道〟を拓いた仕事場　福岡地区の巻②」,『圓卓』（日本中国料理協会）vol.19（1991 年 2 月）, 16-19 頁。朝鮮人が中国料理店を経営した例は,戦前の神戸でも確認できる（佐々木道雄『キムチの文化史——朝鮮半島のキムチ・日本のキムチ』福村出版, 2009 年, 190-191 頁）。ただし,朝鮮・韓国人コックと認識された者のなかには,山東系の朝鮮・韓国華僑が含まれていたことも考えられる。戦後,中国料理を志す日本人コックの増加に伴って,韓国人コックは姿を消していったという。

83）（中華民国）駐横浜総領事館「重要僑務案件説帖」, 1966 年 12 月,（中央研究院近代史研究所檔案館所蔵外交部檔案, 063.4/0001）。

84）大日本印刷株式会社 CDC 事業部編『食の魔術師　周富徳』フーディアム・コミュニケーション, 1993 年, 9-28 頁。

85）木村春子（前掲）「日本の中国料理小史　戦後の歩みのワンシーン①　新橋田村町の時代」,『月刊専門料理』。同「日本の中国料理小史　戦後の歩みのワンシーン⑪　中国料理と横浜中華街」,『月刊専門料理』30 巻 11 号（1995 年 11 月）, 146-149 頁。

86）新橋亭・呉東富会長へのインタビュー（2015 年 9 月 29 日）。

87）木村春子（前掲）「新橋田村町の時代」「中国料理と横浜中華街」,『月刊専門料理』。

88）「語りおろし連載　第 130 回　行くカネ　来るカネ　盛毓度」,『週刊文春』30 巻 10 号（1478 号）（1988 年 3 月 10 日）, 72-76 頁。盛毓度『新・漢民族から大和民族へ』東洋経済新報社, 1978 年, 25-26 頁。

89）留園の 4 階のテラスにはゲル（パオ）も作られ,そこで「蒙古料理」の「しゃぶしゃぶ」を食べることができたという。新橋亭会長・呉東富氏へのインタビュー（2015 年 9 月 29 日）。

90）「私の言葉　盛毓度」,『週刊新潮』7 巻 21 号（327 号）（1962 年 5 月 28 日）, 11 頁。

91）村山三敏「経営者列伝　天の時, 地の利, 人の和を手中に収めた哲人経営者——盛毓度　1」,『月刊食堂』15 巻 5 号（1975 年 5 月）, 245-249 頁。

92）木村春子「日本の中国料理小史　戦後の歩みのワンシーン②　咲き誇る大輪の花「留園」」,『月刊専門料理』30 巻 2 号（1995 年 2 月）, 138-141 頁。

93）「宴会の内容, 規模に応じた料理とサービスを徹底　東京　芝・留園」,『月刊食堂』13 巻 9 号（1973 年 9 月）, 188-189 頁。

94）前掲「語りおろし連載　第 130 回　行くカネ　来るカネ　盛毓度」,『週刊文春』。

95）2015 年 9 月 29 日, 2018 年 1 月 26 日のインタビュー当時。以下の記述は, 2 回のインタビューにもとづく。

96）『中華日報』1948 年 5 月 20 日 2 頁, 1948 年 10 月 11 日 2 頁。

97）ただし, 新橋亭の料理は「福建料理」として認識されることもあったようである。大島徳弥『現代中国教室　7　中国料理教室』青年出版社, 1968 年, 50 頁。

98）そのほかに, 横浜などでは 1960 年代頃まで「南京料理」という呼称も一般的であった（「見学記　横浜中華街をのぞく」,『中国菜』6 号, 1963 年 12 月, 67-69 頁）。

99）勝見洋一『中国料理の迷宮』講談社, 2000 年, 12 頁。

100）華僑経済年鑑編輯委員会編『華僑経済年鑑』台北，1962年版，387頁。
101）1992年，韓国が中華人民共和国と国交を樹立して，中華民国（台湾）と断交した。その後も，数少ない仁川などの中国人レストラン経営者は，「中華」を普遍的名称（中華民国＝台湾だけでなく伝統中国を連想する）として好んだものの，多くの韓国人レストラン経営者は，「中華」から「中国」に広告文句などを変更した。Kwang-ok Kim, "Sichuan, Beijing, and Zhonghua in Chinese Restaurants in Korea: Local Specialty and Consumption of Imagination," in David Y.H. Wu (ed.), *Overseas March: How the Chinese Cuisine Spread?* Taipei: Foundation of Chinese Dietary Culture, 2011, pp.145-157.
102）Sidney C. H. Cheung, "The Invention of Delicacy."
103）木村春子（前掲）「日本の中国料理小史　戦後の歩みのワンシーン⑪　中国料理と横浜中華街」，『月刊専門料理』。
104）「黄浦区許多〝名菜館〟改革為大衆化飲食店」，『文匯報』1968年12月7日4頁。洪汶湃「無産階級対資産階級闘争的勝利——在戦闘的南京路上」，『文匯報』1969年9月30日3頁。
105）佐藤孟江・浩六『済南賓館物語』春秋社，2001年。
106）石井克則『「你好」羽根つき餃子とともに——二つの祖国を生きて』三一書房，2017年。
107）「語りおろし連載第54回　行くカネ　来るカネ　林康弘」，『週刊文春』28巻34号（1402号）（1986年9月），112-116頁。「インタビュー　林康弘　聘珍樓社長」，『日経レストラン』246号（1998年3月），38-41頁。
108）「異色対談　近藤誠司　林康弘」，『月刊食堂』27巻3号（315号）（1987年3月），154-158頁。
109）「すかいらーくグループ　沿革」（http://www.skylark.co.jp/company/skylark_history.html），2019年3月24日最終閲覧。
110）「ローカル奮戦企業　（株）聘珍樓」，『月刊食堂』20巻2号（230号）（1980年2月），324-327頁。「トップと一時間　（株）聘珍樓社長　林康弘」，『月刊食堂』23巻1号（265号）（1983年1月），125頁。
111）Sidney C. H. Cheung, "The Invention of Delicacy." ただし，聘珍樓は2001年をピークに売り上げを落とし，2007年には債務超過に陥り，2016年には中小企業再生支援全国本部の支援で再生スキームを固めた。「（株）平川物産（旧：（株）聘珍樓）」，『東京商工リサーチ』2017年3月14日（http://www.tsr-net.co.jp/news/tsr/20170314_02.html），2019年3月24日最終閲覧。
112）Siumi Maria Tam, "Lost, and Found?: Reconstructing Hong Kong Identity in the Idiosyncrasy and Syncretism of Yumcha," in David Y. H. Wu and Tan Chee-beng, *Changing Chinese Foodways in Asia*, Hong Kong: The University of Hong Kong, 2001, pp.49-69.
113）林兼正『なぜ，横浜中華街に人が集まるのか』祥伝社，2010年。
114）曽徳深「中華料理の体系，伝統と革新」，横浜商科大学編『横浜商科大学　中華街まちなかキャンパス　横浜中華街の世界』横浜商科大学，2009年，134-151頁。

115）山下清海『池袋チャイナタウン——都内最大の新華僑街の実像に迫る』洋泉社，14-34 頁。

116）『料理王国』166 号，2008 年 6 月，「特集　日本の中国料理 100 年史」，65 頁。

117）徐航明『中華料理進化論』イーストプレス，2018 年，70-74 頁。

118）川端基夫『外食国際化のダイナミズム——新しい「越境のかたち」』新評論，2016 年，215-227 頁。

119）前掲『料理王国』166 号，64 頁。

120）「Episode14　川田智也（茶禅華）」，『パレ・ド・Z——おいしさの未来』（BS フジ，2019 年 4 月 20 日放送）。

121）代表的な著作には，J.A.G. Roberts, *China to Chinatown: Chinese Food in the West*, London: Reaktion Books Ltd, 2002; Andrew Coe, *Chop Suey: A Cultural History of Chinese Food in the United States*, Oxford, Oxford University Press, 2009; Yong Chen, *Chop Suey, USA: The Story of Chinese Food in America*, New York: Columbia University Press, 2014; Haiming Liu, *From Canton Restaurant to Panda Express: A History of Chine Food in the United States*, New Brunswick: Rutgers University Press, 2015; Anne Mendelson, *Chow Chop Suey: Food and the Chinese American Journey*, New York: Columbia University Press, 2016. などがあり，関連する論集には，Kwang Ok Kim (ed.), *Re-Orienting Cuisine: East Asian Foodways in the Twenty-First Century*, New York: Berghahn, 2015; Bruce Makoto Arnold, Tanfer Emin Tunç, Raymond Douglas Chong (ed.), *Chop Suey and Sushi from Sea to Shining Sea: Chinese and Japanese Restaurants in the United States*, Fayetteville: The University of Arkansas Press, 2018. などがある。

122）関連する論集には，David Y. H. Wu and Tan Chee-beng (eds.), *Changing Chinese Foodways in Asia*, Hong Kong: Chinese University Press, 2001; David Y. H. Wu and Sidney C. H. Cheung (eds.), *The Globalization of Chinese Food*, London: Routledge, 2002; Tan Chee-Beng (ed.), *Chinese Food and Foodways in Southeast Asia and Beyond*, Singapore: National University of Singapore Press, 2011; David Y. H. Wu (ed.), *Overseas March: How the Chinese Cuisine Spread?*, Taipei: Foundation of Chinese Dietary Culture, 2011. などがある。

123）小菅桂子『にっぽんラーメン物語』講談社，1998 年。ジョージ・ソルト（前掲）『ラーメンの語られざる歴史』。バラク・クシュナー（幾島幸子訳）『ラーメンの歴史学——ホットな国民食からクールな世界食へ』明石書店，2018 年など。

124）陳玉箴「「道地」的建構——「台灣料理」在東京的生產・再現與變遷」，『臺灣人類學刊』14 巻 1 期（2016 年 6 月），7-54 頁。

125）陳正卿『味精大王　呉蘊初』鄭州，河南人民出版社，1998 年。上海の天厨味精廠の後継企業として，重慶天厨天雁食品有限公司が現存している。

126）味の素沿革史編纂会（前掲）『味の素沿革史』，480 頁。

第Ⅰ部
近現代日本の中国料理

第1章

戦前期日本の「支那料理」
──家庭での受容と「支那料理店」をめぐる状況

川島真

はじめに

　本章は，戦前の日本で「支那料理」（以下，括弧は省略する）[1]がどのように家庭の食卓に，あるいは支那料理店が社会に受け止められていったのか（あるいは受け止められなかったか），またそこでは支那料理がどのように認識され，どのような論点が存在したのか，ということを考察するものである。

　中国外交史を主たる研究対象とする筆者にとり，料理は外交の現場においても極めて重要なものであるはずながら，史料の問題もあり，なかなか研究に着手できない対象であった。そもそも，清末から民国に至る時期の中国の外交の現場において，料理はいかに位置づけられたのか。このことは，「外交の日常」を知る上でも重要な領域でありながら，先行研究，史料ともに乏しく依然難題である。また，華僑が世界各地に展開する中で，あるいは19世紀後半に東アジア各地に開港場ができ，そこに華僑が拡大する中で，支那料理がいかに伝わり，あるいは海外の「食」がいかに中国に影響を与えていったのかということも関心事であった[2]。

　そうした中で，今回本書の刊行計画に関わることができ，筆者は当面史料的にも考察が可能な，日本社会における支那料理の受容について考察することにした。筆者にとっては，拙いものながら，以前国際学会で報告したことのある課題であったからである[3]。その報告をした際，筆者がおこなった基礎作業は『主婦之友』における支那料理関連の記事を抜き出し，それらと関連史料を考察するというものであった。今回，その作業を基礎にしつつ，いくつかの新聞などを加えて考察の幅を広げた。

　日本の学界には中国料理研究の系譜がある。中山時子らをはじめとする研究者

37

は，中国料理研究を進めながら多くの文献を収集した。また文化史としての中国料理研究もある[4]。これらの先人たちの業績には，本章に直接関わりのある戦前日本の支那料理受容に限っても，少なからず有益な先行研究がある。それは本章に多くの啓発と示唆を与えており，大いに参考としたが，同時にこれらの論考の多くは日本の「食」をめぐる歴史の一部分としての支那料理を扱っており，必ずしも中国側の歴史状況や華僑，あるいは居留地制度や外国人の内地雑居問題を踏まえているわけではないなど，本章とはいささか視点を異にしている[5]。本章では，こうした論点を踏まえ，日中関係や華僑を取り巻く状況を念頭に置きつつ，支那料理が日本社会でいかに受容され，家庭にいかに取り入れられたのかを主に考察する。

1　明治期の支那料理──評価の転換

「新奇な」料理としての支那料理

　日本の中華料理の草分けの一つは，居留地のあった築地に 1879 年に開店した永和斎だとされる[6]。その後，1880 年代になると次第に支那料理店の数が増えていたようである。1883 年の『讀賣新聞』には次の記事がある。

　　　新奇を好むは人の常ながら西洋料理にも最う飽き飽きといふ連中が此ごろ頻りに支那料理ともてはやし，料理の妙味は是に止まるとまで担ぎ上げ此のごろ朝野の金満家数名が発起となり芝の紅葉館の組織に倣ひて株券を頒ちて社員を募り資本金は三万円にて八丁堀亀島町十九番地へ大廈高楼を建設し料理人給仕友総て支那人を雇い上等は十二円より下等は五十銭までの数等を設くる積りだといふ[7]。

　1880 年代前半の東京で「新奇」なものとして支那料理が登場したことが見て取れる。この頃の新聞広告を見ても，八丁堀北島町の松の家（1885 年）[8]，日本橋亀島町の偕楽園（再営業，1886 年）[9]，大阪川口の温安記（1886 年）[10]，大阪川口の源粛（1886 年）[11]，浅草の川長（1888 年）[12]，京橋区元すき家町の義昌堂（1893 年）[13]などがあったことがわかる。これらの料理店では，例えば義昌堂の広告で宴席用の料理は，25 銭，50 銭，75 銭，1 円の 4 段階あり，簡単なものとしてはワンタン（4 銭），南京そば（4〜12 銭）などが供されていた。興味深いのは，まずこうした支那料理屋には少なからず西洋料理屋でもあったところ，あるいは日本料理も出していたところがあること，また中国人のコックなどが雇われていた

38　第Ⅰ部　近現代日本の中国料理

ことである。前者については，支那料理が新奇なものであり，また西洋料理とともに流行していたことを示している。後者については，治外法権のある清の人には原則として内地雑居が認められていないはずであることから，果たして築地の居留地などから通ったのか，などといった疑問が残る。これも支那料理の受容をめぐる一つの論点であろう。

　このほか，日中政治外交の現場でも支那料理が振る舞われ始めた。当初東京の芝増上寺付近に仮に設けられた清の公使館が，すでに永田町に移った後ではあるが，1885年の新聞記事には以下のようなものがある。「支那公使館の饗応　永田町の清国公使館にては昨日午後7時より我国有名の詩文家副島種臣，長岡護美，小野湖山，重野安繹，中村敬宇，巖谷修，宮島信吉，森春濤其他と合せ二十四名を招待して特別支那料理を饗応せられし由」[14]。この時期の清の公使館員と日本の漢学者との筆談による交流は日本でも広く知られているが，果たして彼らがどのような饗応を清の公使館で受けていたのか判然としない面がある。ここで挙げられている「特別支那料理」が果たしてどのようなものか，可能であれば，筆談記録などから改めて検討する必要があろう。

　このような饗応は軍事交流の場でもおこなわれた。1891年，北洋艦隊が巡航で東京湾に入った際には，1886年の長崎清国水兵事件のような事件の再発を防ぐために水兵の管理を厳格におこなった上で，日本の皇族や各国公使などの要人を招いて艦船上で支那料理を振る舞って饗応する予定との報道がある[15]。こうした饗応の場で振る舞われる，「特別な」支那料理があるということも新聞で報道された。

　1894年に日清戦争が始まると，支那料理はまた別の意味で注目を集めることになる。清の公使館の人々は宣戦布告したために帰国するなどし，両国関係は明治以来最悪になる。だが，だからといって支那料理を忌避するとか，蔑むといったことにはなっていなかったようである。とはいえ，戦争という雰囲気の中で「支那」と関わるので，その料理は注目されるものであった。横浜では，戦争に関連づけたメニューを提供する支那料理屋が出現し，詐欺行為を働くという事件が生じた。

　　　横浜市伊勢佐木町一丁目に「日本大勝利支那料理」と看板を打って近頃新たに
　　　開きたる三階造りの料理店は銀座の割烹店松田の支店と称して去一日盛大なる
　　　開業式を行ひし料理の趣向は平壌の椀盛九連城の焼魚鳳凰城の甘煮其他慈姑
　　　豚肉等を用ひて支那兵に模擬りたるくさぐさの献立日清戦争に因みある新奇の
　　　ものは平凡ぬことが時節柄の人気に投じて客足ひきも切らず，然るに四日目に

至り忽ち料理の素材に欠乏を告げしより同町の米商ごと松二郎方を始め外数軒
より白米数俵其他炭薪酒醤油等いずれも勘定は明日の約束にて買い込みしが新
開店のこことて貸主も安心ならず翌五日早々に使者に持たせて勘定書を差し向
くれば期せずして会せしもの凡そ十四五名見れば本日休業の札あるより大いに
驚き戸をがらりと引開け内に入れば暗澹として番頭吉太郎の外誰一人も居らず
（後略）[16]。

　他方，戦場の日本軍が現地の中国人から料理を振る舞われたという記事も見ら
れる[17]。支那料理への関心は引き続き存在していた，ということだろう。ただ，
留意すべきは，1894 年 8 月 4 日に発せられた勅令 137 号である。「朕帝国内ニ居
住スル清国国民ニ関スル件ヲ裁可シ茲ニ之ヲ公布セシム」という文言で始まるこ
の勅令は，日清戦争勃発後の日本における清の人々の身分などを規定したもの
だった[18]。この勅令により，清の人々は日本における治外法権を喪失し，また各
都道府県に登録をおこなって登録証書を得なければならなくなった。移動は可能
であったが，送り出し先と受け入れ先の都道府県の許可が必要となった。ただ，
新規に日本に入る場合には，都道府県のみならず，内務省の許可が必要となった。
それに，戦争中であるために，日本の利益を害する行為があると判断された場合
には国外退去を命じられることにもなっていた。華僑社会は戦争中，活動を自粛
することになった。日本政府は阿片，賭博などの悪習のある華僑は国外退去にし
ていたが，戦争になる前に帰国した人も少なくなかった[19]。この勅令などにより，
日清戦争の時には日本における清の人々の社会はその活動を大きく制約されるこ
とになったのである。

治外法権撤廃と内地雑居

　日清戦争終了後，日本は台湾を領有することになり，これ以後「台湾料理」が
次第に日本に伝わるようになる。また，戦争により去った清の人々も日本に戻り
始めた。だが，この時の日本の清の人々，あるいは支那料理店の料理人たちに
とって重大な問題であったのは，その身分をめぐる問題，とりわけ治外法権撤廃
をめぐる問題であった。

　日清開戦によって日清双方に領事裁判権を規定した日清修好条規は破棄され，
1895 年に日本側のみが特権を有することを定めた下関条約が締結された。これ
により，清の日本における領事裁判権は撤廃され，清の人々の日本における治外
法権も撤廃されたのだが，日本にいる清の人々に内地雑居が認められたわけでは
なかった[20]。勅令 137 号は，日清戦争以後も清の人々を居留地に留める役割を果

たしたのである。だが，他の外国人に関する制度が内地雑居に向かう中で，清の人だけ居留地に留めるのか，それとも他の外国人同様に内地雑居を認めるのか，という問題が生じた。政府でも，内務省は前者，外務省は後者の立場で論争があったとされる[21]。結果的に双方の妥協が成立し，1899年7月27日付で勅令352号が公布された（8月4日施行）[22]。これにより，第一条で外国人の内地雑居が認められたものの，「但シ労働者ハ特ニ行政官庁ノ許可ヲ受クルニ非サレハ従前ノ居留地及雑居地以外ニ於テ居住シ又ハ其業務ヲ行フコトヲ得ス」とされ，その労働者の定義は内務省が別途おこなうとされた。そして内務省は，省令第42号で，この「労働者」を「農業，漁業，鉱業，土木建築業，製造，運搬，挽車，仲仕業其ノ他雑役ニ関スル労働ニ従事スル者」とし，また「但シ家事ニ使用セラレ又ハ炊爨若ハ給仕ニ従事スル者ハ此ノ限リニ在ラズ」と定義したのだった。ここでの「炊爨若ハ給仕」が支那料理店で働くコックや給仕に相当する。つまり，彼らはこの段階で「合法的」に内地雑居できるようになったということになる[23]。

　1899年，維新號が神田で開店した。これについては，先行研究で，留学生の増加に対応した，との見解もある[24]。これは1896年に中国から日本への留学が始められたことを根拠にしているが，1899年段階で多くの中国人留学生がいたとは考えにくい。むしろ合法的に清出身の料理人などの内地雑居が認められたことと関係があるのかもしれない。これもまた検討すべき問題点だろう[25]。ただ，中国人留学生が増えていくことと，日本の支那料理受容が無関係というのではない。20世紀に入って中国人留学生が来日することにより，彼らの下宿が多かった神田周辺に支那料理店が増えたことは容易に想像できるし，実際に留学生が増えたことで，料理業界にも一定の影響があったようである。東四柳祥子論文「明治期における中国料理の受容」も紹介しているように，1904年12月の『讀賣新聞』には，「支那留学生の続々渡来せるに連れ何れの家庭でも支那料理を研究する傾向あるより麹町区下二番町の成女学校と本郷の美術学院では割烹科の内へ特に支那料理科を置き支那人姜誠甫を聘して日本に適する支那料理の教授を開き其の趣味を生徒へ授く」などとある[26]。なお，女子美術学校（本郷の美術学院）は支那料理教授に熱心で，教員が料理本を編むだけでなく，付属の料理法教習所にて「望みの者には支那料理をも教授」したという[27]。

支那料理に対する評価の揺らぎ

　日清戦争を経ても，支那料理店の開店は続いた。だが，その評価は必ずしも高くはなかったようだ。金子佐平（春夢）の『東京新繁盛記』にも長崎から伝わった卓袱のことが紹介されている。そこでは「支那料理は一に卓子料理ともいふ，

卓子とは支那料理に用ゆる食膳の謂にて即ちその唐音なり……此の料理長崎地方には昔より行はれたるものにて，献立の定めもある程なれど東京人の之を味わふもの少なく，目今にても西洋料理の流行を極むるに引代へ，支那料理のみは勢力微々として振はず，然れども一度其味を試むる時は日本料理以外，西洋料理以外，又格別の特色ありて妙味ありて存す」などとされ[28]，支那料理の置かれた難しい状況が記されている。

　また，日清日露間に次第に支那料理を家庭料理に取り入れようとする雰囲気もあった。先行研究でも，「1900年代頃より，家庭のメニューへと「支那料理」を取り込もうとする出版物が増加し始める」などと指摘されているところである[29]。

　だが，この時期，支那料理は日本社会から必ずしも歓迎されたというわけではない。東四柳祥子論文（前掲）でも紹介されているように，1907年に刊行された山方香峰編『衣食住　日常生活』は，支那料理が忌避されている原因を5点挙げる。それは，「一，羹汁の濃厚に過ぎたること　二，燕窠魚翅の如きは邦人よりして珍味なれども美味ならず，又支那食の主たる物料の豚肉は牛肉程邦人には賞味せられず　三，洋食の如く割烹に関する著書なし　四，西洋の文物を吸収するに勉めたる結果，その風俗をも吾に取入れたれども，支那は吾に学ぶべきもの多く，吾の彼に学ぶべきもの少きこと　五，支那を侮蔑する観念あること」。つまり，味覚の面の難題がある上に，学ぶための著作もなく，加えて清を侮蔑する観念もあって取り入れようとはしない，というのである。ただ，衛生面では評価されていた。この著者の主張は，支那料理からより多くを学び得るというもので，「支那料理は全く割烹の巧妙を極む」，「温食の喜ふ風ありて，日本食の如く非衛生的なもの太た少し」などとし，「因に云，日本の支那食は多く日本化せるものなり，これを以て支那食をかかるものと思惟しべからず」と述べて，日本で見られる支那料理は本物ではない，と主張している[30]。

　この山方香峰の著作のほか，これも東四柳祥子論文（前掲）も挙げている文献だが，1909年の柴田波三郎・津川千代子『日本の家庭に応用したる支那料理法』でも，「四，支那料理の極めて感心すべきこと」などとして，「道具の簡単なる事」や「日本料理のやうに生食をせぬ事……至極衛生にかなつてゐる」ことが挙げられている[31]。この著作が特徴的なのは，料理を一つ一つ紹介していることだ。次第に自ら作ることを想定した支那料理の詳細な紹介が始まっていた。

　また，この時期に特に支那料理を推奨した者の一人に，衛生行政に尽力した衆議院議員で日本医学校の初代校長でもあった山根正次がいた。山根は，柴田・津川の『日本の家庭に応用したる支那料理法』に「料理は支那が世界一だ」という文章を寄稿している[32]。ここで山根は滋養，美味，衛生の三点から支那料理の優

42　第Ⅰ部　近現代日本の中国料理

越性を主張しつつ,「支那料理は誤解せられてゐる 食はずぎらひが多い」など
とし,「支那の料理は其国民がいまだ野蛮の域を脱しないし,すべての事が不潔
な事が多いからして,したがつて食物そのものまで不潔な不衛生なもののやうに
考へるは甚だ残念」などと支那料理に対する誤解があるとする。また山根は日本
の家庭でも肉食の習慣を持つべきとし,「日本人の体質を改長して,文明のすべ
ての戦闘に堪へ得るやうにする事が実に刻下の急務であらうと信ずるのです。此
等の点に於いて肉の料理法の最も進歩せる支那料理を我国の家庭に応用する事が
必要である」とする。

　また,同書には嘉悦孝子も寄稿しており,「赤坂の支那料理店もみぢ」で見た
厨房の清潔さに心打たれたとして,その清潔さを説き,また,「支那料理の上手
を雇って来て私の学校にやらしてみました」などと,その実践可能性を述べて,
「料理法は至極簡易」,「日々の総菜にぜひ応用したい」とする。そして,味につ
いても,それが「決して油臭くな」く,「実際食べてみると,私自身及び世間の
人が支那料理に対して甚だしく誤解してゐる事が,はじめてわかりました」とし
ている。これらはいずれも,日本社会にあった支那料理に対する一般的印象を逆
に映し出しているともいえる。他方,最終的にこの著作は,「清湯丸子」,「木須
肉」,「春巻」などを紹介しているが,ここで「鍋貼」を紹介していることは餃子
受容の面では注意が必要だろう。ここでの「鍋貼」の訳語は「焼き餃子」などで
はなく,「焼饅頭」とされている[33]。

　以上のように,日清戦争後から日露戦争にかけての時期には,依然として多く
の「誤解」がある中で,支那料理をいくつかの理由から積極的に家庭にも導入し
ようとしていたことがうかがえる。これは東四柳祥子論文(前掲)などにも指摘
されているところであるが,この時期にこのような変化が生じた原因としては,
国内での衛生問題への意識の高まりや,対外進出,そして台湾領有の過程で中国
などへの意識が高まったことが考えられる。中国人留学生の増大は1900年代に
入って数年してからのことで,それに伴って支那料理店も増加したが,1907年
前後に留学生が減少しはじめ,また辛亥革命前後にさらにその減少が加速すると
多くの支那料理店が閉店に追い込まれた[34]。

　この日露戦争前後にいまひとつ考察すべきは,日露戦争の「戦場」たる満洲な
どから届く料理に関する知らせだった。

　「陣中葉書だより」という従軍記者からの葉書でも,「従軍記者の一行朝飯を腐
らし空腹を抱へ汗ダラダラにて本日午前11時金州に入る▲城内の支那料理店に
入る,臭気紛紛として豚小屋の如きには閉口したれど風味よきこと偕楽園などの
比に非ず」などとある[35]。だが,現場の支那料理が美味しいという話ばかりでは

ない。「遼陽の支那料理まづくて高価なり，併し非常の繁昌」などとの陣中連絡もある[36]。中国から寄せられる「本場」の情報は多様な側面を持ちながらも，日本社会に支那料理の知識を提供することになったと言えるだろう。

2　家庭の料理としての支那料理──『主婦之友』等を手掛かりとして

家庭への「浸透」をめぐる問題

　本節では，1910年代以降，支那料理が社会，特に家庭にいかに普及していったのかということ，また社会全体が支那料理どのように受け止めていたのかということについて，1917年に創刊された『主婦之友』などを手掛かりに考察したい。

　この雑誌の刊行当初，支那料理に関する文章を執筆していたのは，松田龍子である。松田は，「支那料理と申しますと，一般に脂肪濃くて，それに手数が大変掛るやうに思はれてをりますが，（中略）それに温かくしていただけるといふことも，お寒いときは何よりも結構でございます」[37]などというように，支那料理への否定的な見方を払拭し，「節約・衛生・簡便・栄養」という家庭の必要性に適した料理として支那料理を推薦していた。例えば，一人前60銭しかからないといったことを述べ，また衛生面についても9月には伝染病が流行るからと衛生対策として支那料理が有用だとしている[38]。このような松田の売り込み方は，職業婦人が多くなり，忙しさを増しながらも，家庭で料理を作ることを求められる女性の需要に対応したものだと言える。ただ，松田が依然として「衛生さ」であるとか，脂っこさを否定していたということは，前述のような支那料理に対する「誤解」が日本社会に根強く残っていたことを示す。

　また松田は，本格的な，本場の支那料理を持ち込もうとしたというよりも，日本人の味に合わせた支那料理を生み出すことを想定していたようであり，「純粋の支那料理は大変結構なものでございますけれど，淡白したものを好む人や洋食の嫌ひな方には，幾分か脂肪のつよい嫌ひがないでもありません。それでここには支那料理の献立にして料理を日本人向きに加減しました」などと述べている[39]。

　だが，支那通として知られた後藤朝太郎の1922年の著作『支那料理の前に』が指摘するように，日本の家庭に支那料理が浸透するのには相当な困難があった。後藤が指摘しているのは，女性が支那料理を好まない，とりわけ肉食を好まないということである。後藤は，家庭への支那料理の浸透を期待しつつ，「とにかく家庭に於いてこれ程迄に支那料理が入りにくいものかと思ふと三度三度の支那料理は実際机上の論で心安く之が実現を見るなどは夢のやうな話かも知れぬと思ふ」とその困難さを語っている[40]。

とはいえ，1920 年代には「支那料理の拵え方」的な書籍が多く出版されると
ともに，ツーリズムとの関連性で「支那旅行案内」的なガイドブックなどで，現
地の支那料理を紹介する媒体が増えた。1924 年の大阪毎日新聞社編『婦人宝鑑
家庭百科全書』にも支那料理方が紹介されている。そこでは，「事実その種類の
豊富なことと頗る滋養分に富み而も一度食べたら忘られ難い蠱惑に勝ったその味
と，少々食べすぎても胃腸を害さないその調理法を兼ね具へた支那料理」とし，
また材料の入手が困難なことや風土習慣の相違もあるので，「日本人の嗜好に適
ひその上お台所で容易になし得る」としてメニューを紹介している。

　このように支那料理への理解が一定程度深まりを見せる中で，しばしば「和洋
支」という言葉が用いられるようになっていた。「和洋支」という順序ではあっ
たが，元々の支那料理の地位から見れば「和洋」と並べられるだけでも，大きな
変化だった。現在でも，しばしば料理について「和洋中」と言われることがある
が，この概念自体 1920 年代に広まった比較的新しい概念であると思われる。例
えば，支那料理の調理法に関する文章を多く書いた一戸伊勢子の「和洋支折衷の
雛節句のご馳走」という文章でも[41]，「和洋支」が使われ，「今年もまた桃のお節
句が近づいてまゐりました。三月とは申しながら，まだ残りの寒さが，かなり強
うございますし，従つて温かい御馳走の方が喜ばれると思ひますので，一寸今ま
でとは変わつた折衷料理にしてみました」などとされている。このほかにも和洋
支という概念は頻繁に用いられるようになり，「季節の秋魚を使つた　お惣菜向
きの和洋支那料理」などと称され[42]，時には「お惣菜向の洋食と支那料理の作方
三百種」というように洋食と並べられることさえあった[43]。支那料理が次第に認
知され，料理の分野で和洋支という表現が多用されるようになったのだろう。

　このほか大正年間の状況として興味深いのは「味の素」の存在である。『主婦
之友』に支那料理についての紹介が多く掲載される中で，スポンサーとしての味
の素の存在が目立つ。例えば，「即席の美味しい支那料理の拵方」などといった
文章では[44]，「滑鶏球の拵方」の部分で「そこで前にいためた鶏も一緒にして
スープをさし，味の素，塩，胡椒，醤油で味をつけ，片栗粉を水溶きして入れる
のです……」と記され，また「鶏片湯の拵方」では「鶏肉が白く変わつたところ
で味の素少々と塩とで吸物くらゐ……」，そして「炒鶏巻の拵方」でも「炒鶏巻
は滑鶏球を煮たフライ鍋をきれいに洗つて火にかけ，ラードを入れて，煮立つた
ところに巻いた肉を入れ，（中略）残つたスープを一合ほどさし，味の素と塩で
味加減をしたところで，水溶きした片栗粉を……」という具合に，支那料理を作
る際には味の素が調味料として必要だとする記事が多く掲載されたのである。そ
して，このような支那料理の紹介文の最後には，「味の素本舗では，まだ味の素

第 1 章　戦前期日本の「支那料理」　45

をお用ひになつたことのない方々に試験用として味の素試用瓶を贈呈するさうでございますから，御希望の方は本誌巻頭広告を御覧の上，本舗へお申込みなさいませ」というような販促も添えられていた。

　味の素は，極めて頻繁に新聞広告も掲載していたが，その内容は季節に合わせるなどして頻繁に変化していた。しかし，新聞広告にはむしろ和洋料理が挙げられており，必ずしも支那料理との組み合わせが強調されていたわけではない。

支那料理店の多様化と依然揺れる評価

　ただ，松田龍子自身が中国に渡って料理を学んだように，大正年間に入ると支那料理を現場で体験したり，学んだりして，それを日本に伝える動きも起きた。これは支那料理の多様化を生み出すことになった。例えば，本郷の真砂にあった片山国忠の食堂であるビターマン食堂は華北料理を主に提供していた。「このビターマンと申しますのは，普通にいふ肉饅頭と同じやうなもので，本当の名は餃子（ジヤウズ），湯麺餃児，鍋貼児と申しまして，三種になつてゐますが，原名では判りが悪うございますので，特にこんな名をつけたのです。北支那では主に中流階級の人たちが昼食にこれを食べるのです[45]」。ここでは餃子を多様な形態で提供していたことがうかがえる。

　また，この頃には次第に台湾料理も注目されるようになったようである。「近頃は東京にもちよいちよい専門の台湾料理の店を見受けるやうになりました。中でも神保町にあります甘露坊は，台湾料理を広く紹介する意味で始められたもので，東京市内では恐らく一ばん最初の台湾料理店です」などといった記事が『主婦之友』に掲載されるようになった[46]。そこで紹介されていた台湾料理は，八宝飯，八宝菜，焼肉丸などが紹介されている。この他にも，「台湾の料理は，その地理的関係から，支那料理と非常によく似てゐます。生のものは少しも頂かず，真夏でも温かく料理したものを食べてゐます。……私の宅では，主人が台湾にをりましたときからの，30年以上もなる台湾人のコックが，大そう料理上手で，お客様からまでもお褒めを頂いてをります」という山本悌二郎の妻，山本よね子の言葉が引用されている。紹介されている料理には，蟹底刺，清湯蝦仁，八宝飯，扁魚筍などがあった[47]。

　だが，この時期の支那料理店の置かれていた状況は決して楽観的なものではなかった。支那料理店は多様化していただけでなく，特に1923年9月の関東大震災以後にその数も増加しており，1925年に東京だけで1,200軒の支那料理店があったとされる[48]。そうしたこともあってか，衛生面などで問題視される店舗が見られた。1927年，東京警視庁が「飲食物店中最も不潔のやうに云はれてゐる

46　第Ⅰ部　近現代日本の中国料理

支那料理店の調理法を徹底的に改善するためかねて調査中だったが，その成績を聞くと実に驚く程のいろいろの事が暴露された」とされ，「あまりに不潔な方法で料理をしつつある向きを厳重に処罰する事にきめた」との報道がなされた。それによれば東京市内に支那料理屋は573軒，八王子を除く郡部に373軒あったとされるが，そのうち腐敗したものなどの「不適飲食物」を販売する店が1割，器具が不潔なものが5割，調理場や周囲が不潔なものが7割，調理場内が不潔なのが5割だとしている[49]。

また，1930年の報道にも警視庁衛生部による，西洋，支那料理店8,233軒に対する調査がおこなわれ，支那料理店2,224軒のうち不良な店は1,511店あり，科料対象が18，説論対象が1,493店にも達したとされている[50]。支那料理には相当に厳しい視線が向けられていることがわかるだろう。また，支那料理店への印象には麻薬の取引や博打となど，とかく犯罪関連の「怪しさ」がつきまとっていた[51]。

そして，1920年代後半から日中関係は次第に悪化しはじめ，1931年の満洲事変で両国の緊張は一層高まると，支那料理店にはさらなる困難が訪れた。それはコックの大量帰国であった。

> 在京支那人が学生を筆頭に労働者，行商人，コック等ドシドシと別項の如く帰国してしまったので，これらを相手の学校，下宿屋，商人等は不景気の上塗りで大弱りであるが中でも一番困ってゐるのは支那料理店である。（中略）由来支那人コックは，日本人に絶対板場の極意を伝授しないので，日本人コックで間に合せる訳には行かず，その上店店に依って特色を持ってゐるので，支那人コックなら誰でも良いといふ訳にもいかず全く困り抜いている向きが多い[52]。

だが，コックが大量帰国しても，また戦時中となっても支那料理にはまた別の意義づけが与えられていったようである。無論，食糧事情が完全に悪化する前のことではあるが，支那料理は「経済食」として重視され，新聞広告などでも支那料理店の広告が多く見られたのだった[53]。

1943年8月1日，支那料理店は「自粛値」なるものを設定した。店舗を三部四級制に分け，それぞれについて諸メニューの規格と値段を定めたのだった[54]。そして，1944年，戦時体制が強化される中で支那料理店に限らず，レストランや料理屋は4等級に分けられ，また料理も規格化された。東京の支那料理店742店もその対象となり，一級には神保町の第一楼など9軒が指定されたのだった[55]。

『主婦之友』（満洲版）における支那料理

　最後に満洲における状況について見てみよう。これは戦後にも関連する内容だと思われる。1943年，雑誌『主婦之友』は満洲版を刊行した。刊行に際しては，「主婦之友社は在満読者のために，新年号から満洲版を編輯することになりました。関東軍報道部，政府弘報処，満洲書籍配給会部式会社，満洲出版文化普及聯盟のご協力を仰ぎ，情報局，日本出版文化協会のご指導下に編輯されます。当分の間，十六頁を内地版記事と入れ替え，特に現地の必要な生活記事を収容いたします。ご支援とご愛読を偏へに願ひ上げます」などと記されていた[56]。

　この満洲版は，比較的多く満洲の料理に関する記事を掲載している。「『満洲の家庭料理』募集は非常な反響を呼び，在満各地の愛読者の方方から，それぞれの土地の実情と共に，ご自慢の栄養料理を多数寄せられました」として，ロシアスープなどとともに，廠元磨（［ママ］，正しくは「蘑」）のスープなどを紹介している[57]。満洲に暮らす日本人向けの記事であるが，手に入りやすい材料で，また風土習慣に適した食事を摂るということが求められたのであろうし，また戦時中に食糧状況が厳しくなる中で，満洲で日本料理を作ることには限界があり，現地の食材を用いることが求められたのであろう。

　この満洲版で紹介されていた料理には，支那料理だけでなく，ロシア料理，あるいは「タタール料理」も含まれていた。例えば，「今月は，新京，ハルピンなどの御実験を中心にして，温い鍋物，煮込み物，大陸の寒さを利用して作る代用食などを発表いたしました」とあり，「ペリミニイ（チンギスカンがヨーロッパから持つてきたといふタタール料理）」などが紹介されている[58]。無論，満洲料理として餃子も紹介されている。「餃子　これは満人がお正月やお祭りなどに好んで作るものです。……フライ鍋に油を少し多めに煮立たせた中に入れて，びつしりと蓋をして焦目のつくまで焼き，上からお湯をじゅーっと振りかけて蒸焼にします。これは焼かずに熱湯で茹でてもよく……」などという文章が掲載されているが，これは焼き餃子の紹介である[59]。

　しかし，1943年末になると，満洲でも食糧配給制度が厳しくなり，一層現地の食材を用いた料理の需要が高まったようである。「最近満洲の食糧配給制度も，急激に強化されてきましたが，内地と比べてこれまでかなり豊富であつただけに，皆様方のご苦心も容易ではなからうと思ひます……在満の皆様もこの際，他からの補給を仰ぐことを考へず，どこまでも満洲特産の食糧を上手に使ひこなすことによつて，食糧輸送の全力を挙げて戦力輸送に向けるやう御努力くださいませ」などとして，とりわけ米の使用を節約した，満洲の特産を使った薯饅頭，高粱餅，馬鈴薯の切焼，大根そばがき，南瓜の蒸煮などの主食が紹介されていた[60]。さら

に 1944 年にもなると，野草料理，そして「楡の食べ方七種」といったものまで登場するようになった[61]。

このような満洲における支那料理体験は，半ば強制的な面もあったが，満洲在住の日本人に餃子などの現地料理を作り，食べる習慣を一定程度植えつけたものと思われる。これは台湾についても言えることだが，戦前期の中国大陸や台湾での生活者の日常生活における現地料理，また戦時中に中国大陸に展開した 100 万以上の日本兵が体験した中国での食生活が，戦後の日本の「中華料理」の展開にいかなる影響を与えたのか，ということは大きな論点となるであろう。

おわりに

以上のように，戦前期の日本での支那料理の家庭への浸透をめぐる状況にも，また日本社会における支那料理店をめぐる状況にも，一定の歴史的な展開過程があり，またそこには多くの問題があったことが理解できる。

当初，「新奇さ」を以て受け止められた支那料理には，脂っこさなどの面で否定的な印象が付きまとっていたが，それは日清日露戦争期に衛生面や栄養面などから再評価が図られた。また，相次ぐ戦争のたびに中国体験から支那料理の知識が日本社会に広まったものと思われる。だが，否定的な印象は以後もつきまとったし，肉食に対する忌避感も一定程度あったようである。それでも，支那料理の作り方についての紹介や中国などでの現地体験，そして味の素などの宣伝もあってか，次第に「和洋支」などと言われるように，家庭の中でも支那料理は一定の位置づけを与えられるようになっていったと理解される。そこでは，現場の料理への関心とともに，日本人の味覚に即した支那料理が模索されていた。

また，日本人が満洲をはじめ東アジア各地に展開して生活する中で，特に戦時中に物資が不足すると，日本食を食べていくことに限界が生じ，現地の食材を用いて現地料理を食べる必要性にも見舞われた。それは，日本人家庭での支那料理受容を一層促したものだと言えるだろう。

他方，支那料理店は当初，居留地制度や内地雑居問題などがあり，中国人の店舗は当初なく，日本人が経営する料理店に中国人コックが勤務する形態だったと思われる。コックも含め，中国人の内地雑居が認められた後，20 世紀初頭に激増した中国人留学生たちを相手にした店も神田付近を中心に多くなった。そうした店の経営は留学生の動向に左右されたが，日本人相手の店も次第に増え，第一次世界大戦の後，支那料理店には華北料理や台湾料理などといった地方料理を出す店が現れるようになり，また関東大震災後には店舗数も増加した。だが，そう

した店については衛生面などで問題を抱えるところが少なくなく，また犯罪に関連する店もあって，批判的な見方もあったようである。満洲事変以後，中国人コックの多くが帰国したが，それでも戦争で物資が減少する中で，その経済性が重視されるなどして新たな価値が支那料理店に見出されるようになった。

　日本の敗戦後，多くの日本人が海外から引き揚げ，また戦後初期には配給制において優位にあった華僑らが中華料理店を開くなどして，戦後の中華料理史が幕を開けることになる。その状況は戦前からの連続性も視野に入れて考えられるべきことであろう。

1）明治期には清国料理，中華料理，中国料理などという語もともに用いられたが，「支那」という呼称が一般化される中で次第に「支那料理」という名詞がおよそ一般化したものと思われる。日本の敗戦後，公文書で「支那」の使用が禁止され，プランゲ文庫に見られるように，GHQ の検閲で一般の書籍や新聞雑誌でも「支那」が「中国」に修正されるなどする中で，「中華料理」が一般化し，やがて従来の日本化した「中華料理」と区別する意味で，本格的な現場の料理を「中国料理」として表現するようになっていたものと理解できる。こうした呼称問題も今後の検討課題だろう。

2）例えば多くの華僑を輩出した金門島では，海外からコーヒーを飲む習慣や，カレー味の料理などが比較的早く伝わっていた。川島真「僑郷としての金門——歴史的背景」，『地域研究』11 巻 1 号（2011 年 3 月），43-61 頁。なお，ヒトの移動と食生活という観点では，レイチェル・ローダン著（ラッセル秀子訳）『料理と帝国——食文化の世界史　紀元前 2 万年から現代まで』みすず書房，2016 年を参考とした。

3）川島真「20 世紀前半日本　作為家常菜的〝中華料理〟之形成——以《主婦之友》為例（20 世紀前半の日本における家庭料理としての中華料理の形成——『主婦の友』を例として）」（国立政治大学外国語文学院跨文化研究中心主催「第三届国際学術研討会　東西飲食文化與礼儀」国立政治大学行政大楼会議室，2007 年 11 月 9 日）。このほか，留学生史研究の分野で 20 世紀初頭に来日した留学生たちが，日本で「肉食」の習慣がないことに困り，自分たちで料理を作る話がしばしば出てくることにも関心を抱いてきた。蔣介石もまた，振武学校卒業後に配属された第十三師団の所在地である新潟の高田で，休みになると，行きつけの食堂を貸し切って他の中国人学生たちと料理を作っていたと言われる。川島真「中国青年将校の日本陸軍留学体験——蔣介石の高田時代を例として」（劉傑・川島真編『対立と共存の歴史認識——日中関係 150 年』東京大学出版会，2013 年所収）参照。なお，軍隊生活をはじめ，軍が食生活に与えた点に注目した研究として，安井大輔「書評論文　近代日本の国民食——日本食の形成における「軍隊」の役割」，『京都社会学年報』16 号（2008 年 12 月），145-155 頁がある。併せて参照されたい。

4）中山時子の収集した文献などは，キッコーマン国際食文化研究センターに所蔵されている（日本語の書籍 222 冊・雑誌 118 冊，中国語の書籍 287 冊，雑誌 315 冊，合計

942 冊）。中山の中国料理研究は木村春子へと継承されていった。また，文化（史）研究としての中国料理研究や日本伝来史の研究としては，張競『中華料理の文化史』ちくま文庫，2013 年，田中静一『中国料理伝来史』柴田書店，1987 年などがある。

5) 例えば，以下の諸論考を参考にした。南廣子・舟橋由美「日本の家庭における中国料理の受容」，『名古屋女子大学紀要　家政・自然編』50 号（2004 年 3 月），83 ～ 91 頁。東四柳祥子「明治期における中国料理の受容」，『梅花女子大学食文化学部紀要』3 号（2015 年 3 月），33-46 頁。草野美保「国民食になった餃子——受容と発展をめぐって」，熊倉功夫編『日本の食の近未来』思文閣出版，2013 年，164-205 頁など。

6) 先行研究の中にはこれを「永和斉」とするものがあるが，「斉 (qi)」と「斎 (zhai)」は異なる文字であり，料理店の名前などに用いられるのは「斎 (zhai)」が正しいと思われる。東四柳祥子（前掲）「明治期における中国料理の受容」，『梅花女子大学食文化学部紀要』，37 頁。

7) 「金満家たちが八丁堀に中国料理店を開店」，『讀賣新聞』1883 年 10 月 31 日 2 頁。本章の『讀賣新聞』の記事引用内容は，東四柳祥子（前掲）「明治期における中国料理の受容」，『梅花女子大学食文化学部紀要』と一部重なるものがある。同じ検索語を用いてデータベースなどで検索したためであろう。併せて参照されたい。

8) 「［広告］会席料理，支那料理／八丁堀北島町　松の家」，『讀賣新聞』1885 年 2 月 25 日 4 頁。

9) 「［広告］開業（営業再開）／日本橋区亀島町　支那料理・偕楽園」，『讀賣新聞』1886 年 10 月 16 日，4 頁。これは流行病で閉店していた同店が再開することを告げた広告。なお，データベースでは中国料理とされている。ここでは原典に従い，支那料理とする。

10) 「（広告）温安記　西洋料理　清国料理」，『大阪朝日新聞』1886 年 3 月 23 日 4 頁。

11) 「（広告）西京源粛　西洋料理　清国料理」，『大阪朝日新聞』1886 年 5 月 23 日 4 頁。この広告には，「嘗テ思フニ清国料理及西洋料理を我国ニ於テ始メルハ東京ヲ以テ嚆矢トナス今ヤ浪花川口本田町清商十八番モ亦新タニ此業ヲ開ク」などとあり，支那料理は東京が発祥だとしている。

12) 「［広告］支那　本邦会席　料理／東京・浅草　川長」，『讀賣新聞』1888 年 4 月 1, 5, 6, 15, 19, 22 日。川長は日本料理の料亭であったが，1887 年に中国人コックを雇って「支那料理」を始めたようである。「川長の支那料理」，『讀賣新聞』1887 年 11 月 22 日 3 頁。

13) 「（広告）義昌堂支店　支那料理」，『朝日新聞』1893 年 12 月 26 日 6 頁，「［広告］開店　年賀／京橋区元すきや町　支那料理　義昌堂支店」，『讀賣新聞』1894 年 1 月 6 日 1 頁。

14) 「清国公使館が副島種臣，長岡護美，中村敬宇らを招待，支那料理でもてなす」，『讀賣新聞』1885 年 6 月 2 日 2 頁。

15) 「支那軍艦の饗応」，『讀賣新聞』1891 年 7 月 10 日 2 頁。

16) 「「日本大勝利支那料理」の紛糾／横浜市伊勢佐木町」，『讀賣新聞』1894 年 11 月 13 日 3 頁。

17) 「清国人のご馳走数々」，『讀賣新聞』1894 年 11 月 27 日 2 頁。

18) 「勅令第 137 号」，『官報号外』1894 年 8 月 5 日。

19) 岩壁義光「日清戦争と居留清国人問題——明治27年『勅令第137号』と横浜居留地」，『法政史学』36号（1984年3月），61-79頁。佐々木恵子「横浜居留地の清国人の様相と社会的地位——明治初期から日清戦争までを中心として」，『言語と文化論集』（神奈川大学大学院）10号，2003年12月，213-237頁などを参照。

20) 1894年に治外法権撤廃に目処が立つと，撤廃と引き換えに外国人の内地雑居が認められると分かり，日本社会では治外法権撤廃反対運動が生じた。

21) 『朝日新聞』は清の人の内地雑居に批判的な立場でこの問題に関する多くの報道を行った。「支那人雑居問題と内閣」，『朝日新聞』1899年6月28日1頁など。また，『朝日新聞』には衛生問題など，「支那人労働者」の内地雑居が生み出す問題が少なからず掲載されていた。例えば，1899年7月8日5頁の『朝日新聞』の記事「支那人と伝染病」では次のような内容で清の人々の衛生習慣を述べる。「衛生てふものの何たるか解せず夜間両便を入るる桶を以て毎朝顔を洗ひつつあるが如き甚だしき不潔を以て世界に知られたる支那人中より伝染病の発せざるは寧ろ奇なり然れども是れ彼等が自然に衛生に適する食物を喫しつつあるが故にして彼等は決して冷飯を喰はず如何なる品も必ず煮たる後に食品に充つるなり」などとあり，一面でその衛生習慣を蔑視しつつも，食習慣は衛生的だとしている。

22) 「条約若ハ慣行ニ依リ居住ノ自由ヲ有セサル外国人ノ居住及営業等ニ関スル件」（制定明治二十七年勅令第百三十七号（帝国内居住清国臣民ニ関スル件），「御署名原本・明治三十二年・勅令第三百五十二号」国立公文書館デジタルアーカイブ，御04092100）。

23) この勅令352号と華僑社会に関する先行研究として，許淑真「勅令三五二号と留日福清幇」（日本孫文研究会・神戸華僑華人研究会編『孫文と華僑——孫文生誕130周年記念国際学術討論会論文集』汲古書院，1999年所収）などを参照。なお，料理人以外に内地雑居が認められた清の人には，理髪業者もいた。

24) 東四柳祥子（前掲）「明治期における中国料理の受容」，『梅花女子大学食文化学部紀要』。

25) 横浜では，1900年になって初めて居留地外に支那料理店を開く申請がなされたという。「支那料理店を開かんとす」，『讀賣新聞』1900年4月24日4頁。データベースの件名は，「清国人，横浜の元居留地で南京料理店開店を申請　外国人の商店は初めて」となっているが，ここでは原典に従う。

26) 「もしほ草」，『讀賣新聞』1904年12月23日3頁。成女学校における支那料理教授については，東四柳祥子（前掲）「明治期における中国料理の受容」，『梅花女子大学食文化学部紀要』，42-43頁を参照。また，1904年になると成女学校の料理講習会の広告が『朝日新聞』にも掲載されている。「（広告）成女学校　和洋支那料理法講習」，『朝日新聞』1904年2月9日8頁。

27) 「料理法講習所」，『朝日新聞』1902年5月13日3頁。

28) 金子佐平（春夢）編『東京新繁盛記』東京新繁昌記発行所，1897年，153頁。

29) 東四柳祥子（前掲）「明治期における中国料理の受容」，『梅花女子大学食文化学部紀要』，38頁。

30) 山方香峰編『衣食住　日常生活』実業之日本社，1907年，438-439頁。

31) 柴田波三郎・津川千代子『日本の家庭に応用したる支那料理法』日本家庭研究会，

1909 年，7-8 頁。

32) 山根正次「料理は支那が世界一だ」，柴田波三郎・津川千代子（前掲）『日本の家庭に応用したる支那料理法』所収，7-12 頁。

33) 嘉悦孝子「私が支那料理を好きになった由来」，柴田波三郎・津川千代子（前掲）『日本の家庭に応用したる支那料理法』所収，12-16 頁。この「豚饅頭」という呼称は普及していたようで，中国語の学習書でも「豚饅頭（鍋貼，餃子）」などとして紹介されている。「支那料理用語」，渡会貞輔『支那語叢談』大阪屋号書店，1918 年，34 頁。

34) 「支那料理店の廃業」（『朝日新聞』1911 年 11 月 20 日 5 頁）によれば，「清国に動乱起りてより日本留学の支那学生は続々帰国するのみならず残留官私学生とも学資の支給杜絶せしより従来留学生を重なる華客とせし，下宿屋，支那料理店，支那雑貨店等は何れも大恐惶を起し今や廃業の已むなきに至りしもの甚だ多し，中にも一時雨後の筍の如く勃発せし支那料理店は庭に客足を減じて其日其日の商売さへならず神田仲猿楽町の酔花楼神保町通俱美号会芳楼，一つ橋通り春日館，三崎町大道館神田牛込等に散在せる大小支那料理店は皆閉店の準備中なりと云ふ是れ等は悉く支那商人の営業に係るものにて二階を料理店にしようし下は支那雑貨する仕込みになり居り多くは留学生に時貸せし寄り店の粗末なるに係貼らず案外に繁昌をなし」などと記されている。

35) 「陣中葉書だより」，『朝日新聞』1904 年 8 月 13 日 2 頁。

36) 「陣中より」，『朝日新聞』1904 年 10 月 3 日 2 頁。

37) 松田龍子「お惣菜向の支那料理」，『主婦之友』6 巻 5 号（1922 年 3 月），140 頁。

38) 松田龍子「一人前六十銭で出来た　来客向きの支那料理」，『主婦之友』10 巻 9 号（1926 年 9 月），270 頁。

39) 松田龍子「誰にも喜ばれる支那料理の拵方」，『主婦之友』6 巻 14 号（1922 年 12 月），208 頁。

40) 後藤朝太郎『支那料理の前に』大阪屋号書店，1922 年，8 頁。

41) 一戸伊勢子「和洋支折衷の雛節句のご馳走」，『主婦之友』11 巻 3 号（1927 年 3 月），274 頁。また家庭料理講習会編『誰にも出来る新しい四季の和洋支那料理』（緑蔭社，1927 年）という著作も刊行されている。

42) 「季節の秋魚を使つた　お惣菜向きの和洋支那料理」，『主婦之友』19 巻 10 号（1935 年 10 月），586-577 頁。

43) 「お惣菜向の洋食と支那料理の作方三百種」，『主婦之友』23 巻 4 号附録（1939 年 4 月），37-46 頁。

44) 「即席の美味しい支那料理の拵方」，『主婦之友』8 巻 11 号（1924 年 11 月），293-294 頁。

45) 本誌記者「ビターマン食堂のお料理」，『主婦之友』8 巻 3 号，1924 年 3 月，270-272 頁。

46) これも，台湾在住経験のある「台湾銀行佐多氏の夫人」の発言として引用されている。本誌記者「お惣菜向けの台湾料理と朝鮮料理」，『主婦之友』8 巻 12 号（1924 年 12 月），299 頁。

47) 山本よね子「誰にも喜ばれる冬向きの台湾料理」，『主婦之友』14 巻 12 号（1930 年 12 月），396-397 頁。

48) 「カフェー全盛の東京！！女給一万三千人」，『讀賣新聞』1925 年 8 月 4 日 7 頁。

49) 「支那料理店の台所には不潔なものが多い」，『讀賣新聞』1927 年 7 月 11 日 3 頁。

50)「市内料理店の半分は不良　西洋支那料理店大検査」,『朝日新聞』1930 年 10 月 28 日 2 頁。

51)「マージャンで支那人大賭博」,『讀賣新聞』1928 年 6 月 18 日 6 頁。

52)「味覚前線に大異常——コックの帰国続出に悲鳴あぐ支那料理店」,『讀賣新聞』1931 年 11 月 22 日 7 頁。

53)「今は経済食が第一——学ぶべし,支那料理　栄養の逃げぬ調理心得」,『讀賣新聞』1940 年 6 月 28 日 4 頁。

54)「店を三部四級制——支那料理の自粛価格」,『讀賣新聞』1943 年 7 月 27 日 2 頁。

55)「料理店を四級別に　けふから,一流料亭も一部復活」,『讀賣新聞』1944 年 5 月 16 日 3 頁。

56)「満洲版の編輯について」,『主婦之友』(満洲版) 27 巻 1 号 (1943 年 1 月), 198 頁。

57)「満洲の家庭の温い栄養料理十一種」,『主婦之友』(満洲版) 27 巻 1 号 (1943 年 1 月), 148 頁。

58)「満洲の家庭の温い栄養料理の作り方十五種」,『主婦之友』(満洲版) 27 巻 2 号 (1943 年 2 月), 140 頁。

59) 同上史料,141 頁。

60)「満洲の節米栄養料理の作り方二十一種」,『主婦之友』(満洲版) 27 巻 11 号 (1943 年 11 月), 98 頁。

61)「満洲の食生活の工夫実験」,『主婦之友』(満洲版) 28 巻 5 号 (1944 年 5 月),65-67 頁。

第2章

日本における中国料理の受容：歴史篇
——明治〜昭和 30 年代の東京を中心に

草野美保

はじめに

　日本で「外来の食」がどのように受け入れられてきたか——これは今日の日本人のバラエティ豊かな食卓の実態を考える上でも，多くの関心が持たれてきたテーマである。

　中国料理の受容を扱った先行研究としてまず挙げるべきは，田中静一『一衣帯水——中国料理伝来史』(1987)[1]であろう。さらに木村[2]，石毛[3]，東四柳・江原[4]，大塚[5]，欒[6]などの研究のほかにも，日本に伝来した食品，あるいはラーメンや餃子，叉焼，天津飯，ジンギスカンなど特定の料理に焦点を当てた研究がある（詳細は巻末付録の資料②の目録を参照されたい）。本稿は明治から戦後の復興期を経た昭和 30 年代までを範囲と定め，中国料理の受容背景，イメージの変遷なども含めて日本における中国料理の通観を試みた。変化をもたらした出来事や中国料理店の状況，料理の記述内容などから，中国料理の受容・発展を 7 つの段階に区分し（図 2-1），それに沿って展開している。

　中国料理店は今日中華街として知られる地域をはじめ，戦前も全国各地にみられたが，少なくとも昭和以降もっとも多かったのは東京であり，ここではさまざまな記述にみられる東京の店を中心に取り上げることにした。

1　黎明期——幕末〜 1898（明治 31）年

　いわゆる安政の五カ国条約により，東京と大阪の開市，及び箱館・神奈川・長崎・兵庫・新潟の 5 港を開港して外国人居留地を設けた。条約改正により 1899 年に廃止されるまで，外国人は基本的にこの中での居住や貿易が認められていた。

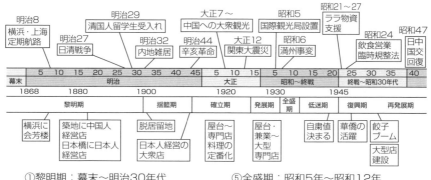

図 2-1　中国料理の受容・発展

①黎明期：幕末〜明治30年代
②揺籃期：明治30年代〜明治40年代前半
③確立期：明治40年代後半〜大正12年
④発展期：大正13年〜昭和4年
⑤全盛期：昭和5年〜昭和12年
⑥低迷期：昭和13年〜終戦
⑦復興期：終戦-昭和30年代

　関東圏で早くに中国料理が提供されたのは横浜の居留地の娯楽施設〈会芳楼〉（以下，店名は〈　〉で表記）であった。だが1869年から居留地廃止までの間，中国料理店はせいぜい2軒ほどで[7]，増加したのはそれ以降である[8]。

　東京における最初の中国料理店は，居留地の築地入船町の〈永和斎〉といわれ，いくつかの文献で創業は1879年1月とされている。しかしその根拠とされる資料はみあたらない。文具店としてではなく，料理と関連して〈永和斎〉の名が確認できるのは，『朝野新聞』1883年9月25日で，明確に料理の商いが店名とともに記されているのは1884年1月の広告[9]である。この記事からは出張料理専門店だったことがわかる。主人の王惕斎は浙江省の寧波府慈渓県黄山村の出身で[10]，新聞広告に名を連ねている王履安は店の手代であった[11]。

　〈永和斎〉と同じ頃に誕生したのが日本橋〈偕楽園〉で，その開業計画は『開花新聞』1883年10月30日にみることができる。そこには新しもの好きな日本人を揶揄するととともに，料亭〈紅葉館〉にならった会員制にすることが記されている。倶楽部の関係者には卓袱(しっぽく)料理と関係の深かった長崎県人のほか，近衛文麿や犬養毅，渋沢栄一，大倉喜八郎，安田善次郎，浅野總一郎ら約200名がいたという。〈偕楽園〉の名付け親は渋沢で，場所は日本橋亀島町，中国公使黎紹昌が北京の選り抜きの名コックを招聘し，食器も客席のしつらえも「支那式」であった。当初は全員が会費を出して出資し，実費で食べるようになっていたが採算が困難になり，翌1884年に倶楽部は解散，笹沼源吾が〈偕楽園〉という名前

56　第Ⅰ部　近現代日本の中国料理

そのままと「借金つきで」店を引き受けることになった[12]。一般人が食べに行けるようになったのはここからで，本当の意味での〈偕楽園〉のはじまりといえよう。笹沼の努力とその後も渋沢をはじめ，元会員たちが贔屓客であり続けたことも存続と発展を助けた。三宅孤軒は昔の店をこう回顧している。「高い塀の門構え，玄關の脇に馬をつなぐ處があって，二頭立の馬車が何臺となく道端にあった。夫れは明治三十年頃の日本橋區龜島町，地藏橋ワキの『偕樂園』の光景で，その近所で育った私は，子ども心に〝支那料理と云ふものは，吾々平民の口へ入るものではない〟と思った」[13]。このように〈偕楽園〉は格式の高い店であったのである。

　源吾が1907年に逝去し，21歳の学生だった源之助が勉学と二足の草鞋を履く形で跡を継いだ。ライバル店が開業していく中でも〈偕楽園〉は一流高級店として歩み続けるが，『幼少時代』で谷崎潤一郎も書いているように「昭和19年3月に都下の高級料理店が一時閉鎖を命ぜられた際に休業するのやむなきに至り」[14]，店は大東亜省の寮にされ，その建物も1945年には焼失した。天然ゴムの袋物を作るライファン工業（現，ライファン工業株式会社）を立ち上げていた源之助は，戦後〈偕楽園〉を再興することはなかった[15]。

　1890年には〈川長〉や〈愛宕館〉も中国料理を提供しており[16]，1893年末には文具・清国雑貨店〈義昌堂〉が支店で料理店（京橋区元すきや町）を開業した[17]。

2　揺籃期——1899（明治32）年～1909（明治42）年

　1899年の居留地の廃止により，外国人は居留地以外での居住や営業が可能になった。これ以降中国料理店が増えていくのは横浜・東京にも共通しており，日本人が中国料理に接する機会が増えはじめたといえよう。〈四谷亭〉〈酣雪亭〉〈もみぢ〉〈長楽園〉〈鳳楽園〉〈龍凰館〉〈味純園〉なども明治30年代にみられた[18]。

　時代は前後するが，1896（明治29）年に清国から来日した13名を契機として，日本留学が本格化した。神田では1898（明治31）年に開業した〈會芳楼〉が知られているが，ほかにも内地雑居が可能になったのを機に，寧波出身の鄭余生が神田今川小路に留学生を相手に簡単な〝郷土料理店〟を始めたのが〈維新號〉である[19]。1906年には寧波出身の周所橋が西神田に〈揚子江菜館〉を創業し[20]，1911年には紹興出身の顧雲海が〈漢陽楼〉を開業した[21]。さねとうは「留学生の増加とともに中国料理店がふえてゆき，それがやがて日本人の食生活にも影響したもののようである」と指摘している[22]。事実1904年の新聞には〝支那料理の流行〟という見出しで「戰勝の結果清國より留學する者漸次増加せる爲め神田

本郷牛込小石川等の下宿屋にてハ支那料理を用ひ素人の家庭にも豚料理を用ゆる
より自然牛肉小賣商にも影響を及ぼし豚肉を賣捌く向多きに至れり」[23]という記
事がみられ，また留学生の多かった神田界隈では 1915 年には「今川小路から小
川町乃至は此の裏神保町へかけて南京料理屋は十数軒に上る」[24]ほど増加した。

中国料理が紹介された江戸期の料理書のうち，『清俗紀聞』（1799 年）巻四の飲
食の箇所を取り上げ，又玄斎が挿絵を入れて編集したものが『新編異国料理』
（1861 年）で，明治期に刊行された料理本には，この『新編異国料理』を挿絵入
りそのままの形で引用しているものがいくつかある。また，『月刊食道楽』では
1905 年に『清俗紀聞』の翻訳が連載された。江戸期にも日本に輸入されていた
袁枚の『随園食単』は，1887 年から 1888 年にかけて雑誌『庖丁鹽梅』で翻訳が
掲載された。そして明治 30 年代になると，料理学校で支那料理の講義も行うと
ころがみられ，そのテキストには従来の江戸時代の料理書や中国の古典の焼き直
しから脱却した，実践的な中国料理の流れがみられはじめた。例えば 1906 年に
『月刊食道楽』に掲載された成女学校講習会「支那料理」などがそうである。

明治 20 年代半ば頃までには，東京においては 90 軒の西洋料理店を数えること
ができた[25]一方で，中国料理の普及は明治 40 年時点でも後れを取っていた。そ
の理由については，
①羹汁の濃厚に過ぎたること，②燕窩魚翅の如きは邦人よりして珍味なれども美
味ならず，又支那食の主たる物料の豚肉は，牛肉程邦人に賞味せられず，③洋食
の如く割烹に關する著書なし，④西洋の文物を吸収するに勉めたる結果，その風
俗をも吾に取入れたれども，支那は吾に學ぶべきもの多く，吾の彼に學ぶべきも
の少きこと，⑤支那を侮蔑する觀念がある，などが挙げられるという[26]。〈偕楽
園〉のような高級店もあったが，脱亜入欧の時流の中では，庶民に憧れを抱かせ
る存在には至らなかったのである。

3　確立期──1910（明治 43）年～関東大震災：1923（大正 12）年

確立期は，1910 年の〈来々軒〉の創業をはじめ，大衆店で中国料理を体験す
る庶民が増え，大正期の中国料理に関する新しい本や雑誌記事を通して認知度が
高まっていった時期である。1922 年には日本人の中華料理業者 500 人が「東京
支那料理同業組合」を結成した[27]。

1918 年にジャパン・ツーリスト・ビューローが「日満連絡券」「日支周遊券」
「日鮮満巡遊券」の発売を開始し[28]，一般人も満洲を観光旅行できるようになっ
た。中国を把握しようとする国家戦略の中，民間でも日中間の往来が容易になり，

中国はより現実味を持った近い存在として文化的関心も高まり，1922年の『中央公論』1月号で「支那趣味の研究」という小特集が組まれるなど「支那ブーム」がおこった。「支那通」が書いた中国料理の予備知識的な本には，井上紅梅の『支那風俗』[29]，後藤朝太郎『支那料理の前に』[30]などがある。

　大正期及びその前後に東京で開催された博覧会には，東京勧業博覧会（1907年），拓殖博覧会（1912年），東京大正博覧会（1914年），平和記念東京博覧会（1922年），そして大礼記念国産振興東京博覧会（1928年）があった。台湾館や満蒙館などの植民地の展示館は，列強の仲間入りを果たしつつあることを誇示するとともに，産業振興の意味合いが強かったが，現地を訪れたことのない人々にとっては，それが演出されたイメージであったとしても，日本領土としての外国に接する貴重な機会でもあっただろう。こうした博覧会では，各館の物産を販売する売店や中国茶を提供する喫茶店が併設され，中国料理を提供する店が設けられることもあった。

　清国留学生は1906（明治39）年には8,000人に増加したが，「清国人ヲ入学セシム公私立学校ニ関スル規程」が同年に施行されると帰国者が増え，1911年の辛亥革命勃発の翌年には1,400人にまで激減した[31]。その頃の神田の状況を新聞記事はこう伝えている。「從來留學生を重なる華客とせし下宿屋，支那料理店，支那雑貨店等は　何れも大恐慌を起し　今や廢業の已むなきに至りしもの甚だ多し，中にも（中略）支那料理店は俄に客足を減じて其日其日の商賣さへならず」[32]こうした店は，日本人を対象にするという転換をはからざるを得なくなったのだろう。

　当時の神田界隈とは別の新しい流れが，日本人による大衆店の開業であり，その代表は，明治末の1910年に浅草で尾崎貫一が開業した〈来々軒〉である。「〝支那食は安くて美味く腹一杯になる〟と云ふことを，街頭に進出し宣傳したのは来々軒の大きな業績であると共に大きな成功であった」[33]と，松崎天民は記している。この〈来々軒〉のラーメン人気にあやかろうとしたのか，大正初期には多くの屋台が出現した。「東京では露店の立つ場所に支那そば，ワンタン屋の臺の出てゐない處は殆どない。一晩の賣り上げは大抵二十圓から三十圓内外，材料代から木炭代まで一切の經費を差し引いても確實に半額の利益はある。（中略）賣り子なら十圓の保証金を問屋に收めれば，屋臺，材料一切を貸してくれて要領を教えてくれる」と開業ハウツー本が示すように[34]，大正末期には屋台の開業システムが十分整っていた。

　大正も半ばを過ぎると〈陶々亭〉〈山水楼〉といった店が開業し，有名一流店の仲間入りを果たした。日比谷の〈陶々亭〉の開業は1919年で[35]，主人の萱野

第2章　日本における中国料理の受容：歴史篇　59

長知は孫文との交友も深く，生涯を中国革命にささげた人物であった。同じく日比谷に広東料理〈山水楼〉が開業したのは1922年である。創業者は上海の東亜同文書院の十二期生だった宮田武義である。関東大震災での被災に加え，1934年3月上旬には，火事の類焼で全焼してしまうが，そのわずか20日後には新装オープンにこぎつけるという早業を成し遂げた。急ピッチでの改築は，代議士有志らが計画した満州国大使鄭孝胥らを招いての食事会が4月に予定されており，政界の支援もあったからだろう。事実，その後も日支両国の大使館昇格の祝賀会や政友会委員の会合，南京訪問飛行完成祝賀会などの会場として〈山水楼〉は使われ，1945年1月に空襲で倒壊する瞬間まで営業は続けられていた[36]。

中国料理の記述も増えていき，料理学校やその講師らが記した本には『日本の家庭に應用したる支那料理』『實用家庭支那料理法』『家庭で出來る食通の喜ぶ珍料理 虎の巻』などがあり，また，中国人の執筆には『家庭宴會支那料理法』『支那料理法』などがあった[37]。

明治末期から大正時代を通して，婦人向けの雑誌の創刊も相次いだ。『婦人之友』『婦人画報』『婦女界』『料理の友』『主婦之友』『婦人倶楽部』などである。これらの雑誌でも中国料理のレシピが紹介され，家庭への普及に大きな役割を果たした。とはいえ，大正初期にはまだ偏見を持つ人は多かったようだ。外食すること自体が少なかった女性はとくに，中国人の店は気軽に入れるものではなかった。一般女性たちに先駆けて中国料理に接していたのは，父，渋沢栄一が〈偕楽園〉を贔屓にしていた穂積歌子や，中国人との交流があった上流階級，そしてオピニオンリーダー的な職業婦人たちであっただろう。大半の女性にとって「神田あたりでよく見る支那料理店（中略）中を覗くと浅黄の支那服を着た青白い顔の支那婦人，歩む姿もおぼつかなげな，と思ふと油で汚れた前掛けを胸にした辮髪の料理人，斯んな有様をみて食はず嫌いをなさるお方も御座いませう」[38]というのが実情だったのだろう。しかし1918年頃からは「支那料理の流行」といった記述が増えていく。1923年の『支那料理の夕べ』[39]では「近來は家庭に人を招待する際にも支那料理を用ひる方が尠くありませぬ」とあり，こうした家庭がどれほどあったかは疑問だが，客向け料理にもなると考えられるようになったのは大きな進展だったといえよう。

4 発展期——1924〜29（大正13〜昭和4）年，及び全盛期——1930〜37（昭和5〜12）年

発展期は震災の復興から中国料理店数の戦前のピーク直前の1929年まで，

ピークの 1930 年から日中戦争が始まる 1937 年までの期間を全盛期とした。実際には連続性がみられる事象が多いため，発展期・全盛期の双方はまとめて記すことにする。

　1923 年の関東大震災は，社会・経済・人々の心理にまで大きな影響を与えた。多くの飲食店が壊滅し，復興を遂げていく中で，あらたな業態やサービスを提供する店も生まれた。小泉迂外は震災後の東京の人々の食に対する意識や行動が大きく変わったことを随筆に記している。「大衆専門の安價な食堂の出來たのは，震災直後の記念品である。一意復興に復興にとあせって活動をつづけた市民たちは，高等な食味をゆっくり鑑賞するなどといった餘裕のある氣分にはなれなかった。質よりも量を望んで，所謂腹つぷさげ式の食品が全市を風靡した」。靴のまま椅子に寄れ，「テーブルの上で料理が食べられる西洋料理や支那料理が悦ばれ」，「手輕な食物屋が歡迎されるように」なった。そして「今日のように若い氣取った御婦人達が平氣で屋臺店の暖簾を潜って，鮓の立ち喰いをしたり，焼鳥の串を握ったりするといふ。明治時代には夢にも思ひつかなかった勇敢な行動は，震災當時に，いく度も經驗された豫備知識の發露であらう」[40]と女性たちの変化にも触れている。

　中国料理の普及には，食堂や洋食店・和食店での提供もあった。「震災後の東京に於て，更に其の数を加えたのは，そば屋，寿司屋，カフェー，レストランなどの商賣で，就中最も一目に附くのが支那料理店である。尤も京橋の銀座，神田の神保町並びに浅草附近には，堂々たる店舗を構へて，支那料理専門で，相當繁盛させて居る處も少なくないが，従來の西洋料理屋が支那料理をも兼業するに至ったのは，山の手方面は，場末も郊外の新開地にかけて，其の實例が甚だ夥しい」[41]で，兼業の傾向は昭和に入っていっそう定着した。〈晩翠軒〉の吉井藤兵衛も「場末の洋食屋が西支料理と看板を塗替へ，百貨店の食堂でもあの雑然たる中に支那食が陳列されて相當に味覺を誘ひ，客を吸収しています。甚しきは江戸前の蕎麥屋が入口の格子を半分切いて，支那そば類を陳列して客を誘引しています」と記している[42]。

　百貨店食堂は女性たちの関心も高かったのだろう，『料理の友』でも 1928 年 3 月号から 9 月号まで，食べ歩き記事が掲載されており，ここでは値段に見合う味かが論点であった。

　中国料理の提供が町の食堂だけでなく，百貨店の食堂にも及んだことは，老若男女や階層を問わず，味の体験の裾野の拡大につながり，さらに中国料理に対するかつての偏見が薄れ，和食・洋食とも肩を並べるまでになったことも意味していよう。洋食や中国料理は集客の一端を担い，それらがなかった時代には戻れな

いほどに日本人の食生活に入り込んでしまったのである。当時の状況を本荘可宗はこう語っている。「いつもデパアトの食堂で思ふことである。世界で，いま，日本人の食卓ほど混亂してゐるものはないであらうと。（中略）何處の國の人よりも，食卓が多彩であり，味覺が豐富になって來たのであるが，一面から見ると世界何處の國よりも，味覺の亂雜不統一を曝け出してゐるものである。洋食系統のもの，支那系統のもの，日本系統のもの，夫々が，何の全體的調整と統一といふ考へなしに，ただばら一一に這入り込んで來て〝食膳の無政府〟を爲してゐる」[43]。

〈来々軒〉と同じ浅草に震災後開業し，追い越す勢いを見せたのが宮澤濱次郎の〈五十番〉であった。そして大衆店の中で，中間層をねらった専門店が登場するようになったのも震災後である。大正末に開業した〈珍満〉は従来の専門店と異なり，極力メニューを絞った「日替わり一品満腹主義」で人気を博し，大量仕入れで原価を抑え売上を伸ばしたという[44]。

専門店や兼業店でも中国料理が提供されるようになったのは，「一品料理」とも関係があろう。石角春之助は洋食を例に「一品料理の普及は，大衆的常食を意味し，日本料理と同列に取扱はれることを物語る前兆でもあったのだ」と述べている[45]。こうした流れは，中国料理にも踏襲された。少人数で食べるには不便だった中国料理は，単品や「即席」の一品が今日的な定食の主菜に据えられるようになると，一人でも手軽に食べられるようになった。他の飲食店に比べても，こうした料理を提供する中国料理店の開業は容易だったようだ。儲かる洋食と中国料理店は，日本料理店にとって脅威の存在とさえなった。そのありさまは1930年の本で次のように描写されている。「東京はもとより，何處の土地へお出になっても，盛り場の飲食店といふと，殆ど凡てが安洋食と支那料理です。日本特有の料理店などは，隅っこの方へ影を潜めて，たゞもうシウマイとトンカツの跋扈に任せております」[46]。そして新聞記者の平山蘆江はそんな状況にある日本料理を友人とのやりとりの体裁で雑誌記事に書いている。「〝日本料理はどこへゆくだらう〟〝なぜそんな質問を起すんだ〟〝だって，洋食に押され，支那料理に押されて，だんだん寂れてゆくやうに見えるからさ〟〝これまでの日本料理は眺めるためにのみ發達して來たんだが，これから洋風と支那風とに誘導され，又は壓迫されて，食べる爲の様式に代わってゆくにちがいないよ〟」[47]。

震災後，中国料理では高級店・大規模店なども負けじと開店した。その一つが虎ノ門の北京料理〈晩翠軒〉である。井上清秀が中国の古美術・古書・文房具などの輸入業に加え料理業も始めたのは1924年[48]であった。支配人の吉井は，食関連雑誌にしばしば登場している。この店も政治家や官僚，財界人の顧客が多く，

夏目漱石，森鷗外，芥川龍之介といった文人も常連だったという。戦前において
は少なくとも 1944 年 9 月まで営業していた[49]。

1926（昭和元）年の創業を飾ったのは〈銀座アスター〉である。創業者矢谷彦
七が銀座 1 丁目に開いたこの店は，横浜南京街から料理人を招聘し，広東料理を
主体とした店で[50]，その看板メニューの一つが〔米国式雑集砕（チャプスイ）〕
（以下，料理名は〔 〕で表記）であった。

〈雅叙園〉は 1928 年に細川力蔵が〈芝浦雅叙園〉を創業，その後 1931 年に〈目
黒雅叙園〉を開業した。「大規模で，日本ピカ一を爲すものと云へば，何と云っ
ても支那料理の目黒雅叙園である。あの廣大な庭園，設備！これ丈けを見ただけ
でも大抵をつたまげて終ふ。（中略）更に結婚シーズンの月になると，一日三百
組からの會合や宴會が次々と間斷なく行はれてゐる」[51]。絢爛豪華な内装も「天
国の花園」の広告の謳い文句[52]にたがわず評判であった。

木下謙次郎が「昨今宴會の如き，支那料理店に於いて開かるゝ事頗る多し」と
述べているように，大正末期には中国料理店が宴会会場としての役割も担うように
なった[53]。「東京でも大料理屋で送り迎へを自動車でやり，結婚式場まで用意出
來てゐる料理屋は，支那料理屋に限られてゐるやうだ。三百人も四百人もの女中
を使ってゐる雅叙園，幸樂を始め，緑風荘，南浦園，陶々亭，偕樂園，山水樓，
晩翠軒等々，東京での大料理屋と云へば支那料理と云っても過言ではないかも知
れぬ」[54]といったふうに，大規模な店も少なくなかった。

大規模店ではないが，〈芝浦雅叙園〉と同時期に開業したのが〈濱のや〉であ
る。元は宿屋で，富山榮太郎が 1928 年 2 月から支那料理・京蘇料理を始め
た[55]。この店で特筆すべきは回転テーブルであろう。1931 年の『東京食べある
記』には「その座敷は瀟洒な日本室が十幾つもあって，大きな圓卓の上に二重装
置をしたのが，特色と云って宜かった。上の圓形の卓をグルグル廻せば，食品を
入れた器が，順々に自席の前に來るやうな仕掛が，便利で面白かった」と説明さ
れている[56]。『食道楽』1931 年 7 月号・8 月号に「大石式 和式洋式開化食卓」と
いう広告が掲載されているが，その和式・洋式のどちらでもなく中国料理に特化
していったのは，大皿から各自が取り分ける料理とも関係があったと思われる。

『西洋料理と支那料理の調理法』（1925 年）のまえがきで秋山徳蔵が，中国料理
の合理性と栄養的な価値から，家庭への浸透が増えていくことを予見していたよ
うに[57]，震災後の確立期と全盛期の中国料理のレシピや紹介はさらに増していっ
た。陸軍の外郭団体が発行する『糧友』は 1926 年から，雑誌『食道楽』は 1927
年に復刊，『栄養と料理』は 1935 年に創刊され，既存の雑誌とともにこれらの中
で中国料理に関する記事も多く扱われた。料理記事で複数誌，あるいは同誌に複

第 2 章　日本における中国料理の受容：歴史篇　63

数回執筆した人物には赤堀峯吉（旺宏），赤堀全子，秋穂敬子，一戸伊勢子，井上三枝，小林完，指原乙子，白石和正，城和子，中野虎之助，山田政平，吉田誠一がいた。さらに誌面に彩を添えたのが，中国料理店の店主や料理長であった。

　中国料理を解説した本としては，井上紅梅『支那料理の見方』[58]や後藤朝太郎の『支那料理通』[59]があり，レシピに特化した本は，震災以前には数えるほどしかなかったのが，震災後は少なくとも毎年1冊以上のペースで刊行された。この中で，趣を異にしているのは1937年の2冊である。一つは『榮養本位 支那精進料理』[60]で，山岳僻地に暮らす人々や野菜を重視しない都市生活者向けの本。もう1冊の『廃物を出さぬ支那料理』[61]は魚介類の素材別の構成となっており，最後は〈蛙・蝸・田螺〉で締めくくられるように，肉や卵料理は登場しない，輸入に頼らず，国内で調達しやすい食材を用いることを主眼に書かれた本であったが，この2冊はこの後に続く低迷期——食料難の冬の時代を先取りした内容の本であったといえよう。

　一般的な家庭料理本もこの時期の刊行は多く，中国料理も取り上げているものは，次のように分類できよう。①料理講習会・学校の教科書類，②婦人雑誌などの附録・別冊・シリーズ本類，③ラジオ放送テキスト，④食関連企業の冊子，⑤その他（軍関係ほか）。

　なかでも，この時代に特徴的なのは③④⑤であろう。ラジオ放送は1925年に東京と大阪で始まり，受信者数は年末には20万近くに達した[62]。1927年には前年東京中央放送局の毎朝放送していた内容が『ラヂオ放送 四季の料理』としてテキスト化され，翌年には『ラヂオ放送 日日の料理』が，そして1935年には『放送料理一千集』が刊行された[63]。

　食関連企業の冊子は鈴木商店（現，味の素株式会社）のものに代表されよう。大正期には『家庭料理の栞』や『四季の料理』などがあり，昭和に入ってより細分化され，1929（昭和4）年に発行された『四季の支那料理』は60版を重ねた[64]。

　1928年と1937年の『軍隊調理法』（糧友会）は，団体炊事にも応用できる内容である。前者では，例えば〔炸裡脊〕と書かれていたものが，後者では〔豚の空揚げ〕と日本風の名前に変わり，中国料理をより浸透させようとする意図がみられた。

東京市の中国料理店数

　さて，東京には戦前何軒ぐらいの中国料理店があったのだろうか。一貫した統計はなく，複数の資料を寄せ集めて作成したのが図2-2である[65]。

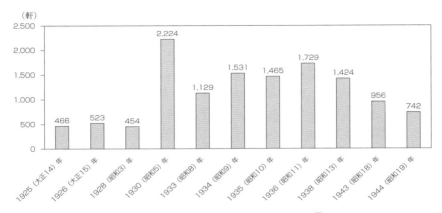

図 2-2　東京市における中国料理店数[65]

　戦前東京で最も多かったのが 1930 年の 2,224 軒（西洋料理店は 6,009 軒），その後は多少浮き沈みをみせながら 1936 年に 1,729 軒（西洋料理店は 2,438 軒）で 2 度目のピークを迎えた。昭和初期の東京の店を後藤朝太郎はこう記している。「少数の通人だけを相手にして居たのでは到底店の経済が持てぬ。茲に於てか我も我もと先を争うて設備を整へ，料理場を清潔にし，或は室を広くし，料理番の服装を綺麗にする等凡て最新式に又理想的にと互いに鎬を削って努力して来た。こは東都の支那料理店に著しく認められる」[66]。

　1936 年の『飲食店従業員調査』（東京市役所）で東京市内の中国料理店を地区別にみると，旧市部 15 区内は多い順に，神田区，牛込区，浅草区，本郷区，芝区，日本橋区，本所区，京橋区，下谷区，麻布区，小石川区，赤坂区，四谷区，深川区，そして麹町区であった。

　横浜の料理店は大半が広東省出身者で，恩平・開平・台山・新会の四邑出身者と，南海・番禺・順徳の三邑の出身者が多かったというが[67]，東京はどうだったか。〈偕楽園〉が「支那料理」とだけ称していたのに対し，北京や上海，広東料理など地域性を掲げていた店もあった。戦前の店をざっと書き出すと，以下の通りである（一部兼業店を含む）[68]。

・広東料理：會芳楼，海晔軒，杏花楼，銀華亭，香蘭亭，彩華，山水楼，塩瀬，秀華，昇龍，中華第一楼，珍珍亭，陶仙亭，東方亭，豊龍亭，牡丹亭酒楼，萬楽，楽斎，楽亭，龍公亭，禄風荘，緑風荘

第 2 章　日本における中国料理の受容：歴史篇　65

・北京料理：あかね，延寿春，燕京軒，開保園，雅叙園，喜久亭，幸楽，香蘭亭，山海楼，三福，春秋園，盛京亭，大雅，泰華楼，寶亭，東洋軒，東瀛閣，なにわ，南浦園，浜田家，晩翠軒，北京亭，瓣天閣，もみぢ，夜雪荘，竜宮殿，丸之内会館，龍宮殿，ヤマト
・上海料理：津久茂，芳明
・京蘇料理：濱のや
・台湾料理：好味軒，甘露坊
・満州料理：明月館，弁天閣

　1928 年の資料[69] によれば，料理人も時代の変遷もあったようだ。東京では「廣東料理，北京料理，上海料理と云ふ風に，同じ支那料理にも，それぞれの流派があって，それを呼物として居るが，概して多いのは廣東と北京，それから上海の各流であらう。（中略）日本には古くから，廣東人が入込んで，廣東流の料理を造って居たが，今は上海から来る料理人が多く，従って今日の支那料理と云へば，上海流が全体の七八割を占めるやうになったと云っても宜い」。貿易商の周祥廙（浙江省出身）によると，「昭和時代から上海料理と北京料理を始め，次第に流行」し，一流の料理店では「コックは全部上海から呼び寄せ，本式の中国料理を作りました処非常によく繁昌」したという[70]。彼らの出身地はもとより，どこの地方料理を専門としていたかなどの疑問は残るが，料理人が広東人ばかりではなくなってきたことは事実であろう。
　台湾については 1905（明治 38）年に烏龍茶を出す喫茶店ができ[71]，料理店で早いものは 1919（大正 8）年頃から震災後にもみられ[72]，米粉などを扱う物産店[73]もあったが，長くは続かなかったようである。それは曾品滄の指摘する「台湾料理とはいったい何か，ということが台湾で考えられるようになったのは 1930 年代後半になってから」[74] という台湾料理自体の確立にも基因していよう。

日本化した中国料理批判

　各国料理レストランで食事をする際，しばしば問われるのはそれが本場の味か，という点であろう。現在よく使われる「本場」や「本格中華」にあたる言葉の使用は，戦前は少ない。代わりに，それをほのめかしていた表現は「純支那料理」や「支那料理人」であり，新聞の開業広告でもしばしばみられた。もっとも，「支那人と名がつけば，随分如何はしいのを雇入れて〝コック〟を遣らせてゐるのが少なくない」[75] というケースもあったようだが，それは「支那人厨士を使ってゐると云ふ事が店の看板でもあり，その店の料理を判定するバロメーターでも

あるかに考へた」[76]からである。東京に中国料理店の多かった1930年と1936年はいずれも東京在住中国人数の最も多い時期とも重なっており[77]，料理業に携わる者も少なくなかっただろう。

戦前，多くの中国料理の中から日本人向けの料理が選ばれ，日本人向けの味付けを工夫することで普及が進んだが，大正末には一転し，専門店の料理が日本化されていることを批判する記述がみられるようになった。『料理の友』1926（大正15）年3月号では，〈偕楽園〉を「真の支那料理通から云はせると，あまりに日本ナイズしたとの批判もある」と書かれている。パイオニアの有名店ならでは宿命であろうが，その後も他店を含め，批判は数々みられた。

何をもって日本化かを示す資料は多くないが，その中で一番具体的なのは，辻聴花の説明である[78]。「支那料理には，日本料理のやうに，醬油と砂糖を餘り使はないで，醬油の代りに鹽を使ひ，又普通の砂糖の代りに，氷砂糖とか，その他の甘味を用ひ，そしてそれが單に一二種のものでなく，種々な藥味が加はってゐて，十分に互に善く調和されてゐます。（中略）一般の邦人は，何も精はしく研究もしないで，口當りと味とを混淆し，日本料理が口當りがサラサラしてゐるので，その味が淡白であると思ひ，支那料理が口當りがドロドロするので，その味が濃厚であると速斷しますのは，決して正當な評論とは云へません」。多様な醬類や八角や香菜をはじめ，ニンニクやトウガラシでさえも，戦前の家庭向けレシピをみるかぎり，あまり使われてこなかった。こうした点も平坦な日本風の味につながったのだろう。逆に薬味として芥子を添えるのは，きわめて日本的なことといえるのであるが。

仕上げにとろみをつけた〔うま煮〕類，あるいは粘性の強い〔あんかけ〕類が多いのも日本の特徴であろう。「支那料理には片栗粉を入れて，凡てドロリとしなければならぬ様に思はれてゐますが，こ、のは同じ片栗粉を使っても，それはお汁に光を添へる程度で，決してドロドロしたものではありません」[79]と，レシピで中国人料理人も注意している。

一品料理の定食や，覚えやすい日本語名に帰化された料理が，北京料理や広東料理などの系統を問わず，同じ店に並んでいるのも日本的であり，ここには日本人のイメージする「総合的中国料理」が体現されているといえよう。

外国料理を提供する店は，できるだけ現地の味を再現したいと願いつつ，手に入らない食材は何かしらで代用し，同時に食べ手を満足させ，採算も考えねばならぬ現実を抱えていた。〈山水楼〉の宮田は，外国料理の現地化についてこう述べている。「他の國の料理を持って來てお客様に慣れさすと云ふ事は難しい事で（中略）支那料理の色々が日本で變ってるのも結局，お客様自身が，日本に近い

第2章　日本における中国料理の受容：歴史篇　67

ものを選定したと云ふやうな結果を見せてゐます。所が，最近では，（中略）交通が頻繁になって，あちらへ往き来してゐる方が非常に増して来まして，今度はあべこべに，どこか純粋の支那料理を食はせる家がないか，なんて云はれる方が増して来ました」[80]。〈晩翠軒〉の吉井は，現地（日本）に合わせることを「料理の発達」と捉えている。「韮や蒜の臭を加味したものを好まるゝ人は未だ少なく，料理店も其営業上顧客の嗜好に應じて導かれて行きます。然し，（中略）司厨たる中華民國人の手で調理さるゝ以上，日本化と云ふよりも寧ろ支那料理の發達であると思います」[81]。〈濱のや〉の富山は1931年に上海を再訪したが，彼にとって印象的だったのは，上海における料理が「段々新しい欧米の様式に浸潤されつゝ」あり，「在来の本格的の支那料理と云ふものは段々影が薄く」なってしまっていることであった。そして「支那の本場に於いてさへ年々モダンな様式を取り入れて變わった料理を造り出してゐるのですから，日本の支那料理となれば，日本人の口に適する様に，日本化した料理を工夫研究する事は，吾々支那料理業者の一つの務めだらうと私は思ってゐます。それが料理の進歩だと思ひます」と決意のほどを述べている[82]。

　こうした「日本化」は日中戦争以降，物資不足による国産の代用品使用により質を変え，1920年代後半から1930年代のグルメブームともいえる中で起こった「日本化批判」は，次第に戦時下の厳しい食生活の下に姿を潜めていった。

5　低迷期──1938（昭和13）年〜終戦：1945（昭和20）年

　低迷期は，日中戦争への突入した翌1938年頃から，太平洋戦争の開始を経て終戦に至る期間である。1939年頃からは食料不足に陥る冬の時代へ徐々に向かう時期で，とくに1943年頃から終戦までは中国料理に限らず，飲食全般における厳寒期であった。

　日本が帝国主義を拡大するなか，食に関しては日本食の賛美や，それを海外に広めようとする言論はとくにみられない。むしろ日支満友好のプロパガンダの下，中国料理をさらに重視し，いかに日本料理の中に融合させていくかが検討された。それは，中国料理が大都市をはじめ，地方の都市部では，外食や家庭料理において，もはや特別なものではなくなっていたこと，そして増加する満州への移民たちの現地適応，さらに栄養的価値や調理の合理性といった再評価とともに，食料問題の解決の糸口になると考えられていたからである。

　しかし，東京では1940年8月1日から食堂・飲食店などで米の使用が全面禁止され，百貨店でも麦の炒飯や，「支那本来の饅頭」で対応した[83]。8月20日か

らは小麦粉等配給統制規則が施行，9月には配給制となり，1941年1月には屋台の支那そばすら営業が立ち行かなくなった記事がみられる[84]。1941年も半ばを過ぎると肉類は手に入りにくくなったのか，『主婦之友』9月号には刻んだうどんを餡にまぜた〔即席うどんシューマイ〕などのメニューも紹介されるようになり，『糧友』でも，豚肉を鯨肉やイカ，さらには獣肉に置き換えた献立が増えていった。1942年以降は誌面上の中国料理のレシピは激減し，かろうじて「支那料理」の文字がみられても，それらはもはや何料理か判別不能な「もどき料理」であった。

飲食店については1943年7月末に「支那料理の自粛販売価格」が決まり，8月1日から都下（旧市内）で一斉に実施されることになった。これは956軒の店を一級店から四級店に分類し，一級店の卓子料理・晩定食5円を上限に，四級店の並軽食50銭まで，各級ごとに定食の自粛値を定めたものである[85]。1944年3月には都下の高級料理店が一時閉鎖を命ぜられたが，享楽追放を目的とした，高級店潰しともいえる一連の政策により，営業の継続が困難になった店もあった。1944年8月が戦前の東京の料理店の軒数を知る最後の統計になるが，日本料理店は284軒，西洋料理店は503軒，支那料理店は742軒であった[86]。

6　復興期──終戦〜 1955-1964 年（昭和 30 年代）

ジョージ・ソルトが述べているように，戦後，〝アメリカ産小麦とラードの闇ルートへの横流しは，「中華そば」販売者の商売再開に不可欠な材料を提供し〟，闇市においても「中華そば」は他のスタミナのつく食べものと並んで，名物にもなり，〝多くの日本人の飢餓を防ぐ重要な政治的機能を担った〟[87]のである。戦後まもなくの飲食業界において，いち早く復興を遂げたのは中国料理であり，そこには華僑が大きくかかわっていた。その背景として華僑の資本力と食材を手に入れやすい立場にあったことや，中国人名義の物件は接収されなかったことなどが挙げられよう。アメリカから中国への特別配給が戦後1-2年間行われ，それは，日本に在住した華僑に対しても実施されたからである[88]。

1945年から50年代前半の中国料理の発展と華僑については，1954年の四方浩二の記事にみることができる[89]。「戦後の東京を見てまず驚くのはパチンコと中華料理の繁昌振りだろう。（中略）安くて旨くて栄養があるという三拍子揃った中華料理が戦後の日本の食生活には全くうってつけの存在であった」，そして「華僑の業者にいわせると戦後の中華料理の発展も銀メシを自由に客に出せたり税金が大目に見られた昭和二十四年頃までが最盛期」であった。多田鉄之助はこ

第 2 章　日本における中国料理の受容：歴史篇　69

うした状況を終戦後の「中華料理の黄金期」とし，さらに「政令が解けてからは，中国人も税金の負担や自由競争のために，全部が利益を大きく得る事は出来なくなってしまった。その代りにチャチな中華そばの店は到る処に乱立した。けれども，是等の店もどうやらやって行けるのを見ると，中華料理の魅力の素晴らしさを深く感ぜざるを得ない。（中略）近頃は丸ノ内常盤家，星ヶ丘茶寮，虎の門晩翠軒，目黒雅叙園等の如く百人以上の宴会場を持つ店も設備が整って来た」と復興の様子を述べている[90]。専門店でいえば，1955年には〈中国飯店〉〈赤坂飯店〉が，1960年には〈留園〉〈北京マンション〉などが開店している。ホテル内の中国料理店が開業されるようになったのは，接収が解除された1951-52年以降である。

　地方系の店は東京で戦後，台湾・福建・四川系なども加わっていったが，こうした地方料理を看板とする店も増えるなか，1960年5月にオープンした銀座東急ホテルの〈孔雀庁〉は，各地の地方料理を同時に目で選んで食べられる中国料理初のブッフェスタイル店であった。それは帝国ホテルがインペリアル・バイキングの営業を開始した2年後である。

　1954年の『たべもの東西南北』に続き，1956年に『味の東京』『全国うまいもの旅行』『全国うまいもの』などが相次いで刊行されたのは，「もはや戦後ではない」といわれた当時の状況を象徴していよう。この中で興味深いのは『全国うまいもの旅行』である。「日本料理を看板にする小料理屋風の店が，むかしにくらべて，いちじるしく少なくなったのは，戦後のラーメン族や餃子族の口には合わないためと，ひとつにはラーメン，餃子にくらべて日本料理の値段の高さのためであろう。（中略）東京の若いものは，ことに戦争中うまいものの味を知らず戦後，ラーメンと餃子で満腹感を味わったのだ。こういうたべもので育った舌をもつ若い庶民たちには，むかしなつかしいという味がない。そして，食通といわれる人々のうまいというものや，品のよい味を自慢にする料理屋の料理には，一種の反撥心さえもっているといってよかろう」[91]。ラーメンに次ぐ大衆メニューとして餃子が一躍時代の寵児として躍り出たのは1955年である。餃子を食べに来る客層は「圧倒的に若い婦人連れとアベックが多い。昼のうちは学生が多く，日曜は家族連れで賑わう」[92]で，『サンケイグラフ』では「この頃は，特に油っぽいものが好かれる。餃子は肉あり，油あり，ニンニクありで，一眼見ただけでカロリーそのもの、感がする」[93]と書かれており，同年『丸』[94]では「今や，〝もりそば〟追い抜くラーメンの勢いよりも激しい速度で，〝餃子とパイカル〟が〝焼酎とやきとり〟に肉薄している。（中略）新しい刺激を次々に求める精神的な焦燥からであろうが，その良し悪しは別としてたしかに日本的な嗜好が崩れて行く一

過程には違いない」ということが記事の最終章「崩れゆく嗜好性」の結びとして
述べられている。

　中国料理のレシピ本でおそらく戦後最初の本は，1947年の山田政平『中華料理の作方160種』（ハンドブック社）で，食料不足ながらも将来の実用性を考えた内容であった。一方，翌年の鐵村光子の『中華料理集――お惣菜向 新しい栄養料理五百種』（婦人圖書出版社）は，こうりゃん餅など乏しい材料で何とか中国料理らしいものを紹介する内容であった。1945-54年（昭和20年代）はほかに4冊が確認できた程度だったが，1955年から1960年までは少なくとも15冊が数えられた。雑誌では，『主婦之友』や『栄養と料理』が戦後もいち早く再開し，戦後1951年頃に復刊した『料理の友』では，少なくとも1952年からは中国料理が特集や記事としてみられるようになった。

　1957年からはNHK「きょうの料理」の放映が始まり，1955-65年（昭和30年代）の中国人講師は王馬熙純・張掌珠・沈朱和らであった。上流階級の中国夫人らがテレビ出演した効果は大きく，番組に長くかかわった河村明子氏は，容姿に秀で，上品な雰囲気が漂う王馬熙純が「当時の日本人の中国料理の料理人のイメージを完全に覆したと言っていいだろう」と述べている[95]。

　中国料理を文化として探求する小冊子『中国菜』の刊行も重要な出来事であろう。湯島聖堂の斯文会館で1960年，中山時子らを中心とした中国料理の講習会（中国料理部）が始められ，その年に刊行されたのがこの冊子である。編集には木村春子をはじめとする中山の弟子たちも携わり，レシピのみならず中国の民俗や歴史も含めた形で食文化を広く紹介する構成となっている。1967年の7冊目が最後の号になったが，関係者たちはその後も『中国名菜譜』『随園食単』『中国食文化事典』といった成果を生み出していった。

おわりに

　日中国交回復，そしてバブル期を経た今日も中国料理の様相は変わりつつある。地方料理の増加だけでなく，飲茶・刀削麺・火鍋・薬膳・宮廷料理など多種多様になり，さらに中国の店の東京進出は早いもので1980年代後半からみられるが，とくに2017年以降増加している。また，ミシュランガイドの東京版にも中国料理店が掲載される一方で，近年注目されているのが昭和の香り漂うノスタルジーが魅力の「町中華」である。

　本論では，文献をもとに論じてきたが，残念ながら飲食店のメニューや資料は少なく，当時の飲食情報の実態を把握するには限界があった。しかし老舗店での

聞き取り調査や店の所蔵資料を収集し分析することで，新たな発見もみつけられ
よう。そして戦前の各地の華僑——とくに他地域間との結びつきや動きを把握す
ること，さらに，民国期の中国料理の調査も，当時料理人とともに日本へもたら
された料理を考える上で重要な鍵となろう。そうした資料を加えての再検討は今
後の課題としたい。

1）田中静一『一衣帯水——中国料理伝来史』柴田書店，1987 年
2）木村春子「日本の中国料理小史①-⑫」，『月刊専門料理』第 30 巻第 1-12 号（1995 年
　1-12 月）。
3）石毛直道「20 世紀日本における中国料理の受容過程」，童心怡主編『第七屆中國飲食
　文化學術研討會論文集』台北，中華飲食文化基金会，2002 年，1-11 頁。
4）東四柳祥子・江原絢子「近代料理書に見る家庭向け中国料理の形成とその受容の特
　質」，『日本食生活文化調査研究報告集』（日本食生活文化財団）23 号（2006 年 11 月），
　1-61 頁。
5）大塚秀明「戦前日本における中国料理の受容について」，『日中文学文化研究』（日中
　文学文化研究学会）4 号（2015 年 3 月），1-14 頁。
6）欒殿武「明治大正期の東京における中国食文化の受容と中国人留学生との関わり」，
　『Global communication』6，2016，武蔵野大学グローバル教育研究センター，145-
　161 頁。
7）横浜開港資料館編『横浜中華街——開港から震災まで：落葉帰根から落地生根へ』横
　浜開港資料普及協会（横浜開港資料館），1994 年，24 頁。
8）1905 年の『YOKOHAMA DIRECTORY』には，136 番地から 191 番地にかけて 12 軒の
　Chinese Resturant が記載されている。立脇和夫監修『JAPAN DIRECTORY　幕末明
　治在日外国人・機関名鑑第 33 巻』ゆまに書房，1997 年，775-787 頁。
9）『朝野新聞』1884 年 1 月 9 日 3 頁と 1 月 12 日 4 頁。
10）王勤謨編『近代中日文化交流先行者王惕齋』寧波，寧波出版社，2011 年，1 頁。
11）さねとうけいしゅう編訳『大河内文書』平凡社，1964 年，16 頁。
12）奥田優曇華『食行脚　東京の巻』協文館，1925 年，32-37 頁。留井重平「中華料理店
　偕楽園主からライファン工業を築いた笹沼源之助の半生」，『実業之日本』60 巻 23 号
　（1419 号）（1957 年 9 月 1 日），95-97 頁。「渋沢秀雄対談　話の献酬（笹沼源之助）」，
　『実業之日本』60 巻 23 号（1424 号）（1957 年 12 月 1 日），74-80 頁。
13）三宅孤軒「支那料理漫談」，『食道楽』4 年 10 号（1930 年 10 月），29 頁。『月刊食道楽』
　は昭和 2 年に『食道楽』と改題，復刊された。
14）谷崎潤一郎「偕楽園」，『幼少時代』岩波書店，1998 年，142-152 頁。
15）奥田優曇華（前掲）『食行脚　東京の巻』，32-37 頁。
16）三三文房編『東京百事便』三三文房，1890 年，669，681 頁。
17）『東京朝日新聞』1893 年 12 月 26 日（朝刊）6 頁。
18）『時事新報』1887 年 12 月 3 日 4 頁，1899 年 1 月 19 日 6 頁。『東京朝日新聞』1900 年
　9 月 10 日（朝刊）8 頁，1901 年 7 月 4 日（朝刊）4 頁。庭山太郎『京浜名家総覧』雄

文社，1906 年，115-116 頁。

19) 維新號 HP「維新號のあゆみ」（http://www.ishingo.co.jp/ayumi.html），2017 年 4 月 15 日最終閲覧。

20) KANDA アーカイブス「百年企業ののれん三代記　第 26 回揚子江菜館」（http://www.kandagakkai.org/noren/page.php?no=26），2017 年 4 月 15 日最終閲覧。「特集：チャイナタウン神田神保町」，『東京人』302 号（2011 年 11 月），96 頁。

21) 漢陽楼 HP「漢陽楼と留学生周恩来」（http://kanyoro.com/），2017 年 4 月 15 日最終閲覧。

22) さねとうけいしゅう『中国人　日本留学史』くろしお出版，1960 年，39 頁。

23) 『讀賣新聞』1904 年 11 月 30 日（朝刊）3 頁。

24) 『讀賣新聞』1915 年 3 月 12 日（朝刊）4 頁。

25) 前坊洋『明治西洋料理起源』岩波書店，2000 年，67-81 頁。

26) 山方香峰編『衣食住 日常生活』実業之日本社，1907 年，438-441 頁。

27) 山脇啓造『近代日本と外国人労働者』明石書店，1994 年，194 頁。

28) 財団法人日本交通公社社史編纂室『日本交通公社七十年史』1982 年，巻末年表 8 頁。

29) 井上紅梅『支那風俗』日本堂書店，1921 年。

30) 後藤朝太郎『支那料理の前に』大坂屋号書店，1922 年。

31) さねとうけいしゅう（前掲）『中国人　日本留学史』，544 頁。

32) 「支那料理店の廃業」，『東京朝日新聞』1911 年 11 月 20 日（朝刊）5 頁。

33) 松崎天民『東京食べある記』誠文社，1931 年，45-51 頁。

34) 山本政敏『裸一貫生活法——生活戦話』東京作新社，1926 年，105-106 頁。

35) 『東京朝日新聞』1919 年 10 月 2 日（朝刊）4 頁。

36) 『東京朝日新聞』1934 年 3 月 6 日（朝刊）7 頁，27 日（夕刊）2 頁，4 月 15 日（朝刊）3 頁，1935 年 6 月 2 日（夕刊）1 頁，1940 年 3 月 30 日（朝刊）7 頁。橋本雅弌編述『山水楼五十年小誌』株式会社山水楼，1972 年，25-29 頁。

37) 柴田波三郎・津川千代子『日本の家庭に應用したる支那料理』日本家庭研究會，1909 年。奥村繁次郎『實用家庭支那料理法』盛林堂，1912 年。服部茂一『家庭で出來る食通の喜ぶ珍料理 虎の巻』服部式割烹講習会出版部，1917 年。玩淦鎏『家庭宴會支那料理法』博文堂，1913 年。潘鐘華編『支那料理法』陶陶亭，1922 年。

38) なか子「日本人向きの上品な支那料理」，『料理の友』4 巻 3 号（1915 年 3 月），57-64 頁。

39) 東洋協会現勢調査部編『支那料理の夕べ』東洋協会，1923 年，1 頁。

40) 小泉迂外「震災から變わって來た食味」，『糧友』5 巻 9 号（1930 年 9 月），36-38 頁。

41) 青服生「目下大流行の支那料理屋を始めるには」，『實業之日本』27 巻 11 号（1924 年 6 月），58-59 頁。

42) 吉井藤兵衛「支那料理夜話」，『食道楽』5 年 4 号（1931 年 4 月），23-27 頁。

43) 本荘可宗「ものの味」，『糧友』14 巻 3 号（1939 年 3 月），104-108 頁。

44) 山口榮吾「遂に大衆支那料理で當てた「ちんまん」成瀬清氏の金儲け戦術」，『實業之日本』402 号（1937 年 1 月），78-80 頁。

45) 石角春之助『銀座解剖図』第 1 篇，丸之内出版社，1934 年，309-310 頁。

46) 野村雄次郎『天麩羅通』四六書院，1930 年，29-30 頁。

47) 平山蘆江「日本料理は何處へ行く」,『料理の友』19 巻 3 号（1931 年 3 月）, 2-3 頁。

48) 日本交通公社編『全国うまいもの旅行』日本交通公社, 1957 年, 142 頁。

49) 木村春子「日本の中国料理小史④　戦前の有名中国菜館」,『月刊専門料理』1995 年 4 月号, 141-146 頁。『東京朝日新聞』1944 年 9 月 10 日（朝刊）2 頁。

50) 銀座アスター食品株式会社（企画・編集）『銀座口福　銀座アスター饗宴への招待』文藝春秋, 2007 年, 138 頁。

51) 山本榮二「大東京色とりどり評判記 八」,『江戸と東京』1936 年 12 月号（『復刻 江戸と東京』第 1 冊, 明石書店, 1991 年, 500-501 頁）。

52) 安井笛二編『大東京うまいもの食べある記　昭和 10 年版』丸之内出版社, 1935 年。

53) 木下謙次郎『美味求真』啓成社, 1925 年, 136 頁。

54) 八重垣登「支那料理綠風莊主人・柳原綠風君職業巡禮記」,『実業之日本』39 巻 5 号（1936 年 3 月）, 88-90 頁。

55) 『食道楽』3 年 6 号（1929 年 6 月）, 116 頁。

56) 松崎天民（前掲）『東京食べある記』, 49 頁。

57) 秋山徳蔵『西洋料理と支那料理の調理法』大阪毎日新聞社・東京日日新聞社, 1925 年。

58) 井上紅梅『支那料理の見方』東亜研究會, 1927 年。

59) 後藤朝太郎『支那料理通』四六書院, 1930 年。

60) 大日本料理研究会編『榮養本位 支那精進料理』料理の友社, 1937 年。

61) 大日本料理研究会編『廢物を出さぬ支那料理』料理の友社, 1937 年。

62) 通信白書（昭和 48 年版）,（http://www.soumu.go.jp/johotsusintokei/whitepaper/ja/s48/html/s48a01010301.html）, 2019 年 1 月 20 日最終閲覧。

63) 日本放送協会関東支部編『ラヂオ放送 四季の料理』東京榎本書房, 1927 年。社団法人日本放送協会関東支部編『ラヂオ放送 日日の料理』社団法人日本ラヂオ協会, 1928 年。社団法人日本放送協会編『放送料理一千集』社団法人日本放送協会, 1935 年。

64) 鈴木六郎編『味の素沿革史』味の素株式会社, 1951 年, 701-711 頁。

65) 図 2-2 は, 以下の資料より作成。大正 14 年：「東京市統計課の調査」,『東京朝日新聞』1925 年 5 月 19 日（朝刊）6 頁（ただし『讀賣新聞』1928 年 5 月 28 日［夕刊］9 頁では, 東京市内に 714 軒, 郡部では 494 軒, 八王子・三多摩では 46 軒, 合計 1,254 軒と記載されている）。大正 15 年：「大正 15 年 10 月 1 日現在　東京市内料理店飲食店業別調査」,『神田区史』神田公論社, 1927 年, 270。昭和 3 年：中村舜二編『大東京年鑑：大東京（第 2 巻）』ゆまに書房, 2006 年, 703 頁。昭和 5 年：『東京朝日新聞』1930 年 10 月 28 日（朝刊）1 頁。昭和 8 年：中村舜二編『大東京年鑑：大東京（第 8 巻）』ゆまに書房, 2006 年, 485 頁。昭和 9・10・11 年：中村舜二編『大東京年鑑：大東京（第 11 巻）』ゆまに書房, 2006 年, 301 頁。昭和 13 年：『食養研究』第 12 巻第 5 号, 1940 年, 96 頁。昭和 18 年：『東京朝日新聞』1943 年 7 月 27 日（夕刊）2 頁,『讀賣新聞』1944 年 5 月 16 日（朝刊）3 頁。

66) 後藤朝太郎（前掲）『支那料理通』, 137 頁。

67) 内田直作『留日華僑経済分析』河出書房, 1951 年, 34 頁。

68) 広告類（新聞・雑誌掲載, マッチラベル）,『東京市商工年鑑』（第 4-12 回）, 時事新報社家庭部編『東京名物食べある記』（昭和 4 年・5 年版, 正和堂書房）,『大東京う

まいもの食べある記』（昭和8年・10年版，丸ノ内出版社），その他雑誌での紹介などから抽出した。同じ店でも時期によって違う系統料理を掲げている場合がある。

69）丹後四郎「支那料理時代」，『食道楽』2年9号（1928年9月），20-21頁。

70）周祥麿『日本居留四十年』永順貿易株式会社，1961年，240-243頁。

71）松崎天民「銀座界隈8　喫茶店の落書帖」，『東京朝日新聞』1913年4月5日（朝刊）5頁。

72）大正8年頃には王博が経営する〈好味軒〉（五反田）があり（『東京朝日新聞』1922年7月15日（夕刊）3頁，震災後は神保町に〈甘露坊〉（『主婦之友』8巻12号（1924年12月），299-302頁，『糧友』4巻3号（1929年3月），118-123頁），日本橋には〈芳蘭〉（『婦女界』30巻5号（1924年11月），267-267頁）などの台湾料理店がみられた。

73）例えば渋谷百軒店の〈台湾館〉など。

74）曾品滄「日治時代的台灣料理」，『人社東華』4期（2014年12月），頁表記なし（http://journal.ndhu.edu.tw/e_paper/e_paper.php?sn=5），2017年2月10日最終閲覧。

75）奥田優曇華（前掲）『食行脚　東京の巻』，17-19頁。

76）三宅孤軒「支那料理国策」，『食道楽』2年10号（1937年10月），12-13頁。

77）東京市『東京市統計年表』（第1-37回，1911-1937年），東京市臨時国勢調査部編『国勢調査附帯調査統計書　昭和10年10月1日現在』東京市，1938年。

78）辻聴花『支那料理の話』北京，燕塵社，1925年，141-143頁。

79）黄維賢「小人数向家庭支那料理」，『婦女界』41巻2号（1930年2月），384-385頁。

80）「食道楽漫談會・料亭主人内輪話」，『食道楽』3年11号（1929年11月），54-64頁。

81）吉井藤兵衛（前掲）「支那料理夜話」，『食道楽』，23-27頁。

82）富山榮太郎「上海雑記」，『食道楽』5年5号（1931年5月），31-35頁。本稿では引用文献にならい富山榮太郎と記したが，正しくは冨山榮太郎である。

83）「デパート食堂の新体制　米なし献立の陣容」，『東京朝日新聞』1940年7月30日（朝刊）5頁。

84）「嘆きの支那そばや」，『東京朝日新聞』1941年1月12日（夕刊）2頁。

85）『東京朝日新聞』1943年7月27日（夕刊）2頁。

86）『讀賣新聞』1944年5月16日（朝刊）3頁。

87）ジョージ・ソルト（野下祥子訳）『ラーメンの語られざる歴史』国書刊行会，2015年，60-61，63-64頁。

88）松尾恒一「戦後の在日華僑文化の一考察──伝統の観光利用と国際関係における変容」，『国立歴史民俗博物館研究報告』第205集（2017年3月），473-482頁。

89）四方浩二「中華料理店に見る東京華僑繁盛記」，『東京案内』第1集（創刊号）（1954年1月），68-71頁。

90）多田鉄之助『全国うまいもの』食味評論社，1956年，143-155頁。

91）『全国うまいもの旅行』日本交通公社，1956年，82-83頁。

92）「うまいもの探訪──一世を風靡する餃子」，『食生活』51巻1号（通号572）（1957年1月），46-47頁。

93）「中国版お好み焼　餃子ブームを解剖する」，『サンケイグラフ』48号（1955年7月3日），10-13頁。

94) 鈴木勉「ぎょうざ・マンボ全盛時代」,『丸』8巻7号（通号89号）(1955年7月),
    17-24頁。
95) 河村明子『テレビ料理人列伝』NHK出版, 2003年, 50-51頁。

第3章

日本における中国料理の受容：料理篇
——明治～昭和30年代の東京を中心に

草野美保

はじめに——日本の定番中国料理

　今日の日本において，中国料理は外食のみならず家庭でもごく普通に食卓にあがるジャンルである。マイボイスコム株式会社が行った「中華料理に関するアンケート調査」（2006年・2014年・2017年）[1]によると，「好きな中華料理ランキング」は表3-1の通りであった。2006年から2014年にかけては小籠包や担々麺がランクインするなど変化はみられるが，ともかくもここに並んでいるのは，好き

表 3-1　「好きな中華料理ランキング」

	1位	2位	3位	4位	5位	6位	7位	8位	9位	10位
2006年	餃子	エビチリ	麻婆豆腐	春巻	酢豚	シュウマイ	青椒肉絲	八宝菜	麻婆茄子	カニ玉
2014年	餃子	麻婆豆腐	チャーハン	酢豚	青椒肉絲	春巻	シュウマイ	小籠包	エビチリ	中華まん
2017年	餃子	麻婆豆腐	チャーハン	酢豚	青椒肉絲	シュウマイ	春巻	小籠包	エビチリ	中華まん

	11位	12位	13位	14位	15位	16位	17位	18位	19位	20位
2006年	回鍋肉	甘酢あんかけ（鶏）/油淋鶏	バンバンジー	中華おこげ	東坡肉	甘酢あんかけ（鶏以外）	その他	—	—	—
2014年	八宝菜	中華やきそば	麻婆茄子	回鍋肉	担々麺	カニ玉	中華丼	ワンタン	棒棒鶏	油淋鶏
2017年	回鍋肉	八宝菜	中華やきそば	麻婆茄子	担々麺	カニ玉	中華丼	ワンタン	油淋鶏	棒棒鶏

注：2006年は麺やご飯類は除いたおかず類からの選択。
出所：マイボイスコム株式会社「中華料理に関するアンケート調査」より作成。

であると同時にすぐに思い浮かぶ，日本人にとっておなじみの定番料理ということであろう。

これらを戦前のレシピ本などに登場する料理と比べてみると大きな違いがある。それは麻婆豆腐・麻婆茄子・エビチリ・青椒肉絲・回鍋肉といったいわゆる四川系の料理が，戦前の資料にはほぼ登場しなかったことである。これらはカリスマ的な料理人，あるいは食品企業による合わせ調味料の発売によって 1970 年代以降定番化していったものである。

濃いアミで示したチャーハン・酢豚・シュウマイ・八宝菜・カニ玉・中華まん・中華やきそば・中華丼・ワンタンは戦前の資料での登場頻度が高く，薄いアミで示した餃子・春巻は戦前の資料にも登場しているが，今ほど一般的になったのは，前者は 1955 年以降，後者は 1970 年代以降といえよう。

本稿ではいくつかの料理を例に，どのように日本独自の形で発展・定番化されていったかをみていくことにする。

1　豚肉の生産

中国料理には牛・豚・鶏など様々な肉料理があるが，ここでは豚肉食の普及に大きくかかわった中国料理との関係をみるために，豚肉料理のみをとりあげることにする。

牛肉食が文明開化のスローガンの下，牛鍋や西洋料理，洋食とともに浸透していったことは周知のことである。真嶋亜有は，「牛肉食」が明治初期のみに限らず，その後も論じられ続けたが，それは単なる栄養論ではなく，日清・日露戦争期のナショナリズムを反映した肉食論であったこと，そして肉食論の背景には大量の軍事需要による食肉増産体制が成されたことを指摘している[2]。

明治以前の肉豚生産は鹿児島等の一部に限局したものであり，勧業政策によって外国種豚の輸入がなされ，現代の肉豚生産の基礎が敷かれたのは明治期に入ってからである。日清・日露戦争──とりわけ後者の兵食としての牛肉缶詰製造が増産されるようになると国内での牛肉が不足し，注目されるようになったのが豚肉である。豚肉は牛肉の不足分を補う重要な食肉資源となり，1897 年以降，養豚は着実に盛んになった。1895 年には東京銀座に〈煉瓦亭〉（以下，店名は〈　〉で表記）が開店し〔豚肉のカツレツ〕（以下，料理名は〔　〕で表記）が売り出され，和食においても，明治 40 年代には〔豚けんちん〕〔トン汁〕〔豚とじゃがいも〕など豚を使った料理が増えるようになった[3]。

『東京朝日新聞』1912 年 6 月 2 日朝刊 5 頁の記事「豚肉<ruby>著<rt>とんにく</rt></ruby>しく増加す──東京

78　第Ⅰ部　近現代日本の中国料理

人の喰は豚肉」では，東京における獣肉消費高，とくに「豚肉の目覚ましき増加率」と「将来は斤量に於ても豚の方が多くなるであらう」との予測が述べられている。長年下宿屋業を営む主婦のインタビューからは「おさかなの高い時抔には生半可高い魚を付けるよりも豚の方が余程得です。それにお客様の方でも若いお方抔は皆豚の方が御好きですから差引大変に得です」と若い世代の嗜好もみられる。

　大正期にもたびたび発生したコレラは「生魚が原因らしいとされるや，魚食は敬遠されるようになった。（中略）肉屋は大繁昌し，安い豚肉の消費が急激に増加した」[4]とあるように，豚肉食を増加させる一因になった。さらに1913年の『田中式豚肉調理二百種』などの本も普及を後押しした。「豚肉は支那式調理法に限る」で始まることからも，中国料理を参考にしたことがわかる。1916年の『田中式豚肉調理法』により豚肉料理が大正天皇の食事に供せられることになり[5]，豚肉に対する不浄なイメージは次第に薄れていった。

　肉食はまずは牛肉から受け入れられ，その下地の上に豚肉も受け入れられた。大正以降は関東では豚肉が定着し，カレーでいえばビーフカレーよりポークカレーが普及し，カツ丼，カツカレーなども人気となっていき[6]，中国料理の受容も豚肉食の普及の一端を担った。

　図3-1は1894年から1934年までの豚肉生産量である[7]。総畜肉生産量が著しく増大する中で，豚肉シェアは大正初期の15%から末期には40%にも及び，国

図3-1　豚肉生産量（枝肉）と豚肉料理をめぐる出来事
出所：総務省統計局資料より作成。

第3章　日本における中国料理の受容：料理篇　79

表 3-2　豚飼育県の上位 10 県推移

(%)

順位	明治 33(1900)年		明治 44(1911)年		大正 10(1921)年		昭和 4(1929)年	
1	沖縄	57.0	沖縄	35.8	沖縄	16.0	沖縄	17.2
2	鹿児島	20.8	鹿児島	17.8	鹿児島	10.0	鹿児島	8.7
3	千葉	4.9	千葉	5.4	北海道	6.0	茨城	6.2
4	長崎	2.9	茨城	5.1	神奈川	6.0	千葉	6.1
5	北海道	2.7	神奈川	4.6	茨城	6.0	静岡	5.0
6	東京	2.0	北海道	3.5	千葉	2.0	神奈川	4.8
7	神奈川	1.8	埼玉	3.5	静岡	2.0	東京	4.3
8	茨城	1.0	静岡	2.9	東京	2.0	埼玉	4.1
9	埼玉	0.9	長崎	2.6	群馬	2.0	愛知	4.0
10	静岡	0.7	東京	2.3	埼玉	2.0	北海道	3.7
	他県合計	5.3	他県合計	16.5	他県合計	46.0	他県合計	35.9

出所：黒沢不二男「肉豚生産の展開構造に関する研究」,『北海道立農業試験場報告』40 号（1983 年
3 月）より作成。

民食糧供給の重要な位置を占めるようになった[8]。表 3-2 で主要産地の変化[9]を
追ってみると，1900 年は沖縄・鹿児島・長崎の 3 県の合計が全体の 80.7％を占
めていたが，次第に関東の比率が増え，1921 年になると，九州の割合は激減し，
他の産地の拡大もみられるようになった。1929 年の豚肉生産量の 4 分の 1 は関
東で，東京に数多くあった飲食店や家庭での豚肉消費を支えていたことがうかが
える。

2　豚肉料理

ひき肉団子類

　古典類の焼き直し的な紹介から脱却した，実践的な中国料理のレシピがみられ
る資料に，1903 年創刊の『家庭之友』（1908 年に『婦人之友』に改題）の家庭料理
欄に散見される記事や，1906 年の『月刊食道楽』の成女学校講習会による「支
那料理」の連載がある。ここで紹介された料理のうち，ひき肉団子類は〔炸丸
子〕〔掛霜丸子〕〔清湯丸子〕である。揚げる形での基本形が〔炸丸子〕であり，
〔掛霜丸子〕も揚げるが砂糖をきかせた甘い味付けで，〔清湯丸子〕はスープ仕立
ての料理である。

　ほかには奥村繁次郎の『實用家庭支那料理法』（1912 年）に〔南京炸丸子〕〔南

80　第 I 部　近現代日本の中国料理

煎丸子〕などがみられる。当時は叩いてひき肉にしなければならず，その点で手間はかかるが，調理が比較的簡単で，子どもから老人にまで好まれる経済的な料理として家庭では重宝されたのだろう。〔南煎丸子〕は肉団子を油で焼き，中国の南方風に甘辛い味で蒸し煮にし，あんかけにした料理である。〔南煎丸子〕というよりは〔中華風ミートボール〕のほうがピンとくるかもしれないが，今日では多くの日本人にとって，ほとんど中国料理という認識もないほどに浸透している料理ではなかろうか。ひき肉団子類は大正以降も，くり返しレシピに登場する定番料理といえる。

〔焼売〕

　ひき肉を用いる料理には〔焼売〕や〔餃子〕もある。カニやエビなども使うことから，レシピ本では肉料理よりは，点心類で取り上げられることが多い。今日日本人が好きな中国料理としては〔餃子〕のほうに軍配は上がるかもしれないが，戦前は資料をみる限り，断然〔焼売〕のほうがポピュラーであった。

　〔餃子〕は江戸時代には『舜水朱氏談綺』（1713 年）や『清俗紀聞』（1799 年），さらに明治期は『和洋簡易料理法』（1900 年）にも記述がみられるなど，紹介自体は〔焼売〕よりも先であるが，実際に知られるようになったのは，中国北方を旅行する日本人あるいは満州在住者が増えた 1930 年代以降であろう。戦前の料理レシピ類での登場頻度はとくに少ないわけではなかったが，外食店での提供が少なかったことが認知度の低い要因の一つだったと考えられる。〔焼売〕の普及が先だったのは，〔餃子〕の説明からも読み取れる。「大はまぐり」「折り編み笠」「柏餅」などの形になぞらえた説明のほか，「北支の焼売」「茹でた焼売」「変わり焼売」と紹介されていたからだ。

　〔焼売〕が日本の文献に登場するのは 1887 年の『庖丁鹽梅』（第 6 集）で，〈偕楽園〉での会合時の献立から 10 種の料理の調理法を記した一つにみることができる[10]。皮の作り方がよほど印象的だったのだろうか，同年の第 8 集ではわざわざ「焼売を製する棒」をイラスト付で紹介している[11]。レシピ紹介としては少し間が空くが，『料理の友』1919 年 12 月号に中華楼料理人による「シューマイの拵へ方」があり「支那料理やで食べますシューマイは誠に見事なものです」と記されているように，〔焼売〕は〈偕楽園〉や，この〈中華楼（広東料理）〉，さらに〈来々軒〉など，高級・大衆を問わず，様々な店で早い時期からメニューに取り入れられていたようだ。日本での漢字表記は〔焼売〕で，シューマイ・シュウマイといった呼び名も明治期から定着していたようである。

　『中国面点史』によれば，〔焼売〕（別名：稍麦・焼麦など）は中国においては宋

代の小説『快嘴李翠蓮記』が初出とされ，元代の通訳のための教科書的な資料『朴通事』には大都（北京）の午門外の飯店で〔稍麦〕が売られていたことが記されている[12]。明代では『金瓶梅』[13]，清代では『桐橋椅棹録』巻10「酒楼」にも記載があり[14]，『調鼎集』には，脂とクルミと砂糖を餡にした〔油糖焼売〕，小豆餡の〔豆沙焼売〕，鶏肉・ハム・季節の野菜を包んだもの，ほかにも〔海参（ナマコ）焼売〕や〔蟹肉焼売〕など様々な〔焼売〕が紹介されている[15]。北方から南方まで中国各地にみられる小吃であることも〔焼売〕の特徴であり，この点は日本において広東・北京・上海料理を問わず，様々な系統の料理屋で提供されることにつながったとみることができよう。

　1920年代以降，さらに〔焼売〕を不動の地位に押し上げたのは横浜の2店であろう。一つは1881年に横浜の外国人居留地で創業し，1899年に居留地を出て横浜の伊勢佐木町に進出した〈博雅〉である。2代目の鮑博公が1922年に「相模産の豚肉に北海道産の乾燥貝柱と車エビを加えて独自のシウマイを完成」[16]し，販売を始めた。『婦人之友』1936年4月号の「横浜料理(1) 博雅のシユウマイ」には，入口のカウンターの前に立つと，「引きも切らずシユウマイや支那饅頭を買いに来る人が絶えぬ」こと，主人や従業員が「日に一萬個から出る」というシユウマイを包むのに忙しい様子が紹介されている。

　もう一つの立役者は〈崎陽軒〉である。同店HPによれば「昭和2年になり，有名になっていた横浜南京街（現在の横浜中華街）を歩き，突き出しに出される「シューマイ」に目をつけた。汁もないので弁当の折詰には適していたのだ。（中略）南京街の点心職人「呉遇孫」をスカウトし，最後には久保も野並も調理場に入り，昭和3年3月，冷めてもおいしいシウマイが完成したのである。揺れる車内でもこぼさぬよう，ひとくちサイズとした」[17]。崎陽軒が「シウマイ弁当」を販売するようになったのは戦後，1954年である。

　1920年代後半からの資料をみると〔焼売〕は〈五十番〉〈山水楼〉〈銀座アスター〉のような有名店に限らず，いわゆる町中華的な店や簡易食堂，そして松屋・白木屋といった東京の百貨店の食堂メニュー[18]でも提供されていた。それは定食として，麺類のサイドメニューとして，そして持ち帰り用などであった。多くの店で提供され，看板にもなるからこそ，美味しさや独自性も各店で凌ぎを削る形となっていったのだろう。1930年の『東京名物食べある記』でも〔焼売〕が美味しい・不味いといったコメントが記されているように，〔焼売〕は誰もが知る料理ゆえに店の味やレベルの指標としやすかったのだろう。

　近年は少なくなったが，グリンピースが上に1粒乗っている〔焼売〕はいかにも日本的な風貌である。肉にグリンピースを混ぜるレシピは，『料理の友』1929

年10月号「焼売と雲呑が出來る迄」や1930年の『實物そのまゝの風味を表した家庭料理とその實際』[19]などにみられるが，飾り用としては1930年の『時勢に後れぬ新時代用語辞典』に「好みによってシウマイの上に，蝦，青豆を飾るもよく」とあり，翌1931年『料理の友』1月号や同年の福田謙二『支那料理』[20]にも上に飾るレシピが記されており，後者ではわざわざ「出來上り完成図」にグリンピースと書き添えるなど強調した形になっている。実際のところ戦前にグリンピースを用いる〔焼売〕レシピは一般的だったとは言い難いが，今日おなじみの姿は1930年頃にその原型をたどることができよう。

　余談になるが〔焼売〕の食べ方に少し触れてみる。2015年7月に行われたアンケート「シュウマイにはしょうゆ？ソース？」[21]によると，最も多いのは醤油（63%），次が酢醤油（25%），辛子だけ（8%），ウスターソース（4%）である。ウスターソースは意外な気もするが，戦前の資料をみると，醤油，酢醤油，生姜醤油，醤油に溶きガラシのほか，ソースを添えるというのも散見される。

　山田政平の『素人に出來る支那料理』（1926年版）[22]では「醤油，ソース，酢醤油何れでも好みに應じたものを添へます」とあり，同年の小林定美の『手輕に出來る珍味支那料理法』[23]ではソースと西洋芥子を添えるとあり，『料理の友』1928年2月号では「シューマイはウスターソースと溶芥子を添へて」[24]，そして『料理の友』1930年12月号[25]には「湯氣のもう〳〵と立った蒸し立ての焼賣に芥子をちょっぴりつけて，ソースで食べる美味しさは格別です。デパートの食堂に焼賣御飯が出たり，市場あたりで蒸立の焼賣を賣り出したりするこの頃，焼賣の味を御存知ない方は少ないと思はれますが……」とあることから，当時はソースで〔焼売〕を食べることはさほど珍しいことではなく，むしろモダンなイメージがあったのかもしれない。

　再び〔餃子〕と〔焼売〕に話を戻すと，山田政平は1933年にこう記している[26]。「支那在住の邦人は鍋貼即ち燒餃子のことを豚饅或ひは豚饅頭（包子のことではない）と稱して瓣当に間食になか〳〵よく食べる。それと云ふも，畢竟，廉と簡と脆美の三拍子が揃って居るからで，之を焼賣（燒麥）に比して勝るとも決して劣ることはない。然るに内地人の多く知らないのは残念である。東京でも蒸したり，茹でたりする餃子は何處でも注文に應じて做るが，鍋貼を做る店は鮮ない。我等の知る限りでは，神田今川小路の北京亭でやって居る。もし方々の店が上品ぶってやらないのなら，燒賣がどれほど上品かと謂ひ度くなる」。この最後の一文が当時の状況を示していよう。つまり，〔餃子〕はどうだったかは別として，〔焼売〕は品の良いイメージを持ち合わせた料理だったということだ。〔焼き餃子〕が人気となるのは前章の歴史篇でも示したように，戦後，若い世代たちがカ

第3章　日本における中国料理の受容：料理篇　83

ロリーの高いスタミナのつく料理を求めた 1955 年代以降のこととなる。

〔東坡肉／トンポーロー〕
　北宋の詩人蘇東坡にちなんで名づけられたこの料理には長い歴史と変遷があ
る[27]。日本では江戸時代『八遷卓燕式記』(1761 年) に，〔方肉〕という名で紹介
されている。「豚肉四角ニ切リ水ニテトクルホド烹テ醬油ヲ加ヘ莞荽ト云モノヲ
上ニ置茴香ノ粉ヲフリカケ出ス……」[28]と，莞荽 (香菜) を上に乗せ，茴香の粉
をふりかけるとあるから，当時としてはかなり異国の香り漂う料理だったことだ
ろう。『卓子式』(1784 年) では，〔東坡肉〕の名で，やはり茴香の粉をふりかけ
るレシピが紹介されている[29]。
　1895 年の〈偕楽園〉の献立にも〔東坡肉〕はみられ[30]，『和清西洋料理法自
在』(1898 年)，『和洋簡易料理法』(1901 年)，そして報知新聞の連載小説『食道
楽』(村井弦斎) にも，主人公が「僕の家のは支那人直伝の東坡肉というのだ」
と披露する場面がみられる[31]。明治もそれ以降も，茴香を用いるレシピはみられ
ない。
　戦前の中国料理の本では名称として〔東坡肉〕が多く使われ，中国語の発音に
ならったトンポーロー，折衷型のトウバロウなどとルビがふられている。今日一
般的な名称である〔角煮〕は早くも『八遷卓燕式記』で〔方肉〕の和名として記
されているが，長崎料理を経て和食に取り入れられたのが早かったためか，戦前
から和食や総合的な家庭料理本でも扱われ，その際は〔角煮〕が用いられる傾向
があるようだ。NHK『きょうの料理』1973 年 5 月号では，「和風料理」として〔豚
の角煮〕が紹介されている。

〔チャーシュー：叉焼／揷焼〕と〔焼豚〕
　戦前の豚肉料理で〔東坡肉〕と双璧をなすのは〔チャーシュー〕であろう。記
述がみられるのは明治後半からであり，〔叉焼〕や〔揷焼 (肉)〕と表記された。
1912 年の『實用家庭支那料理法』では〔叉焼肉〕「これは豚ロースの付焼でム
います」と紹介されている。1910 年に開業した〈来々軒〉のラーメンにも〔叉
焼〕がトッピングされていた。〔叉焼〕は広東料理の「焼き物」料理の一つであ
り，〈来々軒〉は横浜の「南京街出身の広東料理の中国人コックばかり」[32]だった
ことからも，日本における普及の初期段階は広東人を通してだったのだろう。
〔チャーシュー〕はラーメン以外に，前菜や炒飯の具材としても使われていた。
　〈来々軒〉の〔叉焼〕(焼豚) は細長く切った肩バラ肉に醬油と赤粗目，塩をま
ぶしつけて味を馴染ませ，はじに金串を通してかまどに吊るしてブリキの蓋をし

て蒸し焼きにし，最後に食紅で色をつけるというものだ[33]。戦前の資料にみられる他のレシピもおおむねこの通りで，焼き方は金串類（叉子）を刺して大きな缶やバケツをひっくり返したものに吊るして蒸焼きにするか金網を使って焼くもので，大正後期からはテンピで焼く，といった方法もみられるようになる。

〔チャーシュー〕は〔焼豚／やきぶた〕と称されることもあり，早いものでは1913年の『家庭宴會支那料理法』[34]に〔叉焼〕の表記がみられ，『料理の友』1919年12月号の「酒肴にも弁当にもよい焼豚の拵へ方」のように〔焼豚〕の名称だけが使われているケースもある。〔東坡肉〕と〔角煮〕の関係のように，中国料理と和食レシピとで名称の使い分けがあるように見受けられる。戦前のレシピでは〈来々軒〉のように食紅を使うことも一般的で，山田政平は「肉を食用紅で，殊更に染める人もありますが，甚だ好ましくないことです。（中略）元来この紅の使ひはじめは，応急の場合蒸焼して居る暇がなく，煮て似たやうなものを製ったからでありまして，従って食用紅を用ひたものは，ゴマカシものか間違った先人の方法を，その儘履んで居るのです」と述べている[35]。また，ここで指摘されているように，大正後期からは「煮る」レシピも一般的になった。同じ本に両者が併存しているケースもあり，『海軍主計兵調理術教科書』（1942年改訂版）では，〔叉焼〕が「焼物類」に挙げられているが，〔叉焼肉〕は「煮物」料理の中で紹介されている。〔叉焼〕は面倒な道具を使って焼く方法から，鍋で煮る簡易な〔焼豚〕として，家庭でも定着していったのだろう。

〔咕咾肉〕から〔すぶた〕へ

日本で〔酢豚〕と呼ばれる料理のルーツは，〔咕嚕肉〕に遡る。『中国烹飪辞典』[36]によれば〔糖醋咕嚕肉〕は広東料理であり，百度百科でも「咕嚕肉，別名古老肉。広東の伝統的な特色ある名菜の一つ」とある。百度百科の説明を補足も加えて要約すれば，「この料理は清代にはじまり，当時広州市で多くの外国人に好まれた中国料理である。（この料理の前身である）〔糖醋排骨〕は人気がありながらも骨付ゆえに食べにくく，広東料理のコックが骨なしの精肉に味を付け，澱粉をまぶして大きめの肉塊に成形し，油でカラッと揚げたところに甘酢タレをかける，という工夫をしてできたのが〔古老肉〕である。外国人にとって〔古老肉〕は発音しにくく，言いやすかった〔咕嚕肉〕の名前になった」という[37]。この料理は北米では〔Sweet and Sour Pork〕という名で，また韓国式中華の〔糖醋肉（탕수육）〕でもおなじみである。

日本の資料にこの料理がみられるのは1922年頃からで，『料理の友』では〔咕嚕肉〕〔古老肉〕の名称で登場しており[38]，同年『支那料理法』の〈陶々亭〉の

メニューにも〔古鹵肉〕がみられる[39]。彗星の如く現れたこの料理は，〔古鹵肉〕〔咕咾肉〕〔咕咾肉〕など幾通りもの漢字表記がなされ，クロヨウ，コロニク，コロニョ，クロロー，クーローヨクといったルビがふられ，豚の酢の旨煮，醋入豚揚煮，肉ノ醋入煮，豚甘酢などと紹介されているが，〔すぶた〕という日本風の名称は 1925 年にみられ[40]，1930 年の『料理の友』11 月号では中国語名を添えずに〔酢豚〕（すぶた）で紹介されている。同年『婦人之友』9 月号では，〔東周古肉〕（トンチャクグロウ）という中国名も一応書かれてはいるが「皆さん，酢豚はよく御存じでせう。これも初秋の食卓には適はしい，喜ばれるものゝ一つです」のように，〔酢豚〕の名称が浸透していたことがうかがえる。外食でも専門店から百貨店食堂，兼業店，食堂などでも提供されていたように，〔酢豚〕は戦前戦後を通して，日本における代表的な中国料理の一つであり続けてきた。

　現在の〔酢豚〕は，タケノコやニンジン・ピーマン・パプリカなどが加わった色鮮やかな料理であるが，戦前はもう少しシンプルなものだった。『料理の友』（1922 年 10 月号）では豚肉の外に椎茸・筍・玉葱を用いており，他のレシピも豚肉だけ，もしくは玉葱でなく長葱を使ったもので，せいぜい飾りにグリンピースを散らす程度である。〈揚子江菜館〉が現在「昭和 8（1933）年から変わらぬ味」として提供している〔甘酢味のすぶた〕もシンプルな肉料理である。ニンジンやインゲンなどが加わるようになるのは 1952 年以降に多くみられる。『栄養と料理』1958 年 12 月号ではニンジン・タマネギ以外にピーマンも使われ，1960 年 9月 27 日放映の『きょうの料理』は，パイナップル入りが紹介されている。

3　〔芙蓉蟹〕（フョーハイ）から〔かにたま〕へ

　同名の料理は，中国の料理書でまずは明代の『宋氏養生部』にみることができる。だがこれは〔カニの芙蓉蒸し〕である[41]。日本でこの料理名がみられる明治期の資料は，例えば『貴女のたから』や『日本料理法大全』[42]などで，蒸して作る点で『宋氏養生部』の記述と共通している。中国の料理書でもう一つ〔芙蓉蟹〕がみられるのは，紅杏主人の『美味求真』である。序に「光緒 13 年」（1887年）と記され，広東料理としては初めての料理書とされる。この本の〔芙蓉蟹〕は，蒸し蟹のほぐし身とあらかじめ炒めておいた豚肉の細切り・干し椎茸・白葱を卵に混ぜて焼く料理である。14 の版本が中国各地で確認されていることからも，当時の中国料理に大きな影響を与えた書と考えられている[43]。再び日本に話を戻すと，大正以降の同名の料理は，すべてが焼く／炒る調理に変わっている。1913年の『家庭宴會支那料理法』の〔芙蓉蟹〕は「蟹の肉を玉子と共に炒って，恰も

86　第Ⅰ部　近現代日本の中国料理

芙蓉の花のやうに造るので天麩羅にちょいと似て居る。（中略）酒，砂糖，醤油，水で饂飩粉を溶いて，その上へかける」[44]と餡かけ風になっている。〔芙蓉蟹〕の紹介が目立つのは 1922 年以降で，1926 年まで少なくとも 20 の記述がみられる。「日本人にいちばんよろこばれる／もっとも口に合う支那料理」と紹介され，1927 年の『ラヂオ放送 四季の料理』や仙台の『河北新報』（3 月 12 日）にもレシピが掲載されるなど，昭和初期には全国的に知られた料理だったことがわかる。

　1922 年から終戦までの資料にはフヨウハイ，フヨーハイ，フーヨンハイといったルビが多くふられていることから，考案者はともかく，広東系の料理人によって広まっていったものと推測される。そして 1925 年には〔かにたま〕の呼び名がみられるようになった[45]。『主婦の友』1954 年 4 月号で「芙蓉蟹（フーヨーハイ）といっては解らなくても，蟹玉（かにたま）だといえば『なあんだ，それなら知っている』という方が多いと思います」と書かれているように，〔芙蓉蟹〕の名称は，戦後〔かにたま〕に変わっていった。

　〔芙蓉蟹（かにたま）〕が定番となった背景を材料の面からみてみよう。まずは鶏卵である。今日物価の優等生といわれる鶏卵も，明治半ばから大正後半まで中国から輸入されていた。1895 年の日清戦争終結後，中国産鶏卵の日本への輸入が本格化し，大正期後半に最盛期を迎えた。昭和に入ると，1927（昭和 2）年から農林省主導で鶏卵増産 10 ヶ年計画が実施され，鶏の品種や飼養技術の改良，飼養数の増加といった動きが進展した[46]。総務省統計局資料のデータをみると日本での鶏卵生産量は 1921 年には 7 万トンを超え，1926 年には 10 万トン以上に，1932-40 年の間は 20 万トンを超えるに至った。

　もう一つの材料は蟹である。戦前のレシピでは，ほとんどが缶詰を使用していた。蟹缶詰の本格的な生産は 1904 年以降で，さらにオホーツク海で和島貞二が民間での蟹工船を開始したのは 1921 年であった。輸出を目的として製造されていた蟹缶詰は，輸出に適しない二等品が国内消費に向けられ，その多くは支那料理に使用されていたという[47]。

　卵や蟹缶といった主材料の供給が増えた時期（図 3-2）に気軽に中国料理を食べられる店の増加が重なったこと，調理が簡単ながら万人に好まれる卵と高級感のある蟹の「御馳走」だったこと，そして日本人好みの淡白な味わい——このような要素が〔かにたま〕を人気定番メニューにしていったのであろう。

　〔芙蓉蟹〕をご飯に乗せた料理に〔天津丼／天津飯〕があるが，戦前の資料にこの名称をみつけることはできなかった。ただし，類似の料理として〔蟹玉丼（かにたまどんぶり）〕[48]，〔蟹玉丼（ワッタンカイハン）〕[49]，〔滑蛋蟹飯（芙蓉丼）（ふようどんぶり）〕[50]などがある。料理自体は戦前もあったかもしれないが，〔天津丼／天津飯〕として誰もが知る料理になったのは戦後のこと

第 3 章　日本における中国料理の受容：料理篇　87

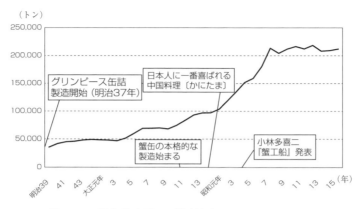

図 3-2　鶏卵生産量と〔芙蓉蟹〕をめぐる出来事
出所：総務省統計局資料より作成。

と推測される。戦後の〔天津丼〕については，横田文良氏の論考を参照されたい[51]。

　一方，〔天津麺〕は，戦前の資料にもみることができる。一つは関東大震災後にできた広東料理〈海瞱軒〉（日本橋本石町）の評判の料理の一つ〔天津麺（かにたまごそば）〕[52]として，もう一つは1930年の家庭料理のレシピの〔天津麺〕（カニタマソバ）で「蟹肉に焼豚玉子等を混ぜておそばの上にかけて供するもので支那料理中の麺類の中でも美味しいものです」[53]と紹介されている。京都〈ハマムラ〉の戦前のメニュー[54]にも〔天津麺〕（たまごやき入りそば）がみられる。〔芙蓉蟹〕が〔かにたま〕と呼ばれたのと同じ1925年に，〔天津麺〕という名前がみられるのは興味深いことである。

4　〔八宝菜〕〔チャプスイ〕そして〔中華丼〕

　〔八宝菜〕という料理名だけでみると，日本では『和漢精進料理抄』（1697年）に遡る。〔八宝菜〕「大根　牛蒡　胡蘿蔔　蓮根　越瓜　麺筋　右の大根　牛蒡等を何もたんじゃくにきり　油にいり付　醬油にて　味付なり　汁の多をよしとする也」[55]とあり，『普茶料理抄』（1772年）でも同様に野菜などを炒めて汁を加えたものである。明治に入ってからの資料では，1902年『食物彙纂』の附録「臺灣支那料理」に〔八宝菜〕がみられるが，細かく叩いた豚と馬鈴薯に甘藷粉を混ぜて作った団子を牛脂で揚げてスープ煮にしたものである。1906年の『糧食経理科参考書』の〔八風菜〕[56]は「むき海老，きんこ，きくらげ，及時ノ野菜八味ヲ

88　第Ⅰ部　近現代日本の中国料理

加ヘ調理スルガ本式ナルモ是等ノ事ハ兵食トシテ不適当ナルヲ以テ少シク献立ヲ換ヘタリ」ということで，豚肉・サツマイモ・筍・玉菜（キャベツ）・葱を材料に，炒めて醬油・砂糖・塩で味付けし，最後はとろみをつけた料理となっている。1917年の『家庭料理の拵ヘ方：秘伝公開』（秋穂益実）の〔八宝菜〕の材料や作り方はこれとほぼ同じである。

　1921年以前の資料に〔八宝菜〕の記述は少ないため，日本人にはなじみのない料理かにみえるが，1918年の『支那語叢談』には「日本内地でも近來は大分支那料理を歓迎する様になったらしいが，併し満洲に行って來て居る連中が精々豚饅頭（鍋貼餃子），碗湯，鶏の天浮羅（炸鶏肉），紅焼干貝，八寶菜，鶏蛋湯位で濟す所を見れば未だ＼邦人一般に料理名すら了解されて居ぬと見ても差間あるまい」[57]とあり，日本人が名前を知る数少ない定番料理の一つだったようだ。肉以外にイカや，当時普及しつつあった白菜が用いられているという材料の点で現在の私たちのイメージに近いものは，1924年『主婦之友』12月号「お惣菜向の臺灣料理と朝鮮料理」の〔八宝菜〕である。

　ところで中国で〔八宝菜〕という名の料理は，料理事典類にはあまり掲載されていない。検索サイトでヒットするのは，江浙・安徽一帯の数種類の野菜を使った醬菜類（漬物類），あるいは年越しに食べる〔紹興八宝菜〕などである[58]。〔紹興八宝菜〕は江戸時代の〔八宝菜〕に近いが，『糧食経理科参考書』のオリジナル料理と似ているのは中国の〔全家福〕という料理である。『中国食文化事典』によると〔全家福〕は「上等材料の八宝菜」といい[59]，日本では大正以降，この〔全家福〕的な料理が〔八宝菜〕，もしくは〔五目うま煮〕などの名称で浸透していったようである。

　もう一つ〔八宝菜〕と似た料理に〔チャプスイ〕がある。〔チャプスイ〕は，中国語では〔雑碎／雑烩〕などとも表記されるが，山田政平は著書の中で「八宝菜はチャプスイともいう」と述べている[60]。横浜中華街の某広東老舗料理の店主は「私は戦後の生まれですが，子どもの頃，八宝菜のことをこの界隈では皆チャプスイと呼んでいました。広東料理ではチャプスイで，八宝菜は他の地方の呼び名なのかもしれませんね」（2016年11月24日筆者調査）と言っていたように，単なる名称の地域差かもしれない。だが戦前の資料には〔八宝菜〕と〔チャプスイ〕が別々に掲載されている料理本・雑誌もあることから，両者は別な料理とみなされていたケースもある。ちなみに『讀賣新聞』1938年3月25日の朝刊には「李鴻章とチャプスイ」というタイトルでレシピが紹介されている。その主材料は豆もやしと臓物としながら，家庭向けに「筍，ウド，サヤエンドウ，もやし，ネギ，人参，玉葱，菜の莖，セロリーなどの季節もの，二三種。豚肉，鶏肉，イ

カ，エビ，白身の魚など」を適宜用い，塩，酒，味の素，醬油で「汁に色がつかぬやう」味付けをしたら「材料がかぶるだけの湯を注ぎ（スープがあれば猶更結構），ドロリとする位ゐに水に溶いた片栗粉」でとろみをつけるというもので，今日私たちがイメージする〔八宝菜〕そのもののようにみえる。

　料理としての明確な違いや名前の混在経緯は不明だが，ともかく〔八宝菜〕や〔チャプスイ〕はありあわせの材料で簡単に，しかも大人数の調理が可能な料理だったため，軍隊や食堂などの給食的なメニューとしても重宝された。〔チャプスイ〕は『軍隊調理法』（1937 年）や，陸軍主計少将だった丸本彰造の本でも取り上げられているが[61]，〔八宝菜〕は戦後も定番メニューとして生き残った一方，〔チャプスイ〕は現在洋食屋も含め，ごく一部の店で提供される程度で，日本国内で〔チャプスイ〕を食べたことのある人は多くはないだろう。

　〔八宝菜〕をご飯の上に乗せた料理〔中華丼／中華飯〕は戦前にもみられた料理だが，今日のものとは異なっていたようだ。大正期のうち『家庭で出来る食通の喜ぶ珍料理 虎の巻』に掲載されている〔中華飯〕は，玉葱・干し椎茸・豚肉を炒めてとろみのあるカレー味にし，三つ葉をちらして生卵を割り入れたものであった[62]。1926 年の『手軽に出来る珍味支那料理法』での名前は〔中華丼〕だが，豚肉・鶏卵・筍缶詰・椎茸・グリンピース缶・葱で作る炒飯である。『料理の友』1930 年 3 月号では，同様の材料を煮て御飯の上に乗せた〔中華丼〕が，若者に喜ばれるメニューとして紹介されている。

　〔中華丼〕は戦前の飲食店でも提供されていた。古川ロッパが 1934-40 年の間に記した日記[63]には〈来々軒〉〈五十番〉〈支那グリル一番〉などで食べた中華丼が 6 回登場しているが，どんなものだったかの説明はない。銀座の松屋の食堂の〔中華丼〕は「御飯の上に，焼肉，筍，椎茸，烏賊，白菜，青豆等をのせ，中央に卵黄を一個落したるもの」で[64]，卵がなければ今日イメージする〔中華丼〕に近い。山田政平は「……中華丼と稱するものゝ如きは（中略）之を支那内地に需めても在りはしない。もしあるとすれば日本からの輸入料理である。けれども我國では支那人経営の店で之を售り日本人は亦支那料理だと思って居る」と記している[65]。

5　各種麺類

　1910 年，浅草に〈来々軒〉が開業し，日本式の〔支那蕎麦〕を提供していたことはあまりにも有名である。戦前の〔ラーメン〕については多くの先行研究があり，ここで二番煎じ的な説明は不要であろう。しかし日本式かどうかは別とし

て，それ以前にも〔支那蕎麦〕を提供していた店があったことは指摘しておいて
もよいだろう。明治の資料で古いものは，1893年12月に銀座に開店した〈義昌
堂〉の広告で〔ワンタン〕が4銭，〔南京そば〕が4-12銭で提供されていた[66]。
『月刊食道楽』1905年9月号[67]には，浅草橋広小路馬喰町の〈改良亭〉が西洋料
理・支那料理とともに〔日清そば〕も提供する広告が掲載されている。以下，新
聞広告をみていくと，1907年12月には〈京橋ビヤホール〉が「支那そば　十銭」
で提供[68]，1908年8月に開業した〈萬華〉でも〔支那麺〕があった[69]。浅草では
〈来々軒〉に先立つ1908年に開業した〈中華楼〉でも〔支那ソバ〕が6銭で商わ
れていた。この店は「大東京元祖調べ番付」に「東・前頭『支那そばの元祖』」
として名を連ねている[70]。

　一方，〔支那蕎麦／支那そば〕のレシピがみられるようになったのは1920年
『料理の友』2月号と意外に遅く，新聞では，1928年3月7日の『讀賣新聞』で
紹介されている。レシピへの登場が増えていった1920年代から1930年代にかけ
ては，家庭でも既製の麺が手に入りやすくなった時期と重なっていよう。麺その
ものの作り方も紹介したレシピは稀であり，スタンダードな〔支那蕎麦〕より，
応用的な他の麺料理のほうが多く紹介されている。例えば〔鰕仁麺〕，豚肉とタ
ケノコを使った〔広東麺〕，そして〔雲呑／餛飩麺〕や〔叉焼麺〕，和名〔五目
そば〕の〔五色／什錦麺〕や〔揚州窩麺〕〔天津麺〕などは，料理本・雑誌をみ
るとほぼ大正末期に出揃っている。今日神奈川県のご当地ラーメンで知られる
〔サンマーメン〕がみられるのは1930年である[71]。また，中国風の〔やきそば／
炒麺〕類も1922年の『支那料理法』をはじめ，しばしばみられる。〔五目やきそ
ば〕の類はあんかけが多く，1926年の『手軽においしく誰にも出来る支那料理
と西洋料理』の〔揚州炒麺〕（ごもくやきそば）もその典型である。〔やきそば〕
は具の種類や数によっては豪華に，安くて少ない材料なら家計にもやさしい料理
として家庭でも重宝されていたのだろう。あらかじめスープを大量に作っておく
汁麺よりも，〔やきそば〕はもっと手軽な料理だったに違いない。ドロッとした
餡かけの麺類は中国ではあまり一般的ではなく，こうした〔やきそば〕は日本で
発展した料理といえよう。

　いわゆる中華麺を使った冷たい麺料理を〔冷やし中華〕とするならば，その出
現は昭和初期に遡る。1928年5月末に刊行された『四季の家庭料理』の〔冷し
五もく蕎麦〕[72]をみると，材料は支那蕎麦・筍・キクラゲ・葱・椎茸・イカ・豚
肉で，これらを出汁で煮て酒・味の素・醤油・塩で味加減をして，葛でとろみを
つけたものを上に乗せる具にしている。タレは「酢・醤油・味の素・支那の胡麻
油」だが，現在のものとはかなり異なる。翌月の『讀賣新聞』（6月13日）の「つ

第3章　日本における中国料理の受容：料理篇　91

めたい支那そば ゆで加減とたべ方」は，葱のみじん切りと茹でたインゲンだけ
のずいぶんシンプルなもので，「もっと暑くなったら冷麦やさうめんの様に氷の
かたまりを乗せて出すのもよい」と書かれているように，日本の夏の麺類の食べ
方を参考にしたものと思われる。1929 年の『相談料理』〈支那料理各種〉の
〔冷蕎麦〕[73] は皿盛りにした麺に，チャーシュー・キュウリ・酢漬ラッキョー・味
を付けたタケノコを細く切ったものを乗せ，醬油・冷ましスープ・酢・砂糖・味
の素で作った汁をかけて氷を乗せて供するものである。

　中国において〔涼麺／冷淘／過水麺〕は杜甫の「槐葉冷淘」のように古いもの
もあるが，一般的な料理とはいいがたい。〔涼拌麺〕も必ずしも冷たいわけでは
なく，スープなしの和え麺である。麺の上に具を彩りよく並べ，冷たさを楽しむ
〔冷やし中華〕は日本的な料理といえよう。「氷冷蔵庫は昭和の初めには台所用品
として珍しいものではなくなっていたようである」[74] という時代とも重なる料理
である。

　飲食店においては，仙台の〈龍亭〉が 1932 年頃，ビーフンを使った料理にヒ
ントを得て作り出したのが〔涼拌麺〕で，夏のスタミナ食として売り出したのが
始まりだったという[75]。東京では〈揚子江菜館〉が 1933 年に〔五色涼拌麺〕を
提供するようになり[76]，また，新宿の〈珍々亭〉の戦前のマッチラベルには〔冷
し支那そば〕の広告がみられる。1939 年の本[77] には「（支那料理店は）夏は冷しソ
バを美味しく食べさすことなどによっても，相當の賣上げを見ることが出來る」
とあり，夏のメニューとして存在していたことがわかる。

6 〔春巻／春捲〕

　〔春巻〕は，薄い皮に具を巻くというシンプルな調理故に類似の食品が中国各
地にあり，今日中国で〔春巻〕と称されるものについても，いつ，どこでこの名
がつけられたのか，そしてどの地域のものが日本に伝えられたのかは定かでない。
中国で立春に食べられる〔春盤〕は春餅でダイコンなどの生野菜を包んで食べる
ものだが，南宋代の陳元靚が記した『歳時広記』巻 8「饋春盤」では，春盤は最
初は長江や淮河の流域で伝えられ，のちに宮廷に入ったとされる[78]。この春餅や
薄餅に春野菜を巻いて食べる習俗が後に〔春巻〕になったと指摘するものもある
が，それを決定づける史料は得られていない。

　〔春巻〕を中国の調理辞典[79] で調べると「〝春蠒〟〝巻煎餅〟とも称し，焼いた
薄い皮に餡を包んで油で揚げた食品で春節前後の行事食故にこの名がある」と書
かれている。南宋の都，臨安（現在の杭州）の年中行事や風俗が書かれた

『夢粱録』巻十六「葷素従食店」には〔米薄皮春蟹〕，〔子母春蟹〕さらに〔活糖沙餡諸色春蟹〕の名前がみられ[80]，同じく南宋時代の『武林旧事』の「蒸作従食」にも〔春蟹〕がみられる[81]。〔春巻〕の名がみられるのは『乾隆三十年（1765年）江南節次膳底档』2月の揚州行幸の御膳，そして顧禄が記した『桐橋倚棹録』であり[82]，いずれも江南地域であることは，〔春巻〕がこの地で生まれた可能性を示唆している。そして20世紀に入るとようやく，民国6（1917）年の李公耳『家庭食譜』[83]の点心の中に〔春巻〕という名称でのレシピがみられる。春巻の皮は「買って来る」とあることから，この頃にはかなり一般的なものになっていたのだろう。

　日本で〔春巻〕の名でのレシピの初期のものは雑誌『食道楽』1906年6月号の成女学校料理講習会をもとにした記事にみられる。その〔鶏蛋春捲〕は溶き卵にメリケン粉を混ぜて薄焼卵風にしたものを皮にし，せん切りの豚肉・ネギ・ショウガを炒めて醬油で味をつけて包み，油で揚げるものであった。『女鑑』[84]で嘉悦孝子が教える〔春捲〕も同様の皮を用いている。1909年の『日本の家庭に応用したる支那料理』では薄焼卵を皮にしたレシピが記されている。大正・昭和期では薄焼卵に加え，油揚げや湯葉を使うといった江戸時代の〔けんちん〕を思わせるレシピもあったが，山田政平の紹介するレシピでは小麦粉で作る薄皮が紹介されている。「春捲の皮はメリケン粉で作るのが普通ですが，オムレツのやうに玉子を用ゆる場合もあります。むろん玉子の皮の方が美味しくて手数もかかりません。（中略）支那に居られる読者なれば，皮は春捲皮と謂って，皮計り売って居ります」[85]と述べているように，戦前の日本で春巻の皮の市販品についての資料はみつからない。それは戦後なのであろう。安徽省出身の胡強が東京で春捲皮を製造する〈富強食品製造廠〉を興したのは1958年である[86]。『きょうの料理』1970年11月号では，囲み記事で「春捲きの皮が手に入らないときは卵で代用する」（フライパンでうす焼き卵を作る）と書かれているから，市販品が普及する過渡期だったのだろう。1973年の1月号（特集：点心）では，皮は「市販のもの」となっており，この頃には全国的に市販品が手に入り，家庭でも今日わたしたちが思い浮かべる〔春巻〕が手軽に作られるようになったと考えてよいだろう。

7　デザート類

　戦前の資料において甘い物は，飲食店メニューや料理レシピなどで「点心」，あるいは「菓子」「おやつ」にみられるが，紹介されている料理の数に比して，種類や登場頻度は少ない。西洋料理に比べるとさらにその印象は強く，食事にお

ける甘いものの位置付けの違いといえるかもしれない。甘いものは中国の伝統的なコースでは，食事の合間の口直し的な存在であり，また，小吃店などの軽食の一つに位置付けられることが多いのである。

　今日，日本における中国料理のデザートといえば，マンゴープリンやタピオカココナッツなどもあるが，筆頭は杏仁豆腐であろう。牛乳寒天も含め，〔杏仁豆腐〕は日本では中国料理店のデザートとしてだけでなく，家庭での手作りおやつ，コンビニデザート，学校給食でもおなじみの誰もが知っている存在だが，逆に中国では一般的ではない。『中国烹飪辞典』には北京小吃とあるが[87]，井上紅梅が「上海料理屋評判記」で記した（上海の）福建料理店の〔杏仁豆腐〕[88]の例もあり，北京だけのものではなかったようだ。中国の古典類で〔杏仁豆腐〕がみられるのは清代中期の童岳薦の著とされる『調鼎集』である。火腿（ハム）や鶏肉を用いることから，煮凝りにしたものと推測される[89]。

　日本の資料では1907年の『風俗画報』に「杏仁豆腐　杏仁を磨て粉にし諸麦粉に和して豆腐に作りたるもの」という記述があり[90]，1912年の『臺灣料理之栞』[91]の〔杏仁豆腐〕（ビエンジヌタウフウ）も，杏仁の汁に水溶き片栗粉を加えて加熱し，冷し固めて適宜に切り氷砂糖のシロップで食べるという，いずれも似たレシピである。米粉を加えて煮るという点では『随園食単』の〔杏酪〕（米粉を使用）も同類であろう。

　1926年の『美味しく経済的な支那料理の揃へ方』の〔杏仁豆腐〕で，寒天を用いている。寒天でのレシピはほかにも2，3みられ，杏仁の代わりに牛乳を使うものもあったが[92]，戦前の資料における〔杏仁豆腐〕はレシピ・用語のみの説明を合わせてもせいぜい10程度である。戦後，1947年以降，とくに1950年代からのレシピには頻繁に登場するようになったが，多くは牛乳と寒天で作るレシピであった。

　波多野須美は『朝日新聞』の料理コーナーで〔杏仁豆腐〕（シンレントウフ）を紹介しているが（1971年1月14日・1976年8月8日），後者の記事では「中国料理で一番おなじみのデザートは，この杏仁豆腐ではないでしょうか」と書かれている。〔杏仁豆腐〕の缶詰も少なくとも1975年に製造・販売されていた[93]ことから，1970年代には〔杏仁豆腐〕が日本の中国料理デザートとして定着していたことが推測される。戦前はあまり知られていなかった〔杏仁豆腐〕は戦後，アーモンドエッセンスを加えた，いわゆる〔牛乳寒天〕という形で一気に広まっていったのだろう。

　では戦前，デザートや菓子として〔杏仁豆腐〕よりも多く紹介されていたのは何か。一つは〔蜜漬紅芋〕〔蜜漬山薬〕あるいは〔抜絲山薬〕など，サツマイモやナガイモ・ヤマイモを切って油で揚げ，蜜を絡めた類の料理と，もう一つは〔八宝飯〕である。

94　第Ⅰ部　近現代日本の中国料理

大学芋的な〔蜜瀷紅芋／山薬〕の紹介は，1909 年の『日本の家庭に應用したる支那料理』や，1911 年 12 月 27 日の『讀賣新聞』の料理記事にみることができる。そして飴が糸を引く〔抜絲山薬〕の記載がみられるのは 1929 年頃からで，以後は中国料理の家庭向けのレシピでは〔抜絲山薬〕のほうが目立つようになる。仮説の域は出ないが，〔蜜瀷紅芋〕は早い時期に中国菓子の枠を超えて日本化し，日本の家庭のおやつとして定着したからではなかろうか。

　もう一つの〔八宝飯〕は元々江南地方の料理といわれ，モチ米にナツメやサンザシ・ハスの実・レーズン・ギンナンといったドライフルーツや砂糖漬けのフルーツなどをトッピングして蒸し上げた，見た目も華やかな甘い料理で，〔抜絲山薬〕と並び，今日中国各地でみられる。宴会などコース料理の場合は，合間に出される甜菜（甘味の料理）に位置付けられる。

　日本の資料では，1895 年の〈偕楽園〉の献立にも杏仁湯を添えた形で紹介されている[94]。ほかにも〈陶々亭〉（1922 年）や京橋の〈六角亭〉[95]，京都の〈洛陽一品香〉の献立[96]にもみられ，家庭料理のレシピとして紹介されているのは 1927 年以降である。通常はデコレーションケーキのように大きく作って取分けるが，1927 年の『手輕に出來る家庭支那料理』[97]では，銘々用に小鉢を用いて作ることも紹介されている。

　現在日本で〔抜絲山薬〕や〔八宝飯〕を提供している店もあるようだが，戦前ほど一般的ではない。日本人にとって，甘いものは食後のデザートという感覚が強く，熱々の〔ゴマ団子〕を 1，2 個食べる程度なら別腹だろうが，食後は軽めで冷たくさっぱりした味で締めくくりたいと考える人が多いだろう。そういった嗜好性に加え，ランチでの定食セット，外食が少人数であることも多く，さらに数種のデザートの中から個別に注文することが一般的になった今となっては，あらかじめ準備ができて，すぐに一人分ずつ提供できるデザートのほうが好都合なのだろう。このようにデザートも戦前戦後で，変化がみられるのである。

おわりに

　本稿では，いくつかの料理に限定して取り上げたが，戦前の資料にはほかにも多くの料理が登場している。豚肉料理では〔炒裡脊〕や〔炸裡脊〕なども定番であったが，とりわけ家庭料理レシピでもっとも登場頻度が高かったのは野菜と薄切肉，あるいは細切肉を炒めた〔炒肉片〕や〔炒肉絲〕の類である。牛肉でも同様に〔炒牛肉〕などが目につくが，料理数は豚肉には全く及ばない。鶏肉の登場頻度は豚肉に次いで多いが，〔炒鶏片〕や〔炸子鶏〕〔乾烹鶏〕（鶏肉をぶつ切りに

して醬油で下味をつけ，揚げたものをネギ・ショウガとともに炒め，（漬け汁の）醬油・酢を加えて調味したもの），さらに茹でて細くほぐした鶏肉を芥子入りの三杯酢などで和えた〔拌鶏絲／涼拌鶏絲〕なども多くみられた料理である。カモやアヒル，羊肉などもみられたが，多いとはいえない。〔掛爐全鴨〕などはやはり専門店のメニューだったといえよう。

卵とともに魚介類では〔かにたま〕を取り上げたが，〔えびたま〕もポピュラーで，エビに関しては揚げ団子の〔炸蝦球〕や〔溜蝦球〕なども好まれ，とりわけ登場が多かったのがグリンピースと炒めた〔青豆蝦仁〕である。イカそして貝類ではアワビやアサリを使った料理もみられた。そして魚を使った料理も実は多く挙げられている。中国料理といえば多くの人が思い浮かべるであろう〔糖醋鯉魚〕や〔紅焼鯉魚〕は家庭料理としても何度か紹介されてはいるが，家庭料理のレシピでもっと多く登場する魚料理は〔炒魚片〕〔炸魚片〕〔紅焼魚〕〔魚羹〕〔魚片湯〕などで，これらに用いられるほとんどが海の魚――とくにカレイやタイ，ヒラメなどの白身魚であった。これも日本の中国料理における魚料理の特徴といえよう。

他の食材では，〔支那素麺／豆素麺〕と称された〔粉絲／粉條〕が，1922 年以降は〔春雨〕と併記されるようになり，1928 年の資料に「特に山口県，九州方面が発達し，門司市外大里の大和商事株式会社製造の「富士」と称する商標のあるものは品質及価格ともに一般から認められて居る」[98] と書かれているように，少なくとも昭和初期には国産化されていた。

戦前を振り返ってみると，日本で現在おなじみの料理の多くが 1920 年代頃には確立され，その大半は大衆店や家庭でも作ることができるものであった。そして興味深いのは，料理名がうまく日本風に翻訳されたもの，あるいは短い日本語読みで覚えやすいものが外食店メニューとして定番化し，家庭でも定着する傾向にあったという点である。食材の供給や嗜好という点も大きかったであろうが，日本人好みの味への変換や創作だけでなく，こうした名前の翻訳も日本化の指標の一つとしてみることができよう。

さて，冒頭のランキングに再び戻ると，〔小籠包〕は上海名物としてかねてから知られていたが，日本でこれだけ認知度が高まったのは，台湾の有名店の日本上陸や台湾旅行ブームの影響も大きいだろう。近年は〔生煎包〕（焼き小籠包）も人気である。

〔担々麺〕は四川料理で，歴史は道光年間に遡るといわれる[99]。元来，天秤を担いで売られていたことから汁のない和え麺で，四川現地では小碗で提供されるものだが，陳建民の創意工夫により，ラーメン丼で供される芝麻醬入りの汁麺へ

と姿を変え普及した。また別な流れでは，千葉の勝浦で1954年に〈江ざわ〉が〔勝浦タンタン麺〕を考案し，今日ではこの醤油ベースのラー油を多く使う汁麺が勝浦のご当地麺となっている。「勝浦タンタンメン」が「地域団体商標」を取得したのは2014年で，現在では40以上の店舗で提供されている[100]。ご当地ものでいえば，近年トウガラシだけでなくサンショウの風味も効いた広島の〔汁なし担々麺〕も知られているが，これは2001年に開業した広島市の〈きらく〉が元祖とされている。店によって違いはあるが，青ネギが多めにトッピングされ，オプションで温泉卵が添えられるのも現地化といえよう。こうしたご当地麺に加え，2015年前後からは汁の有無にかかわらず〔担々麺〕全般がブームとなり，それに端を発した麻辣風味が好まれるようになっている。

　このように，戦前に確立された日本式中国料理は今も根強い人気はあるが，そこに新しいものが加わる形で人気料理は少しずつ変化しており，今後もその変化は続いていくことが予想される。

---

1) マイボイスコム株式会社「中華料理に関するアンケート調査」（http://www.myvoice.co.jp/biz/surveys/10003/index.html），（http://www.myvoice.co.jp/biz/surveys/19307/index.html），（https://myel.myvoice.jp/products/detail.php?product_id=22904），2019年3月10日最終閲覧。

2) 真嶋亜有「肉食という近代——明治期日本における食肉軍事受容と肉食観の特徴」，『国際基督教大学学報』III-A，アジア文化研究別冊11（2002年9月），213-230頁。

3) 小菅桂子『カレーライスの誕生』講談社，2002年，146-147頁。

4) 『東京朝日新聞』1922年10月2日（朝刊）5頁。

5) 下川耿史編『明治・大正家庭史年表』河出出版研究所，2000年，408頁。

6) 小菅桂子（前掲）『カレーライスの誕生』，146-147頁。

7) 総務省統計局資料をもとに作成。

8) 黒沢不二男「豚肉生産の展開構造に関する研究」，『北海道立農業試験場報告』40号（1983年3月），1-23頁。

9) 黒沢不二男（同前），3-4頁より作成。

10) 『庖丁塩梅』（第6集）1887年5月，24-25頁。

11) 『庖丁塩梅』（第8集）1887年7月，26-27頁。

12) 邱龐同『中国面点史』青島，青島出版社，2010年，158頁。

13) 例えば第42回にみられる。小野忍・千田久一訳『金瓶梅（5）』岩波書店，1974年，48頁。

14) 顧禄撰，王湜華・王文修注釈『清嘉録』北京，中国商業出版社，1989年，290頁。同頁注釈によれば，北方から呉に伝えられた小麦粉食品で，北方では「麦」の漢字が用いられていたが，呉では同音の「売」が使われており，呉では（北方のような）肉餡とは限らず，醤油に浸した糯米を餡にすることもあると記されている。）

15）佚名（撰），邢勃涛（注釈）『調鼎集』北京，中国商業出版社，1986 年，747-745 頁。

16）『OLD BUT NEW——イセザキの未来につなぐ散歩道』2009 年，72 頁。

17）崎陽軒 HP（http://kiyoken.com/history/1928_shiumai.html），2018 年 7 月 1 日最終閲覧。

18）『料理の友』7 巻 4 号（1929 年 4 月），12-16 頁。

19）朝野料理研究會『實物そのま、の風味を表した家庭料理とその實際』修教社，1930 年，97 頁。

20）福田謙二『支那料理』杉岡文楽堂，1931 年，98-99 頁。

21）「シュウマイにはしょうゆ？ ソース？」
（https://vote.smt.docomo.ne.jp/food/result/101645）2018 年 7 月 1 日最終閲覧。

22）山田政平『素人に出来る支那料理』婦人之友社，1926 年，98 頁。

23）小林定美『手輕に出来る珍味支那料理法』弘成社出版部，1926 年，74 頁。

24）『料理の友』16 巻第 2 号（1928 年 2 月），83-84 頁。

25）『料理の友』18 巻 12 号（1930 年 12 月），80-82 頁。

26）『料理の友』21 巻 3 号（1933 年 3 月），75-77 頁。

27）巫仁恕「無肉令人瘦——東坡肉的形成與流衍初探」，『中国食文化研究』（中華飲食文化基金会，台北）14 巻 1 期（2014 年 4 月），13-55 頁。

28）奥村彪生編「八遷卓燕式記」，『日本料理秘伝集成』第 13 巻，同朋舎，1985 年，16-18 頁。

29）奥村彪生編「卓子式」，同上書，182 頁。

30）大橋又太郎編『實用料理法』博文館，1895 年，254 頁。

31）村井弦斎『食道楽（上）』（底本名『食道楽（春の巻）』1888 年）岩波書店，2006 年，313-314 頁。

32）小菅桂子『にっぽんラーメン物語』講談社，1998 年，48 頁。

33）小菅桂子（同上），62 頁。

34）玩淹鏊『家庭宴會支那料理法』博文堂，1913 年，52 頁。

35）山田政平（前掲）『素人に出來る支那料理』，19-20 頁。

36）蕭帆主編『中国烹飪辞典』北京，中国商業出版社，1992 年，415 頁。

37）百度百科「咕嚕肉」
（http://baike.baidu.com/item/%E5%92%95%E5%99%9C%E8%82%89），2017 年 6 月 18 日最終閲覧。

38）『料理の友』10 巻 10 号（1922 年 10 月），93 頁。同 10 巻 11 号（1922 年 11 月），1922 年，66 頁。

39）潘鐘華編『支那料理法』陶々亭，1922 年，巻末献立表 2 頁。

40）奥田優曇華『食行脚　東京の巻』協文館，1925 年，188 頁。

41）中村喬『明代の料理と食品』朋友書店，2004 年，391 頁。

42）嘯風吟月楼主人『貴女のたから』細謹舎，1891 年。石井治兵衛『日本料理法大全』博文堂，1898 年。

43）紅杏主人（著），蔡華文（注釋）『美味求真』広州，広東科技出版社，2014 年，5，95-109 頁。

44）玩淹鏊（前掲）『家庭宴會支那料理法』，115 頁。

45) 奥田優曇華（前掲）『食行脚　東京の巻』，188 頁。

46) 吉田健一郎「邦文特殊経済雑誌と中国近代史研究──『養鶏』（1929-1941 年）の場合」，『社会システム研究』（立命館大学）11 号（2005 年 9 月），101-119 頁。

47) 岡本正一編著『蟹鑵詰発展史』霞ヶ関書房，1944 年，1145 頁。

48) 土田かほる「來客にも進められる丼飯」，『料理の友』21 巻 11 号（1933 年 11 月），23 頁。

49) 「今月の家庭献立」，『糧友』9 号 3 号（1935 年 3 月），附録 80 頁挿入。

50) 『日本料理西洋料理支那料理　ご飯料理の作方二百種』主婦之友社，1935 年，384-385 頁。

51) 横田文良『中国の食文化研究 天津編』辻学園調理製菓専門学校，2009 年，101-107 頁。

52) 奥田優曇華（前掲）『食行脚　東京の巻』，48-49 頁。

53) 朝野料理研究会編（前掲）『實物そのまゝの風味を表した家庭料理とその實際』修教社書院，1930 年，41 頁。

54) 筆者蔵（大正末〜昭和初期のものと推測される）。

55) 吉井始子『翻刻江戸時代料理本集成　2』臨川書店，1978 年，230 頁。

56) 岡島内蔵松編『糧食経理科参考書』陸軍経理学校，1906 年，〔附録 1〕35-36 頁。

57) 渡会貞輔『支那語叢談』大阪屋号書店，1918 年，（下篇）34-35 頁。

58) 百度百科「八宝菜」
（https://baike.baidu.com/item/%E5%85%AB%E5%AE%9D%E8%8F%9C），
「紹興八宝菜」
（https://baike.baidu.com/item/%E7%BB%8D%E5%85%B4%E5%85%AB%E5%AE%9D%E8%8F%9C/10636918），共に 2017 年 6 月 18 日最終閲覧。

59) 中山時子監修『中国食文化事典』第 3 版，角川書店，1997 年，395 頁。

60) 山田政平『中華料理の作方一六十種』ハンドブック社，1947 年，28 頁。

61) 丸本彰造編『支那料理の研究──その料理法の研究と随園食単』食糧協会，1938 年，14 頁。

62) 服部茂一『家庭で出來る食通の喜ぶ珍料理 虎の巻』服部式割烹講習会出版部，1917 年（増補改訂 25 版，1925 年参照），支那料理の部 19-20 頁。初版には「支那料理」の掲載はなく，1924 年もしくは 1925 年の増補版で加えられたと考えられる。

63) 『古川ロッパ昭和日記 戦前篇（昭和 9 年－昭和 15 年）』晶文社，1987 年。

64) 「デパートの食堂のぞ記」，『料理の友』17 巻 4 号（1929 年 4 月），15 頁。

65) 『栄養と料理』4 巻 10 号（1938 年 10 月），62 頁。

66) 『東京朝日新聞』1893 年 12 月 22 日（朝刊）6 頁。

67) 『月刊食道楽』1 巻 6 号（1905 年 9 月）。

68) 『東京朝日新聞』1907 年 12 月 24 日（朝刊）7 頁。

69) 『東京朝日新聞』1908 年 2 月 2 日（朝刊）1 頁。

70) 『江戸と東京』2 巻 3 号（1936 年 3 月），34 頁。

71) 生碼麺（サンマンメン　ぶたそば）と表記されている。朝野料理研究会編（前掲）『實物そのまゝの風味を表した家庭料理とその實際』，169 頁。

72) 宮澤ひさの子『四季の家庭料理』婦女界社，1928 年，123-124 頁。

73) 安東鼎編『料理相談』鈴木商店出版部，1929 年，253 頁。

74) 村瀬敬子『冷たいおいしさの誕生　日本冷蔵庫 100 年』論創社，2005 年，56-64 頁。

75) 「冷やし中華の元祖ひたむきに〝いい味〟求め」，『河北新報』1974 年 11 月 4 日（夕刊）1 頁。

76) 秋山都「冷やし中華発祥の店！ 神田神保町『揚子江菜館』の「五色涼拌麺」【下町の美味探訪 7】」2017 年 6 月 16 日（https://serai.jp/gourmet/200096），2018 年 4 月 20 日最終閲覧。

77) 商店界編輯部編『小資本開業案内』誠文堂新光社，1939 年，399-402 頁。

78) 王仁湘『中国飲食文化』青土社，2001 年，82-85 頁。

79) 粛帆主編『中国烹飪辞典』上海，中国商業出版社，1992 年，303 頁。

80) 孟元老他『東京夢華録 都城紀勝 西湖老人繁勝録 夢梁録 武林旧事』北京，中国商業出版社，1982 年，136-137 頁。

81) 同上，124 頁。

82) 顧禄撰，王湜華・王文修注釈（前掲）『清嘉録』，1989 年，291 頁。

83) 李公耳『家庭食譜』上海，中華書局，1917 年（12 版 1936 年参照），10-11 頁。

84) 『女鑑』17 年 9 号（1907 年 9 月），36 頁。

85) 山田政平（前掲）『素人に出来る支那料理』，104 頁。

86) 木村春子「日本の中国料理小史 戦後の歩みのワンシーン⑩　特殊素材の普及を巡る二人」，『専門料理』30 巻 10 号（1995 年 10 月），118-123 頁。

87) 粛帆（前掲）『中国烹飪辞典』，565 頁。

88) 井上紅梅「上海料理屋評判記」，『支那風俗』（上巻）日本堂書店，1921 年，109-111 頁。

89) 童岳薦『調鼎集』北京，中国紡績出版，2006 年，199 頁。

90) 永井摂津雄「臺灣料理の御馳走」，『風俗画報』372 号（1907 年 10 月），11 頁。

91) 林久三『臺灣料理之栞』里村榮，1912 年，28-29 頁。

92) 石川武美編『洋食と支那料理』主婦之友社，1939 年，299-300 頁。

93) 田尻尚士，松本熊市，原和子，黄波泉「杏仁フルーツ豆腐缶詰製造について」，『近畿大学農学部紀要』8 号（1975 年 3 月），33-40 頁。

94) 大橋又太郎編（前掲）『實用料理法』，250-256 頁。

95) 『東京朝日新聞』1923 年 1 月 4 日（夕刊）2 頁の広告。

96) 著者蔵。

97) 羅味菴『手輕に出來る家庭支那料理』實業之日本社，1927 年，212-213 頁。

98) 秋穂敬子『大日本百科全集 第 7 家庭料理』誠文堂，1928 年，279-286 頁。

99) 楊文華『吃在四川』成都，四川科学技術出版社，2004 年，216-218 頁。なお担々麺のなりたちについては，発祥が四川省自貢（1841 年）である説，成都説（1890 年代），自貢・成都・重慶でそれぞれ別々に発生したとする説（1840 年代）があるという。荻野亮平「担担麺の歴史変遷」（http://chino-veri.cocolog-nifty.com/），2019 年 7 月 30 日最終閲覧。

100)「熱血‼ 勝浦タンタン麺船団」公式 HP（http://katsutan-sendan.com/），2019 年 5 月 5 日最終閲覧。

第4章

日本の華僑社会におけるいくつかの
中国料理定着の流れ——神戸・大阪を中心として

陳來幸

はじめに

　日本に中国料理が普及した大きなきっかけは，外国人として入国し，結果的に
この地に定着した華僑華人と無縁ではない。黒船来航に端を発する江戸末期の安
政の開港が一大契機であった。17世紀以来の幕府の鎖国政策の下，唐人屋敷と
いう限られた集住地に住んだ近世の長崎華人が塀の外の日本人との交流を進め，
少なからぬ文化面での影響を与えていたことも周知のとおりである。長崎くんち
の出し物の代表格である龍踊りや唐船祭などが具体例であろう。食という切り口
から見れば，長崎名物の卓袱料理がある。和・華・蘭の混淆料理である。ほぼ同
時期に普及したのが，黄檗山万福寺に迎えられた高僧隠元隆琦がいんげん豆や孟
宗竹などの数々の食材とともに持ち込んだ精進の普茶料理である。いずれも，大
皿で食する中国式コース料理の流儀を伝える。琉球王国には言わずと知れた独自
の食文化が存在し，大和人が豆以外の蛋白源として魚類や鳥類を好んで食した近
世の時代から，四つ足の豚を食した。ちんすこう（金楚糕）や豆腐よう（餻）な
ど沖縄名物のお菓子や料理には，どちらかというと中国大陸の食文化との共通性
が見られる。
　ゆるやかに現地の地域文化として定着していったこれら長崎や沖縄固有の食文
化はさておくとしよう。西洋文明の衝撃とともに近代の幕開けを画した江戸末期
1859年の開港は，欧米人とともに，ほぼ同等数以上の清国人を受け入れること
から始まった。爾来160年が経過し，中国料理はこれらの定着した近代の移民
（＝華僑華人）たちによって直接日本に持ち込まれた。その定着過程は一様ではな
く，様々な経路と時々の歴史的背景が認められる。かつて人類学者と社会学者を
中心に『世界の中華料理』（勉誠出版，2005年）という特集が組まれた。それは，

101

当時の「今の視点」で「大伝統」の中にも多様性を有する中華料理が，世界各地に広まり，いかにそれらがさらに多様に現地化していったかを示した。中国国外に住む現地の華僑華人が果たした役割を重視するという視点から，それゆえに敢えて「中華料理」という言葉を使ったのかもしれない。だとすれば，本論での切り口は，中国各地の中国料理が固有の歴史的変遷と契機を経て，いかに日本各地に異なる担い手によって持ち込まれ，日本流に定着したのかを見るものである。

1　幕末の開港から 40 年

横浜居留地

　1859 年の開港当初，外国人の居住と営業が許されたのは，区画が決められた居留地と境界線が定められた雑居地という狭い範囲のみであった。1871 年に日清修好条規が締結されるまでの間，条約未済状態にあった清国人は，欧米商館や欧米人住居での使用人としての入国と居住が黙認された。こうして，横浜や長崎，箱館（函館），神戸，新潟，大阪川口，東京築地などには異国の食文化の種が蒔かれた。つまり，欧米人が上海や香港から連れてきた，外洋船舶や欧米商館に雇われた中国人コックたちが，やがて居留地のホテル等で活躍し，かれらが日本における中国料理や洋食のコックの重要な来源の一つであったといわれる[1]。日本に最初に住んだ米国人として 3 年間を下田で過ごしたハリス領事は，書記官のオランダ人ヒュースケンと日本人給仕 2 人，香港から連れてきた 5 人の清国人と一緒に玉泉寺領事館で起居を共にしており，そのうちアセンが料理人であった。ハリスは自分で鶏小屋を作り鶏を飼って食用にし，上海から山羊を 13 頭買い入れて自分で乳を搾ったことがわかっている[2]。このように，下田の時代から外国公館などの洋館に住む在日欧米人は中国人コックやボーイやメイドを雇っていた。下田に続き 1859 年に開港した横浜，箱館，長崎のうち，もっとも賑わったのは，取扱い貿易額が群を抜いていた横浜であった。開港 18 年目の 1877 年には横浜に在住する外国人が 2,404 人となるが，そのうち 47.5％を占めたのが清国人であり，合わせて 1,142 人の登録が確認できる。条約に基づいて翌 1878 年 2 月に 145 番に清国領事館が設置された横浜居留地には清国人が一挙に 700 人増加し，割合が全外国人の 60％となった。こうして，3,000 人を超える外国人コミュニティが形成された居留地には，両替商，洋裁店，靴屋，ペンキ屋，工務店，印刷屋，精肉店など，欧米人へのサービスに特化した店舗が徐々にできていった。

　1860 年代の幕末期には，旧横浜新田地区（現在の中華街）の中心部の居留地 135 番地にはすでに同済医院という清国人のための施療施設があり，続いて劇場

を兼ね備えた会芳楼（主人：韋香圃）という料理屋が開業し，横浜名所「南京や
しき」として幕末から1878年頃まで存続していたとされる[3]。さらに，清国領
事館が1882年には同所135番地に移転された。関帝を祀るお堂のあった140番
地とならび，清国人を引きつける誘因となり，徐々に現在の中華街地域への清国
人の集住が促進されていったのである[4]。

　1870年の横浜居留地の在日外国人年鑑（JHD）の事業所データを分析した伊藤
泉美によると，居留地の飲食業者21のうち清国人は4のみであり，非清国人が
経営するホテルは1（清国人0），個人住宅は41（同0），貿易業81（同1）であった。
清国人貿易商の進出もほとんどなかった時代である[5]。日本人社会に外食として
の中国料理が定着していなかったこの時代，料理人として料理を提供したのはホ
テルのコックか，欧米商館や欧米人居宅の清国人調理人であった。前述のとおり，
日清修好条規が締結されると，横浜在住の清国人の数が飛躍的に増えたとはいえ，
領事館が設置された時期の華人社会の構成は，男女比が91：9程度の，働く男性
を中心としたものであった。外国人コミュニティの需要を満たすような店舗や，
エスニックビジネス止まりの飲食店がちらほらできてきた程度であったであろう
と推測される。

神戸の居留地と雑居地

　神戸の開港は横浜から9年遅れた。横浜とは異なり，そのコンパクトな居留地
では外国人領事を中心に自治権が確立され，当初から日本政府に認められた西側
と北側の雑居地を伴って発展した。1885（明治18）年における横浜居留地の面積
34万8,197坪に対して神戸居留地は4万9,645坪と7分の1にすぎない[6]。その
代わり，神戸の山手や海岸通などの雑居地では，日本人と相対での外国人による
借地借家，初期の頃は永代借地さえもが認められた。1883年には，居留地125
区画（3万9,812坪）に対して山手雑居地に83筆（4万1,046坪），海手雑居地に
62筆（1万1,173坪）の土地が外国人に貸与されており，外国人の雑居地への投
機的進出が見られた[7]。日本政府が行政権を保持したままの居留地に清国人が集
住する地域が形成された横浜とは異なり，極東の「モデル居留地」と欧米人が自
負した神戸の居留地では，居留地行事局の自治的な行政権が貫徹しており，条約
未済国の清国人は欧米商館の使用人以外の身分では居留地には住めなかった[8]。
居留地向けサービスの提供にと，隣接する雑居地の南京町あたりには徐々に人が
集まり，両替屋，八百屋，魚屋，精肉店等，清国人と日本人とで市場が形成され
ていった。一般の人々は，一部は居留地や北野町の洋館でメイドやコックとして
働き，大多数は居留地に隣接する海手の元町通や海岸通りや山手の北長狭通，下

山手，中山手，山本通，北野町などの雑居地に居住し，様々な店舗で働いた。神戸では雑居地にこそ中国人コミュニティの中心部が存在した。南京町はあくまでも市場として発足し，発展したのである。この点が横浜とのもっとも大きな違いである。

2　20世紀前半の50年

東京・横浜：1899年～

　日本に拠点を置いた外国人が居留地外へと展開する契機となったのは，1899年7月の居留地撤廃に始まる内地雑居と，清国人に向けて発せられた勅令352号である。清国人労働者は，原則許可制という体裁でその入国と就業が認められた。つまり労働は，禁止労働（＝雑役を除く労働者），要許可労働（＝雑役），許可不要労働（＝家事）に3分類された。日本政府は日本社会に必要な分野の技術を持つ雑役のみを選択的に取り入れたのである。要許可労働についても，1912年11月16日に発せられた「地方長官限許否すべき雑役労働指定」により，理髪業と料理業については，就労許可が緩和された。コックの入国と就業には内務大臣の許可が必要ではなくなり，容易になった[9]。背景として指摘されるべきは，日本社会における中国料理の普及とそれを担う技術者と雑役従事者の補填の必要が生じたということであろう。

　日清戦争後の一時期，日清間は一転して蜜月の時代を迎え，清国政府指導層は光緒帝を中心に新政を推進し，日本人顧問（教習）を様々な省庁に受け入れるとともに，日本政府はといえば，清国人留学生を寛大に受け入れた。日本に滞在する清国留学生数は1905年前後のピーク時には8,000人にものぼったともいわれている[10]。同時期の横浜の清国人口5,700人，次に多い神戸で2,200人を超えたばかりの頃である[11]。東京を中心に日々の生活に困難と郷愁を感じる留学生の増加は一つの需要をもたらした。外食産業としての中国料理は，留学生の増加ににぎわいを見せた神田界隈で一つのブームを開花させた。革命前夜，孫文がよく粥を食べに通い，周恩来も常連であったという，上海料理を看板にした漢陽楼（1911年に顧雲海が開業）は，オーナーが日本人に代わったものの今も健在である[12]。こうして，留学生の衣食住を賄うような清国の伝統的職業である料理店・洋服店・床屋・雑貨屋等が自然に神保町界隈に開店され，「当時の神保町は，メイン通り（現在のすずらん通りからさくら通り）を中心に中華街の様相を呈していた」そうだ[13]。20世紀初頭の神田「中華街」の諸店舗は，まだまだエスニックビジネスの範疇であったことがうかがえる。現在東京赤坂に本店のある維新號のルー

ツも神田にある。1870年代後半，創業者の鄭余生は20代のときに単身寧波から来日し，横浜の羅紗専門店で働いていたが，内地雑居を機に神田に進出し，郷土料理を提供する「故郷飯店」を開き，食品雑貨も扱った。時代の流れと共に留学生の数が激減したのを機に日本人相手の中国料理店へと転身した。「フカヒレの姿煮」を名物料理にしていたこの店は日本の政財官界の顧客や，財閥の出張宴席などで戦前の一時絶頂期を迎えた。店主は戦後の時勢変化に伴い，神田今川小路の店をたたんで銀座に進出し，新たな展開を期して維新號を開いたという[14]。

　戦後神保町で生まれ育った一人が現在の一般財団法人寧波旅日同郷会理事長の傅健興である。雑貨店の丁稚として浙江省の寧波から来日して苦労した父が1946年に神田に中国料理新世界を開店したのである。そのころの神田界隈には40軒ほどの中国料理店があり，「中華街のような面影をまだ残していた」，と2世華僑の傅健興は語る[15]。食材確保に困難をきたし，外国人への監視体制という戦時中の不自由な状況から脱し，戦勝国民となった華僑社会が戦後一躍活況を呈した，その一角を戦後復興した神田「中華街」が支えたといえるであろう。

　一方，横浜中華街はどのような発展を見せたであろうか。前掲横浜開港資料館『横浜中華街150年』に収録された絵葉書や「家族の肖像」からその経緯を見てみたい。明治末から大正初期のものと見られる絵葉書（31頁）には，ピアノ製造の周興華楽器店の向かい側に「支那料理東坡楼」の看板と「包辦酒席（酒席請負ご用意いたします）山水各茶各色點心」という内容の立て看板が見られる。英国系貿易商社ジャーディン・マセソンの買弁であった鮑焜一家が1884年居留地山下町150番地に開いた聘珍楼の立て看板には「中華御料理／包辦大漢葷素酒席」とあり（32頁），151番地萬珍酒楼にも「承辦酒席」（4頁），148番地成昌楼もまた「包辦酒席」をうたい（31頁），中国料理店が大通りを賑やかに彩った。この頃になると，出張による酒席や宴会の需要も見込まれ，日本社会に受け入れられた中国系のマイノリティビジネスとしての側面が見られる。

関東大震災：1923 年〜

　1923年9月，東京と横浜は関東大震災により壊滅的な打撃を受けたが，これを機に震災復興のなかで新たに中国料理業に転業進出するものも現れた。海産物や綿花を扱う貿易商東同泰から恭同泰を経て転業した羅家の安楽園（1923年開業）や153番地萬新楼（日中人士による出資，1933年開業），その隣に日本人経営の平安楼（1935年開業）など，大型料理店が開店し，横浜中華街は独特の雰囲気を醸し出す名所としての面貌を備えていく。中華民国が成立すると，日中両国の親善と経済的提携を振興する目的で，1918年に横浜には中日協会が設立された。

第4章　日本の華僑社会におけるいくつかの中国料理定着の流れ　105

図 4-1　長崎四海楼（明治・大正時代の店舗）
出所：四海楼のホームページ（http://shikairou.com/）より（2019 年 10 月 31 日最終閲覧）。

神戸でも日華実業協会が設立されていた。このような風潮のなかで復興がなり，日本人と華僑が共同で山下町中華料理業組合を（1935 年）結成するのもこの時期のことである。中国系のマイノリティビジネスが日本人との共同出資によっても進められるようになった。つまり，日本人社会の需要を満たすレベルにまで中国料理の認知度と必要性が上昇したのである。

　ある一定程度にまでマイノリティの数が増えると，そのコミュニティを対象とするサービスが出現する。これをエスニックビジネスと称しておこう。日本在住華僑にとっては，留学生が集う神田や集住現象が顕著になってきた横浜中華街に簡単な小型の家庭料理や麺類，粥，饅頭などを提供する店舗が現れる段階をいう。主流社会がそのビジネスを徐々に必要とするようになると，それらは自民族自集団だけを対象とするエスニックビジネスの段階から，全体のビジネス社会で正当に競争し，活躍できるマイノリティビジネス（Minority owned Business Enterprise；MBE）の段階へと発展するのである。

　長崎ちゃんぽんを日本社会に定着させたとされる四海楼は，1899 年に従業員 30 人の規模で開業した。間口の広い店の看板に「官許大清國四海樓御旅舘茶園酒舘時點雅菜各國料理」，「四海樓清國御料理御旅舘」に加えて，CHINESE-HOTEL-SHIKAIRO-RESTAURANT-HIROBABAMACHI と書かれていたことを想起されたい（図 4-1）。東京や横浜と長崎では地域における中国文化の溶け込み方が異なる。おそらくは四海楼は開業当初から，留学生や現地の華僑のみならず，ひろく日本人や欧米人を相手にしたマイノリティビジネスとしての経営が可能であったのであろう。

神戸

　話を少し前に戻そう。20世紀に入り，アジア地域間の貿易が盛んになると，貿易港神戸と隣接する工業都市大阪とがアジアのなかで大きな重要性を持つようになった。神戸には中国沿岸の各貿易港からチャンスを求めて商人が集まった。

　1915年創業の神戸南京町の豚饅老祥記は，当初は中国人や中国の船員たちが立ち寄る市場のなかの小さな食堂であった。2代目オーナー故曹穂昇への聞き取り調査によると，寧波からやってきた父，初代の曹松琪は初め横浜の中国料理店で働いた。手先が器用だった松琪は，大皿に盛りつけるときに飾りで置く，大根や人参で作る鳳凰や花の飾りの彫刻役を任されたという。やがて日本人の女性と知り合い，結婚のために二人で寧波の田舎に戻った。聡明な千代夫人は，上海で1年生活するうちに寧波の言葉を不自由なく話すことができるようになったという。そこで，友人からの情報を頼りに，初代曹松琪は神戸の南京町の市場に小さな店舗を開くことに決め，横浜には戻らず神戸にやってきて，老祥記を創設したという[16]。市場にあり，波止場から至近距離にあった老祥記は中国人船員と地元の華僑を対象とするエスニックビジネスで商売を成り立たせた。いまや行列ができる店の主，マイノリティビジネスの成功者である3代目店主曹英生は理事長として南京町商店街振興組合を率いる立場にある。老祥記の創業と同じ時期，横浜山下町の大通りには萬珍楼や聘珍楼など大型の老舗中国料理店が出現していた。このように，横浜と神戸の状況は大きく異なるのである。神戸では，本格的な中国料理店が必ずしも南京町から発祥したわけではなく，神戸南京町が華僑コミュニティの中心的役割を果たしたわけでもない。一方，現在神戸南京町で開業している中国料理店のなかで一番の老舗といわれる民生の先代店主呉信就は同じく南京町商店街振興組合の前副理事長を務めたが，その民生も創業は戦後のこと[17]。現在神戸南京町でにぎわう多くの中国料理店は1980年代以降に進出したものがほとんどである。

　現在の神戸南京町界隈に戦前存在した，博愛という広東料理店についてその足跡を見てみよう。広東省南海県出身の陳達文は日本人長嶋巻を妻とした。1917年に二人の間に生まれたのが，のちに神戸華僑歴史博物館を創設した陳徳仁（初代館長）である。当初宝塚で中国料理店を経営していた陳達文は，関東大震災後の復興に参加しようと決意し，東京に進出し，浅草公園近くに牡丹亭を開いたが，震災と大戦後の戦後不景気の影響のために店がうまくいかず，1年で撤退して関西に戻り，しばらくして1934年頃に博愛酒家を南京町に開いた[18]。京都の中国料理店大三元の2代目店主陳正雄は，陳達文が神戸の広東人コックの間ではリーダー的存在で，震災でコックが不足した関東方面の友人からコックを引き連れて

支援してほしいと依頼され，多くの人員を動員したという父の時代の伝聞を回想している。おそらくはそのようなきっかけで一旦神戸を離れた陳達文は，東京での起業を試みたが，断念のうえ，再び帰神したということであろう。昭和の時代に入ると，神戸在住の広東人コックが，近代化の象徴として出現した大阪のデパートで，最上階に営業が始まった食堂で中国料理を提供する人材として抜擢された。陳正雄の父はこうして神戸から大阪へと生業の拠点を移し，さらに京都へと進出し，京都に中国料理店大三元を開いたのである[19]。

　京都の状況は神田に類似していたかもしれない。留学生を中心に中国人人口が増加していた時期である。あっさり味の京中華の創出者といわれる高華吉も，神戸から京都に赴いた一人である。1900 年頃広東省に生まれた高華吉は 10 代で来日し，初め神戸の中国料理店で働いたのち，1924 年にできた京都初とされる中国料理店ハマムラで料理長を務めた。戦後独立した高は飛雲，第一楼，鳳舞を構え，現在でも 10 店ほどが鳳舞系のあっさり味を受け継ぐ[20]。1922 年 7 月の統計によると，京都の中国人人口 552 人のうち学生が 121 人。割合としては 22％の高さである[21]。1930 年の満洲事変前年には京都府全体で中国人数が 1,164 人。1922 年から 85％も増加しているので，昭和初期は中国人人口の増加と京都の中国料理の普及とが同時進行していた時期と捉えることができる。

　関東大震災で横浜からの避難華僑を受け入れた神戸では，1924 年には在住中国人人口が 5,000 人を，大阪の華僑人口も 2,500 人を超え，満洲事変の前年の1930 年にそれぞれ 6,780 人と 3,639 人に達するまで増加の一途をたどる[22]。同時に，この時期には日本社会においていくつかの中国料理の名称の認知度が上昇したことが検証されている。中国料理関係書籍の発行点数からもその普及の度合いが見てとれる[23]。そして，外食のみならず，一般家庭においても今日の中国料理の基礎が昭和初期には受け入れられ，種が蒔かれていた点が指摘されている[24]。こうして，この頃までには中国料理が日本社会に認知され，普及浸透していったのである。

　さて，関東と関西に分けて考えただけでも，人々が抱く料理店のイメージが大きく異なることに気づくであろう。以上で詳細を見てきた横浜と東京では，横浜中華街のなかで発展してきた大型の萬珍楼や聘珍楼，安楽園は横浜の主流（震災前で広東 74.1％，浙江 14.4％，江蘇 8.3％）[25]であった広東人の経営からなり，一部横浜の老舗料理店と，東京で広範囲に展開する店には浙江寧波人の経営なるものが多く，上海料理を打ち出すところも少なくない。ところが，筆者が育った神戸や大阪，京都の多くの人々にとっては，宴会中国料理は山東人経営の中国料理店＝北京料理という観念が定着している。この認識の違いをひもくには大阪居留

108　第Ⅰ部　近現代日本の中国料理

地がたどってきた歴史を見ていかねばならない。

大阪

　安治川と木津川にはさまれた河口に設置された大阪の川口居留地は，1868年1月に開市し，9月に開港した。神戸の居留地よりさらに狭い26区画で自治運営が始まり，神戸同様，周辺の富島町，古川町，本田1～3番町，梅本町など外国人雑居地が設定された。当初広東，福建，三江出身の華僑は，背後に工場地帯を控える関西の商いの中心であった大阪への進出を見定め，川口とその周辺に集まった。しかしながら，欧米商社と同様，大型船舶が接岸できない河港の大阪港に見切りをつけ，華商の多くも良港を有する神戸に拠点を移していったのである。1876年には居留地に16社に達していた外国商社は，翌77年以降激減し，1878年には6社となっている。そのあと川口居留地に入ったのは教会であって，キリスト教系の学校の多くがここを発祥とする。華商は1883年に成立していた三江公所を中心に，一部雑貨を扱う上海方面の者が残り，新たに中国北方沿岸の港との定期航路が開かれると，山東省や河北省出身の北幇（＝北方グループ）華商が増加した。

　1899年以降に内地雑居が解禁されて以降，欧米系の教会や病院，学校が広い土地を求めて他に転出し，川口居留地の跡地には多くの華商が入ってきた。大阪川口では出張支店員華商用の下宿を兼ねた貿易代理業を営む「行桟」が増加し，ますます多くの北方出身の華商がこの地に集まった。三江公所はやがて二つに分離し，天津や芝罘（現煙台）など北方出身の華商は独立して1895年に大清北洋商業会議所を設立し，1908年に独自の会所を建て，大阪中華北幇公所（1916年）と改称して法人として登記。三江公所自体も大阪中華南幇商業公所（1919年）と改称した[26]。

　1930年8月には川口警察署管内に居留する中国人数は1,737人にまで成長した[27]。1937年の在留大阪推定中国人口3,200人のうち1,446人，45％が川口と本田あたりに集住していたことがわかる。周辺一帯には大正時代末までは市庁舎や府庁舎もあり，大阪の行政の中心地であった。洋食店や中国料理店，カフェが川口界隈で発祥し，大阪市内に広まるなど，文明開化と近代化を象徴する地域でもあった。初めての中国料理店については，1897年に豊楽園が梅本町にあったとされる[28]。ついで，大正初年頃から川口や本田一番町には純北京料理をうたう東海楼や天華倶楽部が登場し，川口や本田界隈はチャイナタウンの雰囲気が濃厚で，ここで本場の味が味わえたとされる。

　中国の都市にも多く存在する会館や公所は他郷の同郷者や同業者の集会所であ

り，このような会所内あるいは近辺には中国料理を提供する厨房あるいは店がつきものであった。川口本田界隈ではきわめて狭い区域に相当数の中国人人口が集中し，重要な二つの公所も立地していた。しかも，ここは大都市大阪の行政の中心地でもあった。それに加え，20世紀の初頭には，朝鮮併合（1910年）以降の満洲地域との交通利便性のさらなる発達により，19世紀末から大阪に進出していた北幇華商の活躍には目を見張るものがあった。

前述した「行（客）桟」は川口華商の特徴ともいえる規模を持つ。止宿客は本国商館の出張店員であって，通常事務所である行桟の一室に寝泊まりする。行桟は客の取引を斡旋し，時に中国本店の委託を受けて代理買次ぎを行い，客のために銀行に保証することもあった。1937年における行桟の数は13軒。規模の大きい7番館徳順和（本田三番町3，王博九経営）には店員が38に客数50，63番館乾生桟（本田三番町23，張瑞卿経営）は店員数が35に客数45，64番館公順桟（川口町13，劉漢卿経営）は店員数30に客数40を擁した。13軒のうち9軒が山東省出身，4軒が天津出身，全員が北幇華商であって，止宿する支店員の本店の多くは天津や青島・奉天・大連・哈爾濱にあり，仁川などの朝鮮華商とのつながりもある。13軒全体では296店員と365の客数，行桟だけで人口総数661人となる。行桟主の家族を含めれば，一軒に100名以上を超える住人を擁するところもあり，行桟内には共同の浴室と食堂の設備があった[29]。

加えて川口華商の取引商品は綿布，人絹糸布，雑貨類を主とし，種類が少ないため，日本人商人の側も，川口輸出綿布人絹同盟会，大阪貿易同盟会といった有力団体が結成されて応対した。1928年には中日重心会という親睦団体も誕生し，団体同士での会食の機会も多いという独特な文化が存在した。大阪の行政の中心に中国人の集住地が隣接していたこのあたりで，中国料理の受容が日本人社会の側にも急速に広まったということは容易に推測できる。大阪川口界隈にはそのような絶好の条件が揃っていたのである。戦時末期の空襲で焼け野原になったのち，すでにノウハウを積んだ中国料理店や資産を蓄積していた川口華商の一部が中国料理業に転身，あるいは共同出資で事業を始めることとなる。なかには神戸への進出を試みた人々も存在した。

3　戦後の50年

戦後，最大の人口を抱えた台湾人が殖民地統治下から解放され，中国国籍を回復したので，日本各地の華僑社会は大きく様変わりした。戦前には帽蓆の製造販売や海産物などの移輸出入や真珠取引などに特色を持った台湾人商人たちは，製

菓，製麺などの製造業へと資本転化を図る者も出現したが，多くは不動産，パチンコ，飲食，キャバレーなどの消費娯楽部門へと転業した。『華僑志——日本』が掲載する，1960年代初め頃の華僑全体の業種別統計によると，店舗数3,818のうち，料理業が2,057軒でトップの53.9％を占める。第2位の貿易商377軒（9.9％）を大きく引き離している。とくに中国料理業の割合が高いとされる横浜が所在する神奈川県では，登録済み中国料理店756軒のうち，華僑の経営なるものは70-80％にのぼり，横浜の中国料理店だけで2,000人以上の雇用を生み，多くの日本人が店員として働いていた[30]。中国料理が華僑のもっともポピュラーな生業となったことがわかる。横浜総領事館管轄地域での1968年頃の調査では，新潟2店，宮城2店，長野1店，青森1店に加え，横浜中区山下町に18店，中区花咲町に2店，合計26店舗の名称と住所がリストアップされており[31]，横浜中華街への中国料理店の集積が客観的にも見てとれる。以下では，これまであまり言及されることのなかった阪神地区の様子について詳細を見ていくこととしたい。

　戦後の大阪川口一帯は戦災に遭い，中国北方との貿易の再開も望みが絶たれたため，多くの華僑は料理・飲食業関係に転業した。1948年における大阪府華商の業種別店舗数のうち，料理・飲食店は330店で全体の53％を占めていた[32]。かつての川口華僑の住民たちが最近『大阪川口63番館の軌跡』という私家版冊子を編集している。63番館とは1895年に乾生桟が創業し，経営していた行桟の建物の一つである。1939発行の『事変下の川口華商』では張瑞卿が業主で，西区本田三番町23という住所になっている。1962年に築港深江線の道路計画によって立ち退きになるまで，建物はそこに存在していた。かつて2軒右手隣に北幇公所（空襲で破壊消失）があり，さらにその先の隣のブロックには本田小学校と戦後の中華学校があった。空襲で幸いにも焼け残ったこの63番館の建物に，日本人や華僑の人たち等多くの世帯が入り共同生活を送ったのである。これは，幼少期を過ごしたかれらが往時をしのび，何回か会合を持って作り上げた資料である[33]。63番館の，向かって左半分の1階と2階では，中国料理店萬集楼が1949年に開業した。彼らの記憶をつなぎ合わせると，川口には少なくともかつて北幇公所の真向かいに大観園，現在の西税務署の前あたりに（天壇）明園があり，鴻盛園も近くにあったことがわかる。

　さて，戦後の大阪や横浜とは異なり，大半が旧雑居地内での集住傾向を続けてきた神戸の華僑にとっては，現在南京町や旧雑居地に点在する広東料理店は，家族単位で出かける場合や，少人数のグループで会食するのに適していると考えられてきた。しかしながら，今ではめったに見られなくなった華僑同士の結婚式

や，同郷会の会合など，来客数が100の単位で当日まで確定できない大きな会合で利用するには，南京町には立地しない第一楼や神仙閣など北幇山東人の経営する北京料理店でと相場が決まっていた。それは，山東人料理長やフロアチーフを頂点に，大人数のコックやスタッフを動かす命令系統がしっかりしているので，状況に合わせた対応が臨機応変にできると考えられているからである。400人くらいを予定していた宴会が500人になっても即応できる体制が，山東人の中国料理店には備わっていたのである。山東人のいわば「男子漢（男気）」気質が厨房やフロアでの統率秩序をもたらしたからであろう。

　川口の北幇華商のなかで，神戸進出の先駆けとなったのが，戦前に神海楼と東亜楼を開業した劉学増である。劉学増は1897年頃に広東系と福建系華商が大阪に見切りをつけて神戸に移ったのを契機に，大阪から神戸に拠点を移すことを考えたといわれている。神戸−大阪間には20世紀の初めには私鉄と国鉄（現JR）が開通していたし，大阪の北幇は，神阪中華会館や中華義荘（神戸市中心部の宇治野村から同市長田区瀧谷町に移転）の運営にも早くから参加していたため，大阪から神戸への人材のリクルートもたやすかった。こうして，大阪の北幇料理店の神戸への進出は続いた。1984年発行の兵庫県山東省同郷会誌に収録されている名簿97世帯の内訳を見ると，65世帯が料理業または調理師を生業としており，全体の67%となる。無職と職種不明を除いた有職者の中での割合を見ると，中国料理業界での就業は実に82%にのぼる[34]。1981年の大阪北幇公所の名簿（307世帯）から判断できる料理関係の割合64%，有職者中での割合77.6%より，神戸の山東幇の料理業界就業率が高い[35]。大阪華商ネットワーク経由で劉学増の神海楼から育ったのが，大神楼を創業した初代兵庫県山東省同郷会会長林福貴，神仙閣の梁信昌，東天閣の李孝先，第一楼の門兆鴻たちである。

　林福貴（1907-1996）は山東省棲霞県生まれ。13歳のときに大連に行き，泰華楼という店でしばらく奉公し，1923年頃にバイカル丸に乗って来日し，大阪で日本人が経営する広珍園で働いた。7年ほどホール係として働いたあと，劉学増が経営する神戸の神海楼に入った。そこで5年ほどフロア係として働いたあと，梁（コック）・劉（帳場）・林（フロア）の3人が共同で出資し，神仙閣（当時は元町穴門筋に立地）を創業した。林福貴は2年ほどして独立して神戸大丸の北側に大神楼を創業したが，戦災に遭い，1945年には南京町近くの栄町通日産ビル（現在の中国銀行）6階に移転した。1959年頃より姫路に新北京を川口行桟の流れを汲む華商王家の一人王万沐らと共同で開業している。ついで，1965年頃，神戸市の副都心計画に従い，神戸飯店を長田に開業した。1995年の阪神淡路大震災で栄町の大神楼は大きな被害を受けたため店をたたんだ。現在は長田の神戸飯店

を中心に，長男の林攸樹が事業を継承している[36]。林攸樹によると，出資者を集めての起業，料理人や店員のリクルート，韓国華僑を含めたその受け入れ，のいずれにおいても，大阪川口華商や山東人料理店のもととなる北幇ネットワークの関係は続いているという。ただし，新しい変化もある。最近では料理学校を出た日本人コックを採用することがならわしとなっているし，長田という土地柄を反映してか，勤勉なベトナム人を雇う傾向にもあるという。父林福貴は兵庫県山東同郷会の初代会長，林攸樹は兵庫県中華料理業生活衛生同業組合前理事長を務め，全国中華料理業組合との横のつながり強めつつ親子2代にわたり活躍している。劉学増とともに並び称される，大阪にルーツを持つ神戸の山東人中国料理店主の草分け的存在である。林親子のように，神戸で一時代を築いた山東人料理店といえば，先に挙げた東天閣の李孝先（東明閣・天安閣）や，遅立有一族（龍鳳・天京）などの進出が挙げられよう。

　戦後一時期の混乱が収まり，ようやく GHQ 占領軍が引き揚げたあとの復興が一段落した頃に，それぞれの華僑が心機一転を図った時期の様子を確認しておきたい。1954 年に発行された鴻山俊雄の『神戸と在留中国人』別冊「在神華僑各種機関団体業者名簿」に，神戸華僑が経営する西洋料理が 4，喫茶店が 11，バー24，ホテル 17 と並び，市内の中国料理店 72 のリストがまとめられている。72店のうち，隣接する葺合区と兵庫区に一つずつ立地するのを除くと，当時生田区内に存在していた 70 の中国料理店の詳細情報が記載されている。それらを丁目ごとにまとめたものが次の図 4-2 である。

　店名のあとに⑫，⑪，㋴，㋛，㋟とあるのは，それぞれ経営者が広東，山東，江蘇，浙江，台湾各省の出身者であることを示している[37]。72 店舗の内訳を見ると，日本人の経営はわずか 2 店，広東省出身者の経営なるものが 39 店（54.2%）と圧倒的に多数を占めているのがわかる。ただし，大型店舗となると，神海楼，大神楼，第一楼，東明閣，北京楼，東天閣など山東勢が目立つ。店舗数は少ないが，現在に至るも圧倒的な存在感を示している。横浜と神戸の居留地の違いを前述したが，この時点で旧居留地内に立地している神戸華僑の中国料理店は，わずか第一楼，東明閣の 2 店にすぎない。旧雑居地にこそ多くの華僑店舗が存在しているのである。

おわりに

　本章では，1859 年の開港以来，日本に移民してきた様々な出身地を持つ華僑という切り口から，中国料理の日本での定着過程を見てきた。時々の国際関係や

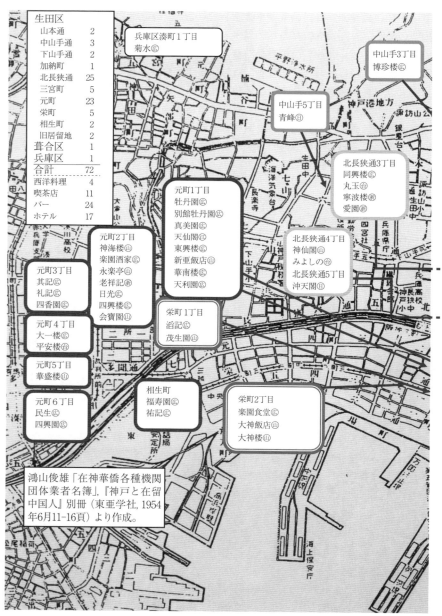

図4-2　1954（昭和29）年　在神華僑料理店一覧

114　第Ⅰ部　近現代日本の中国料理

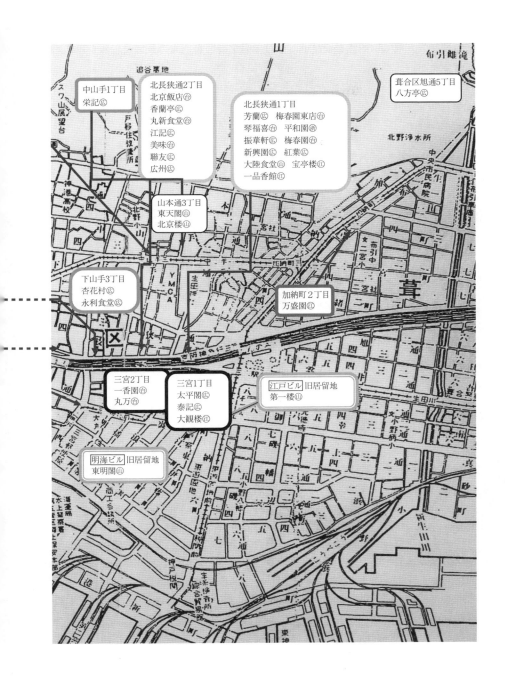

第4章 日本の華僑社会におけるいくつかの中国料理定着の流れ

国内情勢及び制度の影響を受けつつ，日本の華僑社会固有の地域別特色が形作られてきた。

　20世紀に入って最大の華僑集住地であった横浜と神戸では，それなりに在地の華僑社会の構造を反映する中国料理店が発展してきた。横浜居留地は当初は自治運営を目指したが，すぐにその維持が困難となって断念した。一方，当初より居留地内に居住できた清国人が山下町あたりに集中するようになり，職住一体型の中華街が形成された。広東人が大多数であった横浜では，日本社会に中国料理が受け入れられていくとともに，山下町には宴会にも対応できる大型の中国料理店が，貿易からの転業組を含めて出現し，発展した。1923年の関東大震災による壊滅的打撃がこの変化への拍車をかけた。戦後さらにその様相が顕然化する。

　居留地自治制度が定着した神戸では，居留地の北側と西側一帯に設定された，宇治川と旧生田川の間の雑居地に華僑が定着し，南京町は居留地に隣接した場所で，市場として発足した。横浜とは異なり，南京町が中国料理を主として提供する場として変化していくのは，1980年代初めの再開発（景観整備）以降のことである。神戸では中国料理店が旧居留地外の雑居地に広く分布した。旧雑居地部分を包含する1954年頃の神戸市生田区（現在の中央区は生田区と葺合区を合わせた領域を指す）に70店存在した華僑の中国料理店のうち，旧居留地に立地していたのは山東人が経営する大型の2店舗のみである。この2店舗以外にも，大型宴会が可能な店は，少数ではあるが山東人の経営になる。横浜や東京にはない特色である。出身地によって異なる気質や対応能力に基づく分業が見られる。つまり，広東人経営のものは家庭的な小規模の店が多く，山東人経営のものは多くの職人を従える大規模な店が主流である。話はそれるが，海外のチャイナタウンでは定番の広東人経営の「焼臘店」が日本の中華街では珍しいことも，丸ごとの鶏やアヒルを吊るす外観を嫌う日本社会に順応した結果なのかもしれない。

　1859年以降の開港初期に神戸や横浜の居留地と雑居地に形成された華僑社会をリードしたのは貿易商であった。20世紀初めには，日本の綿糸綿布など軽工業製品の輸出と大豆粕などの輸入で一躍華商貿易の勢力図を塗り替えたのが，朝鮮半島を含む中国東北方面への日本の勢力の伸長により機会を摑んだ，大阪の川口居留地に進出した山東や河北省出身者からなる北幇華商であった。小学校は川口にある北幇公所の中に設立されたが，中華義荘などの社会慈善事業は神阪中華会館として神戸の華僑組織とともに共同参画した。大阪では20世紀初期の頃には川口居留地の近くに府庁や市庁舎があり，川口は政治の中心でもあった。日本社会での中国料理の普及と定着とともに，大型店の需要も高まり，中国料理業界に進出する華僑が増加していった。その一部が神戸への進出を企て，神戸にも

徐々に北幇が経営する大型店舗が発展し，定着していったのである。それゆえに，神戸の山東人の中国料理業率は極めて高い。

　以上とは別の展開を見せたのが浙江寧波人を中心とする東京の中国料理店である。これまでの日本華僑社会に関する先行研究は神戸や横浜，長崎に偏り，東京や大阪，京都に関するものは極めて手薄であったといわざるを得ない。急増する清国人留学生の胃袋を満たすために，東京の神田や早稲田界隈などに家庭的な中国料理店が多く集積された。本論では主流社会における華僑による中国料理業の役割に注目し，民族マイノリティ内の需用を満たす「エスニックビジネス」の段階からマジョリティを対象とする「マイノリティビジネス」の段階にステップアップしたものとして捉えた。震災前と震災後の横浜中華街の変化，つまり日本人の出資からなる中国料理店が現れた段階を一つのパターンと捉えると，神田での小型中国料理の集積段階から，維新號のように，一部が大型店舗へと発展し，東京の異なる繁華街へと進出した一つのパターンを析出することができる。神戸では，浙江寧波人といえば呉錦堂に代表される一部貿易商人か，生地の輸入を含む洋服製造のテーラーが生業の主流である。しかしながら，東京の寧波人は中国料理店の店主が多く，その勢力は無視できない存在である[38]。1960 年 8 月に作成された，東京中華学校基金への寄付名簿には，個人と団体を合わせ，10 の寄付者についての今回及び過去の累積寄付額が載っているが，最新分 995 万円と過去分 3,441 万 9,000 円の，合わせて 4,436 万 9,000 円のうち，籍貫が浙江省の個人 4 人と寧波同郷だけで 3,744 万 4,000 円にあたる 84.4％が寄付されている[39]。

　最後に，本章では紙幅の関係上，改革開放以降の新華僑の流入がもたらした現在進行形の大きな変化については触れていないことを断っておく。

---

1) ツー ティモシー ユンフイ（Timothy Y. Tsu）「近代日本における西洋料理受容の「触媒」としての中国人料理人の役割について」，『国際学研究（*Journal of international studies*）』（関西学院大学）6 巻 1 号（2017 年 3 月），3-7 頁。

2) 肥田喜左衛門「玉泉寺領事館の献立」，『下田の歴史と史跡』下田開国博物館，1985 年，104-105 頁。

3) 横浜開港資料館編『横浜中華街 150 年──落地生根の歳月』横浜開港資料館，2009 年，20-21 頁。

4) 伊藤泉美『横浜華僑社会の形成と発展』山川出版社，2018 年，122-123 頁。

5) 同上，89，91 頁。

6) 青柳正俊「雑居地新潟に関する一考察──「外国人の居留地外居住問題」をめぐる展開」，『東北アジア研究』20 巻（2016 年 2 月），3 頁。

7) 小代薫「明治初期の神戸「内外人雑居地」における外国人による土地取得の推移と日

本人による都市整備過程——神戸開港場における内外人住民の自治活動と近代都市環境の形成に関する研究　その2」，『日本建築学会計画系論文集』79巻700号（2014年6月），1470-71頁。

8) 神戸外国人居留地研究会編『神戸と居留地——多文化共生都市の原像』神戸新聞総合出版センター，2005年，53-70頁。

9) 山脇啓三『近代日本と外国人労働者』明石書店，1994年，72頁，171頁。

10) さねとうけいしゅう『中国人　日本留学史』くろしお出版，1960年，61頁。

11) 中華会館『落地生根——神戸華僑と神阪中華会館の百年』研文出版社，2000年，398頁。横浜開港資料館（伊藤泉美執筆）『横浜中華街——開港から震災まで』横浜開港資料館，1994年，14頁。前者が挙げる在日中国人人口統計によると，1900年代に在日清国人人口がピークを迎えるのは1906年の1万2,425人。大阪と神戸を合わせると2,855人となる。後者が挙げる横浜在住者5,742人をも考慮に入れると，注10に引用した推定値の留学生8,000人は相当な数であったことがわかる。

12) 楊逸「楊逸が歩く「中華街」」，『東京人』26巻11号（2011年11月），24-25頁。「日本の漢陽楼に入る：周恩来で有名に」2011年7月25日チャイナネット（http://japanese.china.org.cn/politics/txt/2011-07/25/content_22828699.htm），2019年3月10日最終閲覧。鳥居高「もう一つの中華街・神田神保町」，『東方』370号（2011年12月），8-10頁。

13) 傅健興（新世界菜館・上海朝市・咸亨酒店社長）「神保町・中華街物語——明治以降の神保町の移り変わり」，『KANDAルネッサンス』86号（2008年6月），6-7頁。

14) 「維新號の歴史」（http://www.ishingo.co.jp/ayumi.html），2019年3月18日最終閲覧。

15) 同上。

16) 老祥記先代（故）曹穂生氏に対するインタビュー（神戸南京町老祥記2階ご自宅にて，2004年9月4日に開催されたシンポジウム「華僑・華人ネットワークの新世代」のために実施した聞き取り）より。

17) 呉信就氏は1936年生まれ。10歳で疎開先から母と南京町に戻ると，戦前父の精肉店で番頭をしていた人が戦後民生を始めていたというので，創業はその頃のこと。「南京町列伝」（https://www.nankinmachi.or.jp/about/retsuden/retsuden-01.php），2019年3月18日最終閲覧。

18) 陳來幸「陳徳仁——日中文化交流の橋渡し」，神戸華僑華人研究会編『神戸と華僑——この150年の歩み』神戸新聞総合出版センター，2004年，99-118頁。

19) 2013年8月19日，陳正雄氏に対するインタビュー（京都大学東南アジア地域研究研究所貴志俊彦研究室にて）。

20) 「京ものがたり　高華吉が生んだあっさり中華」，『朝日新聞』2015年6月2日（夕刊）4頁。

21) 陳正雄「京都の華僑」，神戸華僑華人研究会編（前掲）『神戸と華僑』，193，207頁。

22) 中華会館編（前掲）『落地生根』，398頁。

23) 大塚秀明「戦前日本における中国料理の受容について」，『日中文学文化研究』4号（2015年），5頁。1913年から1945年までの33年間に出された44冊の中国料理本のうち，25冊が1922年から1930年の9年間に出版されている。

24) 南廣子・舟橋由美「日本の家庭における中国料理の受容」,『名古屋女子大学紀要 家政・自然編』50 号（2004 年 3 月）, 91 頁。

25) 伊藤泉美（前掲）『横浜華僑社会の形成と発展』, 218 頁。

26) 西口忠「川口華商の形成」, 堀田暁生・西口忠編『大阪川口居留地の研究』思文閣出版, 1995 年, 113-115 頁。

27) 『事変下の川口華商』大阪市産業部貿易課, 1939 年, 1-3 頁。鴻山俊雄『神戸大阪の華僑』華僑問題研究所, 1979 年, 155-164 頁。

28) 西口忠（前掲）「川口華商の形成」, 堀田暁生・西口忠編『大阪川口居留地の研究』, 105 頁。

29) 前掲『事変下の川口華商』, 14-16 頁。

30) 華僑志編纂委員会編『華僑志——日本』華僑志編纂委員会, 1965 年, 152-154 頁。この統計は, 業種別店舗数 3,818 軒とは別に, 学生 2,768, 無職 3,161, 医師 143 等を含む 6,832 人が算出されており, 統計として不完全である。しかし, 一定の傾向を示していると判断されるため, ここに引用した。

31) 「駐横浜総領事館区内中国餐館之店名及地址」（中央研究院近代史研究所檔案館外交部資料, 11-01-02-18-1-037, 「駐横浜総領事館僑務」, 274 頁）。

32) 許淑真「大阪の華僑」, 神戸華僑華人研究会編（前掲）『神戸と華僑』, 185 頁。

33) 大阪川口 63 番館の軌跡製作委員会『大阪川口 63 番館の軌跡』, 2018 年。前節で紹介した 13 社の行桟のうち 4 社（徳順和・泰東洋行・徳順泰・振祥永）が, いずれも山東省牟平県林家瞳出身の王家の経営になる。今回この冊子作成の中心的役割を担ったのが, 泰東洋行王岐山の子王万沫のその子の代にあたる王世鐘氏。その兄世鈞氏や萬集楼孔家一族, 郭世傑氏ご兄弟姉妹, 王天儀氏とは何度か会合をもち貴重な話をうかがえた。記して感謝の意を表したい。

34) 『兵庫県山東省同郷会創立記念刊』兵庫県山東省同郷会, 1984 年, 42-50 頁。

35) 社団法人大阪中華北帮公所第九届理事会編『'81 会員名簿』社団法人大阪中華北帮公所, 1981 年による。

36) 2019 年 2 月 15 日に行った, 林攸樹氏に対する聞き取り調査（神戸市長田区の神戸飯店）による。

37) ⑪とある 2 店については, 華僑に（例えば親族）関係があるということで記載されているのかどうかについての説明はないので不明である（鴻山俊雄「在神華僑各種機関団体業者名簿」,『神戸と在留中国人』別冊, 東亜学社, 1954 年, 11-16 頁）。

38) 陳來幸「1950 年代冷戦影響下的横浜中華学校與東京中華学校」,『戴國煇國際學術研討會論文集』台北, 文訊雜志社, 2011 年, 101 頁。

39) 「東京中華学校基金認捐人名單」（中央研究院近代史研究所檔案館外交部資料, 11-EAP-02124, 「東京中華学校」ファイル, 307 頁）。

第5章
京都の中国料理——伝統の創造と料理の帰属

岩間一弘

はじめに

　京都はしばしば，中国料理店が多い街だといわれる。実際には，日本の他の都市に比べてとくに店舗数が多いというわけではないのだが[1]，京都の日本的な街並みのなかで，中国料理店が一際目立ちやすく人目を引くのである。中国料理はなぜ京都の人々に愛されてきたのか？　京都では中国料理がどのような思いをもって作られ，食べられているのか？　京都という和食（日本料理）の中心地でも，いくつかの中国料理店が長い歴史を有し，ユニークな発展をとげているのはなぜだろうか？　そして，京都の老舗[2]の中国料理店にとって，「伝統」とはいかなるものなのだろうか？

　「京料理」という言葉が「京都料理」に代わって使われ始めて，日本全国で知られるようになったのは意外に遅く，1950年代のことと考えられている[3]。その「京料理」の陰に隠れてこれまで脚光を浴びなかった京都の中国料理は，2012年に出版された姜尚美氏の『京都の中華』（大阪，京阪神エルマガジン社）によって新たな魅力が発掘されてから，メディアでしばしば取り上げられるようになり[4]，今まさに全国的な認知を獲得しつつある（図5-1）。

　『京都の中華』の要点をいくつかかいつまんで

図5-1　東京・戸越銀座商店街の「京都鳳焼売」
2018年12月開店。「京野菜の九条ネギ」「甘みのある淡路島の玉葱」などを使用。「鳳舞系」（後述）の系譜を継いでいるという。2個から持ち帰り・食べ歩きができ，休日には行列もできる。
（2019年4月20日，筆者撮影）

挙げると，「京都の中華」は，お座敷に「におい」を持ちこむことが嫌われる祇園の花街などで育ったこともあって，にんにく，油（ラード），強い香辛料を控えてあっさりしているのが特色とされる。姜尚美氏によれば，「京都の中華」は，和食にはない「ほんのすこしの無礼講」を求める人々が，にんにくの「香り」，油の「こうばしさ」，強い火力で知る「素材の味」を味わうものであるという[5]。また，ハマムラ株式会社会長の弓倉和夫氏によれば，京都で接待といえば日本料亭であるので，宴会料理としての中国料理はあまり育たず，中国料理店は家族連れの客が中心なこぢんまりした店が多いのだという[6]。そして，菊乃井主人の村田吉弘氏によれば，「京都の中華」は，利尻昆布などでとるだしが中心なこと，個食に近いことなどが「京料理的」であるといえ，格好つけずに日常茶飯に食べる「洋食」（フランス料理ではない）と同じ位置にあるという[7]。こうした「京都の中華」は，京都にやってきた華人コック[8]から見れば「郷に入り郷で生きる融合の味」[9]，京都の地元の人々から見れば「異文化取り込む　包容の味」[10]と称されることになる。

　ところで私は，中国料理を通して世界史を見渡そうとする東京の歴史研究者にすぎない。だから，京都の地元の人々が「京都の中華」に感じる「やっぱりあるよね，この感じ」[11]を「ソウルフード感覚」と呼ぶとしたら，京都の「ソウル」を体得して言語化するようなことは難しい。それにもかかわらず拙文を執筆したいのは，第一に，京都の老舗中国料理店の何人かの方々に，親しくお付き合いいただける機会に恵まれたからである。第二に，京都の中国料理は，京都の地元の人々と外からやってきた人々（料理人や顧客など）との間の相互作用によって形成されてきたと考えられるからである。そして第三に，京都の中国料理がおよそ一世紀の歩みを経た現在，その歴史をいかに解釈して「伝統」を構築していくのかが課題になってきている。そのことは京都だけに限らず，日本各都市・世界各国の中国料理に共通する課題とも考えられるからである。すなわち，「伝統」というものが価値を有する日本の古都・京都は，中国国外に伝播した中国料理がホストカントリーにおいて「伝統」をいかに創造していくか，その過程をわかりやすく示してくれるだろう。

　そこで本章ではまず，京都の老舗中国料理店に関する歴史物語を「伝統の創造」[12]という観点から読み直したい。本章はどちらかといえば，京都庶民に親しまれる街中のアットホームな中華料理屋よりも，中・高級，中・大型の宴会料理店にスポットを当てることになる。そうすると，京都の中国料理には，今日までに注目されるようになった二大系譜「鳳舞系」「盛京亭系」のほかにもう一つ老舗の系譜があること，すなわち「桃園亭」や「東華菜館」などの「山東（北京）

122　第Ⅰ部　近現代日本の中国料理

系」があることに気づかされる。さらに，同じ京都の中国料理でも「伝統の創造」には多様な方向性があること，その結果として「料理の帰属」に関しても柔軟な解釈をする余地があることを明らかにしたい。言い換えれば，京都の中国料理が，日本と中国，京都と北京，広東と山東といった，国や地域の食文化とどのように結びつけられているのかを見ていこう。

1　京都における老舗中国料理店の系譜

京都における中国料理店の登場

　長崎では，1635年に鎖国政策が実施されてからも，中国・オランダとの貿易が続けられていたので，「卓袱料理」と呼ばれる国際色豊かな郷土料理が育まれた。その代表的なメニューが，「豚の角煮」である[13]。そして，卓袱料理の精進版が，「普茶料理」といえる。1654年，福建省福清より長崎に来港した隠元禅師が，1661年，徳川家綱より賜った山城国宇治郡の寺地に黄檗宗萬福寺を建立して，そこで中国風の精進料理である普茶料理を伝えた。さらに江戸後期までには，卓袱・普茶料理の形式を取りながらも，その内容が日本料理で構成された「略式」という和中折衷様式も生まれていた[14]。卓袱料理が，江戸時代に長崎→上方（京都・大阪）→江戸へと伝わったが，明治初年には長崎に残るだけになったのに対して[15]，普茶料理は，黄檗宗の寺院とともに全国に広がり，明治以降にも残った。

　続いて，明治以降の華人の来訪とともに，日本における中国料理の新たな歴史が始まった。長崎・神戸・横浜・函館などの華人の出身地は，華南（広東・福建）が中心であった。他方，大阪にやってくる華人は，1867年から1881年までが華南（広東・福建），1882年から1894年までが華中（上海など），1895年以降が華北（山東など）の出身者が多くなり，移り変わりがあった[16]。

　神戸については，中国料理店の歴史もある程度明らかになっている。確認できる範囲で神戸最古の中国料理店は，1892年頃に南京町の栄町通に開業した広東料理店「杏香樓」である。また，1897年頃には大阪から神戸に移ってきた劉学増が，海岸通りに北京料理店「神海樓」を開いた。神戸では明治末頃までに広東料理の「第一樓」（1912年創業）をはじめ10軒以上の中国料理店ができており，大正期には一般の日本人も中国料理をよく食べるようになり，昭和初期までには日本人経営の中国料理店も増えた[17]。

　しかし，開港地以外の京都などに華人が進出したのは，1899年に内地雑居令が公布されてからのことであり，神戸・大阪よりも30年ほど遅れた。外国人は旅行者でさえも京都に入るには旅行免状のほかに入京免状が必要とされていた。

第5章　京都の中国料理　123

1899 年以降に神戸や大阪などから京都に華人が移住して，さらに京都の多くの人々に華人の理髪業や料理業が受け入れられるまでには，一定の時間を要した[18]。

　それゆえ，京都で最初の中国料理店は，1924年創業の「支那料理ハマムラ」（以下，「ハマムラ」）であるとされている[19]。とはいえ，同じ頃までには後述の桃園亭を含めて，何軒か中国料理店が開かれているようであり，1899 年から 1924 年まで四半世紀にわたって京都に中国料理店がなかったとは考えづらい。京都においても，華人たちが出身地方の組織（「幇」）ごとに各業界を取り仕切って，親分・子分や師弟の関係が出来上がっていた。そして，華人の中で最多の福建出身者はおもに行商や理髪を担い，料理はおもに広東と山東の出身者が担った[20]。広東・山東華人がいつから京都で中国料理店を開いていたのかは，正確にはわからない。他方，ハマムラは，営業を拡大し後継店が存続しているために，店の歴史が今日に正確に伝わっているのである。

　例えば，『同志社新聞』をみると，1927 年（11 月 18 日 4 頁）には「中華高等御料理　福盛樓」（今出川通寺町東入北側），1929 年（2 月 1 日 3 頁）には「支那純粋中華北平料理　桃五華」[21]（同志社中学前，撞球ムツミ倶楽部の裏）の広告が掲載されている。1920 年代後半には，京都でも高級中国料理店が珍しくなかったことにくわえて，中国人留学生を含めた同志社関係者がモダンな食事場所として中国料理店を利用したことがうかがえる。

　1933 年の京都では，電話帳に掲載されるほど大きな中国料理店が，「一品香井上五郎兵衞」「對山閣　増田彌三郎」「天仙倶楽部　上田永造」「桃園亭　王學慶」「桃花園」「ハマムラ本店　濱村保三」「ハマムラ支店　濱村保三」の 7 軒ほどあった[22]。むろんこのほかにも街の小さな中華食堂が多くあったと考えられるが，代表的な大型店の 7 軒のうち 5 軒以上が，華人ではなく日本人の経営する店であった点が特徴的である。また電話帳では，一品香は「北支那料理」とあり，そのほかの 6 店は「支那料理（業）」とだけ表記されている[23]。後述の桃園亭も北京（山東）料理であったことを考えると，京都ではハマムラなどの広東料理のほかに，北京料理が盛んだったようである。ちなみに，1956 年 10 月の『京都新聞』では下村泰介が，「京の中華料理はおおむね北京風である」とまで述べている[24]。

高華吉とハマムラの広東料理

　さて今日，しばしば京都の中国料理の創始者として語られるのは，高華吉（？-1979 年）である。高華吉は広東省出身，19 歳で日本に渡り，長崎・神戸を経て，1920 年代に京都へやってきて，1924 年に京都で開店した中国料理店「支那料理

124　第 I 部　近現代日本の中国料理

ハマムラ」（縄手本店自体は1940年代に閉店したが，他にも多くの店舗が開店されて現在に至る）で働き始めた。ハマムラの創業者である濱村保三は，サーカス団を率いる父を手伝って18歳で渡欧したが，第一次世界大戦で日本とドイツが敵対国となって帰国を余儀なくされ，1918年に京都に戻った。そして，ヨーロッパのどの国にもあったチャイナタウンで食べた中国料理の店を京都でやってみようと思いたち，祇園でハマムラを開店した。

　濱村保三は，数々のユニークな方法で中国料理店を宣伝する。例えば，店のロゴマークとして，立命館の大学生が考えた「ハマムラ」の4文字で中国人の横顔を描くデザインを採用し，それは京都で一番有名な横顔となった。また，口コミも必要と考えて，祇園中の舞妓・芸妓を店に呼ぶ「総揚げ」をした。ほかに，飛行機で空からビラをまいたこともあったという。そして，最初の本格的な中国人料理長として，高華吉を招いたのである。濱村保三の孫であるハマムラ株式会社会長の弓倉和夫氏によれば，高華吉は，和食の街である祇園でやっていくために，中国料理を京都風にアレンジするのに相当苦労したという[25]。

　このように京都の中国料理の歴史は，高華吉とハマムラを抜きにして語ることができないが，他方でそれらの「伝説化」には一定の留保が必要である。例えば，『朝日新聞』（2015年6月2日）は，高華吉が「大正時代に来日し，京都初の中華料理店『支那料理ハマムラ』で料理長を務めた。京都人好みのあっさり中華を生み出し，一大系譜をつくった」と評している[26]。しかし，ハマムラ以前にも桃園亭（後述）など，京都には中国料理店が何軒かあった可能性が高い。そしてハマムラには，高華吉以前にも，中国人の料理人がやって来ていた[27]。さらにいえば，かつて高華吉の下で働いたことのあるコックのなかには，高は来日当初には塗装店で働いて，その後に神戸で料理を学んだのであり，何か特別の料理ができるというわけではなく，高華吉の広東料理がとりわけ京都らしいというわけでもなく，それゆえ高が必ずしも京都風のアレンジに最も熱心な腕利き料理人というわけではなかった，という手厳しい見方をする者までいる。したがって，高華吉とハマムラが「京都人好みのあっさりした中華を生み出し」，高は「京都の中華の元祖みたいな人」[28]と容易に断言はできない。

　ハマムラに関しては，1920-30年代の創業当初のものと思われるメニューが残されている（図5-2）。創業者の濱村保三は証券会社も経営し，欧州帰りの洋食派で，ハマムラもミルクホールをかねていた時期があったことという[29]。そのためメニューの3分の1は，スープ・エビフライ・フライドフィッシュ・オムレツ・ハムエッグ・上等ビフテキに始まる洋食が占めている。そして，前述のように当時のハマムラは「広東料理」ではなく「支那料理」を掲げており，全メニューの

第5章　京都の中国料理　125

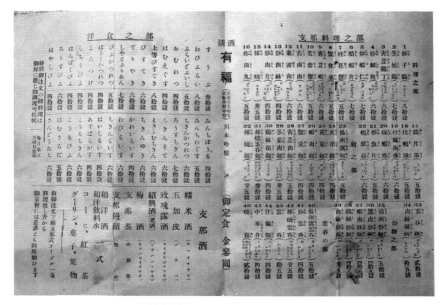

図 5-2 ハマムラのメニュー
料理名の振り仮名は広東語の発音に基づいている。おそらく創業当初のもので，中国酒・日本酒も豊富に揃う。（弓倉和夫氏提供）

半分を占めた「支那料理」は，「天津麺（たまごやき入りそば）」，「廣東麺（にくやさいそば）」など，中国の各地方を連想させる品々が取りそろえられていた。料理名に付けられた地名で一番多いのは「揚州」であり，それは「五目」（種々のものが入りまじっていること）を意味していて，例えば「揚州窩麺（ごもくそば）」「揚州炒麺（ごもくやきそば）」「揚州窩雲呑（ごもくわんたん）」があった。

ちなみに，「支那料理ハマムラ」のメニューは「ハマムラ河原町店」（1937-2014年）に受け継がれ，さらにその後継の「京都中華ハマムラ」（2014年開店）は2018年現在，「広東麺」，「天津麺」，「揚州窩麺」（ちゃんぽんめん），「揚州炒麺」（揚げやきそばかやくあんかけ），「焼売」，「青豆鶏了」（とり肉とグリーンピースの炒めもの），「炸肉丸」（肉団子の甘酢あんかけ），「炸肉絲」（もやしと細切り肉の炒めもの）といった戦前の「支那料理ハマムラ」のメニューに掲載されている料理を出している。

第二次世界大戦後，濱村保三はダンスホール・ゴルフ場も手がけ，ハマムラ河原町店のほかに，料理旅館であるハマムラ岡崎店（1947-1958年），蛸薬師本店

126　第Ⅰ部　近現代日本の中国料理

（1947 年頃-1970 年代）を経営した[30]。終戦直後には，京都にも連合軍が進駐し，京都植物園が接収されて 1957 年まで米軍家族の住宅地となっていた。この時期には京都でも，進駐軍関係者が中国料理店の重要な顧客になっていた[31]。ほかにもハマムラの得意先には，第二次世界大戦後には国鉄幹部，朝鮮戦争後にはアメリカ人富裕層の観光客などがあったという[32]。1964 年版の『京都味覚地図』（創元社）によれば，ハマムラの蛸薬師本店は，「純日本のムードのなかで味わう中華料理」，「すべてが日本風，京風である」，「ここの料理は広東料理である」という[33]。戦後に賑わったハマムラの料理旅館は，洋風ではなく京都風，「支那料理」ではなく広東料理を強調して，アメリカ及び日本全国からの観光客に人気を博したのである。そして 1949 年に法人化された「株式会社ホテル濱村」，1974年に改称された「ハマムラ株式会社」が，京都駅周辺などで何店かのハマムラを営業し続けている。

　一方，高華吉はハマムラから独立し，1936 年頃に「飛雲」，1951 年頃に「第一樓」，1967 年頃に「鳳舞」を開店した[34]。飛雲は，料亭のような京都風の建物で，中も畳の部屋がほとんど，料理も淡泊で薄味であった。谷崎潤一郎（1886-1965年）が贔屓にしたことで知られ，1965 年 5 月に谷崎潤一郎が家族で最後に京都に来たときにも飛雲を訪れた。クラゲやピータン，燕の巣のスープ，フカヒレ，東坡肉などの好物をよく食べていたという[35]。確認すべきことに，中国趣味でも知られた谷崎が京都で好んで食べていた中国料理は，近年注目される「京風中華」の庶民料理というよりは，オーソドックスな高級宴会料理であったようである。

　また，第一樓は 1964 年版の『京都味覚地図』に代表的な「広東料理」として紹介されており，とくに焼売と炒飯がほめられている[36]。2009 年には最後まで残っていた「鳳舞」も閉店したが，「鳳舞系」などと呼ばれる高華吉の弟子たちの店が，高華吉の広東料理を受け継いでいる。「鳳泉」をはじめとする「鳳舞系」の店に共通する特徴は，鶏ガラと昆布でとった独特の出汁，薄味，シンプルな盛り付け，数を絞ったお品書きであるとされる[37]。これらは京都の街中の小店舗で洗練されたスタイルであるといえる。

　そのほかに，京都では広東料理の大型店はほとんどなかったが，1960 年代には「白鳳」という香港スタイルの大型広東料理店が，御所西側の烏丸通り沿いにできて約 10 年続いた。白鳳には，神戸などから広東料理のコックが集められ，生バンドが入って香港や台湾から歌手を招き，まだ売れる前の欧陽菲菲（1949 年に台湾で生まれ，1967 年に歌手デビュー）も歌っていたという[38]。

盛京亭の北京料理

　姜尚美氏の『京都の中華』において，広東料理ベースの「鳳舞系」と並ぶ京都の中国料理の二大系譜に位置づけられているのが，北京料理ベースの「盛京亭系」である。盛京亭の創業者・上田（旧姓・茂木）安三郎（1912-1986 年）は，戦前東京の盛京亭で約 20 年間修業し，日中戦争で中国・山東省に炊事兵として従軍し，終戦後に京都へ来て銀閣寺近くで旅館をやっていた上田家に養子として入り，1951 年に祇園・四条通の路地裏に盛京亭を構えた。その年に生まれた 2 代目の上田隆雄氏は，高校 3 年の頃から店を手伝い，6 年間かけて立命館大学法学部を卒業した後，本格的に調理場に立つようになった[39]。

　時代小説家の池波正太郎（1923-1990 年）は，エッセイ「むかしの味」を 1981 年から『小説新潮』に連載し，1984 年に新潮社から刊行しているが，そこで盛京亭を「日本風中華」として次のように書いている。すなわち，「この店は戦後に出来たのだが，25，6 年前に，はじめて，ぶらりと入ったとき，祇園の芸妓が〔おちょぼ〕を連れ，炒飯を食べていた」，「このような場所柄，盛京亭の中華料理は，いかにも日本人の舌に似合う味だ。八宝絲と称する冷前菜，春巻，酢豚，やきそば，炒飯など，何を食べても旨い」[40]。

　池波正太郎が真っ先に挙げた「八宝絲」は，タケノコ・ニンジン・しいたけを細切りにして湯がいて水分を切り，豚肉・しょうが・ネギを細切りにして塩をかけてごま油で炒め，きゅうりを細切りにしてさっと炒め，これらをまぜるという，手間のかかった冷菜である[41]。戦前に上田（茂木）安三郎が修業した東京の盛京亭の店主・篠原呂市は，1939 年に『北京料理の話』を公刊しており，「家庭で出来る北京料理の作り方」の最初で八宝絲を紹介しているが，そこでは揚げた鶏肉と，細く切った奈良漬けが使われている[42]。京都の盛京亭の八宝絲は，初代安三郎のときにもあったが，それを完成させたのは 2 代目の隆雄氏であるという[43]。戦前東京の「北京料理」が，戦後に改良されて「京都の中華」を代表する一品となったのである。そして八宝絲のほかに，かやくごはん風の「焼飯」（具を先に炊いて味つけしてある），一人前盛り，割烹風カウンターなどのスタイルが，盛京亭出身の主人が営む「盛華亭」（1982 年-）や八楽（2002 年-）でも採用されている[44]。

　確認すべきことに，盛京亭及び「盛京亭系」の北京料理は，京都に定着した「本格中華ならぬ風変わりな和風中華」であり，盛京亭の上田隆雄氏もそれで充分だと思っているという[45]。ちなみに盛京亭は，祇園・四条通の繁華街からほど近いところにあるために，今や古くからの常連よりも，観光客や予約・紹介なしの客のほうが多い[46]。実は盛京亭は後述する東華菜館の本店のすぐ近くにあるのだが，鴨川河畔・四条大橋のたもとに一際目立つ洋館で「本格的北京料理」[47]を

出す東華菜館のほうは，地元の人々の宴会需要が中心である．細くてわかりづらい路地の先の小さなお店で北京料理を基とする「和風中華」を出す盛京亭のほうに観光客が足を向けることは，京都の中国料理のあり方を考える上で興味深い．

2　京都の北京料理

桃園亭

　桃園亭の5代目店主，株式会社長城社長の王杲（一博）氏が伝え聞いたところによれば[48]，山東出身の祖父・王澤文（1897-1982年）が，1914（大正3）年頃に17歳で来日して，大阪・寝屋川に住み，第一次世界大戦後の1920（大正9）年，京都・寺町に麺・饅頭・炒飯など簡単な中国料理を出す食堂を開いたという．残念ながら桃園亭の創業年を証明できる文献等は残されていないが，桃園亭が京都で現存するなかで最も老舗の中国料理店である可能性が高い（図5-3）．ただし，桃園亭の創業時には，京都にはすでに数軒の中国料理店があったともいう．桃園亭は，3人の友人で開いた店なので，『三国志演義』の「桃園の誓い」の故事から「桃園亭」と命名された．1929年（2月15日4頁）の『同志社新聞』には，寺町四条の桃園亭の広告が掲載されている．

　桃園亭は，昭和十何年かに寺町四条の小さな店舗から，河原町の3階建ての建

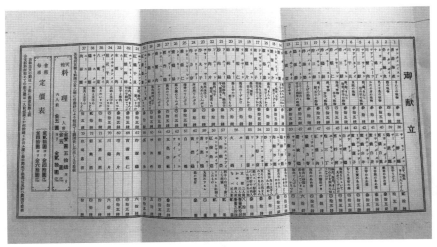

図5-3　桃園亭のメニュー
料理名のルビは北京（山東）語の発音に基づいている．おそらく創業当初のもの．（王杲氏提供）

物（現在の桃園亭の場所）に移動したという。その頃までに「純北京料理」を標榜し，それは2010年に「中国料理　桃園亭」と改称するまで続いた。桃園亭の代表的なメニューは，鯉の甘酢あんかけや北京春巻き（卵皮）などであった。とくに第二次世界大戦後には店が繁盛し，「饅頭で嫁がもらえる」というほどであったという。

　ところで，関西の北京（山東）料理店，例えば，大阪の大成閣（後述），神戸の神戸飯店（1936年創業の「大神樓」の後継店として1965年に創業），京都の桃園亭・東華飯店などでは，1960-70年代頃から1990年代初めにバブル景気が崩壊するまで，在日朝鮮・韓国人の結婚披露宴が頻繁に開かれた。在日朝鮮・韓国人の結婚披露宴は，参加人数の当日の大幅変更に対応できないなどの理由でホテルには断わられたが，桃園亭などは円卓・大皿の料理なので人数変更が可能だったこともあって受け入れた。桃園亭では，京都のパチンコ屋の社長子息の結婚披露宴で，300人の予約が550人の来客になったこともあった。当時結婚した京都の在日朝鮮・韓国人のほとんどは桃園亭か東華菜館で披露宴を挙げたといえるほどであった。桃園亭と東華菜館は，どちらかを在日朝鮮人（総連）がよく使うと，もう片方を在日韓国人（民団）がよく使うようになるという関係にあった。

　そして桃園亭・東華菜館は，披露宴用のおめでたい料理として，鯉の甘酢あんかけを出した。中国では外だけ揚げて中は白身を残すのが一般的だが，日本人や在日朝鮮・韓国人には二度揚げして骨まで食べられるほうが人気になった。桃園亭と東華菜館は，コックの行き来があり，同じ料理も多かった。他方，前菜などを大皿で出す桃園亭・東華菜館と，料理を一人一人に小皿で出すホテルの中国料理店の間では，コックの行き交いがあまりないという。桃園亭のコックは，もともと山東人ばかりであったが，1970年代くらいまでに山東人に料理を習った日本人が中心になる。その頃に「京都に合わせた料理」に変えたのだが，ちょうど在日朝鮮・韓国人の宴会が多くなる時期に当たり，彼らには京都風の薄味が受けなかったことから，元の中国（山東）の味に戻したことがあった。北京料理は「塩辛い」，広東料理は「甘い」「薄い」のが特徴で（この点は後述の東華菜館と意見が異なる），京都の人々もそのように区別しているという。ちなみに，シューマイは広東のものであるから，「純北京料理」と称していた桃園亭では出していなかったが，2010年に「中国料理」に改称してから出すようになった（後述の東華菜館では現在でも出されない）。

　「純北京料理」と称した桃園亭は東華菜館とともに，庶民向けの食堂ではなく，「宮廷料理」のようなフルコースで宴会のできる高級料理店をイメージしていた。桃園亭は，鯉の甘酢あんかけや北京ダック，さらに伊勢エビ・アワビ・フカヒ

レ・ナマコ・貝柱・熊の手などの食材によって，庶民料理と差別化して高級化を図っていたという。ただし，在日朝鮮・韓国人の宴会が多かった時期の桃園亭や東華菜館を，必ずしも京都の最高級店とは思わなかった人々もいたようである。

また，野菜や海鮮は京都および日本のものが中心だが，八角・山椒・唐辛子などの香辛料，黒酢などの調味料，北京ダックのアヒル（日本のアヒルでは脂が出ないという）などは，中国産を仕入れている。桃園亭が，料理や店を京都風に演出しているということはない。例えば，大阪・心斎橋の「大成閣」（1940年に来日した于学成が「蓬萊閣」（1953年創業）に続いて1957年に創業）とは祖父の代からの知り合いで，料理内容や味が近いという。

東華菜館

東華菜館の創業者・于永善（1901-1983年）は[49]，山東省・煙台に生まれ，大連の店で山東料理を修業した後，1930年頃に来日した。来日後には会社勤めをして資金を貯め，その後京都で小さな中国料理店を始めた。于永善は日中戦争期にもずっと京都に留まったので，于家には創業者の苦労話が数多く伝わっている。店がヤクザのような連中に襲われることもあったそうが，于永善は地元の警察・政治家・住民と良好な関係を築くことを心がけ，施設に入った孤児たちを料理店に招待するなど，社会貢献にも精を出していたという[50]。

四条大橋のたもとにある東華菜館本店は，1926年に落成されたスパニッシュ・バロックの洋館である。1924年に西洋料理店「矢尾政」の二代目店主・浅井安次郎が，ビアホール・ブームのなかで新しいビアレストランをイメージして，アメリカ生まれの建築家ウィリアム・メレル・ウォーリズ（1880-1964年）に依頼して建てたものである[51]。第二次世界大戦末期までに，浅井は西洋料理店の営業を続けられなくなっていた。そして終戦直後の1945年末，まだ日本人の飲食店経営が認められていない時期に，于永善が以前から親交のあった浅井からその洋館を購入して，東華菜館の営業を始めた。

東華菜館では，原材料を神戸・大阪の山東華人の仲間からまとめ買いしていた。創業当初，山東華人は山東方言しか話せず，山東以外の出身者とは付き合いがとても少なかった。それゆえ，大阪の北幇公所を介した付き合いが，現在に至るまで続いているという。北幇公所（現在は一般社団法人大阪中華北幇公所）は，日清戦争後の1895年に大阪市の川口町外国人居留地に在住する中国山東省籍の貿易商が「大清北洋商業会議所」として組織したのが始まりである[52]。

東華菜館の創業は，順調な滑り出しとはならなかった。1945年末の開店からわずか半年後に于永善が結核にかかり，その後10年近くも入院することになっ

た。その間に一時経営が混乱し，結局，于永善が退院後に持家などを売って店を立て直すことを余儀なくされたという。その後，1956年5-7月には，女形の京劇俳優として名高い梅蘭芳の一行が，周恩来の指示によって訪日京劇団の団長となり，当時国交のなかった日本を訪れた。京都・四条の南座で公演を行った梅蘭芳一行は，近くの東華菜館で食事をしたという。その当時は，華人のなかで大陸（共産党）派と台湾（国民党）派の間に軋轢が生まれており，客もいずれかの側の店にしか行かないなど影響が出ることがあった。しかし，東華菜館はビジネスが政治色を出してはいけないと考えて，両派ともうまく付き合うようにしてきた。

　創業者の于永善と2代目の于純政氏（1946年生まれ）は，もともと中華民国（台湾）国籍であったが，日中国交正常化の後，中華人民共和国（大陸）に国籍を変えた。本籍地の山東が共産党政府に変わり，日本との国交関係も変わったので，パスポートも変えることになったのである。3代目の于修忠氏（1971年生まれ）も，国籍は中華人民共和国であり，日本では選挙権がない分，バランスをとって様々な方々と付き合ってこられたという。東華菜館の顧客には，大陸派・台湾派の双方がいた。さらに，麻雀をするときは大陸派・台湾派を超えて仲がよかったので，東華菜館は山東華人に麻雀の席を提供して，様々な立場の人々が集まれるように工夫していた。

　東華菜館は，地域・業界そして医師などの間に「後援会」（応援する会）ができて，現在でもそれぞれの後援会が年に2回程度の食事会を行っている。政治家のなかにも，永末英一（1918-94年。東京帝国大学卒業後，南満州鉄道勤務を経て，海軍短期現役主計科士官として出征。1963年から衆議院議員，民社党委員長などを歴任）のように，東華菜館の常連客がいたという。近年でも日中関係が悪化すると，公官庁などの会合がキャンセルになることがあった。また，日中関係について顧客にいろいろと言われることもあるが，本当に嫌な人は店に来ないので，言ってくれる人はむしろありがたいとも考えているという。

　東華菜館のコックの来歴についてもみておこう。創業当初には于永善のほかにも，山東料理の「伝統的な技術」を継承したコックが，戦前から日本にいた者，そして終戦後すぐに中国から招いた者など多数いた。1970年の大阪万博の頃，韓国では華人経営の中国料理店が没落し始めていた一方，日本の中国料理店では人手不足が起こっていた。韓国華人はほとんどが山東出身であったので，彼らは一度台湾（中華民国）に行って，そこでビザを獲得して来日し，大阪・神戸・京都などの山東華人が経営する中国料理店のコック不足を解消した。韓国華人は，東華菜館にも確かに来ていたという[53]。ただし，韓国華人は台湾（中華民国）のパスポートであるため，実際には韓国から来ていても台湾から来ていることに

132　第Ⅰ部　近現代日本の中国料理

なっており，また日本の外国人政策によって一定期間で日本を離れる必要が生じた（序章参照）。

これらの華人コックたちから山東料理の技術を学んだ日本人コックが，近年に引退するまで，東華菜館の味を守ってきた。東華菜館の厨房の公用語はもともと中国語であったが，一時は日本語ばかりになり，近年は再び中国語が盛り返してきている。2018年現在，東華菜館本店のコックは，日本人・華人・中国人がそれぞれ5人ずつで，バランスがとれている。しかし，中国料理のコックになろうとする日本人の若者がなかなか現れないのが最大の課題になっているという。

御池飯店
桃園亭・東華菜館とともに，京都の北京（山東）料理の歴史を知る上で欠かせない店に，御池飯店（1962-1971年）及び四條飯店（1962-1972年）がある[54]。これらの大型高級店は，山東華人ではなく日本人が早期に本格的な北京（山東）料理店を創業した数少ない例として重要であり，また帝国日本の中国大陸への伸張が戦後日本に中国料理の普及をもたらした好例ともいえる。

創業者の木下彌三郎（1894-1987年）は，滋賀県の神崎郡能登川町（現・東近江市）出身の「近江商人」であり，第二次世界大戦前・戦中に東アジアと深い関わりをもちながらドラマチックな生涯を送った人物である。木下は，関西大学を卒業後，1914年に朝鮮半島に渡って伯父の呉服店を2年間手伝って帰国した後，大阪で「神崎屋呉服店」を開いた。米騒動（1918年）の後，農務省が中心になってパン食奨励運動を展開すると，木下は大阪の木村屋に見習いとして入り，呉服店で蓄えた資金を使って，「神崎屋総本店」というパン屋を開き，大阪の菓子商組合を組織したり，満洲まで含めたパン業者を組織化した大日本製パン工業会の会長を務めたりした[55]。

1930年，木下は道頓堀に「キャバレー・マルタマ」をオープンし，女給160人のほかに，日本舞踊50人，洋舞45人の少女歌劇団を抱えた。マルタマ少女歌劇団は，1937年春に台湾に招かれて公演をし，各地で熱狂的な歓迎を受けた。そして同年12月，木下は天津にキャバレー「天津会館」を開店し，選り抜きの美女300人を天津に送った。それが軌道に乗ると，木下は本間雅晴司令官から将校クラブ「偕行社」の運営を任せられ，さらにその縁で，北平の山下奉文将軍にも呼びつけられて，「国際キャバレー北京会館」を開業した。両将軍が南方派遣軍の司令官に赴任すると，マルタマ慰問団も後を追うように随行し，フィリピンのマニラ・カバナツアン・バギオ，インドネシアのジャカルタ・スラバヤ・マラン・バンドン，そして中国の北平・天津・大連をくわえて，海外に10の事業所

第5章　京都の中国料理　133

を有した[56]。

　同時期の北平・天津・上海・大連・ジャカルタでは，当時急増した在留邦人向けの料理店「マルタマ菜房」も展開していた。マルタマ菜房は，煮物や焼き物をはじめとする日本料理を中心に提供し，現地の中国人の顧客もおり，他方で日本人向けに中国料理も出していた[57]。こうして戦中に，株式会社丸玉（1932年創業）は，在外社員が約1,900人，芸妓やホステスが約750人という大会社に成長した[58]。

　しかし，終戦前に大阪と神戸の店が焼失し，終戦後には海外10カ所の事業所もすべて接収されてしまった。そこに海外従業員の引き揚げが始まり，さらに大阪・阿倍野にある木下の自宅には，大本営の要請にもとづいて中国大陸や南方に送る予定であった150人の芸妓がいた。木下は従業員の食糧を確保するために，まずは京都・四条で「観光百貨丸玉」を始め，京都の別荘にあった家財道具などを売りさばいた[59]。さらに木下は，手慣れたキャバレー事業を京都・祇園で再開しようと考えて，西洋料理店「矢尾政」（現在の東華菜館）の洋館を買おうとしたものの，すでに于永善（前掲）に貸し出されていた[60]。そこで，京都府の経済部長に相談し，所轄署の世話の下で戦後の祇園復活の第一号となる「丸玉荘」を開いた。丸玉荘をはじめ祇園の女性たちは進駐軍の将兵に大いに受けたが，開業から4カ月目に進駐軍命令で公娼制度が廃止となった。とはいえ，1945年11月に大津で開いた進駐軍向けのダンスホール「琵琶湖キャバレー」でドルを蓄えると，韓国から日本へ大量に流れ込んでいた日用品（戦中に京城の三中井百貨店や三越などが日本から運んだ商品の逆輸入）を買い占めて高値で売りさばき，丸玉の復興資金を作った[61]。

　その後も木下は，戦後復興から経済成長の波に乗って，関西圏でのキャバレー，ダンスホール，ナイトクラブ，アルバイト・サロン（素人のBG（OL）のアルバイトをホステスとしたクラブ），洋酒喫茶（安価で気楽に上等の洋酒やカクテルを飲む店），パチンコ店，スケート場など多様なレジャー産業の経営に邁進した[62]。さらに木下は，戦前・戦中に天津や北京で仕事をした際に北京料理の美味しさを知っていたので，本格的な中国料理店を経営したいという念願をもった[63]。

　当時の京都では，第一の日本料理，第二の西洋料理に比べると，中国料理は格下という意識があった。1960年頃の京都には，ハマムラ・鳳舞・森幸といった日本風の中国料理店と，桃園亭・東華菜館といった本格的な中国料理店とがあった。そうしたなかで1962年に創業された御池飯店・四條飯店は，「北京王宮料理」と称して山東料理を中心とする本格的な中国料理を出し，桃園亭・東華菜館を超えるような最高級店を目指したという[64]。両店は，個人・家族用のオーダー

図 5-4　御池飯店・四條飯店のちらし（生田誠氏提供）

レストランと接待用の宴会場を兼ね備えて、豚まん・焼売・餃子・そば（中華焼きそば）からフカヒレや燕の巣まで多様な料理を提供した（図5-4）。

興味深いことに、御池飯店・四條飯店のフロアは、日本人社長の木下が直接管理したが、調理場の運営は、コックのリクルートから食材の仕入れに至るまで、すべて中国人料理長の王延挙に一任された。王延挙は、神戸で紹介を受けて木下と知り合い、さらに神戸などから多くの料理人を連れてきて、約20人のコックをとりまとめた。王延挙は、朝早くから神戸・元町の市場へ食材の買い出しに行き、厳しく値切りながらその場にありったけの全商品を買いこみ、経営側は現金で支払いトラックに積んで運んで帰るだけであった[65]。

王延挙のような料理長は親方的存在であり、調理場経営のすべてを請け負って、「調理場社長（厨房掌柜）」と呼ばれることがあった。木下社長と王料理長は誠意を重んじて契約書を取り交わさず、コックたちには給料が支払われたほかに、利益の10%を調理場に落とすことが決められて、そこから王料理長が、部下たちの冠婚葬祭の費用など一切の面倒をみた。そのため木下は、コックの徒弟として子供を預けて入れてもらえないかと頼まれることすらあったという。こうした完全請負方式の調理場は、第二次世界大戦中に中国で料理店を経営していた木下彌

第5章　京都の中国料理　135

三郎だから採用できたものであり，当時の日本の中国料理店のなかでも特殊であった。御池飯店・四條飯店は繁盛したが，1971-72年に建物譲渡のために閉店すると，両店から東華菜館などに移るコックも多かった[66]。

北京料理と京都文化

さて，「前に立ち止まれば，そこは異国情緒漂う空間。古都京都の鴨川河畔にある，スパニッシュ・バロックの洋館で本格的北京料理をご堪能ください」。「東華菜館は，古き良き伝統を守り流行にとらわれない本格的北京料理を，コース料理から各種一品料理まで，お客様のご予算とお好みに合わせ，ご用意させて頂きます」[67]。このように東華菜館はホームページで，「古き良き伝統」を守る「本格的な北京料理」を広告して，近年脚光を浴びている「京風中華」，「和風中華」と一線を画している。それでは，京都の老舗・東華菜館が守る北京料理の「古き良き伝統」とは，いったいどのようなものなのだろうか。

まず確認すべきことに，「中国」，「北京」，「山東」という料理の帰属は，説明するのに便利なように柔軟に併用されている。そもそも，北京では明代から山東人による山東料理店が大多数を占めており，その状況が変わって多くの地方料理店がみられるようになったのは8カ国連合軍の北京進攻（1860年）後の頃からとされている[68]。また，乾隆帝の時代に発展した清朝の宮廷料理も，山東料理，満洲族の料理，江南（蘇・杭州）の料理からなっていた[69]。すなわち，山東料理は北京料理の基礎になっているのであり，北京料理の「古き良き伝統」を辿れば山東料理に行きつくことになる。

実際に，山東華人が創業した東華菜館が専門と自認するのは山東沿海部の料理であり，東華菜館は山東（沿海部）と京都との接点を一番もたせたいと考えている。しかし，「山東」の料理を京都の人々に押しつけたいわけではないので，客に応じて料理をわかりやすく伝えるために，しばしば「北京料理」と称している。3代目の于修忠氏によると，京都で注目されるのは当然ながら和食であり，中国料理ではない。さらに，京都において（そして世界的に見ても），中国料理のなかでは広東料理が中心であり，それに比べると北京（山東）料理は目立たない。それゆえ，京都の北京料理というのは，二重の意味でのマイナーになっているという[70]（図5-5）。

ちなみに，日本において広東料理は小型店が多く，北京（山東）料理店は大型店が多い傾向がある。作家の陳舜臣によれば，広東人の料理人は名人肌・職人気質であるため，身につけた技術で独立して小さな店を持ちやすいのに対して，北京料理の山東人は徹底的に分業システムをとるので，分担がはっきりして大量に

136　第Ⅰ部　近現代日本の中国料理

作ることができ，大宴会が可能な大店舗になるという[71]。さらに于修忠氏によれば，広東料理は家庭料理の集大成であり，それゆえ飲茶にみられるような小皿料理が豊富なのに対して，北京（山東）料理はもともと鍋で炒めたものを1テーブル1皿で出していき，1テーブルを8-10人の家族みんなで囲むような大皿料理である。その上，宮廷料理として発展したので，豪華に盛り付ける料理を出すために，北京（山東）料理店は大型店が多くなるという。

図5-5 東華菜館による伝統的な山東料理の再現
（2018年3月15日，筆者撮影）

往年の広東料理は香港を中心に継承されたが，華北の北京（山東）料理の「伝統」は文化大革命（1966-1976年）によって断絶した。

そして，東華菜館の料理は，ことさら「京都的」であるというつもりはないが，それでも京都の水を使い，京都の材料（湯葉・豆腐・筍など）や調味料（醤油など）を使い，それらを北京（山東）料理の「伝統的な調理法」で生かそうとするので，自然と京都風の料理になっているものがあるという。例えば，九条ネギは，外国人に京都の料理として認識されやすいアイテムとして知られるが，地元の人々には賀茂なすや万願寺とうがらしなどに比べると強く意識されておらず，東華菜館では美味しいので使っているが，それをことさらアピールはしていない。そのほかの京野菜も，2000年代初頭に一度取り入れたことがあり，当時は中国料理店に来て野菜を食べる意識が乏しく，仕入れが高くて調理も大変なのに受け入れられなかったが，今後再挑戦するかもしれないという。また，臭いのきつい食材は避けて，ニンニクもきつくしないように注意している。ただし，そもそも北京（山東）料理は，ネギ・ショウガ・塩のバランスを重視し，薬味や香辛料を入れすぎない比較的さっぱりした塩味が特徴の料理体系である[72]。さらに，北京の料理は，肉体労働者向きに刺激を強くする料理とは異なり貴族向けの料理という面があるので，北京と京都の二つの「都（みやこ）」の料理の方向性は一致しているという。

それゆえ東華菜館は，北京（中国）と京都（日本）の文化的なつながりをテーマとして大切にしている。例えば「春巻」は，「五辛盤」という5種類の辛みのある春野菜をクレープ状にして立春の頃に食べる漢代華北の料理が原型になっており[73]，それが「春餅」そして「春巻」へと変わった。すなわち，「春巻」は寒

第5章　京都の中国料理　137

い地方において春の訪れを祝って食べる（それを「咬春」という）ための料理であり，日本の恵方巻につながるものであるという。

そして，東華菜館には北京ダックや「拌三絲」（豚・鶏・ネギの和え物）など多くの自慢料理があるが，最も注意する料理を一つ挙げるとすれば，それは「葱焼海参」（乾燥ナマコの煮物）であるという。ナマコの嫌いな中国人はいないといえるほどで，ナマコの甘みと磯の香りを活かすように調理し，京都では一般には知られていないが一部の人がとても好きな料理であるという。そのほかにも，鯉の甘酢あんかけ（「糖酢鯉魚」）は，戦前から戦後まで日本の中国料理を代表する料理であり，一時期ほとんど食べられなくなったが近年に再び人気が出て，現在では提供する店が少ないことから名物料理になっている。中までパリパリに揚げる「糖酢鯉魚」は，中が白身の「松鼠鯉魚」よりも古い調理法であり，山東の代表料理の一つである。それは和食の鯛料理と対比されるものだが，鯛の蒸し物を出すよりも他では食べられない鯉料理のほうがインパクトが大きいという。

京都の中国料理を作るということに関していえば，中国料理をどのように京都的にするのか，つまり中国料理を京料理に近づける方向性もあるが，東華菜館としては，「伝統料理」を守りながら京都の人たちにどのように受け入れてもらうかというスタンスをとっている。つまり，北京（山東）料理の背景を伝えながら，京都の材料を用いても，あえて料理を京都風にしようとするわけではない。しかし，京都の人たちに受け入れてもらうには，どのような投げかけをすればよいのかを常に意識しているという。

東華菜館では，感覚としては，宴会とフリーの顧客の割合が半々くらいであるという。とくに法事が多く，誕生日，そしてかつては結婚式もあった。京都へ来る日本人・中国人の観光客ももちろん歓迎するが，特別なターゲットとはしていない。京都の街でビジネスをするのはけっして容易ではなく，京都の人たちに愛してもらって初めてビジネスが成り立つ。京都の人たちは，受け入れてくれるまでのハードルは高いが，受け入れると自分たちの仲間として守ってくれる。京都は「保守的」，「排他的」といわれることが多いが，仏教など外来文化を熱心に取り入れて土地に根づかせてきた長い歴史がある。そのような京都の人々を大切にしなければいけないと考えているという。

3　京料理としての中国料理

東華菜館が称する「古き良き伝統」を守る「本格的な北京料理」は，実際には北京や山東の現地料理とは異なる。京都と北京・山東では料理の基となる水が異

なるし，京都の醤油・湯葉・豆腐などを使って作る中国料理は，自然と「京風」にならざるをえない。そもそも，北京や山東でも文化大革命によって「伝統的」な調理法が充分に継承されなかった。さらに改革・開放政策の実施後の1980-90年代，市場のニーズに応じるなかで本場の山東料理（「正宗魯菜」）も大きく様変わりし，1940年代に済南の名店・泰豊楼で修業した佐藤孟江の砂糖を使わない山東料理は，1990年代には「生きた化石」と称されるほど現地料理とかけ離れていた[74]。

　しかしそれでも東華菜館は，山東料理に対する帰属意識（アイデンティティ）を固持して，鯉の甘酢あんかけなど特色ある料理を提供しながら，中国・北京・山東の「伝統料理」を京都の人々に伝え続けていこうとしている。京都と北京という二都の料理の共通点は，意図せぬ結果として浮上しているに過ぎない。このような東華菜館のスタンスと見比べながら，ここで再び「京風中華」，「和風中華」の老舗に目を転じれば，それらはただ単に京都の調味料や食材を用いるだけではなく，多かれ少なかれ「京料理」としての帰属意識を持っていることが浮き彫りになるだろう。

　例えば，1930年創業の「廣東料理　蕪庵」は，もともと大谷光瑞（西本願寺の22世門主）の弟子・森本瑞明の邸宅地であり，森本の妻が大谷のお抱え中国人コックに料理を習い，「与平鍋」という中国風寄せ鍋の出張販売を大八車で始め，京都で流行したのが店の始まりである。そのため，現在に至るまで本願寺関係者が来店している。蕪庵は戦後には神戸の広東料理店・第一楼からコックを呼び寄せた。武田淳一氏（1943年生まれ）は，両親の急逝で18歳の頃からコックを務めている。今日の蕪庵は，数寄屋建築の店，清水焼の器，大黒さんなどの野菜細工などから，日本料亭に近い「中華料亭」とも称されている[75]。蕪庵は，ニンニクや香辛料を極力使わずに素材の良さを引き出すあっさりした「廣東料理」が特色である（図5-6）。蕪庵のパンフレットは，大谷光瑞が上海から招いた料理人が「中華料理を京都人のお口に合うように工夫」してきた歴史物語を語っている。

　蕪庵の武田淳一氏は，「京都中華」のブランドで「和魂和才の中華」を生み出すことを目指しており，丹波の熊や猪，鹿肉，丹後のカニ，フグ，真鴨，若狭の甘鯛，鮎や鯉，京野菜などの食材を用いて試作を続けている。そして2017年10月には，京都

図5-6　蕪庵の澄んであっさりした酢豚
（2017年10月14日，筆者撮影）

御苑の中にある九条家のお茶室「拾翠亭」に京都の名士を招いて「中華料理でお茶会」を開き，さらに皇室の方々に「京都の中華料理」を召し上がっていただけることを願っている[76]。すなわち，中国ないしは広東の料理というよりも，京都の料理として歴史を刻み「伝統」を構築することに多くの情熱が注がれている。武田淳一氏ご自身も，どちらかといえば「日本のなかの中華」という意識のほうが強いとした上で，次のように述べられる。すなわち，京都でやるならば「京都のカラーを持った料理」を持ってくることが重要であり，今でもまだ別々に勉強することの多い京都の広東・北京・四川の料理人たちが同じ所で学び始めれば，共通の料理が生まれてくる可能性がある。饅頭が中国から伝わり，それを学んだ「とらや」（室町後期の創業）が宮内省御用達で「日本一」となっているように，中国料理を素晴らしいものに作り上げたら「日本一の日本料理」になれるかもしれない，と。

　京都には，蕪庵のほかにも日本料亭のような中国料理店は多く，その歴史も長い。前述のように，高華吉が開き，谷崎潤一郎が愛した有名な飛雲がその典型であり，料理旅館のハマムラ蛸薬師本店も，「すべてが日本風，京風」であった[77]。「和風中華」「中国割烹」の高級店が，けっして近年に登場したわけではないことを確認しておきたい。

　しかし近年には，「町家中華」などと称される系譜の高級店が，過剰といわれることもあるまでに増えた。例えば，1958年に横浜中華街の湖南料理店「明揚」に生まれた魏禧之氏は，中国や横浜・萬珍楼などでの修業を経て，1996年，高瀬川一之船入に面するかつてお茶屋だった町家を改修して「一之船入」を開店し，「京都で馴染む中華料理」を模索している。一之船入は，ダシを一番大切にし，無農薬の京野菜を取り入れて，外国人客に「日本料理の中華」と称されることもある「京風創作中華」を出している[78]。また，谷崎潤一郎が贔屓にしていたお茶屋「吉初」（1917年創業）の建物では，1998年に「中国料理　ぎをん　桃庭」が開業し，舞子の京舞を見ながら，地野菜を取り入れた「広東料理」を食べることができる[79]。あるいは，「紅虎餃子坊」などで知られる中島武氏の際コーポレーション（1990年設立，本社は東京都目黒区）は，2003年に「北京膳　膳處漢（ぜぜかん）　ぽっちり」，2004年に「中国家常菜　雪梅花　菜根譚」，2005年に「京野菜中国料理　大傳月軒」など，京町家あるいは内部が京町家風の洋館で中国料理を食べる店を出している[80]。ほかにも，2013年には中国料理店と日本料理店の両方で学んだ若手料理人が，見た目の美しい薄味の「創作中華」の高級店を祇園で始めて，今では予約がとても取りづらいという[81]。

　これらはいずれも「京風」を強く意識させられる比較的新しい中国料理店であ

140　第Ⅰ部　近現代日本の中国料理

り，ニュアンスや本気度はまちまちとしても，京都スタイルの中国料理の「伝統」を創り出そうとしている近年の例といえる。そして当然ながらこれらにはしばしば，東京や横浜など京都以外の人・企業・資金が大きく関わっているし，東京などから京都にやってきた人々を喜ばせるための店という一面がある。だがそれにとどまらず，これらの新店の多くは京都の人々にも受け入れられて，その仲間となりつつある。

　こうして積極的に「京料理」に近づこう（あるいは京都の雰囲気を借用しよう）とする中国料理がある一方，中国料理を積極的に取り入れる「京料理」も多い。例えば，村田吉弘氏は，京都の老舗料亭「菊乃井」（1912年創業）の3代目主人で，2004年にNPO法人日本料理アカデミーを結成している。村田氏は，和食をユネスコの世界無形文化遺産リストに登録するために，日本料理アカデミーを通して京都府に嘆願したことでも知られる[82]。その村田氏によれば，例えば，京都では「豚の角煮は京料理の中に入って」いるという。菊乃井の豚の角煮は，豚を焼いた後，米のとぎ汁で3日間ほどゆでて脂を抜ききり，それを黒砂糖と八丁味噌の薄味で長く炊いた後1日以上寝かし，脂をほとんど落としてコラーゲンだけにするという。そして村田氏は，テレビの取材で角煮のルーツをたどり，上海・西湖（杭州の「楼外楼」）[83]・山東省まで行ったこともあるそうで（山東省の角煮は脂っこすぎて食べられなかったというが），「シルクロードの最終地点は京都」だと述べている[84]。

　豚の角煮のほかにも，例えば2018年現在，村田氏の菊乃井が紹興酒を調味料に用いたり，髙橋拓児氏の「木乃婦」（1935年創業）が昆布出汁のフカヒレ姿煮を出したりしている。髙橋氏も，京都の日本料理は中国料理の食材を取り入れてきた歴史があり，フカヒレもそのような試みの延長上にあると語る[85]（図5-7）。他方で繰り返しになるが，京都の中国料理店でも，京都の野菜・湯葉・豆腐・醬油などが用いられている。

　こうしてみると，料理・食材・調味料で「京料理」・日本料理と中国料理を区分するのは難しい。それにもかかわらず，実際にはかなり繊細な違いしかない食べ物でも，「京料理」，「京風中華（京風創作中華，京都中華，京都の中華，京の中華）」，「和風中華」「中国割烹」，「広東料理」，「本格的な北京料理」などと，大きく異なる認識が持たれることがある。

図5-7　木乃婦の昆布だしのフカヒレ煮
（2017年10月15日，筆者撮影）

第5章　京都の中国料理　141

「京都」という日本料理の中心地，日本料理として最高のブランドを有する郷土で，中国料理は京都の料理として「伝統」を築いていくのか，それとも中国ないしは広東・北京（山東）の料理として歴史を積み重ねていくのか，各老舗によってその力点の置き方は様々になっている。

おわりに

　著名な料理人たちはいう。食べ物は美味しくて，食べた人が幸せになればそれで良い[86]。料理には国も国境も人種もなく，料理は人をつなげ，人々を平和にするものである[87]，と。他方で『京都の中華』の読者がいっている。緩い，物足りない，二流と，かつては京都の中華をこき下ろしていたが，目が開かされた。文化背景を知ると，不思議なことに味覚にも変化が現れた[88]，と。中国料理が食べるためだけではなく，「知るためのもの」ともなったのは，日本では 1990 年代頃からとされる[89]。食べ物の美味しさは，それを食べるときに有する情報や，食べる環境・状況によって大きく変わる。それゆえに，本章が論じた「伝統の創造」や「料理の帰属」が，重要な意味を持つことがある。

　おそらく明治時代になって，関西（上方）の料理から区別して「京料理」という言葉が成立し[90]，京都ブランドの日本料理が創造されていった。そして大正期頃から京都に中国料理店ができ始めて，およそ 100 年が経過した。確認すべきことに，京都の伝説的料理人・高華吉（中国・広東省出身）にしろ，その料理を愛して有名にした谷崎潤一郎（東京・日本橋出身）にしろ，京都の外からやってきた人々が京都の中国料理のブランド化に大きく貢献していることである。そして，京都が外来の文化を熱心に取り入れてきた長い歴史は，京都の中国料理店と日本料理店がともに強調しているところである。京都文化が閉鎖的にみえるのは，外部の物を受け入れるまでのハードルが高いからであるが，京都文化が保守的にみえるのは，それをひとたび受け入れると自分たちの物として守っているからである。

　古都・京都でも「老舗」として異論の出ない中国料理店が，今後登場していくだろう。そのときまで，京都の多くの中国料理店は，「京都（京風）中華」などとブランド化して，京都及び日本の料理の一種として「伝統」を構築していくのか，それとも本場の「中国（中華）料理」，「広東料理」，「北京（山東）料理」などと称して，中国の料理としての「伝統」を強調していくのだろうか。

　そもそも，現地化したご当地風の料理を創作し洗練させていくべきか，それともできるだけオリジナルに近い本場料理を追究していくべきかというジレンマは，

142　第Ⅰ部　近現代日本の中国料理

京都のみならず日本全国，ひいては世界各国の中国料理業に共通する悩ましい問題である。中国本土においてさえ，例えば，上海の飲食業界では早くも 1986 年に「〔上海流ではなく北京・広東といった〕ある系統の正統な料理であることを強調すべきかどうか（要不要強調是某某菜系的正宗）」に関して議論が起こっている[91]。そして筆者がとくに注目したいのは，シンガポールやマレーシアの状況である。これらの国では，福建ないしは潮州（福建と隣接する広東東部）の開拓者とマレーの現地人女性の夫婦の子孫を，「ニョニャ」（女性），「ババ」（男性），ないしは「プラナカン」という。現地の香辛料を用いるプラナカン料理が，政府観光局や料理店によって「伝統料理」「文化遺産」として宣伝され，例えば，ニョニャ・ラクサ（米粉麺），アヤム・プアクルア（カレー風の煮物），チャプチャイ（野菜五目炒め），クエ・パイティ（スパイシーなタルト）といった代表料理が存在する。他方でシンガポールやマレーシアでは，広東料理や福建料理が，ニョニャ（プラナカン）料理と矛盾なく併存して，老舗も多い「伝統」のある料理として確立されており，福建麺・肉骨茶（バクテー）・海南チキンライスなどの「国民食」といえる人気料理も生み出している。

　すなわち，シンガポール・マレーシアのプラナカン（ニョニャ）料理と広東・福建料理の関係と同様に，京都でも「京都（京風）中華」と「広東料理」「北京（山東）料理」が，それぞれの「伝統」を構築しながら，全体としても存在感を示し，ブランド力を高めていければ一番良いのではなかろうか。京都の中国料理には，鯉の甘酢あんかけ，卵皮の春巻き，八宝絲，からしそば（麺に酢醤油で練った洋ガラシをからめたあんかけそば），澄んであっさりした酢豚，鳳凰蛋（鶏肉入りの半熟卵焼き），ネギ入り焼売など，特色ある料理が少なくない。

　最後にみておきたいのだが，京都の中国料理といってイメージする店は，人によって様々である。グルメサイト「食べログ」をみると，2019 年 3 月現在，京都市内には「中華料理のお店」「ラーメンのお店」がそれぞれ約 600 店ずつ掲載されている。例えば，1938 年に屋台から始まった京都駅近くの「中華そば専門新福菜館」は，濃い黒色でもあっさりした味の汁で，九条ネギののった醤油ラーメンが，代表的な「京風ラーメン」の一つとして知られる。同店では「朝鮮漬」（キムチ）を注文することができる。新福菜館の隣には，2018 年に東京にも進出した「本家　第一旭」（1947 年創業）があり，両店は近年，「京都ラーメン」を代表する名店として注目されて行列が絶えない。これらの京都ラーメンは，よく知られる和歌山ラーメンと同じく，在日朝鮮・韓国人との縁が深いという。また，京都・大徳寺近くの「中華のサカイ」（1939 年に喫茶店として創業）は，1953 年から「冷めん」（冷やし中華）を出し始め，もっちりとした麺，からしのきいた特製

第 5 章　京都の中国料理　143

タレ，自家製焼豚などを用いる現在のものを 2 年間かけて作り上げて，今でも行列をつくっているという（注 28「食彩の王国」参照）。

　ほかにも，1960 年以降，京都ホテルオークラ（旧・京都ホテル）の「中国料理桃李」（広東料理，以前は「桃園」），ウェスティン都ホテル京都（旧・蹴上都ホテル）の「中国料理　四川」といった「ホテル系」の高級中国料理店が登場した。また，1974 年に二条で創業した「中国菜　大鵬」は，京都では早期に開業した四川料理店で，今でも地元の人々に愛され続ける人気店だが，その名物の「てりどん」（甘辛の豚バラ丼）や四川料理は，けっして「京風」とされる薄味ではなく，こってりした濃厚な味わいである。あるいは，2008 年に宮本静夫氏が，京都の食材を取り入れながら中国の古典料理に遊び心を加えてアレンジする「京　静華」を出店し，中国料理通の間で高い評価を得ている。さらに「元田中　中華ストリート」[92] などでは，近年に中国大陸からやってきて大型店で料理を学んだ後に独立した「新移民」のコックによる店も多い。このように京都では，さらに多種多様な系譜の中国料理が味わえることを付言しておきたい。

1）グルメサイトの「食べログ」を使って，京都市と人口規模が同じくらいの神奈川県・川崎市と比べると（ともに 2018 年に約 147.5 万人），京都市は「和食」が 5,723 店，「中華」が 604 店，レストラン総計が 17,233 店，川崎市は「和食」が 2,232 店，「中華」が 526 店，レストラン総計が 6,758 店である（2019 年 3 月 25 日）。京都市のレストラン総数に占める中国料理店の割合（3.5％）は，川崎市の場合（7.8％）よりもずっと低い。

2）京都では創業から 100 年以上は経たないと「老舗」とは言わないこともあるそうだが，本章では中国料理店としては比較的古い大正・昭和前期創業の店を「老舗」と呼んでいる。

3）奥村彪生『日本料理とは何か──和食文化の源流と展開』農文協，2016 年，275 頁。

4）『京都の中華』は，2016 年に東京・幻冬舎から文庫版が出版されている。ほかにも「京都の中華」を全国に紹介したものとして，「（京ものがたり）高華吉が生んだ，あっさり中華，郷に入り郷で生きる融合の味」，『朝日新聞』2015 年 6 月 2 日（夕刊）4 頁。角野卓造『予約一名，角野卓造でございます。【京都編】』京阪神エルマガジン社，2017 年などがある。またおもに地元の人々に向けても，『Leaf（リーフ）』が特集を組んでいる（「京都・滋賀　愛され中華」（247 号，2016 年 4 月），「京都・滋賀　おいしい中華」（283 号，2019 年 4 月））。

5）姜尚美『京都の中華』，幻冬舎，2016 年，5，150-151 頁。

6）同上，184 頁。

7）同上，222-223，239-240，247 頁。

8）本章では在日中国人，華僑などをまとめて「華人」という用語で統一して呼ぶことに

したい。

9) 前掲「（京ものがたり）高華吉が生んだ，あっさり中華，郷に入り郷で生きる融合の味」，『朝日新聞』。

10) 「食文化にその訳あり!? 3 「あっさり中華」の謎」，『京都新聞』2017 年 1 月 5 日 22 頁。

11) 姜尚美（前掲）『京都の中華』，252 頁。

12) 周知のように，「創られた伝統」「伝統の発明」の概念は，エリック・ホブズボームとテレンス・レンジャーの編著によってよく知られるようになった（Eric Hobsbawm and Terence Ranger (eds.), *The Invention of tradition*, Cambridge: Cambridge University Press, 1983; 前川啓治・梶原景昭他訳『創られた伝統』紀伊国屋書店，1992 年）。

13) 後藤朝太郎『支那料理の前に』大阪屋号書店，1922 年，3 頁。

14) 東四柳祥子「江戸料理書に見る中国料理献立の受容」，『風俗史学』30 号（2005 年 3 月），2-29 頁。

15) 田中静一『一衣帯水——中国料理伝来史』柴田書店，1987 年，239 頁。

16) 西口忠「川口華商の形成」，堀田暁生・西口忠編『大阪川口居留地の研究』思文閣出版，1995 年，101-134 頁。

17) 高橋晋一「中華料理——南京町で食べる①」，岡野翔太「中華料理業から見る華僑」，呉宏明・高橋晋一編『南京町と神戸華僑』松籟社，2015 年，154-155，221-227 頁。

18) 陳正雄「京都の華僑」，神戸華僑華人研究会編『神戸と華僑——この 150 年の歩み』神戸新聞総合出版センター，2004 年，191-219 頁。

19) 姜尚美（前掲）『京都の中華』，173，180，223 頁など。

20) 陳正雄氏のご教示に感謝します（2018 年 3 月 15 日）。陳正雄氏については，神阪京華僑口述記録研究会編『聞き書き・関西華僑のライフヒストリー』6 号，神戸華僑歴史博物館（2015 年 4 月），23-66 頁を参照されたい。

21) 『同志社新聞』の 1929 年 2 月 15 日 4 頁の広告では，同店名が「桃の華」となっている。当時の京都で「桃」の字を使った北京料理店名が多いのは，老舗の桃園亭に倣っていると思われる。

22) 大阪逓信局認可『京都職業別電話名簿』第 3 版，松園，1933 年，290 頁。この史料をご教示くださった陳正雄氏に感謝します。

23) 同上。

24) 下村泰介「京の味（16）中華料理」，『京都新聞』1956 年 10 月 22 日（夕刊）3 頁。このエッセイはさらに，「古くからある店」として桃園亭と「浜村」に言及したのち，盛京亭・飛雲・蕪庵・東華菜館の料理を紹介している。下村泰介は，同志社大学を 1926 年に卒業し，同大の綿花経済研究所長などを務めた（「私の学生時代　いもねぎの味」，『同志社時報』2 号（1953 年 2 月），50-51 頁）。

25) 姜尚美（前掲）『京都の中華』，152-163，179-184 頁。

26) 前掲「（京ものがたり）高華吉が生んだ，あっさり中華，郷に入り郷で生きる融合の味」，『朝日新聞』。

27) 武田淳一氏，陳正雄氏のご教示による（2018 年 3 月 15 日）。

28) 姜尚美（前掲）『京都の中華』，224 頁（村田吉弘氏）。さらに例えば，本稿脱稿後の 2019 年 8 月 24 日，テレビ朝日（関東エリア）で放送された「食彩の王国　第 794 回 京都の中華麺」でも，京都の中国料理の歴史に関する固定化した語りが示されていた。テレビ朝日ホームページなどでの番組紹介によれば，「京都での中華料理の始まりは 大正 13 年に遡ります。ヨーロッパで食べたチャイナタウンの味を広めたいとオープンした『ハマムラ』です」という。そして「あっさり薄味，京都風中華料理を編み出した高華吉」は，「いくつもの名店を残し，多くの直弟子・料理人を生んだ伝説の料理人」であるとされた。このように，近年には京都の中国料理が全国のマスメディアにしばしば取り上げられるようになったが，その歴史や全体像は十分正確に理解されているとはいえない。

29) 姜尚美（前掲）『京都の中華』，181 頁。

30) 2019 年 2 月 3 日，「中華料理ハマムラ　イオンモール KYOTO 店」にてインタビューに応じてくださった弓倉和夫氏（ハマムラ株式会社代表取締役会長）に感謝します。

31) 武田淳一氏，陳正雄氏のご教示による（2018 年 3 月 15 日）。

32) 弓倉和夫氏のご教示による（2019 年 2 月 3 日）。

33) 創元社編集部編『京都味覚地図』創元社，1964 年，134-135 頁。

34) 姜尚美（前掲）『京都の中華』，212-213 頁。

35) 渡辺たをり『花は桜　魚は鯛──谷崎潤一郎の食と美』ノラブックス，1985 年，146-152 頁。

36) 創元社編集部編（前掲）『京都味覚地図』，138-139 頁。

37) 姜尚美（前掲）『京都の中華』，152-163 頁。

38) 武田淳一氏（蕪庵主人），陳正雄氏のご教示による（2018 年 3 月 15 日）。

39) 姜尚美（前掲）『京都の中華』，106-117 頁。早瀬圭一『奇人変人　料理人列伝』文藝春秋，2010 年，55-81 頁。

40) 池波正太郎『むかしの味』新潮社，1988 年，172 頁。

41) 早瀬圭一（前掲）『奇人変人　料理人列伝』，73 頁。

42) 篠原呂市『北京料理の話』東京，盛京亭，1939 年，28-29 頁。

43) 早瀬圭一（前掲）『奇人変人　料理人列伝』，73 頁。

44) 姜尚美（前掲）『京都の中華』，14-19，36-41 頁。

45) 早瀬圭一（前掲）『奇人変人　料理人列伝』，60 頁。

46) 同上，81 頁。

47) 東華菜館のホームページ（http://www.tohkasaikan.com/），2019 年 3 月 24 日最終閲覧。

48) 2018 年 3 月 14 日，2019 年 2 月 2 日，河原町の桃園亭にてインタビューに応じてくださった王杲（一博）氏に感謝します。

49) 于永善の中国料理観と肖像は，「料理長は語る　若い調理師のために」，『月刊食堂』5 巻 7 号（1965 年 7 月），149 頁。

50) 東華菜館の歴史と料理についてお話しいただけた 3 代目主人の于修忠氏に感謝します（2017 年 10 月 15 日，2018 年 3 月 15 日）。インタビューには，東四柳祥子氏（梅花女子大学准教授），矢久保典良氏（千葉商科大学非常勤講師）にもご参加いただきました。

51) 東華菜館のホームページ（http://www.tohkasaikan.com/），2019 年 3 月 24 日最終閲覧。

52) 一般社団法人大阪中華北幇公所のホームページ（http://hoppou-kousyo.org/），2019 年 3 月 24 日最終閲覧。

53) 陳正雄氏のご教示による（2018 年 3 月 15 日）。

54) 御池飯店の歴史をお話しいただけた木下右門氏（株式会社丸玉取締役）に感謝します（2019 年 2 月 2 日，東華菜館にて）。

55) 木下彌三郎『奔馬の一生』出帆社，1976 年，24-46 頁。

56) 同上，47-90 頁。

57) 木下彌三郎のご子息・木下右門氏のご教示による（2019 年 2 月 2 日）。

58) 木下彌三郎（前掲）『奔馬の一生』，90 頁。

59) 同上，103-116 頁。

60) 同上，117-119 頁。

61) 同上，120-128 頁。

62) 同上，133-143 頁。

63) 同上，153 頁。

64) 木下右門氏のご教示による（2019 年 2 月 2 日）。

65) 木下彌三郎（前掲）『奔馬の一生』，153-156 頁，及び木下右門氏のご教示による。

66) 同上。

67) 東華菜館のホームページ（http://www.tohkasaikan.com/），2019 年 3 月 24 日最終閲覧。

68) 松本睦子「北京料理と宮廷料理について」，『東京家政大学博物館紀要』18 集（2013 年 2 月），57-69 頁。

69) 愛新覚羅浩『食在宮廷』婦人画報社，1961 年，28-29 頁。

70) ただし，京都の広東料理店には，山東料理のほうが広東料理よりもメジャーだと考えている方が多い。

71) 糸野清明「神戸の中国料理，その風土」，『味のコレクション②　中国料理』神戸新聞出版センター，1984 年，26-39 頁。

72) 「一般的にいって，乾燥した寒冷地である華北地方の料理は『油重味濃』，一般的な調味はみそや醤油など鹹味がまざり甘みは少ない。」（木村春子「中国本土の食文化——地方別による料理系統とその特色」，中山時子監修『中国食文化事典』角川書店，1988 年，156-160 頁）とされるが，山東料理だけでも煙台・済南・曲阜・内陸の 4 系統に分けることができ，内陸部以外では比較的薄味でさっぱりした料理である。

73) 「五辛盤」（「五葷菜」）は，朝鮮半島に伝わり宮中料理ともなり，現在でも立春に食べる韓国料理となっている。

74) ドキュメンタリー映画『味　Dream Cuisine』（李纓監督，NHK エンタープライズ 21 共同製作，2003 年）。1925 年に山東省・済南に生まれた佐藤孟江は，1948 年に日本に引き揚げ，1969 年に東京で山東料理専門店「済南（チーナン）賓館」を開店し，1981 年から盛んに訪中して往年の山東料理を教授し，中国政府に「正宗魯菜伝人」と認定されたことで知られる（佐藤孟江・浩六『済南賓館物語』春秋社，2001 年）。

75) 姜尚美（前掲）『京都の中華』，34-43 頁。

76) 筆者と矢久保典良氏によるインタビュー（2018 年 3 月 15 日など）。

77) 創元社編集部編『京都味覚地図』，創元社，1964 年，134-135 頁。

78) 一之船入のホームページ（http://ichinohunairi.com/），2019 年 3 月 24 日最終閲覧。「京都の中華」，『Leaf（リーフ）』283 号（2019 年 4 月），26-27 頁。

79) 中国料理ぎをん桃庭のホームページ（https://gion-taotei.com/index.html），2019 年 3 月 24 日最終閲覧。

80) 際コーポレーションのホームページ（https://kiwa-group.co.jp/），2019 年 3 月 24 日最終閲覧。

81)「頭で考えるだけの 1 時間より，何か行動した 5 分のほうが価値がある　にしぶち飯店 西淵健太郎」，Foodion ／料理人・シェフとつながる食の SNS，食のプロフェッショナル論，（https://foodion.net/interview/kentaronishibuchi/1?lang=ja），2019 年 3 月 24 日最終閲覧。

82) 村田吉弘「和食——ユネスコ無形文化遺産に！」，『女性のひろば』422 号（2014 年 4 月），68-71 頁。

83) 中国では豚の角煮のことを「東坡肉」というが，「東坡肉」という名称は，明代において蘇軾（蘇東坡）を崇拝する文人官僚たちが宴会で出したり，贈物にしたりするなかで登場した。さらに「東坡肉」が杭州の名物料理になったのは新しく，民国期以降のことと考えられている。巫仁恕「東坡肉的形成与流衍初探」，『中国飲食文化』14 巻 1 号（2018 年 4 月）13-55 頁。

84) 姜尚美（前掲）『京都の中華』，217-220 頁。

85) 2018 年 6 月 18 日に味の素食の文化センター（高輪台）にてお話しいただけました高橋拓児氏に感謝します。

86) 村田吉弘氏の言。姜尚美（前掲）『京都の中華』，250-251 頁。

87) 陳建一氏の言。「アナザースカイ　中華料理の鉄人・陳建一が親子三代のルーツの場所中国四川へ」（日本テレビ，2018 年 4 月 20 日放送）。

88)『京都の中華』（文庫版）に対するアマゾンのカスタマーレビュー（2018 年 2 月 2 日）。

89) Sidney C. H. Cheung, "The Invention of Delicacy: Cantonese Food in Yokohama Chinatown," David Y. H. Wu and Sidney C. H. Cheung (eds.), *The Globalization of Chinese Food*, Richmond, Curzon Press, 2002, pp. 170-182.

90) 熊倉功夫『日本料理の歴史』吉川弘文館，2007 年，174-193 頁。

91) その結論としては，上海市の飲食業界は自らの道を歩み，上海料理の系統（「海派菜」「上海菜系」）の特色を創り出さなければならないと提案されたという。姚慧玲「上海菜系自成一体」，『文滙報』1988 年 7 月 2 日 2 頁。

92)「主題②特色区域　ここはもうリトルチャイナ　元田中　中華ストリート」，『Leaf（リーフ）』283 号（2019 年 4 月），20-23 頁。

第6章

熊本の「郷土料理」としての
中国料理「太平燕」から考える
—— 素材と文脈，文化を「囲い込む」こと，開くこと

田村和彦

はじめに

　熊本市を中心とする地域では，「太平燕」と呼ばれる中国料理が広く知られていた。この料理は，近年の観光資源の発掘と地域活性化の文脈のなかで集中的な広告がなされ，現在では広く知られる「熊本名物」となっている。

　本章は，この中国由来の料理にして，熊本名物であるという興味深い料理の成立，展開を検討することを目的とする。そのために，まず，熊本や長崎，東京の一部で提供される太平燕の現在の様式を確認する。次に，熊本の太平燕のルーツとされる，福州，福清周辺の太平燕の特徴を指摘し，この料理が埋め込まれていった社会的文脈を明らかにする。そのうえで，近年，全国的に知名度を上げた太平燕をめぐる状況を考察する。

　結論を先取りすれば，日本国内で食される太平燕は大きく分けて二つの系統があり，それは熊本を経由しているか，中国大陸から直接持ち込まれたものかで分岐することを指摘する。そして，中国の太平燕は，その素材とともに，提供される文脈からも定義される料理であり，熊本の太平燕が単なる料理の移植と入手困難な材料を代替することで成立しているのではなく，より広い社会的背景の文化的ストックのなかから成立した可能性を指摘する。最後に，2000年代の急激な太平燕の展開は，それを支える人々の熱意と，行政による観光戦略，そして近年の無形文化遺産に代表される共有財の文化の「囲い込み」とは対極にある，オープンソースである点に支えられており，それを可能とした熊本における中国系の人々の関係の在り方を指摘する。

149

1　中国料理としての太平燕／熊本の中国料理としての太平燕

　太平燕を一言で定義することは難しい。『太平燕食べ歩きBOOK』では，「太平燕とは春雨をメインに，炒めた野菜や豚肉，エビ，タケノコ，かまぼこ，椎茸などを入れた具だくさんの中華風春雨スープのこと。その上にはゆで卵を揚げたものがのっている」と説明している[1]。同時に，この料理が，中国の福建省に由来することが広く知られており，それはこの料理の特徴的な名称（読みをカタカナ表記すること）にも現れている。ここでいう由来について，故郷の料理がそのまま持ち込まれたといった直接移入レベルから，手に入らない食材を日本で入手可能なものへ置き換えたという代替説（フカヒレのかわりに春雨を，燕の巣のかわりに油で揚げた鶏卵を入れた，などの説），華僑たちによって作られた「華僑菜」というレベルまで，諸説が存在する。これらの言説は，それぞれの背景を持ち，どれが正しく，誤りであるという問題設定で判断すべき問題ではない。しかし，これらの言説がどの程度の射程を持つものであるかを考えるためにも，まずは，日本国内で食することのできる太平燕について検討し，熊本様式の太平燕を緩やかに見定めてみよう。

　熊本市内で太平燕を提供し始めた店は，1933年創業の中華園，同じく1933年創業の会楽園，1934年創業の紅蘭亭の3軒で，いずれも福建省福清あるいは福州の出身者である（以下，「御三家」と表記）。現在の当主はすでに，第3代，第4代になっており，創業当時の状況は十分には伝えられていない。出身地も，村レベルまで特定できる記憶を持つこともあれば，省レベルまでの伝承にとどまることもあり，一様ではない。そこで，補助線として，同じく，創業者たちの出身地である福建省福清出身のある熊本華僑の自伝に目を転じてみたい[2]。この人物は，日本への渡来者からの2代目にあたり，中国料理店ではなく，スーパー経営で成功したが，父は福清県赤礁村，母は熊本市内の有力な中国系の人々の出身地である西葉村である。彼の伝記には，頻繁に，当時すでに市内中国料理店を経営していた，この御三家を中心とする人々が登場する。この人物の父親が熊本へ移動した理由も西葉村出身の妻の親族を頼ってのことであり，彼本人が東京の中国料理店で修業をした際に頼ったのも高校の同級生だった御三家の人物である。また，結婚相手も御三家のうちの別の親族であり，結婚式も御三家の経営するレストランで行い，小売業へ転業する際に利用させてもらった店舗も御三家の場所を借りるなど，同郷の中国系の人物たちによる援助と協力が記されている。彼の伝記から，長崎や神戸に比べてけっして多くはない熊本の中国系の人々が，互いに協力

し，助け合いながら生活していた様子をうかがい知ることができよう[3]。この緊密な関係性の存在は，本章の最後に述べる，太平燕の創始を争わない，オープンリソースとしての姿勢と連続すると思われる。

　熊本の太平燕創始の御三家（中華園は 2015 年に閉店し，その味は頂香へ受け継がれている）においても，提供される太平燕は，まったく一様なものではない。透明な鶏ガラのスープと八角などで煮た卵のトッピング，野菜を炒めずにスープで煮て，かつ，イモ系のでんぷんで作られた春雨の使用，鶏ガラスープ主体だが，口当たりが良くなるよう豚骨スープが加えられ上品な味付けの緑豆春雨で仕上げるなど，店舗により様々な工夫が凝らされている。しかし，より広い視野から眺める，つまり，熊本以外の太平燕と比較することで，熊本様式の太平燕のおおよその特徴を把握することが可能である。もっとも類似するのは，東京のある店を除くと，長崎で提供されている太平燕である[4]。長崎の太平燕は，一般的に豚骨スープが濃いことが多いが，この地域に類似した同料理があることは，戦前の中国系の人々の移動との関連で説明できる。かつて，九州の華僑，華人を調査した游によれば，熊本の中国系の人々は，台湾からの渡航者を除いて，呉服の行商者として熊本に定住したことが知られている[5]。その過程で，長崎を中心に，大阪，神戸，境港，東京などの都市への移動を繰り返している。とくに，地理的にも近い長崎には，親族や菩提寺の関係での往来も多く，熊本に定住したのちも兄弟姉妹が長崎での中華料理店を出店するなどの強い関係がみられることもあることから，この地に熊本様式の太平燕が普及したと思われる。

　他方で，横浜の中華街で提供される太平燕にも複数のバリエーションがあるが，熊本様式の，一人前の料理としての料理ではないことが多い。また，春雨やホウレンソウの具がある場合でも，ワンタンが入っていることが多い。一部の福建系のレストランでは，太平燕を注文した際に，後述する「扁肉燕」がないので太平燕はできないが，ワンタンスープでよいか，といったやりとりも発生する。塩で味付けした鶏のスープに，ワンタン，そしてねぎのみじん切りを散らす，といったシンプルな，実際には福建省福州の様式に近い料理を提供する店もある。このように，熊本や長崎を経由していない背景を持つ横浜中華街のレストランでは，近年著名になった太平燕をメニューに載せている場合でも，あえて，メニューに「福建風ワンタン」と〝翻訳〟表記するなど，独立した一人前で提供される料理ではなく，コース料理の一部としての，ワンタンが入ったスープ料理の太平燕が一般的である。

　ここから，熊本の太平燕は，鶏スープを基調としつつ店舗によっては口当たりを整えるために豚骨スープを加え，揚げたあるいは煮た鶏卵あるいはウズラ卵と，

第 6 章　熊本の「郷土料理」としての中国料理「太平燕」から考える　151

春雨が入り，調理法や具体的な素材は多様であるものの，多くの野菜を入れる点に特徴がある，といえる．

2　中国の太平燕——その素材と料理の文脈依存性について

太平燕と扁肉燕

前節で指摘した特徴を持つ熊本様式の太平燕とまったく同じ料理を福建省で探すことは困難である．福建省では「太平燕」という料理名は存在するが，この料理は，熊本のそれと異なっている．この問題が，おそらく，いまに至るまで特定の料理をその源として同定することを困難としてきており，部分的に重複しつつも異なる様々な言説を形成してきたもっとも大きな理由と考えられる．

では，福建省福清，福州周辺で太平燕と呼ばれる料理はどのようなものかといえば，扁肉燕（肉燕皮で豚肉や干貝，乾燥小エビなどをみじん切りにした餡を包んだもの．半透明でのど越しの良い皮で包んだワンタン状（福州では「扁食」と呼ぶ）になる．その形は，燕が尾を開いたような形態とするため，茹であがると鍋の中に燕が舞うように見立てられることからこの名がある）と，ゆでたアヒル卵，ねぎのみじん切りを散らしたスープを指す．このスープの中に椎茸，腐竹，春雨を加えることもあるが，これは「什錦太平燕」と呼ばれることもあり，これらの野菜具材は，太平燕に必須のものとは考えられていない．肉燕皮（「燕皮」）とは，豚の腿肉を，サツマイモのでんぷん粉を敷きながら，木槌で叩いて紙のように薄く伸ばしたものである（図6-1)[6]．この肉燕皮（別名「小長春」）は，餡を包んでスープに入れるほか，麺状に細切りにして，スープ料理の具材にしたり（燕絲湯），紅麴酒粕

図6-1　肉燕皮の製造過程と，同利の新商品であるカップ即席肉燕（2018年発売）
（左は同利の紹介パネルより．右は2018年，筆者撮影）

と煮て，溶いて揚げた鶏卵と合わせて「酒肉包蛋」とするなど，料理の素材として用いられている。

　肉燕皮自体は，宋代端平元（1234）年に福州人である調理師林阿栄と助手の徐小春によって，福州名物の魚肉団子の製法を応用して豚肉を材料に試みたことから始まった，とされる[7]。福建省蒲城地域で広まっていたこの製法が，のちに福州，福清に伝えられ，清光緒年間には，福州人王世統の聚記の肉燕が，福建省内にとどまらず，東南アジアなどの華僑への贈答品として有名になっており，この系統から台北市内にも店舗を持つ者が現れた[8]。省外にも知名度を高めた理由は，この肉製品は従来日持ちがしなかったが，1911 年頃，王世統によって，乾燥した携帯可能な肉燕（当時の商品名は「清水燕」）が開発されたことによる[9]。中華民国期には，福州市内に数多くの肉燕店があり，1947 年の「福州市肉燕業同業公会」成立時には，48 軒が登録されている[10]。この公会は 1949 年に解散したが，中華人民共和国建国後の 1955 年には市内各店舗の職人を吸収した「三保肉燕生産合作社」が形成され，1956 年からの公私合営時代にも同じく福州の老舗であった鼎日有肉松店とともに公私合営商店と加工場を持っていた（のちの「福州市食品公司肉類加工場」）。文化大革命の時期であっても，祝い事の多い時期には供銷社で肉燕を作成したり，「封資修」の物品とされて旧正月の際にも配給切符が手に入りにくいときなどは，密かに製造が続けられていた[11]。豚肉の配給チケット制度が取り消される 1985 年まで，国営の食品工場からは，「水仙牌」の名で，主に香港，台湾，シンガポールに向けて肉燕の輸出を行っていた[12]。

　改革開放後，多くの店舗は復活し，大量に肉燕を福州近辺に提供していったが，なかでも，1876 年創業の同利は，1990 年代にいち早く商標登録し，省郷鎮精品出品会への出品や現地の新聞への掲載，国内外のテレビ番組への出演，中国調理師コンテストでの数々の受賞などを経て，名声を獲得してゆく。同社の発展は，卓越した技術や，経営手腕といった要素はもとより，1990 年代後半以降の中国の，より大きな後景も関係している。同利の店舗は，福州のもっとも著名な観光地である古い町並みの面影を残す「三坊七巷」（2006 年に第六次中国重点文物保護単位，2009 年に中国十大歴史文化名街に指定された）に隣接していた。同社の発展時期の中国を特色づける要素に，観光活動の隆盛が挙げられるが，例えば，福州の名菜である聚春園の佛跳牆のような高級料理ではなく，容易に食すことのできる一碗の料理，地域の伝統文化，民俗文化という文脈で，この肉燕は外地から来た観光客にも大量に消費されてゆく。同社は，創業から 100 年を超える「老字号」（老舗）の称号を得て，また，肉燕皮の製法が独特であることから，そのストーリー性，パフォーマンス性が評価され，2007 年には福建省第二次省級非物質文化遺

産（伝統手工技芸）のリスト入りに成功した[13]。こうした，同時期の中国における文化へのまなざしの変化のなかで，同利を中心とする肉燕は，福州の地域文化，民俗文化としての名声を高めていった。

太平燕と提供される文脈

　しかし，福州の民俗文化とされているのは肉燕であって，その重要な素材ではあるが，太平燕そのものではない。次に，素材や調理法のみでは決まらない料理名という問題系について論を進めたい。一般的な説明によれば，太平燕は，「鴨蛋」（以下，「アヒル卵」と記す）の音が，福州方言では「圧乱」「圧浪」の音と諧音関係にあることから，「太平」に転じ，もう一つの素材である肉燕の「燕」は，「宴」と音を通じる。そして，この「燕」は，中国的文脈において，さらなる連想へと人々を誘う。すなわち，豊かな家を選んで毎年巣をかける鳥，毎年規則的に戻ってくる鳥として，富貴と一族団欒，再会の含意を与えられる。このことから，季節の行事のなかで，家族団欒の際に，親しい友人との会合では，しばしば肉燕のスープを食すことが希望される。また，吉祥を祝う贈答品として，乾燥した肉燕を贈与し合う。

　太平燕が提供されるのは，主に祝い事の文脈に位置する宴会である。大規模な夜宴である「大席」，午後の宴会「飯菜」，あるいは馬尾区のように，毎年余裕のある生活を意味する魚料理や，十全十美を意味する渡蟹料理と並んで，縁起物として大晦日の料理に取り込んでいる地域もある[14]。祝賀の祝いでは，しばしば太平燕が登場するが，もっとも頻出する事例は，婚礼の宴会においてである。婚礼には，4つあるいは6つの炒め物料理が提供されたのちのスープ料理として，最低でも同テーブルの人数分のアヒル卵が加えられた太平燕が出される[15]。この料理の登場とともに爆竹が鳴らされ，新郎の両親が新郎新婦を従えて客人たちに献酒とともに謝辞を述べて回り，それが一巡すると，初めてこの料理に手を付けることになっていた。ほかの料理が提供される際には，たとえそれが豪華な料理であっても，爆竹は鳴らされないことからもわかるように，シンプルな料理ではあるが，「大菜」として，婚礼において特別な意味を与えられていた料理として位置付けられている[16]。

　このように，アヒル卵と肉燕，刻み葱という素材とともに，祝賀の儀礼における，特別な意味を担わされた際に，この料理が太平燕と呼称されていた，素材と，提供される文脈とによって，この名称が用いられる料理である，といえる。よって，現在でも，宴会に対応する大型のレストランを除いて，福州近辺の一般の小喫レストランのメニューには，魚丸と並んで，肉燕の文字は見えるが，太平燕の

154　第Ⅰ部　近現代日本の中国料理

文字はない[17]）。この，文脈により名称を変える料理という点が，熊本の太平燕のルーツを探す際の困難となっていたが，この問題をより的確に理解するためには，料理名からの探求ではなく，当該地域の文化的な文脈を検討する必要がある。

素材としての線麺と多様な料理名

実は，福州近辺では，文脈において呼称を変える料理が，太平燕のほかにも見受けられる。太平燕ともっともパラレルな関係にあるのは，「線麺」と呼ばれる素麺に似た細い小麦製の麺である。この麺は，食材，料理名として，普段の食生活では線麺と呼ばれるが，提供される文脈に応じて複数の名称を持つ（図6-2）。さらに，線麺は，肉燕以上に頻繁にやり取りされる，社会関係を維持する重要な贈答品として位置付けられている特徴を持つ。

この点を明らかにするために，福州周辺の地方志の記述を手がかりに，まずは，人生儀礼での使用例から始めて，具体的な線麺の使用される場面を見てゆこう。

この地域では，子供の誕生に際して，線麺を贈答する。「洗三旦」，すなわち，誕生後3日目の嬰児の初めての入浴の際の贈答，返礼品，1カ月の祝い（「満月」），1歳の祝い（「周歳」）に，妻の実家からの贈答品として，生きた鶏，赤く染めた鶏卵，黒砂糖と並んで，線麺が必須とされる地域が多い。この麺は，出産から

図6-2　肉燕皮（手前右）と線麺（手前左）の専売店舗と，包装された干肉燕
（2018年，筆者撮影）

「坐月子」（産後の肥立ちの約1ヵ月）の期間の産婦の主要な食品でもある。この文脈で提供される線麺と鶏のスープで作った料理は，「誕麺」と称する。線麺のほか，出産，生育儀礼では，アヒル卵もしばしば用いられ，この食材と線麺との親和性は極めて高い[18]。それは，アヒル卵の持つ，先述の「太平」という諧音関係による。例えば，1ヵ月，1歳の祝いには，母方の実家から「包」「糕」と合わせてアヒル卵が送られるが，これをその発音から「包哥平安」と理解する地域も多い[19]。

　近年では，誕生日に，子供は「太平麺」を食す[20]。旧時も，子供が成人である成丁を迎えると，太平麺を食していた[21]。太平麺とは，線麺をゆで，鶏やアヒル，豚足や豚骨のスープに入れ，ゆでたアヒル卵を加えたものを指す。そして，太平燕は地方志上では宴会以外にあまり記述がないが，太平麺は，様々な民俗と結びつき，頻出する食品となっている。

　線麺の重要性は，婚姻に関しても現れる。婚約を終えたのち結婚までの間，男性側は，端午，中秋，旧正月に，線麺を女性側へ贈り続け[22]，結婚の日取りを決める儀式でも，太平麺を食べる地域があり[23]，婚姻当日に男性側が到着すると，女性側は太平麺を提供して，付き添う人々の労をねぎらい[24]，闘房を終えた新婚夫婦は，線麺にアヒル卵を加えて食べる[25]。婚礼に関する線麺は，「喜麺」と称する。

　さらに年齢が進んで，歳祝いを行うようになると，再び線麺は頻繁に登場するようになる。福州周辺では，地域によって違いはあるものの，おおむね歳祝い（「上寿」）は，男性50歳，女性45歳，あるいは男性60歳から始まり，およそ男性であれば9年ごと，女性であれば10年ごとに祝いを受ける。祝いの前日夜や当日には，贈答された線麺を食べる[26]。アヒル卵を入れることもあるが，線麺は「寿麺」と呼ばれる[27]。

　次に，年中行事をみてみよう。

　多くの地域では，正月の最初に食べる料理として，線麺，あるいはそれにアヒル卵を加えた太平麺が選ばれている[28]。長安村のように，正月三日に近隣，親族と太平麺を食する，正月二日に子女が「拝年」に訪れる際に，ともに食する事例もある[29]。

　福州周辺では，正月29日の，目連伝説に基づく「拗九節」（孝順節）が盛んだが，婚出した女性が実家の父母へ持ち帰る贈答品として，拗九粥，豚足と並んで線麺か太平麺が運ばれる[30]。西園村のように，アヒル卵のみを持参する地域や，厄年である「明九」（9で終わる年齢），「暗九」（9の倍数にあたる年齢）の者だけが

156　第Ⅰ部　近現代日本の中国料理

太平麺を食べる地域，親族に「明九」「暗九」がいる場合に，とくにその親族に太平麺を贈る地域もある[31]。

　最後に，非日常的な場面で食される太平麺の例を取り上げよう。

　太平麺は，生活の糧を求めて渡海する，留学に赴く，遠方に行ってしばらく会うことがないといった親族や友人を送る際に，これを贈与する，あるいはともに食す食品でもある[32]。この慣習は，その道行が安全で順調であること，太平であることを予祝している，といえる。初めて，または，重要な客人が自宅を訪れた際にも，太平麺は，魚丸や鍋辺糊と並んで提供されるべき料理になっている[33]。

　変わったところでは，外出しているときに鳥の糞が頭についた場合，大変不吉であるので，急いで家に帰り，太平麺を食べて邪気を払う，といった習俗もみられる[34]。

　このように，線麺とアヒル卵は，生活の様々な場面で登場するが，そこでは，福州周辺の方言によって初めて成り立つ諸音関係によって支えられる吉祥感覚が土台となっていることがわかる。鶏の澄んだスープと，主材料であり別名を「長麺」（音が「長命」に通じる）とする線麺，具材として「太平」を意味するアヒル卵の組み合わせが，寿麺や喜麺，誕麺，太平麺など，用いられる文脈によって名称を変えつつ，生活の風景に織り込まれている[35]。

　こうした線麺，太平麺の存在や，肉燕が魚丸と同じく，サツマイモデンプンで作られること，蕃薯丸に代表される，サツマイモ栽培の盛んな地域であることと粉絲との関係といった福州，福清地域の料理技法のストック，そして，祝賀の忘れがたい雰囲気，自らも日本への渡航の際に友人親族と食したと想像される食事という背景を背負うことで，ブリコラージュとしての，肉燕のない，アヒル卵のない，熊本様式の太平燕が成立した，と考えられる。その意味で，まさに，福州周辺の文化的蓄積を持った中国系の人々によって創造された熊本料理，ということができる。

　以上，本節では，中国の太平燕が，素材としては肉燕と，アヒル卵とを素材として用いる，提供される文脈としては婚姻や宴席という特別な文脈で供される料理であることを指摘し，この点が，熊本の太平燕を，その名称からルーツとなる特定の料理を探索する作業での困難となっていたことを明らかにした。そのうえで，同じく文脈で名称を変える線麺の存在を指摘して，そのパラレルな関係から，この説を補強した。そして，もともとのアヒル卵である太平の諸音関係や，人生儀礼，日常生活に埋め込まれた社会的文脈を後景としつつ，それを超えた場所で一人前の春雨スープ料理として成立した点に，熊本独自の様式の太平燕の特徴を

見出した。

　次節では，この熊本の郷土料理となった新たな太平燕が，どのように全国展開していったのかを確認したい。

3　熊本の「当たり前」から全国に誇る「郷土料理」へ

　本節では，熊本日日新聞の記事から，熊本の太平燕が全国展開してゆく過程を確認し，この展開を可能とした要素を考察する。

「当たり前」の再発見

　『熊本日日新聞』は，熊本県を中心に多くの購読者を獲得し，『熊日』の愛称で親しまれている地元新聞である。ここでは，データベース化されている 1988 年 5 月から 2018 年 11 月 22 日までを検索範囲とし，キーワードは「太平燕」で検索し，ヒットした記事のうち，著作権問題からデータ化されていない記事及び物産名として名詞が現れるのみの記事は除外した形で資料化した[36]。

　興味深いことに 80 年代には記事がなく，太平燕は 1990 年代になって初めて登場する。初出は 1995 年 2 月 10 日の記事「今週の一品」として，料理研究家によって太平燕の調理方法が紹介されている（1995.02.10）[37]。この時期には，調理法の説明が多く，棒々鶏絲の調理法の説明のなかで，鶏肉のゆで汁を濾して「太平燕」（タイピエン：原文ママ）に応用できることを，太平燕発祥御三家の一つである中華園の熊本岩田屋店調理長が説明する箇所は，その典型例といえる（1999.07.23）。

　データベース検索によれば，メディアへの登場は古くはなく，1990 年代には掲載数も極端に少ない。また，表記もまだ今日の一般的な表音方法である「タイピーエン」になっていないものの，すでに「今週の一品」の記事のなかで「懐かしい中華スープ」として紹介されていることである。熊本の中心部では，この時点ですでに，漢字を読めばその料理がわかり，耳でその独特な和製中国発音を覚えた，慣れ親しんだ，とりたてて取り上げることもないほどに「当たり前」の料理であった点であろう。

　太平燕の記事が急増するのは 2003 年 5 月からであり，その嚆矢として，「不思議の太平燕（上～下）」という連載が 3 度にわたって組まれている。そこでは，「太平燕（タイピーエン）。熊本の中華料理店なら定番の一品で，家庭の食卓，学校給食，保育園の給食にも上る人気メニューだ。しかし，熊本以外では，この料理名はあまり通じない。中国・福建省の料理が，華僑によって長崎，熊本へと伝わるなかで，熊本独自の一品料理として定着していったらしい。〝郷土料理〟と

158　第Ⅰ部　近現代日本の中国料理

もいえるこの太平燕を，全国に売り出そうという機運が県内で高まっている」と，この連載の意味を説明している（2003.5.20）。同記事のなかで，2001年に立ち上げられた，ホームページ「熊本太平燕倶楽部」の管理人による「いわば，熊本のご当地料理です。しかし，たいがいの人は，その事を知りません。全国どこでも，中華料理屋さんに行けばあると思っている」というコメントは，当該地域における「当たり前」をよく示している（2003.5.20）。

　連載の2回目では，そのルーツを探そうと試みて，熊本の中国系の人々による中国料理店の創業者がみな福建省出身であることを紹介し，熊本市内外の料理店側のコメントで記事が構成されている。福建省にはこれとそっくりな料理があったこと，春雨を使ったスープ料理を母が作ってくれたこと，「サンヌーウン」という同じ料理が福建省にあり，それが盆や正月，祝い事の料理であること，太平燕と呼んだり春雨スープと呼ぶ大皿料理があることなどの証言が綴られている（2003.5.21）。ここに至って，中国福建省から長崎に伝わった料理が，熊本で一品料理化されて郷土料理として根付いたというストーリーが紡ぎだされている。

　連載の最後になる3回目では，「全国へ知名度アップ　独特の〝食感〟に県外のファンも」と題して，中国のインターネットサイトの情報から，福州市の旧正月料理として太平燕を紹介する。主な具材を，肉団子，春雨，卵，湯葉，白菜とし，「肉団子は，福州名物の「肉燕皮」にひき肉を包んだワンタンのようなものらしい」，「卵は「太平卵」と呼ばれ，食べると安泰を招くという言い伝えがあり，これが「太平」の由来。「燕」は肉燕皮からきているらしい」と説明されている（2003.5.21）。続けて，国立民族学博物館の名誉教授の発言を引用して「福州の太平燕が長崎，熊本の料理の基礎になったのは間違いない」，「〝太平〟も，故郷に帰ってくる意味の〝燕〟も縁起のいい字。おめでたい料理の名前です。祖先がつくったふるさとの料理を異国で再現しようとして，例えば手に入りにくい肉燕皮が肉に変わり，熊本に根付いたのではないか」と結論付けられる（2003.5.21）。

　肉団子ではなく肉燕，卵ではなくアヒル卵，入手しにくい肉燕皮が置換されたのは肉ではなく春雨など，福州周辺の料理と熊本の太平燕との差異を指摘することは容易だが，この特集の記事で重要なことは，この段階に至って，現在流通する太平燕に関する言説群がほぼすべて構築されたことにある。

「つばめ」の結ぶ縁

　この時期に，突如として熊本の太平燕が注目され，新聞連載がなされた背景について，情報の補足が必要であろう。ホームページ「太平燕倶楽部」の開設は時期的に若干先行しているが，この一大ムーブメントの発端は，2002年に立ち上

げられた，新幹線鹿児島ルート開業を地域活性化に結び付けようと活動する「新幹線くまもと創り協議会」を契機に，ある発言者と，当時の県知事とが意気投合し，九州新幹線の部分開業に合わせた，太平燕を味わうための組織である「燕の会」が2003年5月に成立し，積極的な活動を展開したことにある。偶然ではあるが，新幹線の列車名の「つばめ」の名がつく，熊本ではよく知られた料理を地域の文化的資源と見做し，全国に売り込もうと運動が展開されてゆく。この年には，銀座にある熊本県のアンテナショップでも「熊本色」を出す試みとして，新幹線の「つばめ」に合わせてインスタントの太平燕を出している（2003.08.18）。

　この時期は，新幹線開通に伴う地域活性化政策を背景に，新幹線の名称である「つばめ」という同音関係の文脈のなかに，太平燕という料理が再配置されることで，新たな意味を獲得していった時期といえる[38]。

　この，2003年に急速に焦点化した「熊本名物」太平燕への注目は，翌年も続いてゆく。市内花畑町に初の太平燕専門店が登場しているが，その開業理由は「ブームが拡大し」たためであり（2004.09.25），「熊本名物として県を挙げて売出し中の「太平燕（タイピーエン）」はじわじわ人気上昇中」（2004.09.14夕刊）の記事に続けて，高速道路のサービスエリアでも「「熊本の新たな名物に」と県がPRに力を入れている料理」としてメニューに加えられるなど（2004.07.27），『熊本日日新聞』の記事には，太平燕の記述が急速に増えていった。この年には，観光振興に貢献したとして第3回くまもと観光賞話題賞に，「熊本太平燕倶楽部」が選ばれた（2004.02.28）。

　ただし，2003年までの自明性を見直すことによって発見された，中国由来の熊本名物という位置付けはすでにある程度完了しており，その「火付け役」（2004.05.03）であった九州新幹線の開通に合わせた「つばめ」への注目そのものから，少しずつ意味範囲を拡大し，当時の知事が「燕の会」第2回目の会合で述べたように「太平燕は（名前の縁起もよく）全国に売り出すにも十分な名前と味」（2004.02.06）として，そして，「中国から華僑によって伝えられたというストーリー性に加え，具だくさんで低カロリーというヘルシーさ」（2004.07.23）から，特色ある熊本を表現する記号としてより大きな文脈に拡大した時期でもある，といえよう[39]。この年には，雑誌『旅』の記事にも紹介され[40]，全国チェーン店のバーミヤンでは，期間限定メニューとして，「熊本の〝郷土料理〟」として売出し，好評を得た（2004.01.06，2004.02.06）。

　知名度向上に向けた大々的なキャンペーンは，この時期にはすでに大きな効果をもたらしつつあった。太平燕御三家それぞれに取材をした5月3日の記事では，どの店舗でも，「四月の売り上げは前年の三倍。二，三月も二倍増で，今年に

160　第Ⅰ部　近現代日本の中国料理

入ってからの太平燕人気は驚く」,「今年に入って用意したスープを使い尽くして
しまうことも」,「二年ほど前から,多くのメディアの取材を受け,県外客の伸び
が著しい」(2004.05.03) と,様々な広報活動が功を奏し,(県外からみた) 熊本の
新たな観光名物として,ある種のブームを引き起こしていた。

郷土料理としての太平燕の大成

　2005 年には,エースコックと東洋水産から相次いでカップスープとして太平
燕の発売が試みられた。企業側からは,従来のカップ麺と異なり,低カロリーで
ヘルシーと認識されたスープ春雨の売り上げが伸びていることを背景とする戦略
があり,一方で,熊本県観光物産総室は「辛子れんこん,馬刺,ラーメンに続く
熊本名物としての,太平燕を雑誌や新聞などメディアを通じて売り出していきた
い」(2005.06.04) という構想の合致した結果であった[41]。熊本のタウン誌を発行
しているウルトラハウスでは,この年に,『太平燕食べ歩き BOOK』を出版し,
熊本県内 70 店の太平燕の店を紹介している[42]。県外での知名度の向上は顕著で
あり,例えば,この年,大阪で開催された 2005 年食博覧会大阪では,熊本県の
ブースに開設した太平燕のコーナーには,テレビで見たなどの理由で長蛇の列が
できるなど,好評を博している。この食博覧会に出品した店では,鍋の振りすぎ
で腱鞘炎になるほどの盛況ぶりで 10 日間に 3,500 杯を売り上げ,ここでの反応
を踏まえてこの年の年末からはネット販売に乗り出している (2005.05.08)。この
太平燕ブームにより,あんかけ風太平燕丼や焼き太平燕,久留米ラーメンに近い
スープのものなど様々なバリエーションが試作された。

　この時期以降も新聞記事には繰り返し太平燕が現れるが,2002 年から 2006 年
までの取り上げ方とはやや傾向を異にする。そこでは,思い出の味としての郷愁
ある文章とともに,(県外者にとっての) 新熊本名物の PR という側面が強く打ち
出されている。

　こうした官民一体となった PR の結果,2007 年の,農林水産省の主催による
「郷土料理百選」運動には,十分なキャンペーンの成果がみられるようになって
いる。「農山漁村の生産や暮らしの中で生まれ,そして農山漁村で育てられ,地
域の伝統的な調理法で受け継がれてきた料理で,かつ,現在もそれぞれの地域で
ふるさとの味として認知され食されている料理」[43]という問題を含んだ定義によ
り,太平燕はこの度の郷土料理の選考基準に合致しないとされたために選からは
漏れたものの,事前のインターネット投票での人気を踏まえて,長崎の佐世保
バーガーや福岡の辛子明太子と同じく,別枠の「ご当地人気料理特選」に選出さ
れている[44]。太平燕が「農山漁村との関係はうすいものの,その土地自慢の人気

料理」[45]として,「ご当地人気料理特選」に熊本から唯一選ばれていることは,おそらく農林水産省の定義する狭義の「郷土料理」に認定される以上に,この運動の成果とみなすことができよう。

　この後も,熊本県による支持のもと,コンビニエンスストアと包括協定を結んで展開された「九州フェア」において,共同開発した太平燕のカップ麺が販売される。この商品は,あえて熊本城400年のロゴが入れられたことからもわかるように,熊本のPRとしての太平燕であった。2012年に熊本市は政令指定都市へと移行したが,この時にも,熊本市の依頼により,コンビニエンスストア3社が政令指定都市移行記念事業を実施し,ファミリーマートが太平燕スープを販売している（2012.03.29）。また,自治体として珍しい展開だが,日本航空と協力し,同社の日本の食文化を世界にアピールする「AIRシリーズ」の一環として,太平燕を国際線機内食で提供することに成功した。御三家のうちの1軒が,揺れる機内でもこぼれないスープやおにぎりとのセット化など難しい改良を施すことに成功し,3カ月限定ながらも広くこの料理を国内外へ紹介した（2013.05.31）。このように,太平燕は周囲に刺激を与えつつ,絶え間ない創造の過程にある。

　以上,1988年から2018年までの『熊本日日新聞』の記事の分析からは,次の傾向を指摘できる。1990年代にわずかに見られた太平燕の記事は,主に調理のレシピの記事であり,それが,九州新幹線開通にともなう観光資源の形成のための文化資源の掘り起し,いわば,自らの「当たり前」を問い直す作業のなかで,人々の熱を原動力とする「太平燕倶楽部」ホームページ開設や「燕の会」の活動が組織されることで,注目を受け,「売り出すべき熊本文化」として焦点化された。そこでは,偶然ではあるが契機となった新幹線の名称,健康志向を背景とする低カロリーの春雨麺,食味の良さも重要ではあったが,この料理が生み出された社会的文脈が「ストーリー性」として着目されていた。当時の知事による解説にあるように,「地域活性化」のための物語性,新幹線の名前に重ね合わされた「燕」の含意,近年の健康志向とともに,この料理のもつ魅力の一つである,その日常性と,「華僑料理」[46],「華僑菜」[47]という異なる論理体系を保持している点を忘れてはならない。

　永く太平燕の普及に関わってきた市内の料理研究家が指摘するように,「太平燕は,体を温めたり冷やしたりする食材がバランスよく使われ,栄養的にすごく理にかなった料理。中国の『医食同源』の考え方にもつながる。冷蔵庫の残り物で簡単に作れるのも魅力で,今後ますます受け入れられていくのでは」という指摘は,この二つの方向性を十分に表現している（2006.07.24）。ここに,太平燕が,

熊本の「郷土料理」としての側面と，中国料理としての側面が重複する形で併存する地平が切り開かれていることを確認できる。

おわりに

　本稿では，熊本の太平燕について，その起源とされる福建省の太平燕との異同を検討し，そのうえで近年の太平燕の知名度の全国化について，考察を行った。

　食物などの具体的な物質文化を対象とした研究においては，しばしば料理そのものや材料といった可視的な対象が焦点化され，食品が提供される雰囲気や，人々の認識の体系が十分に検討されない傾向がある。この点を踏まえて，本稿の前半部では，食材そのものを超えて，人々の集まる，めでたさ，といった文脈の理解を試みたが，上記の視点から，太平燕をめぐる問題系はまさに興味深い事例といえる。熊本の太平燕の全国展開については，主に『熊本日日新聞』の記事から考察を試みたが，新聞を中心とする文字資料の検討からは，当時の知事を中心とする行政の積極的な推進を中心とする状況が浮かび上がる。それを可能とした太平燕の置かれた社会的布置は，本稿の視点から，とりわけ現在の中国の状況と比較した際には，より重要であると思われる。その社会的布置とは，一言でいえば，太平燕を提供する店舗，とくにいわゆる御三家でしばしば聞かれる，彼らの非独占的な立場性である。レシピを無料で公開する，全国規模で展開するファミリーレストランやコンビニエンスストア，航空会社など外部の業種に知識や技術を提供することにみられるような，また，依頼に応じて出張店舗を組織するなど，普及のために支援を惜しまない，そして，その知名度を特定の店舗による商標という独占をしない連携の在り方があってこそ，太平燕の日本での普及は可能となった，と考えられるのである。

　御三家の経営者たちがそれぞれに語る，「みそ汁のルーツも分からないでしょ。おいしければどこでもいいんです」（2013.03.30），「どこが始めたかは大事じゃないんです。みんな仲がいい」[48]，「誰が始めたかよりも，そこから今に至るまで熊本県民のみなさんが太平燕を育ててくださったことに，私たちは感謝しているのです」[49]といった，名物の発祥を「囲い込まない」姿勢は，結果的に行政によるバックアップを容易にするものであった。しかし，その基礎は，それぞれの創業者たちが援助を受けながら，熊本のマイノリティとして，近現代日本の歴史における困難な時期を，相互に助力し合って生活を営んできた，冒頭で触れた社会関係に裏打ちされている，と思われる。この点は，まさに，今日世界各地でみられる，従来のコモンズ的文化を独占し，登録し，「遺産」とする潮流とは相対する

ベクトルを持つ展開方向である。この緩やかに「開かれている」ものとしての文化資源の在り方としての太平燕は，今後の文化と社会との関係を考えるうえで，大きな示唆を我々に与えてくれるのではなかろうか。

> ＊謝辞　今回の太平燕の調査では，福建師範大学の林国平教授，同利肉燕第４代・第５代伝承者の陳君凡氏，陳燕君氏，福建省無形文化遺産センター，熊本太平燕を代表する紅蘭亭，会楽園，頂好，熊本県立図書館，熊本市立図書館の諸氏，ならびに各地の太平燕を提供されている料理店の方々より大いなるご協力を賜りました。この場を借りて御礼申し上げます。

---

1) 『太平燕食べ歩き BOOK』ウルトラハウス，2005 年，2-3 頁。ほぼ同様の説明は，宮尾千知子「召し上がれ！くまもと名物『太平燕（タイピーエン）』」『麺の世界』（アジア麺文化研究会）1 号，2005 年，44-48 頁にもみられ，太平燕普及運動が展開した 2005 年時点での標準的な説明の様式と考えられる。

2) 林康治『報恩感謝』熊本日日新聞社，1996 年。

3) 御三家の方々によれば，昔の写真にはまるで自分の家族のように，御三家を含むこれらの熊本の中国系の人々が一緒に写っている，という。実際に，ここに名前の挙がる御三家，及びその親族は，日中共同声明からの流れを受けて盛大に行われた 1974 年の第 14 回旅日福建同郷懇親会熊本大会の委員長以下，実行委員までの名簿のなかにほぼすべて名前を連ねている。

4) この，東京でもっとも早く太平燕を提供した 1 軒は，熊本出身者により経営されており，熊本の太平燕そのものといえる。

5) 游仲勲『南九州の華僑』（熊商大産経資料 80 号）熊本商科大学，1981 年，張国楽「日本における福清呉服行商について」，旅日福建同郷懇親会半世紀の歩み編集委員会編『旅日福建同郷懇親会：半世紀の歩み』，2013 年。

6) 福州周辺，とくに福清市の一部は，土地がやせており，砂地が多い。そのため，かつては貧困に悩まされた場所であり，このことが海外を含めた移民の押し出し要因となった（中共福清市委党史研究室・福清市志編纂委員会編『福清華僑史』，2003 年）。この地域には，明万歴年間にフィリピン経由で砂地でも栽培できるサツマイモが伝えられ，主食の一つとなって，この地域の食糧事情を支えた。この地域の食文化の特色として，魚丸や蕃薯丸など，サツマイモデンプンが料理に多用されることについては，すでに指摘がある（趙麟斌『福州民俗文化概略』上海，同済大学出版社，2010 年）。

7) 同利肉燕店のパンフレット（福州同利肉燕有限公司）による。

8) 福州市名産志編纂委員会編『福州名産志』福州，海風出版社，2004 年。

9) 林伝成「聚記肉燕老店」，藩群編『福州老舗』福州，福州人民出版社，2002 年，162-165 頁。

10) 胡蘭芝『掌門』福州，海峡書局，2016 年。

11) 同利社長へのインタビューによる。なお，社会主義建設時期の福州の職工民主管理の状況については，福州総工会編『福州工会志』（福州，出版社不明，2000 年）を参照。

12) 福州市名産志編纂委員会編（前掲）『福州名産志』。

13) 福建省文化庁編『福建省非物質文化遺産名録』福州，福建省文化庁，2008 年。非物質文化遺産に認定されるにあたって，創始者の系統ではなくとも，一定の歴史性と同時にストーリー性が評価された点については，福建省非物質文化遺産保護中心へのインタビューによる。なお，同利は，創始者を謳わず，あくまでこの文化の継承者としての立場をとり，肉燕に関する調査や地域文化としての PR，技術の保存と継承に注力しているが，中国の非物質文化の認定，保護の制度に由来する問題として，同一項目では一つの店舗のみがリスト入りできることから，後述の文化の専有化がある。田村和彦「〝非遺〟時代的自文化研究——試論固化的〝遺産〟概念与面向未来的開放的〝生〟的記録」，韓敏・色音編『人類学視野下的歴史，文化与博物館——当代日本和中国的理論与実践』（Senri Ethnological Studies, No.97），National Museum of Ethnology，2018 年，187-197 頁。

14) 馬尾区地方志編纂委員会編『馬尾区志』下，北京，方志出版社，2002 年。

15) 現在では料理が増え，アヒル卵を一人一つ食べると満腹になるので，ウズラの卵（「鵪鶉」の音が「安全」に通じるので縁起物とされる）に替えられることも多い。

16) ただし，太平燕のみが福州周辺で特殊な地位を占めていたわけではない。「無魚丸，不成席」の言葉が示すように，福州特産の魚丸のスープや，頭から尾までを完全に残した魚料理「全節魚」（別名「全只瓜」「黄瓜魚」，フウセイ，近年ではイシモチを用いた料理）を必須とする地域もある。なお，結婚儀礼で太平燕ではなく，後述する太平麺を出す地域もある（鼓楼区地方志編纂委員会編『鼓楼区志』下，北京，方志出版社，2001 年。洪山鎮志編纂委員会編『洪山鎮志』福州，福建教育出版社，1998 年。福清市志編纂委員会編『福清市志』廈門，廈門大学出版社，1994 年。福建省地方志編纂委員会編『福建省志民俗志』北京，方志出版社，1997 年。馬尾区地方志編纂委員会編（前掲）『馬尾区志』）。また，熊本華僑の故郷である福清では，太平燕ではなく，フウセイの姿料理とアヒル卵を婚礼の宴会の必需品とする見方も強い（福清市地方志編纂委員会編『福清風物紀略』福州，福建人民出版社，2015 年）。

17) 福清の地域食を収集した著作でも，肉燕は項目が立てられ，太平麺は詳細な説明があるが，太平燕はアヒル卵の説明で一言言及されるにとどまる（厳家梅『美味福清』武漢，武漢大学出版社，2015 年）。

18) 長楽市地方志編纂委員会編『長楽市志』福州，福建人民出版社，2001 年。

19) 閩安鎮志編纂委員会編『閩安鎮志』福州，福建人民出版社，2010 年。閩侯県地方志編纂委員会編『閩侯県志』北京，方志出版社，2001 年。閩清県地方志編纂委員会編『閩清県志』北京，群衆出版社，1993 年。福建省地方志編纂委員会編（前掲）『福建省志民俗志』。

20) 中共長安支部・長安村委会編『長安村志』出版地不明，中共長安支部・長安村委会，出版年不明。中共東岐村支部・東岐村民委員会編『東岐村志』福州，福建省地図出版社，1998 年。閩清県地方志編纂委員会編（前掲）『閩清県志』。

21）福建省地方志編纂委員会編（前掲）『福建省志民俗志』。

22）同上。

23）『長楽風物志』香港，香港飛翔国際出版社，出版年不明。

24）馬尾区地方志編纂委員会編（前掲）『馬尾区志』。

25）鄭思銓著，蔡人奇補遺・編纂『藤山志』福州，海潮撮影芸術出版社，2002年（清咸豊年間から同治年間にかけて鄭思銓が書き溜めた『藤山志稿』の補遺）。福建省地方志編纂委員会編（前掲）『福建省志民俗志』。

26）鼓楼区地方志編纂委員会編（前掲）『鼓楼区志』，福州市秀嶺村志族譜編纂委員会編『秀嶺村志』福州，福州市秀嶺村志族譜編纂委員会，2006年。台江区志編纂委員会編『台江区志』北京，方志出版社，1997年。平潭県地方志編纂委員会編『平潭県志』北京，方志出版社，2000年。中共東岐村支部・東岐村民委員会編（前掲）『東岐村志』，莆田県地方志編纂委員会編『莆田県志』北京，中華書局，1994年。莆田市志編纂委員会編『莆田市志』第3冊，北京，方志出版社，2001年。連江県地方志編纂委員会編『連江県志』下冊，北京，方志出版社，2001年。前掲の『長楽市志』『閩安鎮志』『閩侯県志』『馬尾区志』。

27）洪山鎮の一部ではこの時に，太平麺のかわりに太平燕を食べることから，この二つの料理にはある程度の互換性が存在することがわかる（洪山鎮志編纂委員会編（前掲）『洪山鎮志』）。

28）福州市地方志編纂委員会編『福州市志』第8冊，北京，方志出版社，2000年，及び前掲の『福清市志』『平潭県志』『長楽市志』『連江県志』『閩安鎮志』。

29）前掲の『長安村志』『長楽風物志』『閩侯県志』『閩清県志』。

30）前掲の『鼓楼区志』『藤山志』『平潭県志』『長安村志』『閩安鎮志』。

31）福建省晋安区新店鎮西園村党委会・村委会編『西園村志』出版地不明，福建省晋安区新店鎮西園村党委会，出版年不明，及び前掲の『閩安鎮志』『閩侯県志』。

32）前掲の『鼓楼区志』『藤山志』『平潭県志』。

33）前掲の『秀嶺村志』『平潭県志』『莆田市志』『莆田県志』『馬尾区志』。ただし，長安村のように，肉燕や魚丸に卵を加えたものを用いるところもある（中共長安支部・長安村委会編（前掲）『長安村志』）。

34）閩安鎮志編纂委員会編（前掲）『閩安鎮志』。

35）これら特別な意味合いを持たせる場面では，線麺は調理の際に切らないが，それは「切麺」が「切命」に通じるためである（閩安鎮志編纂委員会編（前掲）『閩安鎮志』）。このことは，線麺が長寿や健康を願う機会に用いられる論拠の傍証となる。

36）『熊本日日新聞』データベースによる。この条件での検索の結果，各年のヒット件数は以下の通りとなる。1995年1件，1996年0件 1997年0件，1998年0件，1999年1件，2000年0件，2001年0件，2002年0件，2003年10件，2004年23件，2005年20件，2006年11件，2007年17件，2008年8件，2009年10件，2010年9件，2011年25件，2012年6件，2013年8件，2014年4件，2015年8件，2016年15件，2017年9件，2018年9件となっており，2003年から記事が急増する状況をみて取れる（著作権処理問題で閲覧できない記事を除く）。

37）以下，年月日の表記は，熊本日日新聞の掲載日を表す。

38）この時期の運動の展開については，渡辺千賀恵「無名の郷土料理「太平燕」が全国的に知られるに至った諸要因——熊本における 3 年間の主体的取組」，『東海大学紀要産業工学部』1 号（2009 年 2 月），1-8 頁が詳しい。

39）同知事による，この特定の料理への集中的キャンペーンの理由は，2006 年に催された食のフォーラムでもみられる（西日本新聞社編「パネルディスカッション：だご汁，馬刺し，からしれんこん素材の魅力を生かす味が熊本流」，『九州宝御膳物語——おいしい郷土料理大事典』西日本新聞社，2006 年，128-130 頁）。

40）勝谷誠彦「春を呼ぶ鳥のごとくに羽ばたく麺」，『イケ麺！』新潮社，2006 年，41-50 頁（初出『旅』925 号（2014 年 5 月号），136-140 頁）。

41）熊本市内の春雨製造で有名な西日本食品工業は，1999 年には，すでに，鍋で調理する即席太平燕を開発していたが，この時期に拡大した消費動向を踏まえてカップ麺やレトルト形式の商品を増やしている。

42）前掲『太平燕食べ歩き BOOK』。

43）農林水産省『農山漁村の郷土料理百選』（パンフレット），2007 年。

44）この農林水産省による「郷土」概念には考察すべき重要な問題点があり，それは過去 30 年程度の時間軸のなかで展開されはじめた「美しい日本の村景観百選」，「農村アメニティ・コンクール」など一連の文化概念の運用を利用し，生業そのものではなく景観ごとパッケージ化してゆく近年の農林水産省の戦略と関係があるが，この問題の検討は別稿に譲る。

45）向笠千恵子『郷土料理大図鑑——食べて学ぼう地域の食文化』PHP 出版，2008 年。

46）西日本新聞社編（前掲）『九州宝御膳物語——おいしい郷土料理大事典』，55 頁。

47）紅蘭亭パンフレットによる。

48）御三家某店での取材による。

49）勝谷誠彦（前掲）「春を呼ぶ鳥のごとくに羽ばたく麺」，44 頁。

第7章

日本における中国料理の料理人の現地化と業界団体の変化

陳嘉適

はじめに

　日本における中国料理系外食産業の特徴は，海外諸国と比べて経営者や料理人，給仕とその他を含む業界従事者の現地化が，早い段階になされたことにある。1950年代までの中国料理の主な担い手は，当然ながら来日した中国人の料理人だった。しかし，1960年代に入ると，日本人の料理人が増加したことによって人数が逆転し，1980年代以降は後者への切り替えがいっそう進んだ。

　もっとも，こうした変化は大きく三期に分けられ，各段階には固有の原因が存在し，結果を伴った。1945年の第二次世界大戦直後から，1949年の中華人民共和国の成立と，朝鮮戦争後の経済回復期にかけての第一期は，様々な要因から大勢の熟練料理人が海を渡って来日した時期にあたり，彼らはそれまで日本に存在しなかった中国料理の流派の紹介にも寄与したことから，料理はレベル的にもバリエーション的にも大きく進化を遂げた[1]。

　続く第二期は，1964年の東京オリンピックと1972年の大阪万博後のホテル建設ブームによって始まった。この時期はホテル内に高級中国料理店が出店した草創期にもあたり，それらのために来日した香港や台湾の料理人によってもたらされた，中国料理に関する最先端の技法と設備，及び新しい食材の使い方等が，高級中国料理店を経由して日本の中国料理業界に広く紹介されるようになった。また，料理店内の調理の担い手は，中国人から徐々に華僑と日本人の料理人に入れ替わるようになった。

　そして，1990年代から現在に至る第三期においては，料理人の出身地がそれまで主流であった香港と台湾から，中国大陸へと取って代わった[2]。ただし，この期間に来日した料理人は前述の二期と異なり，熟練者に素人も交ざっていたこ

とから，日本での在留パターンもそれまでとは異なっている。

　このように，来日する中国人の料理人の出身地と人数及び特徴には，時代による違いが見られる。一方，中国料理系外食産業における日本人は，当初こそ拡大する斯界の市場規模や，料理店の増加に伴う人材不足の穴埋めでしかなかった。しかし，1970 年代以降の大規模店の厨房の戦力は，徐々に中国人から華僑へ，そして日本人へとシフトし[3]，現在に至っては日本人の料理人の割合は，全体の9割以上と推定され，これに匹敵する国はない[4]。

　またこれらと同時進行するかたちで，各料理流派のそれぞれの集まり，経営者や料理人の組合，料理協会や研究会等の業界団体が，所属する華僑団体から分離し，独自の組織や活動を行っていったことも興味深い。

　こうしたことを踏まえて，本稿においてはこれまであまり言及されてこなかった，前述した料理人の現地化の歴史や，業界団体の変化について検証していくこととする。

1　日本における中国料理系外食産業の発展

　日本における中国料理の従事者，及び業界団体に関する研究は数少なく，公的な統計資料から中国料理系外食産業の実態を把握することは困難である。また，業界団体や民間の調査による統計も完備されているとは言い難い。

　事実，表 7-1 に示した通り，2016 年の企業・事業所統計によれば，日本全国の飲食店の事業所数は 49 万 9,542 店あり，従事者数は 362 万 6,018 人，そのうち「中華料理店」の事業所数は 1 万 4,704 店（ラーメン店カテゴリーを入れて合計で 3 万 2,745 店），従業者数は 9 万 7,505 人（同 22 万 1,428 人）となる。そしてこれを比率に置き換えてみると，「中華料理店」の全飲食店事業所数及びその従業者数は，2.9%（同 6.5%）と 2.7%（同 6.1%）となる。ただし，公的統計では従業者の国籍についての情報が欠如しており，推定では中国人従業員は 1 万 5,000 人以下[5]，全従事者の 1 割以下と考えられている。

　一方，表 7-2 に示したように，外食支出に占める中華料理店の比率は，総務省統計局・家計調査年報によると，1 世帯あたりの数値は 2000 年の 4.2% から 2016 年の 3.5% へと下降傾向を示している。しかし，ラーメンを入れて考えると，8.5% から 8.6% へと微増している。

　こうした特徴は，世帯あたりの中国料理の外食支出が，この 16 年間に金額から見ると 23.9% の下落を記録し，外食全体の −10.7% と比べて減速が甚だしくなるものの，ラーメンを加えれば下落幅は − 8.7% に留まり，外食全体の下落率と

170　第 I 部　近現代日本の中国料理

表 7-1 飲食サービス業細分類別事業所数及び従業者数

	事業所		従業員	
	数	比率	人数	比率
食堂・レストラン（専門料理店を除く）	43,192	8.6%	372,404	10.3%
日本料理店	41,456	8.3%	413,203	11.4%
料亭	673	0.1%	5,503	0.2%
中華料理店	14,704	2.9%	97,505	2.7%
ラーメン店	18,041	3.6%	123,923	3.4%
焼肉店	15,023	3.0%	153,108	4.2%
その他の専門料理店	16,446	3.3%	150,900	4.2%
そば・うどん店	25,347	5.1%	175,139	4.8%
すし店	20,135	4.0%	232,443	6.4%
酒場・ビヤホール	93,787	18.8%	525,976	14.5%
バー・キャバレー・ナイトクラブ	65,635	13.1%	215,870	6.0%
喫茶店	54,194	10.8%	254,093	7.0%
ハンバーガー店	4,611	0.9%	139,656	3.9%
お好み焼き・焼きそば・たこ焼き店	12,864	2.6%	52,533	1.4%
他に分類されない飲食店	4,587	0.9%	71,853	2.0%
持ち帰り飲食サービス業	9,253	1.9%	60,961	1.7%
配達飲食サービス業	36,748	7.4%	374,596	10.3%
その他	22,846	4.6%	206,352	5.7%
合計	499,542	100.0%	3,626,018	100.0%

出所：総務省・平成 28 年経済センサス―活動調査産業別集計（「サービス関連産業 B」及び「医療，福祉」に関する集計）。

表 7-2 世帯当たり年間外食支出推移

	2000 年		2005 年		2010 年		2015 年		2016 年	
	日本円	比率	日本円	比率	日本円	比率	日本円	比率	日本円	比率
日本そば・うどん	5,639	4.0%	5,476	4.3%	5,085	4.2%	5,835	4.6%	5,486	4.3%
他ののめん類外食	1,519	1.1%	1,779	1.4%	1,766	1.5%	2,069	1.6%	2,080	1.6%
すし	15,204	10.8%	13,035	10.2%	11,489	9.5%	12,254	9.6%	13,033	10.3%
和食	25,759	18.2%	23,886	18.6%	20,589	17.1%	23,476	18.4%	22,715	18.0%
中華料理	5,958	4.2%	5,622	4.4%	4,328	3.6%	4,436	3.5%	4,535	3.6%
ラーメン	5,851	4.1%	6,227	4.8%	5,950	4.9%	6,030	4.7%	6,246	5.0%
洋食	15,101	10.7%	15,750	12.3%	15,450	12.8%	17,844	14.0%	18,341	14.5%
ハンバーガー	2,845	2.0%	3,218	2.5%	3,795	3.1%	2,768	2.2%	2,988	2.4%
その他	63,381	44.9%	53,422	41.6%	52,052	43.2%	52,792	41.4%	50,756	40.2%
合計	141,257	100.0%	128,415	100.0%	120,504	100.0%	127,504	100.0%	126,180	100.0%

出所：総務省統計局・家計調査年報。

ほぼ同じ数値となる。ちなみに，ジャンルごとに見ると，増加したのは比率としては麺類（そば・うどん，他の麺類，ラーメン）とハンバーガーであり，金額としては他の麺類，ラーメン，洋食とハンバーガーとなる。

日本における中国料理系外食市場の規模の縮小は，個人消費と法人需要に支えられている外食市場全体の不況や，中食[6]との競合による市場の共食い現象（cannibalization），及び既存の外食レストランチェーンが中国料理を提供するようになったこと等を要因としている。しかし，それらと並んで，中国料理業界全体が盛り上がるような話題性の欠如や，業界団体と一般消費者間のコミュニケーション不足も原因の一部と考えられている。

料理人の業界団体の結成目的とその過程は，それぞれの国や地域の事情によって異なっており，国際的に共通した特徴は少ない[7]。特に，東アジアと東南アジア地域における料理人は，他の職業と比べて閉鎖性が強く，技能の習得は徒弟制に依存し，全国的・地域的な組織の結成は，1980年代になって初めて見られるようになってきた。

例えば，北京に本部を置く中国烹飪協会（China Cuisine Association）は，中国国務院民生部に登録する組織であり，協会の歴代の会長職も中国政府の副大臣クラスの幹部が担っているものの[8]，その創立は1987年である。ちなみに，香港と台湾の業界団体は1970年代から出現したものの，組織の構成は多岐にわたり，中心的な団体は欠如していた。また，アジアにおける中国料理の業界団体の古参である，マレーシアの馬來西亞雪隆姑蘇慎忠行餐飲業公会（Persatuan Restoran Selangor Dan Wilayah Persekutuan Ku Su Shin Choong Hung）は，問屋と料理店の経営者の集まりとして発足し，その設立は1893年まで遡る。ただし，こちらも組織の業務拡大は1966年からとされている[9]。

一方，日本の場合，中国料理に関する代表的団体である全国中華料理生活衛生同業組合連合会（以降，「全中連」）と公益社団法人日本中国料理協会（以降，「日中協」）は，共に公的制度の変化と影響を受けて誕生した背景を持っている。事実，全中連の創立目的は，1957年の「環境衛生関係営業の運営の適正化に関する法律」の施行及び政令改正と緊密な関連があり，日中協は当時の労働省と厚生省が管轄する調理技能評価制度に，1983年2月より中国料理カテゴリーが増設されたことによる影響が大きい[10]。

ただし，業界団体の結成の最大の目的と役割は，やはり業界の長期的な発展と料理人の地位向上にある。したがって，業界団体の主な活動には，社会や一般消費者向けの啓蒙・広報活動を行うことによって，消費者の中国料理に対する関心を高めることが挙げられてはいるものの，より重要視されているのは，組織内の

異なる流派の料理人間の，技能交流や意見交換の実施，及び料理人と雇い主が雇用条件等を交渉する際に，業界団体が会員である料理人の後ろ盾となって，有利に話を進められるよう，折衝・仲介の労を担うことであった[11]。

2　日本における中国料理業界の現地化と業界団体の変化

前述したように，日本における中国料理の業界団体の歴史は，三つの段階に分けられる。すなわち，1950年代までの第一期，1960年代から1980年代までの第二期，そして1990年代から現在に至る第三期である（表7-3）。

前史：第二次世界大戦までの業界団体の様子

古代の通商環境は劣悪であり，自身の安全確保と競争力強化のために，商人や労働者は同業者で団結する互助組合を世界各地に結成させた[12]。その代表例が中世の西ヨーロッパに誕生したギルド（Guild）があり，一方，中国にもそれに近い業界利権擁護組織として，唐代以降に行会が誕生した。

中国の行会はギルドと比べて，職業団体としてよりも同郷団体としての性格が強く[13]，同業者は特定地域に居住し，組織も隣保互助の精神を体現したものであった。そして，その形成過程及び政府との関係は，ギルドのボトムアップアプローチ（ギルドの形成→経済的な影響力増→政治的な影響力を持つ）ではなく，むしろトップダウンアプローチに近いと言える[14]。

モル＝ムラタ（Moll-Murata）によれば[15]，中国式の行会は近隣諸国では採用されず，中国の影響が強かった朝鮮でさえ，行会に類似する業界団体は誕生しなかった[16]。行会や経済的な団体としての公所に一番近い事例は，ベトナムの首都ハノイのタンロン（Than-Long）区にある，36行街（36 Pho Phuong）である[17]。

一方，日本における中国系の行会や会館等の歴史は，徳川時代の長崎に遡り，1688年に初めて同地において会館[18]（唐館）が設立されている[19]。ただし，当時の唐館は13軒しか存在せず，1868年においても在館唐人数は284人のみであった。このため，業界団体と呼ぶにふさわしい組織が存在した記録はない[20]。

1871年の中日修好條規（＝日清修好条規）の締結によって，来日した中国人は単独で貿易を行うと共に，各開港地に公所を相次いて誕生させた。ちなみに，この当時の公所は，主に同郷出身者を中心として組織されていたものの[21]，日本最大の中華街の所在地である横浜は，他の開港地と比べて貿易取引額が少なかったため，経済団体としての公所は存在しなかった。ただし，日本全国の中国出身者の6割が集中し，特に広東省出身の者が多かった同地においては，料理業や製麺

表 7-3　日本における中国料理業界団体の発展段階

		第一期	第二期	第三期
期間		第二次世界大戦後から1950 年代まで	1960 年代から 1980 年代まで	1990 年代から現在まで
背景		敗戦からの復興，朝鮮戦争を経て高度成長期へ	高度成長期から安定成長期へ移行，オイル・ショックとニクソン・ショックを経てバブル景気のピークへ	バブル崩壊を経て，失われた 20 年と呼ばれる低成長期に突入
特徴	料理	●闇市の中華料理・ラーメンが国民食としての登場 ●中国人料理人を主体にした中国料理の浸透段階 ●新しい中国料理のメニューを続々日本に紹介	●女性の社会進出や，所得の上昇，核家族化などといったライフスタイルの変化に後押しされ，食事内容多様化，小麦と畜類消費増加，ファストフード，ファミリーレストランなどが続々と登場 ●高度経済成長とともに伸長した外食産業にレストランチェーンが出現 ●田村町の最盛期，高級中国料理店がブームに ●中国との国交正常化とパンダブームで中国料理への注目増 ●食品メーカーも中華食品に力を入れ始めた	●ポストグルメ時代の消費者は多様な価値観とゆとりを持ち，豊かな選択肢の中から物を選ぶ時代 ●市場が成熟し実質食料支出額は停滞，価値と価格の関係が厳しく評価される ●外食市場は停滞。 ●新華僑の店は一時期急増 ●景気低迷などにより低価格路線が浸透し，テイクアウトや宅配などの中食マーケットが飛躍的に発展 ●食への信頼を揺るがす問題が次々と起き，食への注意・関心の強まりの中で，「食育」や「スローフード」など，新たな考え方が登場
	料理人	●料理人は中国大陸からの帰国者，大陸からの中国人避難者・定住者が主流で，華僑青年は見習いとして厨房に入る ●高級中国料理店の厨房に入れる日本人料理人は僅か	●大師傅と打荷はなお中国人がメイン，鍋は華僑及び日本人料理人へ ●家族経営の店以外は，フロアスタッフがほとんど日本人になる ●高級中国料理は個店からホテル経営・チェーン経営へ	●日本人料理人が厨房の9割以上に ●有名な料理人とマスコミの紹介で中国料理は日常の生活に溶け込む ●中国料理業界もセントラルキッチンの時代へ ●業界は，労働力不足・高齢化に直面
	業界団体	●業界団体の発足期，主に同窓会のような存在 ●1949 年に東京都中華料理業協同組合が発足，1960 年代に全国に広がる	●業界団体は料理の流派（四大料理）のネットワークから成長 ●日本中国料理協会が設立，交流の相手は台湾・香港から中国大陸・世界へ	●1990 年代の通信革命が業界団体の発展にも影響 ●外食市場の停滞が業界団体にも影響を及ぼす

174　第Ⅰ部　近現代日本の中国料理

業，雑貨商等の，職業としての同業・同郷団体は多かった[22]。それに対し，他の大都市に暮らす中国人は，出身地によって職業も異なり，上海系はピアノ調律師と洋裁，揚州系は理髪業，福建系は貿易商と呉服商が多く，それらは各々に公所を設立して自らの利益を確保しようとした[23]。

こうした経緯を経て，中国料理業界の業界団体は，華僑として日本に定住した中国人が最も多く暮らす横浜においても，それ以外のものよりもやや遅れて誕生することになった。事実，『横浜華僑誌』[24]によると，広東系の料理店が京浜華厨会所を結成したのは1918年であり，山下町の広東系料理店が，前者とは別に山下町中華料理業組合を結成したのが1935年とされている[25]。しかも，当時の東京で流行っていた中国料理とは，蘇浙地方（江蘇省と浙江省一帯の地域）を中心する，上海料理を指していたことから，こうして結成された広東系の業界団体は，それほど強い影響力を持たなかった。なお，同時代の東京において，同程度の規模を誇る業界団体が存在した記録はなく，日本における中華街発祥の地である長崎を見てみると，1945年に長崎中華料理同業協同組合が創立されているものの[26]，それ以外にめぼしいものは存在しない。

ちなみに，戦前期の日本における中国料理の普及実態であるが，大正時代に入ると，中国料理は日本の社会の底辺から広まり始め，同じ東洋人である日本人にとっても親しみやすい料理になった。その主たる要因は，東京に中国人留学生が増えたことと，当初は開港地周辺に居住していた中国人が，時代を経るに従って市街地へ進出し，一品料理を中心とする個人経営の中国料理店を次々に開店させたことによる。その様子は，1925年に出版された木下謙次郎の『美味求真』（啓成社，136頁）にも記されており，震災前の東京には1,500軒の中国料理店が存在したとのことである。

1920年代以降の中国料理は，もう少し上の階層にも普及した。西洋料理比べて[27]，中国料理は日本人の好みに合致していたことから，それほどの修正を必要とせず，浸透が図られたのである。なお，中国料理の社会的な地位の向上には，1910年代に軍隊の献立に中国料理が加わったことが大きく，軍隊における中国料理の採用は，調理法の近代化にも貢献した。

第一期：中国人料理人を主体にした中国料理普及の初期段階（1950年代まで）

戦前期の中国料理の業界団体は，常に結束力と影響力の点で問題を抱えていた。事実，当時のこの種の団体は，中国の行会ほどの独占権や強制力を持たず，そのうえ自分たちとは異なる出身地・所在地の同業者との交流や協力関係も十分とは言えず，日本の主流な社会層との関わりも弱かった。特に，各幇の「割拠主

義」[28]は，中国人による広域的な中国料理業界団体の成長にとって，最大の阻害
要因となった。また，中国国内の業界団体と比べて，海外や日本の組織のほうが，
祖国・中国に対する政治的な活動が活発だったため[29]，日本政府との関係は常に
微妙であった。それでも，この時期には業界団体の発展につながる転機も訪れ，
それは戦後直後の中国料理の隆盛にもつながった。

　戦前期の日本における中国料理店といえば，それは概ね華僑経営の小規模な個
人経営の店を指していた。しかし，1950年代以降になると，中国料理店の主流
は大型の高級店へと移り，それらが一世を風靡するようになった。なぜなら，こ
の時代には香港や台湾を経由して来日した中国人の資本家が，原資を出し合って
海外から腕のよい中国人料理人を雇い，東京に本格的な中国料理店を出店し始め
たからである。もっとも，当時の日本人客はまだ貧しく，このような高級料理店
の顧客となれたのは，外国人[30]か日本人の名士・経営者に限られがちであった。
このため，この時代の高級中国料理店の多くは，彼らが勤務するGHQ（日比谷），
アメリカ大使館（虎ノ門），NHK（内幸町）や金融街（大手町〜内幸町）にもほど近
い，新橋田村町（現在の港区西新橋）に集中していった。

　新橋亭，新雅酒家，北京飯店，中国飯店等の田村町の多くの名店は，早くも
1950年代に「師傅」と「執馬」・「打荷」[31]のシステムを導入し，そうした中国人
料理人の通訳兼補助役として，日本生まれの中華街出身の青年を組ませ，厨房を
運営していった。

　中華街，特に横浜中華街出身の青年は，中国語（特に広東語）と日本語の双方
に通じることから，厨房内のみならず，ホールのスタッフや下働きの日本人とコ
ミュニケーションを図るうえでは，香港や台湾から来たばかりの中国人料理人よ
りも有利であった。ただしこのことは，師傅が自身の流派の料理に専念できる環
境の維持には貢献したものの，同時に彼ら自身が他の流派のメニューを早期に習
得する機会を失うことにも作用し[32]，それを行うには中華街出身の執馬や打荷に
頼るしかない状況を助長した。

　華僑の青年は広東系出身者が多かったものの，入店まで特定の流派に属せず，
日本人の気質や好みに関しては，来日したての師傅よりも精通していた。このた
め，師傅のそばで執馬や打荷として言葉や作業の仲立ちをしながら，結果的に料
理修業をすることになった彼らは[33]，日本人の見習いよりも出世が早まった[34]。
こうして，高級中国料理店の厨房の主力は，来日した中国人料理人から華僑の料
理人へとシフトしていくようになった。

　同時に，この時代は華僑の職業傾向も変化した。華僑がよく就く職業として，
戦前は「三把刀」（洋裁の鋏，料理人の包丁，理髪師の剃刀）がしばしば挙げられ，

176　第I部　近現代日本の中国料理

この中では洋裁の条件が最もよく，人気も高かった[35]。しかし，1950年代以降は日本人も洋裁を積極的に学ぶようになり，同時に大量生産の既製服が台頭したことから，洋裁の腕をもって生活することが前時代よりも厳しくなった。このため，以降は生き残る手段として料理業界へ注目する傾向が強まり，中国料理に従事する華僑が急増した[36]。

　華僑料理人は地盤を日本とすることで，来日した中国人料理人とは異なり，縦（自身の料理の流派・関東地方）と横（他の流派・日本の各地方）の両方向のネットワークを構築し，影響力を拡大させていった[37]。また，料理店で一定の役職に就くと，同郷意識の連帯から，親戚や友人，そして同じ中華学校の同窓生を，自身の勤務先やつながりのある店に紹介するようにもなっていた[38]。

　なお，第一期の特筆に値する事項としては，全中連の設立を忘れてはならない。全中連の創立目的は，生活衛生法に基づいた公衆衛生，食品衛生水準の向上と，各店の経営に寄与することであり，会員は町場の中国料理店をはじめ，ラーメン店から高級中国料理を提供する専門店まで幅広い[39]。全中連は厚生労働省認可の全国連合会組織であり，初期の活動としては，1949年に東京都中華料理業協同組合（1965年の環境衛生法の政令改正で中国料理がカテゴリーの独立によって東京都中華料理環境衛生同業組合に改称）を結成したことや，1966年に全国連合会（当時は全国中華料理環境衛生同業組合連合会，2001年に現名称に）の創立総会を開催したことが挙げられる。そして現在，全中連は日本全国に22の地方組合を傘下に抱える[40]，一大勢力となっている。

　全中連は近年，様々な広報や消費者に対する啓蒙活動を展開している。例えば，毎月15日を「中華の日」として，会員の料理店の店内に広告物を配布したり，特典を提供したりしており，年1回の総会の開催時には，それと併せて全国ヘルシー中華料理コンテストを実施し，上位入賞作のレシピを広く公開することでその普及を図っている[41]。

第二期：外食産業における中国料理の浸透とその担い手としての 日本人の台頭（1960-80年代）

　1960年代に入っても，高級中国料理店の勢いは止まらなかった。この背景には，東京オリンピックを契機とした大型ホテルの建設ラッシュと，それらに高級中国料理店が併設されたことが大きく，これらは中国料理のイメージアップに大きく貢献した。その筆頭としては，1962年にホテルオークラ内に開業した「桃花林」が挙げられ，以降，高級で洗練されたホテルの中国料理が栄えたことを考慮すると，同店の開業は日本における中国料理史においても，画期的であったと

言える。また，ホテル系の広東料理と，四川飯店を中心とする四川料理は，この時期には新興勢力であったものの，それらがほどなくして，戦前の主流であった上海料理と北京料理を超える存在にまで普及したことも，特筆に値する[42]。

　こうした変化の裏には，この時期に香港から来日した料理人の存在が大きかった。中国飯店，桃花林，太平洋ホテルの楼蘭でチーフ・料理長を歴任した譚恵[43]はその一人であり，広東省出身の譚は香港を経由して 1950 年代に中国飯店に入社し，桃花林のオープン前に伍貴培とともに同店に移籍した（桃花林の厨房のチーフは日本語のできる伍であり，譚は一番鍋だった）。現在の中国料理業界の重鎮の多くは，中国飯店と桃花林の執馬か見習いだったと譚が回想しており[44]，譚は伍と料理店のオーナーと一緒に，香港に新しい料理人探しに行くこともあったと言う[45]。1970 年代は，日本における香港出身の料理人の人数がピークに達した時代であった。ただし，彼らは実際の調理よりも，メニューの統括と青年料理人に対する指導にあたることが多かった。

　一方，四川料理の普及は，陳建民を抜きにしては語れない。陳は 1958 年に田村町に開店した四川飯店で成功を収めて以降，早い段階から日本人の弟子の育成に力を入れた。田村町で仕込んだ弟子を，系列の六本木店や赤坂店に次々に送り出したほか，四川料理店の開業に興味を持つ投資家にも弟子を紹介した[46]。日本人の好みに合わせて，新しい四川料理の味を継続的に編み出し，日本全国に四川料理を普及させた功績は大きい。

　こうして，日本の中国料理界は時代を経るにしたがって，質量ともに充実していったが，中国人料理人の現場に激震が走る出来事が起こった。それは 1966 年に公布された法 126 号外国人登録法の永住資格の改正であり，その第 2 条第 6 項には中国人の居留期間の延長不可能が記されていた。

　この法律は在日 2 世以降の永住資格に関する改正であったが，施行は中国系の料理人の新規流入を減少させ[47]，在留していた既存の料理人に対しては，期限満了後の帰国を促すことに作用した。ところが，1972 年の中日国交正常化（＝日中国交正常化）を契機として，中国料理業界はますます勢いがついたことから，当時の中国料理界は全体的に人材不足となり，時間をかけて育成してきた青年料理人を各店が奪い合う現象が起きた[48]。

　しかるべき技能を修得した料理人の需給の不均衡状態は，各流派の代表にとっては，自身の影響力を増加させ[49]，流派の結束を強化させる千載一遇の好機となった。さらに，当時の中国料理店の新規開店の原資は，古い金融形態である無尽から集めることが多く，流派の領袖の系列店として暖簾分けする方法が，人材的にも経済的にも最も容易であった。こうして，この時期にようやく，日本にお

ける中国料理の業界団体内に，行会らしきプロトタイプが現れた。ただし，それらは本場の行会と比べて統制力が弱かった。

　もう一つの重要な料理人団体である日中協は，こうした状況を背景として誕生した。同団体は1977年に創立された全日本中国料理調理士協会をその前身としており，中国料理の従業員の生活の指導と援助，技能向上，就労支援，国際交流等を設立の目的として掲げているものの，同団体発足の目的は，力を合わせて国によって承認されるような存在となり，業界全体の地位を向上させることにあった[50]。このため，その設立趣旨に賛同した流派の中には，それまで組織化されなかったものを，日中協の結成に合わせて整えたところもあった[51]。

　初代会長の大城宏喜（日本国籍を取得した華僑料理人）は，設立後に直面した団体内部の数々の問題を片付けるために，各流派の幹部と交流を深め[52]，様々な解決案を発議した。その筆頭が，1981年の調理師法の改正と，労働・厚生両省共管による調理技術技能評価試験制度の開始であり，それらを成し遂げた翌年の1982年に，大城は全日本中国料理調理士協会を社団法人日本中国料理調理士会として再出発させた。

　日中協は2014年に公益法人の認定を受け，公益社団法人日本中国料理協会となった[53]。組織の主たる活動としては，中国料理の研究及び啓蒙普活動として，講習会や中国料理の展示会を開催すると共に，青年調理士コンクール等を行い，料理人に対しては，生活[54]及び技能向上のための指導と相談を実施し[55]，国際交流として，海外の中国料理団体と交流を図るべく国際会議へ参加すること等が挙げられる。特に日中協は，本部を北京に置く世界中国烹飪聯合会[56]の創立会員の一つであり，現在も理事職を務めている点で[57]，世界に対しても存在感を示している。

　ところで，外国において中国料理がある程度発展・浸透すると，調理の現場における中国人料理人（日本の場合，華僑料理人も含む）の存在価値が低くなる傾向が世界的に見られる。例えばアメリカの場合，1950年代以降の現地人が経営する中国料理店は，メニュー内容やサービス面を強化することで，既存店との差別化を図るようになった。具体的には，客の好みに合わせて他国の料理からアイデアを採った「現地化された中国料理」を提供するようになったのである。また，1980年代以降は中国料理のチェーン店化やファストフード店も出現し，それらは今日，アメリカの中国料理市場の主流にまで成長している[58]。

　元来，料理の本格さについては，表現も維持も難しいとよく言われている。事実，忠実に本来の調理法や味付けを守ろうとする料理人は，中国料理が大衆消費市場へ浸透したことで苦労するようになった[59]。日本においても，多くの日本人

第7章　日本における中国料理の料理人の現地化と業界団体の変化　179

は「日本化された中国料理」を好み，古典的な中国料理の味わいを堪能できなくなっている。一方，新しい料理店は評判を確立するために，海外から本格派の中国人料理人を引き続き招聘し，腕を振るわせようとする。しかし，日本人の好みに合わせた料理の提供に納得できない給与の高い中国人料理人は，このことを理由として日本から去っていくことになる。

　日本人客が求める中国料理と，中国人料理人が提供する中国料理の違いは，日本における中国料理とは何か，そしてそれを誰がどのように担うべきか，という重要な問題を含んでいる。ただし結論から言えば，こうした中国料理の味覚に関する需給の不均衡は，中国料理を学んだ日本人の料理人によって解消されることになった。なぜなら，伝統的なやり方に固執し過ぎない彼らは，市場の変化にも柔軟に対応し，その姿勢は客からも店の経営者からも，大いに支持されたからである。

　なお，こうした人材の供給体制についてここで若干触れておくことにする。日本の調理専門学校は，中国料理の市場拡大を受けて，相次いで中国料理の専門コースを開設・提供するようになった。こうした人材育成方法は，従来型の師傅・執馬・打荷に代表される，伝統的な師弟制度による中国料理の修業とは大きく異なっていた。ただし，日本人にとっては徒弟制度自体が，中国料理業界へ進むことに対して躊躇させる最大の要因になっていたことから[60]，専門学校を舞台にした新しい学びの機会は，斯界における日本人の料理人を増加させることにも寄与した。

第三期：成熟期を経て訪れた中国料理業界の新たな方向性

　1990 年代に入り，日本における中国料理業界は未曾有の激変を経験することになった。天災と戦時期を除いては，日本の外食産業はそれまで連綿たる成長を遂げてきた。ところが，バブル経済の崩壊によって所得が伸び悩むようになると，一般消費者の間に外食を手控える傾向が見られるようになり，かつ企業も交際費を削減するようになったことから，外食産業の規模の縮小化が顕著になった。その実態は，図 7-1 に示したとおり，日本の外食市場は 1997 年の 29 兆 743 億円を頂点に，以降は縮小傾向が続き，外食産業の成長率を見てみると，時代によって多少の変動はあるものの，長期的には国民所得成長率を下回っている。

　市場規模が縮小したもう一つの原因には，外食産業が全般的に低価格路線に方向転換し，それが一般消費者に支持されたことが挙げられる。この時代は食材のコストダウンと安定供給が，各店の競争力を維持する大きな柱となったが，それを可能としたのが，1990 年代以降の円高と，貿易の自由化によって輸入が急増

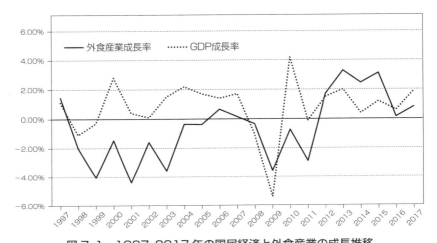

図7-1　1997-2017年の国民経済と外食産業の成長推移
出所：内閣府・国民経済計算年次GDP成長率，食の安全安心財団・外食産業市場規模推移。

した，廉価な外国産の農産物であった[61]。さらに，2000年代に入ると，調理用の半製品（特に冷凍半製品）の開発が進み，それらが多くの飲食店で採用されるようになった。こうして外食企業，特にレストランチェーンにおいては，調理への影響力が本来の調理部門から，サプライチェーン部門（開発，購買と物流機能部門）へシフトする傾向が見られるようになった[62]。

同時に，セントラルキッチン（複数の飲食店舗に対して大量の決まった料理を提供する集中調理施設）[63]の進化も，料理人にとっては脅威となった。料理人の仕事には手仕事の部分が多く，機械化や外部化による効率化が図りにくい面がある。ところが，1980年代以降の外食産業を席捲したセントラルキッチンシステムにおいては，各店に供給される食材は標準化が図られ，それらを用いた調理工程に関する細かい指示は本部が統括することになり，各店で実際の厨房を預かる料理人の存在感は，必然的に低下した。

また，日本社会における世帯構成に，核家族化と少子高齢化がより顕著になったことも，外食の市場規模を押し下げることに作用した。1980年代以降の日本の世帯構成は，伝統的な多世代が共に暮らす大家族よりも，夫妻二人とその子供だけの核家族の割合が多くなり，妻も職業を持つ共働き家庭も増加した。こうした世帯においては，それまで家族内の関係向上手段として重要視されていた団欒の頻度が減少し，その手段として活用されてきた一家揃っての外食の利用も，必然的に減少することになった。

第7章　日本における中国料理の料理人の現地化と業界団体の変化　181

ほかにも，少子高齢化の影響によって，食の市場規模は全般的に縮小せざるを得なくなったが，食に対する選択が，高齢者ほど保守的になっていく傾向も見逃せない。なぜなら，こうした現象は和食への回帰をもたらし，しかも，この場合の和食とは概ね家庭内で提供されるものを指すことから，結果的に外食利用の機会の減少に直結してしまったのである。

日本の消費者は1980年代のグルメブームを経験し，バブル崩壊後のポスト・グルメ時代において，食に対する価値観と嗜好を大きく変化させた。外食の選択は以前の味・サービス・雰囲気優先から，概念的な要素を重視するように変化し，消費者ニーズの多様化によって，外食産業も業態の差別化やニッチ化が進み，食の世界の流行変化も以前と比べて早くなった。事実，消費者が食に対して求めるものは，単なるモノ消費（食事）からコト消費（経験）へ確実に移っており，1990年代以降の通信革命，特に2010年代からのスマートフォンの浸透は，食に関しても口コミのグルメサイトのような，消費者にピア・トゥ・ピア（Peer to Peer，消費者と消費者との間の対等的な通信）のコミュニティを作り出す力を与えるようになった。

前述した変化は，日本の外食産業のさらなる成熟化の現れとも言え，飲食店の成功は今後よりいっそう，料理人の腕よりも，料理人と飲食店の広報活動や，消費者とのコミュニケーションによってもたらされるものになると思われる。そして当然，中国料理業界も，例外なくこの変化への適切な対応を余儀なくされている。

外食市場の縮小による影響を最も受けたのは，これまでの中国料理業界の発展を牽引してきた，ホテル内に店を構える中国料理店であった。それらを賑わせていたのは，大型店が提供する高級な料理を食すことで，それを消費できる自分の存在感価値を他者に誇示するような人々であった。しかし，こうしたグルメブーム的な客は過去のものとなり，今日では中国料理においても，各店のオーナーシェフの個性と料理を楽しむ層が確実に増えてきている。他の外食産業と比べて，中国料理の店舗過剰状態（オーバーストア）はそれほど深刻ではなく，店舗数の推移も微減に留まっている。もっとも，昨今は大型店の新規開店よりも，小型店への改廃が観測されており，今後はそれらによる全体の縮減や，小型店同士の競争激化による淘汰もあり得るだろう。

ところで，外食産業の低価格路線は中国料理業界にも波及しており，その好例が2000年代以降に人気を博している横浜中華街の食べ放題専門店や，手ごろな価格でボリューム満点の料理を提供する新華僑が経営する店舗である。また，低価格を看板にするチェーン店も，この時代以降に大幅に増加した。例えば，すか

いらーくグループの中国料理専門店であるバーミヤンや，関西発祥の餃子の王将等がその代表格であり，これらは全国規模で展開する，一大企業に成長している。

　一方，ドーナツ専門店であるミスタードーナツも一時期，中華飲茶を提供していたことがある。このメニューを支えていたのが，前述したセントラルキッチンと調理のマニュアル化であり，低賃金かつ柔軟性の高いアルバイトで提供できる中国料理は，消費者の一定の支持を得た。ただし，この事実は中国料理系外食産業全体にとって，熟練した料理人を必要としないメニューへの移行とその隆盛を助長しかねないものであったことから，大きな衝撃となった。そして実態として，これ以降の日本の中国料理店においては，見習いから一人前の料理人にするために費やされる時間と費用は，減少する一方となっている。中国料理の調理の改革は，従来型の師弟制度によって守られてきた面が大きい[64]。したがって，こうした見習い制度の衰退が，日本における中国料理業界の独創性に対して，何らかの影響を与えるか否かについては，今後とも注視していく必要性があるであろう。

　なお，中食と即席食品の台頭が，日本の中国料理業界に対して，大きな存在感を示していることも忘れてはならない。近年，コンビニエンスストアやスーパーマーケット，百貨店の食料品売り場（デパ地下），ショッピングセンター等における，調理済みの中国料理の惣菜を扱う店舗と，それらが提供する商品数は大幅に増加しており，これらは伝統的な中国料理専門店にとって，日々脅威となっている。また，小売店においても，食品メーカーが開発した，下ごしらえ済みの中国料理の食材や即席食品は人気になっている。その例としては，大手食品メーカーの日本ハムが製造販売する，食材を一品準備しさえすれば，家庭でも本格的な中国料理が手軽にできることを売りにした「中華名菜」が挙げられ，同シリーズは好評を博している。なお，近年はこのカテゴリーに，他者との差別化を図るために，有名料理人との共同開発商品が加わってきており，外食店にとっても無視できなくなっている。

　日本の世帯構成や生活様式の変化，そして所得低迷は，中国料理を外食として楽しむ人口と機会の減少を，間違いなく助長している。しかし，消費者の簡便志向や単身者と高齢者の増加，及び女性の社会進出と食品メーカーの技術革新が，実は中国料理の中食への躍進に関しては逆に弾みをつけている面があり，この方面は今後とも大いに成長が見込まれる。

　ちなみに，中国料理を提供するジャンルの増加は，料理人にとってもキャリア選択の面において，大いに利するところがある。なぜなら，彼らからしてみると，以前は中国料理店の厨房以外に技術と経験を活かせる職場がなかったものの，現在ではレストランチェーンのサプライチェーン部門を筆頭に，食品メーカーの開

発部門や，中国料理研究家と行うコンサルタント業務にまで選択肢が広がっているからである。ただし，こうした純然たる外食業界から離れた中国料理の料理人や，それらを担う事業者にとっては，既存の中国料理の業界団体に加盟する意味や利点が見出しにくく，業界団体のあり方や活動にも，今後はさらなる変化が訪れるものと思われる。

おわりに

　以上のように　日本における中国料理の料理人の現地化と，業界団体の変化の軌跡を概観すると，いくつかの興味深い事実が浮かび上がってくる。

　まずは，フランス料理やイタリア料理と比べて，日本の中国料理の発展の原動力が，オーナーシェフの経営する個店よりも，大型の高級料理店とホテルの料理店であったことが挙げられる。それらの有名店の料理の味や技術は，そこで修業した料理人が他所に移籍したり，暖簾分けや独立したりすることで，各店のルーツ的な存在になっている。また，前述したように，中国料理の業界団体は，最初に各流派の長老の呼びかけによって発足した面があることから，それが果たした役割は中国料理業界全体に及んでおり，他の国の料理と比べてその影響力は遥かに大きい。ただしその半面，組織を構成する人材の高齢化と，それに伴う求心力の低下が，業界の今後の発展に対して暗い影を落としていることも無視できず，業界団体が引き続き存在感を保つためには，しかるべき改善が必要となる。

　中日国交正常化までの間，日本における中国料理の業界団体は，中国政府からの支援を得られず，長らく斯界の発展は料理人の個人的なネットワークに支えられた。このことは，良く言えば独立自尊を保ってきたことになるものの，実質的には身内以外に適切な支援者を獲得できてこなかった状況を示しており，それが対外交流の場面における，受け身の姿勢を助長してきたことは否めない。したがって，中国料理業界はこれまでの停滞を挽回し，懸念される今後のガラパゴス化を防ぐためにも，まずは一般消費者とコミュニケーションを図る必要があり，斯界にはその促進に向けての，具体的な行動をとることが望まれる。

　最後に，今後の日本の中国料理業界を取り巻く課題として，全体の市場規模の縮小と，進化する中食，及び人材不足と食材の価格上昇の4点を指摘しておきたい。特に，斯界にとっては，市場規模の縮小と人材不足による影響が大きく，その打開策として考えられる海外進出と，日本に来日する外国人観光客を新たな客層として取り込んでいくことに関しては，積極的に検討しなければならない事項

と思われる。ただし，残念ながら日本の中国料理業界は，今のところこの二つの新規市場の開拓に成功しているとは言い難い状況にある。

　一方，中国料理店の厨房については，他の料理と比べて環境が芳しくなく，全般的に労働人口が減少傾向にある日本において，若年層の見習いを確保することは容易ではない。この点に関しても，将来を見据えた抜本的な解決策を，早急に見出す必要性がある。

　以上の事実は，これまで筆者が行ってきた文献講読と，インタビューの分析から浮かび上がってきたものである。今後はより詳細な事実の確認と分析を行いながら，引き続き日本の中国料理業界の動向について，注視していくつもりである。

---

1) 「1960 年代に千人以上の中国人料理人は入国し，日本全国に散らばり，業界に本場最新の技術を紹介した結果，日本人料理人の技術の向上に結び付（いた。）」（顧中正『中国料理百科理論と名菜譜抜粋 600 選』中国菜譜研究会，1971 年，1 頁）。

2) 1990 年代から 2000 年代にかけて，いわゆる新華僑の店による中国料理店数の増加に貢献したが，2010 年代からは新華僑の店は衰退した。新華僑の店は一般的に安い単価と濃厚な味が売りになり，店舗の面積は大体小さく，従業員はオーナーの一族や友人によって担われている。

3) 海外から流入する中国人料理人の減少には，当時の供給元の事情の変化にも要因があった。1980 年代までの香港と台湾の料理人にとって，日本の中国料理店は理想的な職場であった。なぜなら，日本の飲食市場の情報と経験を吸収できるうえに，勤務条件も優れていたからである。香港飲食業職公会の理事である顔偉強によると，日本の中国料理店は香港の 2-3 倍以上の給与や短い勤務時間，完備された福祉制度を楯に，香港から大勢の熟練料理人を引き抜いた（梁玳寧『食得玲瓏』香港，明窓出版社，1991 年，106-107 頁）。ただし，1990 年代以降，経済発展等の変化で料理人の条件が改善し，現地に留まることが多くなってきた。

4) 筆者が 2009 年から 2014 年の間に，日本，韓国，マレーシア，タイ，イギリス，オランダ，ドイツ，アメリカとカナダの現地訪問・調査・料理人との交流で観察した結果。

5) 法務省在留外国人統計，華僑華人ブルーブック（戴二彪「二十一世紀的日本华侨华人」，『華僑華人藍皮書（2013）』北京，社会科学文献出版社，2014 年，77-113 頁）と筆者の日本におけるフィールドワークに基づいて試算した数字。

6) 中食（meal solution / meal replacement）は，家庭外で調理された食事の持ち帰りや配達等によって自宅や職場で消費することを指す。日本の外食率は 1990 年の 37.7％から 2014 年の 35.8％へ減少したが，中食率は同期間の変化は 3.4％から 9.1％へ急増と記録（佐野啓介・坂口剛「「連携」による外食・中食の付加価値向上の実現に向けて」，『知的資産創造』2016 年 10 月号，44-55 頁）。

7) 澤口恵一「日本におけるイタリア料理の産業史とコックのライフ・ヒストリー研究——その序論的考察」，『大正大学研究紀要』97 巻（2012 年 3 月），143-154 頁。

8）「中国烹飪協会簡介」（http://www.ccas.com.cn/09xhjj_1.html），2019 年 2 月 28 日最終閲覧。

9）「關於姑蘇／姑蘇慎忠行的姑蘇」（http://www.kusu.com.my/v2/%E9%97%9C%E6%96%BC%E5%A7%91%E8%98%87/%E5%A7%91%E8%98%87%E6%85%8E%E5%BF%A0%E8%A1%8C%E7%9A%84%E5%A7%91%E8%98%87/），2019 年 2 月 28 日最終閲覧。

10）日本中国料理協会の幹部は座談会で，「技術技能評価試験〔の導入〕が〔日中協の結成のきっかけ〕になる気がする」と語っている（『圓卓』（公益法人日本中国料理調理師会）1998 年 3 月号，16 頁）。

11）同じ座談会で，「〔1970 年代以降，〕中国人〔の師匠〕は帰国し，皆は一匹の狼〔になり〕……我々コックが会社の組織の中に言い辛いが，〔業界〕組織は厚生省がバックになれば……〔話しやすくなってきた〕。」（『圓卓』1998 年 3 月号，14-16 頁）。

12）根岸佶『中国のギルド』大空社，1953 年（1998 年再発行），90 頁。

13）Lynda Shaffer, "Mao Ze-Dong and the October 1922 Changsha Construction Workers' Strike: Marxism in Preindustrial China," *Modern China*, Vol.4, No.4, October 1978, pp.379-418.
根岸佶『上海のギルド』大空社，1951 年（1998 年再発行）。

14）傅筑夫『中国経済史論叢』下冊，北京，三联书店，1980 年。

15）Christine Moll-Murata, "Chinese Guilds from the Seventeenth to the Twentieth Centuries: An Overview," *Internationaal Instituut voor Sociale Geschiedenis Supplement*, Vol.53, December 2008, pp.213-247.

16）植民地時代の朝鮮においては，中国人料理人の活動空間は比較的に大きかったが，業界団体の影響力は小さかった。ところが，戦後の大韓民国の建国から 1990 年代までの韓国社会が民主化・国際化されるまでの間は，華僑に対する規制が厳しく，料理人の集まりは華僑総会の分会でさえ許されなかった時期もあった（伊東順子「チャイナタウンのない国——韓国の中華料理店」，『明治学院大学言語文化研究所言語文化』21 号（2004 年 3 月），132-143 頁）。

17）1010 年にベトナムの首都がハノイに置かれてから，王朝への献上品を作るために職人が集められ，市街の中心部に近いところに同じ職種の職人によって「坊」が作られ，行会らしきの組織によって管理されてきた。中国の行会・公所を手本にすると考えられる。

18）各地に会館を開設することが中国の明代（1368-1644 年）になると流行った。明代は政治規制の厳しい時代であったものの，商人はそれなりに経済的な自立を果たし，富裕な同郷商人や職人を中心とした同郷・同業互助団体，すなわち会館（公所）・行会の設立は活発であった。

19）根岸佶（前掲）『中国のギルド』，257 頁。

20）菱谷武平「唐館の解体と支那人居留地の形成——長崎外人居留地に関する若干の古地図について（3）」，『長崎大学教育学部社会科学論叢』19 巻（1970 年 2 月），13-35 頁。

21）川原勝彦「中共政権の成立と中国同郷団体の改造・解体——上海の公所・会館の事例を中心に」，『アジア経済巻』46 巻 3 号（2005 年 3 月），2-22 頁。

22）崔晨『日本華僑華人の商業活動とその社団組織（日本大学経済学部グローバル社会文

化研究センターワーキングペーパー No.27)』日本大学経済学部グローバル社会文化研究センター，2011 年 4 月。

23) 陳天璽「長崎から横浜へ・横浜中華街の変貌——広東系老華僑から福建系新華僑へ」，『多文化社会研究』4 巻（2018 年 3 月），193-216 頁。

24) 王良編『横浜華僑誌』中華會館，1995 年，15-16 頁。

25) 清末期にも近似例がある。当時の広州七十二行（広州地区における行会の連合会）の会員団体には，酒楼（大型飲食店）業界を代表する「高楼行」も加盟していた。なお，高楼行以外に食に関わる行会としては，米，油，調味料，酒，乾物，豚肉，魚介，家禽，野菜等の団体があった（邱捷「清末広州の“七十二行”」(2006 年 10 月 11 日)。(http://hk.crntt.com/crn-webapp/doc/docDetailCreate.jsp?coluid=0&kindid=0&docid=100226827)，2019 年 2 月 28 日最終閲覧。

26) 「鄧偉総領事，長崎中華料理同業協同組合創立 70 周年祝賀会に出席」(2015 年 11 月 12 日)，(http://nagasaki.china-consulate.org/jpn/zlgdt/t1314271.htm)，2019 年 2 月 28 日最終閲覧。

27) 日本の西洋料理の広がりと比べて，中国における西洋料理はトリクルダウン効果によって普及した。新しい産業で富を手に入れた商人，特に上海において欧米列強と商取引する，いわゆる買弁階層は，いち早く生活の西洋化を進め，食生活に関して洋食を流行とステータスシンボルとして日常生活に取り入れた。また，インテリ階層には留学経験者が多く，洋食を文明と風雅，科学的と衛生のシンボルとして各階層に大いに宣伝した。日本における西洋料理の浸透は，政治的な影響が大きかった。

28) 中国の行会の特徴の一つは，全市的かつ全国的に結束しない「割拠主義」が強かったことにある（石井知章「根岸佶と中国ギルドの研究」，『同文書院記念報』23 巻（2015 年 3 月），49-60 頁）。

29) 根岸佶（前掲）『中国のギルド』。

30) 大掛達也「日比谷通りがネオンの中華街？　田村町のいまむかし」，『料理王国』166 号（2008 年 6 月），20-21 頁。

31) 執馬・打荷は本来広東系の料理店のやり方であり，1960 年代より他の流派の店にも広がった。彼らは調理前の雑多な準備作業を担当するアシスタントであり，元々師傅の負担を軽減するために置かれたが，厨房のすべての作業を理解する必要があり，職人の出世への道に至る足がかりでもある。

32) 当時の日本における中国料理店のメニューは中国と比べて各派錯綜しており，北京・上海料理をベースにし，広東料理の品も混ぜていた（顧中正（前掲）『中国料理百科理論と名菜譜抜粋 600 選』，2 頁）。

33) 周富徳『チャーハンの人生論——ちょっとおいしい僕の生き方』PHP 研究所，1994 年，51 頁。

34) 同上，54 頁。

35) 陳天璽（前掲）「長崎から横浜へ・横浜中華街の変貌」，『多文化社会研究』。

36) 梁樹能氏（株式会社ホテルオークラグループ中国調理名誉総料理長）へのインタビュー（2016 年 1 月 12 日に岩間一弘氏と筆者で行う，肩書きは当時のもの）。

37) 木村春子「日本の中国料理小史——戦後の歩きのワンシーン⑧　ホテルに展開する中

国料理の動向」，『月刊専門料理』1995 年 8 月号，85-88 頁。

38) 『圓卓』1990 年 7 月号，9 頁。

39) 「全中連会長挨拶」（http://www.zenchuren.or.jp/aisatsu.htm），2019 年 2 月 28 日最終閲覧。

40) 「全中連の歴史」（http://www.zenchuren.or.jp/about_us.htm），2019 年 2 月 28 日最終閲覧。

41) 厚生労働省医薬・生活衛生局『飲食店営業（中華料理店）の実態と経営改善の方策』，2016 年，4 頁。

42) 小菅桂子『にっぽん味の職人物語』新潮社，1985 年，158-168 頁。

43) 譚恵は順徳料理の重鎮である清暉園・橋珠酒家の最後のシェフ・區財の弟子である。区財のもう一人の弟子の馮満が 1954 年に香港で鳳城酒家をオープンし，譚恵の息子である譚国景が 1970 年代に帰国後に鳳城酒家を継承した（周松芳『広東味道』広州，花城出版社，2015 年，6 頁）。順徳料理は広東料理の源流であり，諺では「食在廣州，廚出鳳城」（食は広州にあり，料理人は順徳にあり）と言われている。

44) 譚国景氏（鳳城酒家オーナー）へのインタビュー（2015 年 10 月 22 日に筆者が行った）。

45) 飲食研究中心「譚恵——改変了日本人的口味」，『飲食世界』37 号（1979 年 3 月），26 頁。

46) 筑摩書房編集部『陳建民——四川料理を日本に広めた男』筑摩書房，2015 年，152 頁。

47) 何義麟「戦後在日台湾人国籍転換與居留問題」，『師大台湾史学報』7 期（2014 年 12 月），47-75 頁。

48) 1972 年以降の国交正常化は，横浜における中国大陸系華僑と台湾系華僑の対立を緩和し，力を合わせて商売の最良の武器——中国料理を売り込もうとした。こうしたことも料理人不足問題をさらに悪化させた（Eric C. Han, *Rise of a Japanese Chinatown: Yokohama, 1894–1972*, Cambridge, Harvard University Asia Center，2014, p.207)。

49) 場合によって，親分は青年料理人を店に紹介する際に高額な手数料を取ることもある。

50) 『圓卓』1988 年 7 月号，14-18 頁。

51) 「日中協が今後目視するもの」，『圓卓』1988 年 3 月号，12-16 頁。

52) 中国人の流派間の利益問題を解決するのは至難の業である。民国期の同郷団体衰微の原因としては，各幫（バン）（幫は流派のことであり，一般的に互助的な組織・結社・団体を指すが，ここでは異郷にある同業・同郷・同族の組織を指す）の団体間で協力関係が築けず，広範囲な影響力を獲得できなかったことが，しばしば指摘される（根岸佶（前掲）『中国のギルド』，281 頁）。

53) 「日中協 協会情報・沿革」（http://www.jaccc.or.jp/profiles/profile01.htm），2019 年 2 月 28 日最終閲覧。

54) 日中協は，会員の生活の安定と福祉の向上の一環として，任意加入の共済制度を導入しようとした（『中国料理 The China』（公益法人日本中国料理調理師会）1985 年 1 月号）。

55) 日中協は 1984 年に，第 1 回の中国研修視察旅行を実施し，北京，南京，蘇州の上海の業界団体や有名な料理店を訪問した。その後も，年 2 回の海外研修を継続的に主催し，会員に本場や海外の新しいアイデアを体験してもらうことを狙っている（公益法

人日本中国料理調理師会『中国料理 The China』1985 年 1 月号，4 頁）。

56）世界中餐業聯合会に改名（「世界中餐業聯合会　大事記」（http://www.wacc.cn/about.php?id=19），2019 年 2 月 28 日最終閲覧）。

57）日中協は世界中国烹飪聯合会と友好団体協定を締結した。その 1 年前の 1987 年に中国烹飪協会と友好団体協定も締結した（『圓卓』1988 年 7 月号，14-18 頁）。

58）Roberts, J.A.G., *China to Chinatown: Chinese Food in the West*, London: Reaktion Books, 2002, pp.163-169.

59）Tsu, Timothy "Fat, Spices, Culture and More: Chinese Food in Postwar Japanese Gastronomic Writings,"*Asian Studies Review*, Vol.34, March 2010, pp.63-81.

60）ただし，料理専門学校で中国料理を専攻した生徒のうち，実際に卒業後に中国料理業界への就職を選んだ者は少ない。日本で最大の定員を持つアベノ辻調理師専門学校でさえ，調理師本科の定員は年間 2,200 名であり，その中で中国料理専攻にする学生は全体の約 8-14％に過ぎない。また，就職を中国料理にする卒業生も全体の 8-12％程度だった（松尾秀夫「日本における中国料理調理師の専門教育の現状と今後に関して」，『中国飲食文化学術研討会論文集』7 巻，2002 年，279-287 頁）。

61）一例として，1994 年にファストフード大手のケンタッキーフライドチキンは，主力食材である鶏肉の供給を日本からタイとアメリカへと切り替えている。他のレストランチェーンも物理的に近い中国の山東省から野菜の輸入を行っている。

62）2010 年代以降に円高から円安へ転換し，食安全性への重視によって，国内生産に戻る傾向も見られる。同じくケンタッキーフライドチキンは，2014 年に日本国産の鶏肉に戻していた（「ケンタッキー，主力商品で輸入鶏肉を使わず日本産にこだわり続ける理由とは」https://www.huffingtonpost.jp/2014/08/19/kfc-japan_n_5690042.html，2019 年 2 月 28 日最終閲覧）。

63）セントラルキッチンシステムの出現は，飲食店のチェーン化によるところが大きい。中国料理店のチェーン化は，1986 年に京樽が中国料理のファミリーレストランとして「王府井」の 1 号店を開店させたことによって始まり，その後間もなく，すかいらーくグループが同様の「バーミヤン」を展開した。1994 年にハンバーガーチェーン大手のロッテリアも，中華のファストフード店を「横浜八景楼」と名付けて飲茶を中心に品川に出店した（小塚善文『食の変化と食品メーカーの成長』農林統計協会，1999 年，198 頁）。

64）Giada Di Stefano, Andrew A. King & Giannmario Verona, "Innovation at Play: The Case of High-End Cuisine," *SDA Bocconi School of Management*, October 2010, pp.1-13.

第II部
越境する中国料理

第8章

料理人と料理教育者
——台湾が日本に輸出した「中国料理」：1945年から
1970年を中心に

陳玉箴（持田洋平 訳）

はじめに

　第二次世界大戦後，1972年に中国が国際連合の代表権を獲得するまでの期間において，政治情勢の影響により，台湾はグローバルな「中国文化」の主要な輸出地であり，料理もその中に含まれていた。第二次世界大戦後から中華人民共和国と日本が1972年に国交を回復するまでの期間において，日本の「中国料理」には，20世紀に既に確立された基礎に加えて，台湾料理界も大きな影響力を発揮した。本章は，第二次世界大戦後にその料理を輸出した料理人と料理教育についてとくに注目する。具体的には，戦後の台湾がこれらのルートから日本の「中国料理」にいかなる影響を与えたのか，という点を考察する。

　本章では，「料理人」とは，台湾から日本に来てこの仕事に従事したコックを指すものであり，政府ルートで選抜され日本に赴いた，あるいは自ら日本に渡航し，そこで開業した台湾人のコックを含む。また「料理教育者」とは，日本で中国料理教育に従事した台湾人を指すものであり，辛永清や傅培梅がその代表となる。辛永清は台湾で成長し，結婚後に日本に来て生活するようになり，一度も中国を訪れなかった。また傅培梅は，第二次世界大戦後に中国から台湾に来て，度々多くの国家を訪れて華僑に料理を教えた，重要な料理教育者であった。この二人の経験は，それぞれ異なる意義を明らかにするものである。これらの対象についての検討を通して，戦後日本の「中国料理」の発展の起源と今日への影響について，より深く理解することが可能となるだろう。

193

1 料理人の移動——「華僑」と国外に派遣された料理人たち

　台湾は，1895 年から 1945 年まで日本の植民地であった。そのため，多くの台湾人が留学や仕事を目的として日本に居住しており，日本で「台湾料理店」を開店して生計を維持する人も存在した。そのなかで比較的著名な店として，例えば蔡培火（1889-1983 年）が東京で開店した「味仙」のような台湾料理店が挙げられる[1]。このような台湾料理店はまた，台湾人たちの東京における集いの場の一つともなっていた。

　第二次世界大戦後，以前から日本に居住していた台湾人の身分が変わり，その他の中国国籍の人々と同様に「華僑」として見なされるようになった。これにより，戦後の日本華僑の中で台湾人の占める割合は極めて高くなり，中国各省の戸籍を持つ華僑の中で第 1 位となった。日本の法務省の調査によれば，1948 年 3 月の時点で全日本華僑のうち 1 万 3,433 人が台湾籍であり，その他の 1 万 9,715 人が中国の各省より来た人々であった。しかし，東京だけを見るのであれば，台湾籍の人々が占める割合はさらに高く，その人数は 3,857 人であり，その他の中国籍の人々の人数，2,769 人よりも多かった[2]。

　戦後の華僑の中で，飲食業に従事する者の割合はかなり高かった。多くの戦後の華僑組織の統計資料が明らかにするように，レストランを経営していた華僑は多く，例えば 1947 年の時点で，日本国内には華僑が開店した飲食店が 3,000 軒以上存在しており，その中で東京にある飲食店は 770 軒であり，また日本華僑の 3 分の 2 は飲食業で働いていた。またこれにより，1947 年 7 月に日本政府は食料を節約するため，緊急法令を公布し，特別な許可を得たレストランを除くその他のレストランは，一律 7 月 5 日から 12 月 31 日までの 6 カ月間休業することを規定した。この法令はただちに日本の華僑社会の緊張を引き起こし，失業問題が生まれることが懸念された。この事態を受けて，駐日代表により日本に対する交渉が行われただけでなく，「留日全体華僑菜館同業公会」も東京で大会を開き，この対策について討論しており，また中華民国駐日代表団もその仕事を喫茶店や氷屋などに変えることを建議した[3]。

　1957 年年末の時点で，日本国内には合計 4 万 5,505 人の華僑が存在していた。レストラン業は，日本に居住していた華僑が経営していた商売の中でなお重要な地位を占めていた。日本全土で華僑が経営していたレストランは 1,500 軒近く存在しており，同業者の競争は熾烈で，また日本人による「中華料理店」の経営も始まっていた。小規模なレストランを除き，日本人経営者はその多くが大資本を

194　第Ⅱ部　越境する中国料理

投入し，近代化された設備を購入しており，さらに高い給料を払うことにより，台湾や香港からコック長を招聘していた。また大都市では，一定の資金を持ちホテル業に従事していた華僑が，自身の経営する大型ホテルで豪華なレストランを新たに開店することもあった。1961 年の資料が明らかにするところによれば，1960 年年末の時点で，日本華僑により開店されたレストランは 2,057 軒存在しており，さらに招聘されたコックも 66 人存在していた[4]。

　1960 年代の日本で，中国料理のレストランが最も集中していた地は横浜であった。横浜市衛生局と保健所の登記に関する 1966 年 4 月までの資料によれば，横浜市の中華料理の飲食店は合計 1 万 117 店も存在しており，この中にはレストラン以外にもホテルや路上の屋台も含まれていた。この中で，市内にて開店された中華料理のレストランは約 300 軒存在していたが，ここには日本人により経営されていたレストランも含まれていた[5]。1965 年の『華僑経済年鑑』が明らかにするところによれば，横浜には萬珍樓や華正樓のようなレストランや麺類などを提供する軽食店が，100 軒あまり存在していた[6]。また当時，東京の比較的有名なレストランである東京の交通大飯店は，上海料理部や北京料理部があり，最大で 500 名の顧客による宴会を受け入れることが可能であるなど，その規模はかなり大きかった。またこのレストランの社長であった周祥賡は，以前に東京の華僑総会の会長を担任していた人物であった[7]。

　1960 年代以前において開店されたのは「中国料理」のレストランであり，華僑により経営されていたことを，多数の資料がみな明らかにしている。ただし 1960 年代は中国料理が台湾から輸出された重要な年代であるというべきであり，そこにはコックの輸出や，各国の華僑社会への料理教育の推進も含まれていた。中国料理の輸出について，国民党はその重要な推進者であり，またその輸出対象は日本ばかりではなく，その他の多くの国家をも含んでいた。

　1960 年代は，国民党政府が国際世界において自らの代表性を強調していた時期であり，政治面以外にも，様々な方法で国民党政府の正統性を強調していた。文化面では，これには「国劇」の提唱や中華文化復興運動などが含まれる。飲食に関しては，中国料理の輸出も文化の輸出に関する重要な一環であると見なされていた。1962 年の秋，台湾省政府の国民就業輔導中心は国外における中国料理のレストランの委託の受け入れを開始し，海外に行って働くコックを募集した。最初期に募集がかかった国家は日本とコロンビアであったが，後に西ドイツ・イタリア・アメリカなどのレストランもみな中国料理のコックの派遣を申請した。これらのコックの選抜という業務は僑務委員会により行われており，「介派中菜廚師出国服務審核小組」が組織されてその選抜が行われた。これにより選抜され

たコックには，広東料理・四川料理・台湾料理・北平（北京）料理を専門とする
ものが含まれていた。これらの料理の種類は，当時の海外の中国料理のレストラ
ンにおける主要な料理の種類から構成されていた[8]。1963年5月に採用されたコッ
クを例とすると，ここには広東料理のコック11人，北平料理55人，福建料理
28人，台湾料理2人と四川料理2人が含まれていた。これらのコックはコロン
ビア・イタリア・コンゴ・アメリカ・日本などの国に割り当てられたが，その中
では日本が最多であり，96人を占めていた[9]。日本が1962年から1963年の間に
大量の中国料理のコックを連れてきた原因は，1964年に東京都でオリンピック
が行われたことと関係がある。日本の多くの中国料理のレストランはみなコック
の招聘を増やしており，これらの選抜された中国料理のコックは日本に来て働き，
日本の1960年代の中国料理のレストランに関する重要な基礎を構築したのであ
る。

　日本側がオリンピックの開催以前に台湾から多くのコックを連れて来ていたに
もかかわらず，日本政府はオリンピック後間もない1966年に行政命令を公布し，
華人のコックの日本における居留に制限を設けた。この行政命令が示すのは，日
本人コックの国内の労働人口における就業を保護するために，日本で経営されて
いたレストランで推進されていたコックの招聘に対して，厳格な制限を与えたの
である。1960年1月より後に日本に来たコックすべてのうち，妻や家族のある
者は5年，ない者は3年が限度となり，この期限を超えると一律で延長は不可能
であり，日本から離れなければならなかった。当時の台湾の駐日機関である中華
民国駐日本国大使館の資料によれば，日本華僑の人口は約5-6万人であり，その
中でこの法令の影響を受けたコックは100人あまり存在した。これにより，中華
民国駐日本国大使館は1966年2月にこのことを知り，交渉を行った。日本側は，
この制限の原因は「コックとして来日した者は非常に多く，かつその大多数が長
期の居留を意図しており，日本の政策との相違が存在する」ためであると表明し
た。日本の入管局の局長であった八木正男は，コックの待遇はあまりに高く，料
理の値段も高価であるため，レストランが得ている利益は巨額であり，「中国料
理のレストランはぜいたく品であり，少数の富裕階級のみがその利益を享受して
いるに過ぎない」と述べている[10]。

　この事件について，双方による1年間以上の話し合いが行われたが，中華民国
駐日代表であった陳之邁と，新たに日本の入国管理局の局長となった中川進が，
1867年8月9日における会談において，協約の獲得を達成した。この協約は，
以下のように表明した。1960（昭和35）年以降に日本に来て働いている華僑の
コックは計216人存在しており，その多くは京浜・阪神地区に集中していた。日

196　第Ⅱ部　越境する中国料理

本側は，来日する華僑のコックが再び大幅に増加することをもう望んでいなかったが，前述した行政命令を緩和することには同意しており，もしコックが日本に居留する年限となったら，その後に再び来日する申請を行うことができることとなった。ただし，その際には査定を通る必要があり，この審査の基準にはそのコックが既に雇用主と招聘・雇用契約を結んでいるかどうか，過去にコック以外の活動を行ったことがないか，そのコックが日本で仕事をすることにより日本の社会や国家にとって不利益となるような状況が生じないかどうか，などの点が含まれていた[11]。

　以上のことから知ることができるのは，日本でレストランを開店した台湾人のコックについて，少なくとも二つの段階に分けて理解すべきであるということである。その第一段階は，植民地関係の中で日本に居住していた台湾人である。第二次世界大戦以前，台湾は日本の植民地となっており，この時期には既に一定数の台湾人が日本で中国料理店を開店したり，または戦後に日本に居住し続け，料理店を開店して生計を立てたりしていた。第二段階は，1960年代に，台湾の国民党政府により選抜され，日本に来たコックである。これらのコックは台湾人以外にも，中国の様々な省の戸籍の者を含んでいた。この段階では，小型の料理店以外に，華僑や起業家が大型ホテルを建設し，その中に比較的高級な中国料理のレストランを設立することも始まっていた。

2　料理教育者——辛永清と傅培梅

　コックの移動に加えて，料理教育と料理書の流通もまた，料理の伝播に影響を与える重要な要素である。辛永清と傅培梅は共に，1960年代に日本で料理教育を推進した。当時の日本で「中国料理」を教授していた者のうち，「非日本人」で最も著名な人物は，辛永清と傅培梅であろう。この2人は共に台湾に関わる背景を有しており，日本の中国料理の調理に対しても，ある程度異なる影響を与えている。

台南の大家族の味——辛永清（1933-2002年）
　辛永清は，1933年に台湾，台南の上流家庭に生まれた。彼女の父親である辛西淮（1879-1951年）は，日本統治期に憲兵隊の通訳から始めて，台南庁の保正・区長・庄長などの下層の公務を歴任し，またその後に台南市協議会の会員や台南州協議会会員，総督府評議会の会員を担任した人物であった。彼は1912年に台湾軽鉄会社を創設してその社長となっており，既に成功した起業家であった

が，また 1940 年に台南州の自動車会社の経営に参与しており，日本政府と良好な関係を保っていた[12]。辛西淮らの家は，台南の郊外区域にあった大きな住居である「安閑園」であり，ここはまた辛永清が育った場所でもあった。

　辛永清は台湾で中等教育を受けたのち，もともとは日本の武蔵野音楽学校（現・武蔵野音楽大学）でピアノを学んでいた。彼女は 1955 年に台湾系の日本人と結婚したが，しかしこの婚姻はすぐに破綻してしまい，辛永清は息子と共に日本で生活を続けた。彼女は生計を立てるため，1960 年代にすぐに東京で料理とピアノの教育の仕事を行い，ずっと再婚しないまま，2002 年に日本で逝去した。

　辛永清がまずその教育を始めたのは，フランス料理であった。彼女が言うところによれば，当時の日本の料理の講習は西洋料理，とくにフランス料理が主であったという。しかし，彼女はこの後に中華料理の教育に転ずることとなり，NHK やフジテレビなどのチャンネルで「中華料理研究家」という立場で料理教育を推進した。彼女は 1980 年に最初の料理書である『辛永清の中国風家庭料理』（文化出版局）を出版し，また 1986 年に安閑園を主題とした回想録である『安閑園の食卓——私の台南物語』（文藝春秋）を出版し，続いて 1988 年に『安閑園の中国料理』（主婦の友社）を出版した。この 2 冊の書籍は，辛永清の家族がいた台南の旧居である安閑園をそのまま書籍名としている。彼女はまた 1995 年に，NHK の「きょうの料理」というテレビ番組の中で紹介した料理をまとめた料理書である『辛永清の中国おかずには四季がある』（日本放送出版協会）を出版した。前述した作品の中で，『安閑園の食卓——私の台南物語』は 2010 年に日本で再版されたほか，2012 年には中国語に翻訳されて台湾で出版され，かなり熱烈な反応を引き起こした。

　彼女が出版した回想録と料理書を読むと，辛永清が 20 歳になる前まで暮らしていた安閑園という場所が，彼女の料理の考え方に決定的な影響を与えたということを，強く感じることができる。たとえ料理の調理法を説明する料理書であっても，そこにはみな彼女の台南の故郷や安閑園における大家族の中での飲食のありかた，調理の準備，旧正月の雰囲気などについて述べた多くの文章が挿入されている。台南の故郷での経験は，いつもその他の種類の中国料理に関する記述の中で言及されているが，しかし彼女の料理書の紙面構成上では，基本的に料理の地域性が強調されておらず，むしろ旧正月，季節，調理法などの項目により各料理が分類され，紹介されている。

　例えば，最初に出版された料理書である『辛永清の中国風家庭料理』において，辛永清は「中国風家庭料理」をそのテーマとしており，その前半では正月料理やひな祭り，端午の節句，物語（おはなし）がある料理，精進料理，年越しの料理

などのテーマに沿ったレシピが紹介されており，後半では料理法に沿ってレシピが紹介されている。また，とくに本書の前半に掲載されたレシピの中には，自身の幼少期の回想が少なからず含まれている。また書籍の最後には短い文章で，中国式の厨房や漢方料理，お茶，誕生日や婚礼前の特殊な儀式的料理，姉妹卓の習俗，及び内臓や，料理に常用される野菜などの中国料理の材料が紹介されている。この書籍で台湾について言及されたことは非常に少ないが，「台湾式」という説明が付いた料理として，わずかに芋粥（サツマイモ入りの粥）や鮮蠣粥（カキの粥）などが挙げられている。ただし，習俗や儀式的な食物から見るに，この本の中で述べられている料理は基本的には辛永清が熟知していた台湾の習俗をその基礎としており，その中の多くは現在の台湾でも依然として実行されているものである。台湾の伝統的な料理方式は，中国のその他の省ともかえって異なっているというべきであろう。例えば，年越し料理にはレンコンとほうれん草を煮た料理である「長生菠菜」（長生菜）や「什錦全家福大麺」（台南滷麺），頭付きの魚や火鍋などが含まれているが，中国の北方では必ず食べられるであろう餃子やその他の麺類が言及されていない。その他にも，この本で紹介された料理には，上海・江蘇・浙江・東北料理などもまたあまり見られない。言い換えると，辛永清の料理書の中で紹介された「中国料理」なるものは，実際には台湾風の味付けの料理であるということができるだろう。

　また，まさに辛永清がその料理を学んだ起源により，彼女は自身の料理書で決して中国料理の地域性を強調していない。彼女は『辛永清の中国風家庭料理』という書籍の中で以下のように述べている。

　　皆さんが中国料理を召し上がるとき，そしてお店を選ぶとき，必ず四川，広東，上海，北京……と各地方の名前が頭に浮かぶことでしょう。大変広大な中国です。地方によってそれぞれ料理の特徴があって当然なのです。ただ，この本をご覧になるにあたって，あまり地方性にこだわらないでいただきたいと思います。いろいろな地方の料理のよいところをとり入れて私があみ出した，楽しく，やさしい家庭料理だとお考えください。ただ，私の料理は比較的うす味ですが，皆さんは，ご家族の好みに合わせてアレンジなさるのも，また楽しいでしょう。本格的な中国の家庭料理を，日本の皆さんの食卓に無理なく，自然にとり入れていただけたなら，私としてはどんなに幸せでしょう[13]。

　辛永清はこの本の中で，自身の故郷である台南は，日本の京都と同じように重要な古都であると言及している。彼女は台南の郊外区域の安閑園という大邸宅で

育ったのであり，辛家の料理はその土地で非常に評判が高かった。彼女はこの邸宅を一つの例として，彼女が教える料理の特色を述べているといえる。辛永清が述べるところによれば，彼女が日本で料理を教えることを始めたばかりのときに，日本の中国料理と辛家の料理は大きく異なっていたが，しかし中国料理はのちに徐々に日本人から重視されるようになっていき，そのことは彼女にとってとても心温まることであったという。彼女が教えていたのは，すなわち自身の料理であり，「辛家の味」が中心となっていた。辛家の味は，贅沢で豪勢なものではなく，とてもあっさりとした家庭料理であると彼女の目には映っていた。さらに海外で料理を学んだことがなかった辛永清にとって，日本における中国料理の教育は，実際には彼女が熟知していた台南の味を基礎として発展させていったものであったのである。

　辛永清と比較するに，傅培梅は日本ではわずかに 1 冊の料理書しか出版していない。しかし，彼女はその高い知名度と日本の食品会社との提携により，1960年代から 1980 年代において，日本人に中国料理を認識させるという影響を与えたもう一人の料理教育者であった。

中国料理の台湾における重視――傅培梅（1931-2004 年）

　傅培梅は，台湾で著名な料理教育家の一人であり，50 冊以上の料理書を出版しているのみならず，テレビの料理教育番組の司会者として最も有名な人物であった。彼女はさらに多くの国に赴き，華僑たちに中国料理の作り方を教え，国家から中華の美食文化を発展させるという重要な責任を与えられていたのであり，これは傅培梅と 1960-70 年代のその他の料理書の著者たちがはっきりと異なっている点である。

　傅培梅は中国の東北地方，大連で出生した。彼女の父親は山東省の出身であり，大連に欧米の食品を輸入する洋行を創設した。大連は 1905 年から 1945 年まで日本の植民地であり，これにより傅培梅は 6 歳から日本人向けの幼稚園に進学し，日本語教育を受けた。第二次世界大戦後，1949 年に彼女は台湾に来て，山東省の同郷の出身であった程紹慶と結婚した。彼女は自伝の中で，彼女の先生が彼女の調理技術が上手ではないことを嫌ったことにより，「先生の前で見返す」ために料理の勉強を始めたと述べている。彼女は 2 年間，大金を費やしてレストランの有名なコックを家に招聘して料理の指導を受け，この学習が終わった後にはすぐにこれを一歩進め，料理教室を開き，大いに人気を得た。米国在台湾協会は傅培梅に，アメリカに行って仕事をすることを望むコックの選抜を依頼したばかりではなく，アメリカのマカナギー（McConaughy）大使の夫人も，その部下の女

性と共に，彼女の料理教室への参加を申し込んだ[14]。

　料理教室が大いに人気になった後の 1962 年 10 月 10 日に，台湾で最初のテレビ局である「台湾電視公司」がその放送を開始し，傅培梅も料理番組の司会の担当を開始した。彼女は 39 年間という長い期間にわたって，テレビ番組のコックとしての生活を行うこととなり，彼女の番組はアメリカや日本，フィリピンでも視聴することができた。彼女はまた何度も政府から海外の華僑社会に派遣され，模範として料理をしたり，料理教育を行った。台湾では，傅培梅の料理本とテレ部番組の放映を通して，中国の様々な省の料理が家庭の食卓にて多様に融合し現地化され，台湾の日常的な飲食に深遠な影響をもたらした。日本では，彼女は様々なルートによる料理教育や日本企業との提携を通して，中国料理を日本に持ち込んだ。とくに，傅培梅はかつて日本語教育を受けていたので，日本語を流暢に話すことができ，日本の各業界と交流する際に非常に便利であった。例えば，傅培梅が台湾で料理教室を開いていたとき，この料理教室で学んでいた人々は主に台湾の上流階級の婦女であった。彼女たちは植民地教育を受けていたという事情があったため，みな日本語を話すことはできるが，逆に中国語を話すことはできなかった。このため，傅培梅はその授業の際に日本語を使って教育を行った。

　1970 年の時点で，傅培梅は既に自身のテレビ番組を 7 つ持っていたが，彼女自身は食品に関する知識が不足していると感じており，このために東京女子栄養短期大学の授業を受けた[15]。1977 年，台湾電視公司の 15 周年の記念番組のとき，日本の姉妹局であるフジテレビの社長がこの祝賀式典に参加した。傅培梅はちょうどこの番組の撮影のときに，浅野社長もかつて大連に住んでいたことを知った。これにより二人は楽しく会話し，半年後に彼と今後 2 年間の番組契約を結び，昭和 53（1978）年に日本のフジテレビで自身が司会者となる中国料理の番組である「奥さまクッキング」を始めた。この番組は，日本のテレビでは初めて，国外の人間を招聘して長期的に司会業を担当させた番組であった。この番組の放送時間は毎日朝 10 時から 10 時半までであり，彼女はここで中国料理をその地域に基づいて 5 種類に分け，3 カ月毎にそのうちの 1 種類を取り上げ 13 品の代表的な料理を紹介した。この番組は合計 5 年，250 編製作・放送された。1983 年に，傅培梅は日本の「食生活文化賞」を獲得し，また日本の法務局から「名誉永住権」を授与された[16]。

　料理書に関していえば，傅培梅が日本で出版した書籍として『宴席菜譜──中国地方別卓料理』（柴田書店）が挙げられる[17]。彼女はこの書籍で，宴会料理は中国料理の大きな特色であり，大きな円卓や大皿に盛り付けられた料理が含まれており，日本料理やフランス料理と異なっていると述べている。この記述から，中

国料理と（西洋料理すべてではなく）フランス料理は当時において日本料理と同列に置かれており，どの料理もその味わいに少々の共通性があると認識されていたことが理解できる。この書籍で紹介した料理の種類は，8種類に分けられており，上海料理・広東料理・四川料理・北京料理・湖南料理・福建料理・台湾料理と精進料理を含んでいる。またこの書籍では，油條・烤麩（焼いたお麩）・紹興酒・香菜・糖醋汁（赤色で甘酸っぱい味のソース）などのような，中国料理でよく用いられる特殊な材料について解説を行っている。

両者の社会的背景の比較

　辛永清と傅培梅の二人の相違を比較するに，まず両者はどちらも小学校の段階で日本語教育を受けており，日本語を流暢に話すことができた。辛永清は中学校・高校の卒業後すぐに日本に来て長く居住しており，また傅培梅は10代のときに台湾に来て，中国料理の学習を始め，後に中華民国における「中国料理」の教育を代表し，国際社会において中国料理の教育を進めた重要な人物となった。二人の共通点は，日本語教育を受けたこと，日本語を流暢に話すことができたこと，また共に日本でテレビの料理番組の司会を担当したことに加え，両者共に幼少時の家庭が富裕層であり，彼女たちに十分な教育が与えられており，また日常的に飲食するものもまた高級な水準にあったことが挙げられる。このような社会・経済的な背景は，彼女たちの料理とその調理技術の養成や味覚の形を作り上げるうえで，非常に重要な影響を与えていた。この他に，中国料理を教育するうえで，二人は調理の際に共に中国を象徴するチャイナドレスを着用し，「中国的な特色」を示していた。しかし，傅培梅はエプロンを非常に重視するという，もう一つの特色があった。彼女は多くのエプロンを持っており，またエプロンの展覧会を行ったこともあった。彼女自身は，これを日本文化の影響を受けたことによるものであると見なしていた。

　しかるに，両者の料理教育は，その特色にかなり大きな差異が存在している。辛永清は台湾の地方料理の味付けを基礎として，さらに部分的に西洋や日本的な要素を融合しており，中国のその他の省の料理の品目は比較的乏しかった。これと比較するに，傅培梅が教えた料理は中国の各地方の料理の種類を広く含んでいた。例えば，辛永清は何度かその料理の中にマンゴーを使っており，これはマンゴーが豊富に生産される台南ではよくある料理法である。ただし，辛永清は決して，中国料理という枠組の中で台湾の味という名前を掲げていたわけではなく，自分が最も熟知していた「辛家の味」，「自らの味」をその料理の代名詞としたのである。

この他に，両者のもう一つの大きな違いとして，傅培梅は食品工業がより発達した後に，食品会社との提携をさらに一歩進め，企業の力を利用して，中国料理を日本でさらに普及させたという点が挙げられる。例えば，1979 年に傅培梅はヤマモリの中華料理食品の顧問を担当している。また彼女はリンガーハットの開発顧問も担当しており，この会社は麺料理の材料をしっかり調理した後に急速冷凍して日本に輸出する方式をとった。彼女は 1999 年にも味の素の顧問も担当しており，この会社は中華料理の冷凍食品を開発した。顧問職とはいえ，このことは傅培梅が日本市場における「中華料理」の味付けの好みについて，かなりの影響力を有していたことを物語るものであろう。

おわりに

　本稿は，料理人の移動と料理教育者の紹介を通して，台湾が日本の「中国料理」に与えた影響について説明した。料理人については，主要な影響を与えたものを 2 種の類型に分けることができる。一つは，日本統治期以降に留学・仕事・家族として呼び寄せられたなどの理由で日本に来て，その後に日本に定住し，かつ料理をその生業とした台湾人である。筆者は以前に日本の「台湾料理屋」に関する研究を行い，現在に至るまで日本にはなお多くの「台湾料理屋」の業者が存在しており，それらは早期に日本に移民した者の子孫であることを明らかにした[18]。ただし戦後の時期においては，たとえ台湾から来た料理人であっても，その多くが自らの料理を「中華料理」あるいは「中国料理」という名前で呼んでいた。二つ目の類型は，第二次世界大戦後，とくに 1960 年代において，中華民国政府によって選抜された後に日本に来て働くこととなったコックである。これらの料理人の大部分は中国の多くの省の出身であり，戦後になって台湾に来た人々であり，これらのコックたちが得意としていた料理のタイプには，中国北方の料理や広東料理，四川料理，上海料理など多くの省の料理が含まれていた。

　料理教育者についても，同様に類似した 2 種の類型が存在するといえる。1 種目の類型は日本による植民地化と関係したものであり，例えば料理書の執筆者であり，かつ日本のテレビで料理教育を行った，辛永清が挙げられる。彼女は，台南の富裕な家庭から日本に来た後にその活動を展開し，また台南の自らの家の風味と台湾の習俗をその基礎としていた。もう一つの類型の代表は傅培梅であり，彼女は第二次世界大戦後に中国大陸から台湾に来て，台湾の重要な料理教育者となった。ただし，彼女は幼少期より日本語教育を受けていたため，その職業生活において日本と密接な交流があり，テレビ番組での司会業や料理本の出版を通し

た日本の食品業界との交流は，戦後数十年においてなお日本に影響力を発揮し続けたのである。

---

1) この料理店の営業は，1943年1月に終了した。張漢裕編『蔡培火全集』第1冊，台北，呉三連台湾史料基金会，2000年，66，78頁。

2) 統計委員会事務局・総理府統計局編『日本統計年鑑　第一回』日本統計協会・毎日新聞社，1949年，82頁。

3) 「華僑在日經營黑市被捜査及交渉華僑餐館停業案（1947-1948）」，『外交部檔案』中央研究院近代史研究所档案館（台北）（館蔵番号：11-29-01-08-039）。

4) 華僑経済年鑑編輯委員会編『華僑經濟年鑑　1961年』台北，僑務委員会，1961年，402-405頁。

5) 「旅日廚師居留權問題　1966」，『外交部檔案』中央研究院近代史研究所档案館（台北）（館蔵番号：11-01-02-18-03-023）。

6) 華僑経済年鑑編輯委員会編『華僑經濟年鑑　1965年』台北，僑務委員会，1965年，328頁。

7) 司馬桑敦「周鴻慶案究是怎麼一回事？」，『聯合報』1964年2月5日2版。

8) 「哥日中國餐館　委託徴募廚師」，『聯合報』1962年5月30日3版，「廚師獻藝　中菜放洋」，『聯合報』1963年3月16日2版。

9) 「廚師百零二人將出國服務」，『聯合報』1963年5月12日3版。

10) 「旅日廚師居留權問題（1966）」，『外交部檔案』中央研究院近代史研究所档案館（台北）（館蔵番号：11-01-02-18-03-023）。

11) 同上。

12) 台湾新民報社編『臺灣人士鑑』台北，台湾新民報社，1937年，187頁。

13) 辛永清『辛永清の中国風家庭料理』文化出版局，1980年，6頁。

14) 傅培梅『五味八珍的歳月』台北，橘子，2000年，88，97頁。

15) 傅培梅（前掲）『五味八珍的歳月』，91頁。

16) 傅培梅（前掲）『五味八珍的歳月』，112-117頁。

17) 傅培梅『宴席菜譜——中国地方別卓料理』柴田書店，1980年。この書籍の協力者として，「中国料理研究会」の南谷郁子と服部料理学園があり，加えて東京大飯店・知味斎（柏市）・九龍飯店の3軒の料理店がこの書籍の製作に参与した。

18) 陳玉箴「「道地」的建構——「台灣料理」在東京的生産・再現與變遷」，『臺灣人類學刊』14巻1期（2016年6月），7-54頁。

第9章
チャジャン麺ロード
——20世紀東北アジア，チャジャン麺流浪の旅

周永河（丁田隆 訳）

はじめに——1990年代半ばの北京，チャジャン麺の失踪

「チャジャン麺（짜장면）[1]はどこの国の料理か」と問えば，韓国人は十中八九，「中国の料理」だと答えるであろう。それゆえ，1992年の中韓国交成立後，多くの韓国人が中国大陸にチャジャン麺の元祖を求めて出かけていった。しかし，彼らに与えられたのは「中国にはチャジャン麺はない」という答えであった。韓国の多くの人々にとって，チャジャン麺は幼き日の思い出の味である。中国から渡来した華僑によってもたらされ朝鮮半島に根を下ろしたチャジャン麺が，1990年代はじめの中国大陸にないとは，いったいどういうことであろうか。

私は1994年，北京動物園の園内食堂のメニューに炸醬麺という料理を発見した。ところがそれは，韓国で慣れ親しんだチャジャン麺とは別物であった。中国味噌を油で炒めて冷たい麺の上にかけ，キュウリを刻んで薬味を添えた「炒め味噌混ぜ麺」であった。味も，感動的な韓国のチャジャン麺とは似ても似つかぬものであった。またあるときは，北京の朝鮮族が営む食堂のメニューにも「炸醬麺」の名を見つけ，注文して食べてみたが，北京動物園の園内食堂と同様であった。

私は1994年から約4年間，中国で留学生活を送ったが，その間，ことあるごとにチャジャン麺を探し回った。ある日，たまたま見ていた中国の「北京テレビジョン（BTV）」に「炸醬麺」が登場した。テレビに映るその炸醬麺の見た目が韓国チャジャン麺に似ていたので，すぐにその食堂へ行ってみた。北京市内，東単の南にあった「星海餐庁」の料理長・王鎮海によると，ここの炸醬は，豚ロース肉，砕いたニンニク，ネギ，砂糖，肉のスープ，そして麺醬が主な材料である。この食堂の歴史は100年を超えており，つまりは100年前の北京の炸

醬麺がここで作り続けられているわけである。

　私がインタビューした北京の地元の人々は、「昔は夏には炸醬麺、冬には大滷麺[2]（ダールーミェン）を食べたものだ」と話していたが、文化大革命によってそのような風俗はなくなったという。今日、1000万人をはるかに超える北京の人口のうち地元出身者はわずか数十万人にすぎないため、そんな話を知る人もいまやほとんど見当たらない。ゆえに100年以上前の炸醬麺の味は、この食堂に来ないと味わえないものであった。この星海餐庁を例外として、1990年代半ばまで、中国大陸に韓国風チャジャン麺は存在していなかったと断言してよいであろう。

1　1930年代、韓国の山東風チャジャン麺

　韓国チャジャン麺と中国の炸醬麺は、いったいどういう関係にあるのであろうか。まず、チャジャン麺のソースの基本となる「チャジャン」について考えてみる。韓国人はチャジャン麺のソースを「チュンジャン（春醬）」と呼ぶ（図9-1）。韓国食品科学会が刊行した『食品科学技術大辞典』（2008年）によると、春醬とは「大豆・米・大麦・小麦または脱脂大豆等を主原料に用い、製麹〔米・大麦・大豆等の雑穀を煮て麹菌を繁殖させ、酵素を作る過程〕後、食塩を混ぜて発酵・熟成させたものに、カラメル色素等を加えて加工したもの、製麹後にカラメル色素、食塩等を加えて発酵・熟成させたものをいう。法的には、大豆・脱脂大豆、またはその混合物を10％以上含有するという基準で規格化・管理されているが、保存料としてソルビン酸やソルビン酸カリウムの含有が1.2g/kgまで認められている。主にチャジャンの原料に用いられ、各種スープにも一部使用される」[3]とされている。

　実は、中国語に「春醬」という語はない。中国では炸醬麺のソースを麺醬と呼ぶが、麺醬は、小麦粉と大豆で作った味噌玉を干し、塩水を注いで天日にさらし、黒くなるまでよく混ぜ返して作る。麺醬の名は、小麦粉が主原料であることによる。韓国の中国文学者・梁世旭（ヤンセウク）は、春醬の語源に関する韓国の学界での論議を、次の3つに整理している[4]。

　第一に、このジャン（醬）を春に作ったことから「春醬」と呼んだという説。梁はこれを、中国の麺醬が「春醬」という発音で韓国に定着した後に成立した再解釈の結果とみる。

図9-1　韓国の春醬
1957年に商品の発売が始まったという。
（2019年、筆者撮影）

第二に，甜麺醤の略語・チョムジャン（甜醤）に由来するという説。梁はこの主張について，中国にあまたある麺醤の呼称のうち甜醤を採用した点に一見，妥当性はあるが，甜醤が春醤へと音韻変化した可能性は薄いと述べている。第三に，葱醤に由来するという説である。山東省の人々は，麺醤を「葱醤（cōngjiàng／ツォンジャン）」と呼び，白ネギを食べる際に付けダレに用いる。1950 年代以降，華僑の営む食堂で働いた韓国人たちには，「ツォンジャン」という中国語の発音が「チュンジャン（春醤）」に聞こえ，繰り返しこの言葉を使っているうちに定着したというわけである。1967 年に韓国政府が食品衛生法を公布した際，初めて麺醤・炸醤とともに春醤の名が公用語として登場し，ついに「春醤」という漢字語が生み出された，というのが梁の主張である。

　私は梁の第三の主張を採用したい。周知のように，中国の炸醤は，麺醤，甜醤，甜麺醤，金醤，黒醤等と呼ばれるが，もっとも代表的な名称は麺醤である。江蘇省の巴山醤，山東省済南の甜麺醤，河北省保定の麺醤がそれぞれの特産として有名である。また麺醤は，「北京烤鴨（北京ダック）」のソースとしても知られている[5]。

　韓国チャジャン麺がどうやって生まれたかについて，韓国では次のような主張が広く通用している。すなわち，1883 年に仁川港が開港した際，中国人労働者が仁川に押し寄せて定着し，彼らが麺に炸醤を混ぜて食べたのが始まりであり，仁川に中華街が形成され，華僑がチャジャン麺を基本とした料理を本格的に売り出し始めたのが 1899 年であることから，1999 年に韓国チャジャン麺の歴史が100 年を迎えたというものである[6]。

　しかし，韓国チャジャン麺の誕生に関する資料は，いまだ発見されていない。ただ，韓国華僑とチャジャン麺が，同じ歴史を歩んだであろうという仮説が存在するにすぎない。1882 年の壬午軍乱の際，朝鮮王室が呼び寄せた清国軍人たちとともに朝鮮半島に入ってきた中国人たちは，済物浦（現・仁川）に集落を形成して定着した。彼らの多くは山東省東部から出稼ぎのために来た独身男性で，港での肉体労働に従事した。彼らは空腹を満たすために故郷の料理を作って食べたが，そのなかに炸醤麺があったものと考えられる。

　ところが，朝鮮では小麦粉と炸醤がなかなか手に入らないという問題があった。そのため，済物浦と芝罘を往来する旅客船に小麦粉と炸醤を積んで運んだと考えられる。1908 年頃，山東省牟平県の于希光という人物が関与した中国料理店「山東会館」（共和春の前身）[7]でチャジャン麺を売り出し，それが 1920 年代に主要メニューの一つに定着したことにより，韓国チャジャン麺が誕生したということである。

最近，植民地期の共和春のメニュー（図9-2）が発見されたことにより，上記の仮説が事実であることがわかった。このメニューの「麺類」には，口蘑麺，三鮮麺，蝦仁麺，大滷麺，炸醬麺，干拌麺，炒麺，餛飩，餃子，三鮮餃子，蝦仁餃子，状元餃子，炸餃子，鶏絲炒麺等の料理名が出ている。ここに見られる炸醬麺が，すなわちチャジャン麺である。日本語では「ミソカケウドン」と書かれている。これは現在までに発見された資料のうち，「炸醬麺」の名が記された唯一のメニューであろう。

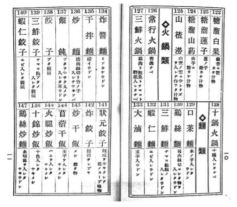

図9-2 植民地期「共和春」のメニュー
（仁川チャジャン麺博物館蔵，植民地期と推定）

ところで，朝鮮人が中国料理店で炸醬麺を食べたという記録は，植民地期の新聞・雑誌・小説等の文献に多く登場するわけではなく，炸醬麺は在朝中国人のための料理であった可能性が高い。ただし，1936年2月16日付『東亜日報』で報道された第3回全朝鮮男女専門学校卒業生大懇親会の記事，槿花女学校校長・金美理士（キムミリサ）（1879-1955年）の祝辞にチャジャン麺への言及がある。すなわち，「（先生方は）うどんを食べ，チャジャン麺を食べ，冷めた弁当を食べて皆さんを教育したのだ」[8]という言葉がそれである。

金校長が言及した内容から見て，当時，教師たちは学生指導のために時間がなく，簡単に食事をすませるためにチャジャン麺の出前をとったらしい。かつ，冷めた弁当とチャジャン麺が同格に置かれることから，あまり高級な料理でないこともわかる。中国料理店（「清料理店」）でも好んで勧めないほどランクの低い料理が，まさに植民地ソウルのチャジャン麺であったということである。実は，植民地朝鮮の大都市および中・小都市には，決まって中国料理店があった。華僑が営むこれらの店で，朝鮮人たちは雑菜（チャプチェ），糖醋肉（タンスユク），辣子鶏（ラジョギ）のような高級料理を好んで食べた。

2　1950年代後半，アメリカの小麦供給と韓国風チャジャン麺の大衆化

このような事情は1945年，第二次世界大戦の終戦後も同様であった。1950年5月28日付『漢城日報』の，統長・班長[9]らによる選挙運動への不当介入に関す

る記事に，チャジャン麺が登場する。

> 班長連会は主に婦人が多く，通長連会は男性が多いが，たいていピンデトク
> や天ぷら，チャプチェ程度の献立でも効果が相当なもよう。選挙運動にたけた
> 某婦人団体幹部の主婦は一肌脱いで戸別訪問し，伝導婦人以上の猛活動。某団
> 体幹部も選挙法などなにするもの，辞表を叩きつけて選挙運動に参加（中略）
> おかげで天ぷらやチャジャン麺の一杯も食わせてもらい，マカオの背広が無理
> ならせめて密陽の生地でも一着そろえてもらって，「白鷗」のタバコも吸わせ
> てもらえそうだが，かといって自分が支持し声援する立候補者を，必ずしも他
> 人に支持し声援しろと強要もできないもの。[10]

　この記事からもわかるように，チャジャン麺は決して韓国人の大衆料理の品目
に数えられることはなく，あくまで中国料理の一種にすぎなかった。チャジャン
麺は中国人にしか作ることができず，食べたければ中国料理店に行くしかなかっ
たためである。
　1951 年 12 月 2 日付『東亜日報』の「保健部，高級料亭および遊興業者遵守事
項発表」という記事には，当時のチャジャン麺の値段が出ている。中国料理とし
て出される他の料理の値段を，チャジャン麺とともに見ていこう。
　「全家福 36,000　南全丸子 7,500　炸豚肉 4,500　肉絲 4,500　大秋鶏 8,000
大滷麺 1,500　焼飯 1,800　炸醬麺 1,800　糖醋肉 5,500　海参湯 8,000　雑菜
3,500」[11]
　チャジャン麺とチャーハン（ファン）が 1,800 圜で同価格である[12]。1,500 圜の大滷麺に
比べれば高いが，他の料理の値段を見ると，けして高価な料理ではなかった。こ
の点は，同じ記事に載っている韓国料理とも比較することができる。韓国料理は，
ビビンバが 2,000 圜，チャングッパプ（汁飯）が 1,500 圜，マンドゥグク（餃子
スープ）が 2,000 圜，そしてトックク（餅スープ）が 1,500 圜だ。チャジャン麺は，
それこそ安価で一度の食事をすませられる手ごろなメニューであった。
　そのように安価なチャジャン麺ではあったが，大衆料理として位置付けられな
かったのは，中国料理店が，韓国人にとって気軽に立ち寄れる場所でなかったた
めである。ところが，1950 年代後半になると，チャジャン麺は韓国人の大衆料
理のカテゴリーへと進出する。この時期の韓国華僑は，中国大陸の共産化と朝鮮
半島の南北分断によって，中国を故郷とすることを表立って口にすることがはば
かられる境界人の境遇にあった。朝鮮戦争への中共軍の介入が始まる 1951 年 1
月 4 日（1・4 後退）以降，相当数の華僑が中共軍に捕えられ大陸へと帰国させら

れる運命に遭遇した。また朝鮮戦争以降，北朝鮮に住んでいた華僑のうち38度線を越えて南下したいわゆる「華僑越南者」が生じ，それ以前とは異なる新しい華僑集団が形成された。「解放後，朝鮮戦争までに自由を求めて南下した華僑が1,300名，1・4後退の際に〝紅いくびき″を逃れた350名，合わせて1,600名あまりが悲運の宿なし避難民として南下してきたのである」[13]。貿易業を主な稼業としていた華僑は，本国とのつながりが断たれたことにより，新しい職を求めざるを得なかった。一定規模の貿易に従事していた商人たちは新しい祖国である中華民国へと居住地を移していったが，それ以外の零細商人たちは中国料理店を始めることで糊口をしのいだ。

統計によると，1948年に332軒だった中国料理店が，1958年に1,702軒，1964年に2,307軒へと急増した[14]。1950年代末から急に中国料理店が増加したのは，1961年に韓国政府が華僑をターゲットに進めた「土地所有不可政策」も大きな原因として作用した。朝鮮戦争以降，半島南部に残った華僑の多くが，農村で野菜を栽培して生計を立てていた[15]。ところが1961年，華僑が土地を所有できなくなると，誰彼となく都市へ出て先に定着していた華僑らと同じように飲食店を出し始めた。しかし彼らには高級中国料理を作る技術はなく，結局，中国料理のなかで調理の簡単なウドンやチャジャン麺，そしてチャンポンなどを主要メニューに掲げるほかなかった。

ウドン（우동）はもともと大滷麺だったものが，植民地期に日本語の「うどん」という名称に変化したものである。チャンポン（짬뽕）は長崎のちゃんぽんに由来し，韓国語に変化した名称である[16]。1960年代以降，中国料理店におい

図9-3 チャジャン麺

忠清南道江景（カンギョン）の華商が営む中国料理店で。
（2007年，筆者撮影）

図9-4 ソウル市内の真ん中にあるチャイナタウン

（『京郷新聞』1962年7月24日，3面に掲載）

てウドン，チャジャン麺，そしてチャンポンはもっとも大衆的なメニューとして定着した。当時，いくらか余裕のある韓国人であれば中国料理店に出かけ，高価な料理は無理でもチャジャン麺のような廉価なメニューを注文して食べることができた。1970年代に入ると，中国料理店の営業は，韓国華僑社会におけるほとんど唯一の生計の手段であった（図9-3，9-4）。

　朴銀瓊の研究によって明らかになったように，中国料理店事業に参入した華僑の比率は，1958年には全体の58.2％にすぎなかったが，1972年にはおよそ77％に増えている。1963-65年の間に，韓国からの華僑流出による人口減少のために相対的比率が高まったことも事実ではあるが，中国料理店が増えた結果でもある[17]。このような状況は，1972年12月16日付『東亜日報』によっても確認できる。当時，韓国華僑3万3,322人の職業分布は次の通りであった。「料食業2,454軒，雑貨店319軒，行商97名，農業82名，漢方薬房78軒（72年4月末現在）」[18]。

　1950年代後半から韓国においてチャジャン麺が大衆料理として定着する他の原因の一つに，米国から無償で入ってきた小麦粉の存在があった。朝鮮戦争後，米政府は韓国に，自国の農民が過剰生産した農産物を強制的に買わせた。その根拠となったのが，「MSA-402条」という法律である。MSAとは，相互安全保障法（Mutual Security Act）を指す。1954年に従前の相互安全保障法が改正され，援助対象国家が援助額のうち一定額を米国の余剰農産物購入にあてるよう規定した402条の挿入によって生まれた名称である。米政府は第二次世界大戦勃発以前に，農村の耕作体制を大量体制へと展開したのだが，それにより予想外の過剰生産が発生した。戦後は軍事同盟を名目に，西ヨーロッパに農産物の輸入を強要したが，フランスやドイツは戦後3年もたたないうちに戦争で荒廃した農村を復興させ，米国産農産物の輸入量は減少した。ちょうどそこへ朝鮮半島で戦争が勃発し，米国の余剰農産物の新しい消費先となった。けれども休戦後には新しい措置が必要であり，そうして生まれた法律がMSAであり，さらにそれを改正して強制購買条項を加えたのである。さらに1954年7月，米議会はPL-480（通称：余剰農産物処理法）を制定した。この法律には，米国の余剰農産物を，援助国家の貧困層への援助，災害救助への援助，そして学校給食に無償で提供するという内容が含まれていた。

　1955年以降，韓国の国民学校[19]に食パンと小麦粉が無償で供給された。特に，1963年に始まる朴正熙の第三共和国は粉食奨励運動を飽くことなく推進し，それによって小麦食品の消費が増加した。小麦粉材料の大衆食としてチャジャン麺が挙げられ，週に1日と定められた米飯を食べてはいけない日に，多くの市民は中国料理店を訪れ，小麦粉食品を食べようという運動まで起こった。その結果，

チャジャン麺の大衆化が促されることになった。

　このような過程で，韓国人向けのチャジャン麺が作られ始めた。華僑の炸醬麺には塩気の強い炸醬が用いられたが，韓国人向けのチャジャン麺では水を加えてチャジャンを作るため，塩気は薄められた。さらに，本来の炸醬麺には炸醬のほかには刻んだキュウリをのせるのみであったが，韓国風チャジャン麺では，炸醬を炒める際にタマネギやジャガイモ，場合によってはニンジンまで一緒に炒め合わせ，甘みが加えられた。韓国風チャジャン麺には黒色と甘みが欠かせないという認識が固定化するに従い，黒色と味を出すためにカラメルのような人口着色料を加えることもあった。こうして中国風の炸醬麺が消費者の欲求に合わせて韓国華僑の手で変化し，完全に新しい味の韓国風チャジャン麺に生まれ変わったのである。

　韓国政府の物価安定政策も，チャジャン麺の韓国風への変化に寄与した。朴正熙政府はチャジャン麺の価格に随時注文をつけた。特に，米政府の小麦無償供給が行われていなかった1964年から，中国料理店の店主たちはチャジャン麺にジャガイモを加えて量を増やし，麺の量を減らす工夫を行っていた。

　ところが1965年5月，香港への輸出により市場に豚肉が不足する事態が起こった。豚肉が絶対に必要な中国料理店では，材料費が上がれば料理を値上げせざるを得なくなる。この件にも韓国政府は介入した。保健社会部は23日午前，全国の市・道に対し，大衆飲食店の価格と中国料理の価格を引き下げるよう要請した。「料理価格は約2週間前から肉類の値上がりを理由として，中国料理は30％，大衆食堂は20％程度，地域ごとにひそかに上がっていたが，保健社会部当局は『値上げの理由がない』と指摘し，値下げを指導したものであり，これに応じなければ経済企画院と協議して2段階の措置を講じるという。(中略) この日，保健社会部は大韓食品衛生協会と中国料理協会の関係者を呼び，『原価計算の結果，値上げの理由はない』と主張，従前の価格に戻すよう強力に指導した」[20]。

　結局，同年6月9日，飲食店協会はやむを得ず，韓国料理はもちろん，日本料理と中国料理の価格も同時に値下げするに至った。チャジャン麺は値上げ後40ウォンだったものを35ウォンに，カンチャジャ

図9-5　カンチャジャン
油で炒めた春醬に豚肉，タマネギ，ニンジン，キャベツ等を加えてさらに炒めたものを別の器で提供するものをいう。
(2019年，筆者撮影)

ン（図9-5）は50ウォンだったものを45ウォンに値下げせざるを得なくなった。
同じ資料には，冷麺が80ウォンから70ウォンへ，カルビタンが90ウォンから
80ウォンへと値下げされたとあり，チャジャン麺はこれらの料理に比べ，半額
に満たないほど安価だったことがわかる。

　このため，チャジャン麺が人気を集めたのは必然的な結果であった。ところが，
中国料理店の店主たちは原価を下げるため，前述のようにジャガイモやニンジン
を入れたり，あるいは豚肉の代わりに野菜を入れる等，別の方法をとらねばなら
なくなった。政府のチャジャン麺の価格統制は，少なくとも1970年代まで飽く
ことなく続いた。経済成長に合わせて物価が上昇すると，政府は物価安定政策に
よって政権への支持を維持しようとした。けれども華僑の店主らはそれに従いは
しなかった。それに対し政府は，衛生検査や税務検査だけでなく，ある場合には
中国料理は不潔で有害だという調査を公表することさえあった。

　政府の価格統制に対抗してチャジャン麺の原価を下げようとする中国料理店の
姑息な商法は，様々な事件を引き起こした。麺にコシを加えるために工業用炭酸
ナトリウムを使用する中国料理店もあり，1970年代には，チャジャン麺の主材
料となる韓国風炸醬，すなわち「春醬」の需要が増大すると，「ニセ春醬」を販
売して摘発される事件もあった。

　1973年には石油ショックのため，飲食店の価格上昇は避けられなくなった。
もちろん中国料理店も例外ではなく，1973年には小麦価格が20-30％上昇し，
チャジャン麺の値段は110ウォンまで上がって再び戻るという過程を毎年のよう
に繰り返していた。とうとう1975年4月25日，大韓料食業協会傘下の漢城中華
料食業総会では，現行110ウォンのチャジャン麺とウドンの値段を54.5％アップ
の170ウォンに引き上げることをソウル市に要請した。彼らは値上げ要求陳情書
で，最近小麦粉1袋（22kg）が2,100ウォンから38％増の2,900ウォンに，豚肉
が600g当たり400ウォンから37.5％増の550ウォンに，白菜1貫当たり450ウォ
ンから44.4％増の650ウォンにそれぞれ値上がりしたため，値上げが不可避であ
ると主張した[21]。

　結局，2カ月あまりの論争の末，その年の6月にソウル市はチャジャン麺を
150ウォンに値上げする決定をせざるを得なくなった。しかしこの論争は，華僑
への社会的反感につながってしまった。1976年，朴正煕政府は華僑に対し，教
育権と財産権を剥奪するという最悪の政策を実施し，華僑が営む中国料理店を半
島から締め出すことになった。

　その結果，ほとんどの中国料理店は韓国人の手に渡ることになった。1980年
代以降，大都市にアパート群からなる団地が建造され，そこには韓国人が営む中

国料理店が入居していった。いまや韓国の中国料理は，韓国人の手で作られ，韓国人が出前をし，韓国人が食べる料理として定着している。

1983年11月，Lee's PR経済調査研究所がソウル，釜山等の大都市で実施した調査「韓国人の食生活習慣」で，一人で外食時に食べるものとして男女ともにチャジャン麺が1位に挙がるほど，チャジャン麺は韓国料理のようにみなされていた[22]。

韓国チャジャン麺は，韓国人が海外で自身のアイデンティティーを確認する料理でもある。北京にも，韓国人や朝鮮族が営む韓国風チャジャン麺店が並んでいる。江原(カンウォン)大学人類学科の韓建洙(ハンゴンス)教授が2009年夏にミャンマーのヤンゴンで韓国映画を好む人々に「一番好きな韓国料理」を尋ねた際，最も多かった回答がチャジャン麺であったという。韓国の映画やドラマで，韓国人が最もおいしそうに食べるのがチャジャン麺であり，それが表れた結果であった。

こうなると，韓国人に限っていえば，チャジャン麺はすでに中国料理ではないのかもしれない。むしろチャジャン麺は，韓国の国民食として21世紀になっても朝鮮半島で消費されているといったほうが正しいだろう。前述のように，チャジャン麺の国民食化には，1950年に始まる米国の余剰農産物流入と，1960年代に朴正煕政府によって進められた粉食奨励運動が，重要な契機として介在している。

3　2000年代まで受け継がれた長崎のチャジャン麺

2007年12月，南国の冬の風情が香る季節に，私は長崎の中華街にある「西湖(せいこ)」という中国料理店で「ジャージャー麺」（図9-6）を食しながら，中国大陸出身の20代女性といろいろな話をした。

図9-6　長崎中華街の中国料理店「西湖」のジャージャー麺
（2007年，筆者撮影）

彼女の名は夏玲(シャリン)。彼女が山東省威海(ウェイハイ)の故郷から異国・長崎のチャイナ・タウンに来た目的は，単に出稼ぎのためであった。この食堂で料理長を務める林(リン)氏とともに，威海のとある会社を通してここを紹介された。紹介料として2カ月分の月給を先払いしたが，それでも外国での経験や豊かな収入は，故郷で働くよりずっといいと思われた。彼女はもともと大学で日本語を専攻し

ていたので，意思疎通にもそれほど問題はなさそうだった。結局，2006年夏に長崎行きを決心し，今ではここでの生活にも慣れ，大きな後悔はない。

しかし，初めてここに来て食べた中国料理は，故郷の味とはやや違っていた。彼女の勤める西湖は日本の華僑3世が店主であり，長崎に根を下ろした古い中国料理店である。メニューに載っている料理名はほとんど中国大陸の食堂と差はなかったが，その味は故郷の料理のようなはっきりとした香りがなく，かわりにずいぶん甘みが強かった。けれど，味はやや違うものの，かといって決して料理方法がまったく違うわけでもなかった。つまり，大陸の中国人たちが好む香辛料をここではわずかしか使わず，そのかわりに日本人好みの風味を加えた結果であった。

西湖では，故郷ではまったく食べたこともないものも中国料理の名で出されていた。なかでも代表的なものは，主食として出される麺類と飯類だった。店を代表する麺類は，ジャージャー麺（炸醬麺）とちゃんぽん，皿うどんである。大陸でも人気のあるチャーハン（炒飯）が飯類の筆頭だが，それ以外に牛肉丼などもよくオーダーの入る料理に数えられる。おいしいことはおいしいが，中国人にとってはやや違和感のある料理である。ときおり来る台湾の客も，こういったメニューを見て驚いたりもする。これらの料理は，台湾の中華食堂でさえなかなか見られないものだからである。

レジに座っている40代初めの若い店主・陳氏に，ここのジャージャー麺はいつからこういう味なのか尋ねると，自分の幼い頃食べたジャージャー麺からたいして変わっていないという答えであった。父親の頃もおそらく同じだったと思うと話し，それほど気にしていない様子であった。西湖のジャージャー麺は，実際のところ，韓国風チャジャン麺であった。長崎中華街の食堂で韓国風チャジャン麺を食すことになるとは，いったいどういういきさつがあってのことだろうか。

私は少なくとも，20世紀前半に帝国日本の政治的支配下に置かれた地域を，軍国主義の次元ではなく，人々の生活次元から考える必要があると考えている。今日，東北アジアの華僑・華人研究がぶつかっている局地的な問題点も，総じてこの時期の状況を正確に理解しないまま，現在の国境概念から彼らを捉えることによって生じた結果である。20世紀前半に朝鮮半島と台湾，そして中国北部地域は，総じて帝国日本の占領地であった。当時，朝鮮半島と日本列島には，相当数の華僑・華人が居住していた。そのうち朝鮮半島の華僑は，99％が中国北部地域出身の人々であった。

それに比して，日本列島の横浜・神戸・長崎に集住した華僑は，その大部分が揚子江以南から来た人々であった。ところが，朝鮮半島の華僑にも1％，日本の

華僑と同じ南方出身者が含まれていた。さらにこの1％の南方出身華僑のほとんどが，大型店舗を営む貿易商や，大型の中国料理店を営んでいた。ゆえに，1％にあたる彼らが華僑社会全体の経済的権力を掌握していたといっても過言ではない。また長崎は，釜山・長崎間，上海・長崎間の連絡船が出会う海運交通の中心地であった。

　華僑たちが主に従事した貿易業では，絹織物の改良品である絹紗業のほか，各種食品の国際的な取引きが行われていた。朝鮮半島にいた南方出身の貿易商らもまたこれらの仕事に従事しており，ゆえに長崎の華僑とは一定のネットワークを確保していた。ところが，長崎に住む華僑たちは，1937年7月から微妙な問題に巻き込まれることになった。すなわち，やがて太平洋戦争へと拡大する日中戦争が本格化したのである。満洲事変が起こった1931年9月以降，すでに政治的な問題は起こっていた。ただし，その時点では自分たちの故郷からかなり遠い地域で起こった出来事であり，それほど深刻に捉えられていたわけではない。しかし1937年7月の日中戦争の開戦は，祖国である中華民国と居住地である日本が敵対的関係に陥ったことを意味していた[23]。

　日中戦争勃発後，朝鮮半島に住む南方出身華僑たちもまた，長崎の華僑と同様に，相当に困難な政治状況に置かれることになった。彼らの中には，抗日運動に参加する者もいたが，中国料理店を営む朝鮮半島の華僑の中には朝鮮総督府に巨額の寄付をして身の安全を図る者もあった。1939年2月25日付『東亜日報』にには「平安北道熙川に住む支那人30余名が満洲事変後，日本官民の温情に感激し，金50円を防共費として献金した」という記事が載っている。敵性国家に暮らすことがどれほどの困難を伴うものであったか，想像にあまりある。

　1910年に朝鮮が日本に強制併合されてのち，朝鮮に住んでいた華僑たちは，日本本土に住んでいた華僑たちと一つの政治経済的領域に包摂されることになった。さらには，帝国日本が朝鮮を橋頭堡として中国侵略の準備を進める間，租借地であった上海は，長崎を通じて日本とつながっていた。こうして朝鮮の華僑と日本の華僑は，日本の支配が続いた1945年まで帝国日本という同一の政治経済的な傘下に置かれたのである。それゆえ現在，韓国の中国料理店でチャンポンやウドン，タクアンが食され，長崎中華街にある西湖でも，ちゃんぽんとたくあんが出される。

　そして，韓国風チャジャン麺が長崎の中国料理店でもテーブルにのぼることになる。チャジャン麺は，あきらかに植民地期の朝鮮華僑が生み出した作品である。彼らが長崎の華僑たちと結びつくことにより，韓国風チャジャン麺は日本へと渡り，入れ替わりに長崎のちゃんぽんは韓国へと渡った。これらのすべてが，帝国

日本の傘下で，朝鮮半島と日本の華僑が共生の道を歩んだことから生じた出来事なのである。

4 2000年代の中国大陸，炸醬麺の再生

2006年5月上旬，メーデーが終わったばかりの晩春に私は北京を訪れ，中央民族大学の邵　献　書教授(シャオシェンシュ)に会った。上海人特有の方言で歓迎してくれた彼は，すでに74歳の老人となっていた。よもやま話をするうち，夕食を共にしようと誘われた。やがて夕刻になり，33歳の一人息子が帰宅すると，先生夫婦と息子，私の4人で出かけた。先生は近所のホテルが経営するレストランで私をもてなしてくれた。

テーブルにつくと，各自が好きな料理を一つずつ注文することにした。メニューを見ると，一つひとつの料理がとても高価だった。先生は前菜に始まり，7種の料理を注文した。店内は客が多くてややにぎやかすぎたが，それでも私たちはこれまでできなかった話をし，楽しい時間を過ごした。注文した料理がすべて揃い，最後に麺を食べようと先生が提案した。

先生が注文した麺は，なんと「炸醬麺」（図9-7）であった。前述の通り，1990年代中盤から後期にかけて，北京市内の食堂で炸醬麺を食すことは，並大抵の困難ではなかった。まして，上海人であり，かつ食にうるさい先生が炸醬麺を食べようとはどういうことだろうか。私はすぐさま，なぜ炸醬麺なのかと尋ねた。先生の答えは興味深いものだった。文化大革命の頃，夏になれば食べていた北京の料理が最近また復活して，思い出もあるし，おいしいから好きだという。先生の息子は，どうして炸醬麺なんか食べるんだろうという表情で先生夫婦を眺めていた。1986年生まれの息子にとって，それほど炸醬麺はなじみのない食文化だったのである。

1992年の中韓国交回復以降，北京をはじめ中国の大都市には韓国人街ができるほど韓国人があふれていた。しかし，韓国の大衆料理であるチャジャン麺が食べられず，在中韓国人たちは非常に残念な思いをしていた。この状況を知ったソウルの華僑夫婦が1996年，北京市内の中国美術館の向かいに「梨園」(リーユェン)という韓国風中国料理店を

図9-7　北京の炸醬麺
（2006年，筆者撮影）

第9章　チャジャン麺ロード　217

出した。そのビジネスは大成功であった。以後，中国の韓国人集住地域にはきまって，朝鮮族の営む韓国風中国料理店が開かれるようになった。韓国華僑出身の夫婦が営んだ梨園は，1990年代後半に朝鮮族の韓国風中国料理店に押されて店を閉めてしまった。

梨園がもっとも盛況であった1996年のある日，私はこの食堂で，27歳の王氏という人と会っていた。梨園は，北京市の中心である紫禁城の東，王府井を北へ歩ききった交差点に面したところにあったため，若い中国人の客も時折見られた。韓国風チャジャン麺は彼らにも好評だったが，王氏は違っていた。「中国料理の炸醬麺をどうして韓国風に変えて売ってるんだ。なんだって我々が韓国に炸醬麺を盗まれなきゃならないんだ！」。当時の中国経済は，いまだ韓国に学ばざるを得ない切迫感のなかに置かれていた。そのような経済状況であるのに加えて，中国人の誇りである食文化まで韓国に奪われてしまったという彼の憤りと情けなさは，理解するにあまりあった。

しかし，2000年代になって中国風炸醬麺は復活した（図9-8）。なぜか。2000年代の中国人は，すでにアジアの小龍[24]たちに追いつこうという焦りを持たなくなっていた。アジアの「IMF救済金融」事態に，韓国は中国政府に支援を要請する状態に陥った。中国人民は当時，自らの祖国がアジアを守ってやったのだと考えた。1980年代の改革開放を経て外部へと無限の経済的求愛を示した中国が，2000年に至って，21世紀に米国と競争しうる唯一の大国となった。ついでに財布も温まってきた中国人，特に北京や上海の若者たちは，すでに祖国を後進国とは思わなくなっていた。

そんな状況にあって，外食を好む中国の消費者をターゲットに，2000年から新しい雰囲気のレストランが登場し始めた。北京におけるその一例が，「老北京」という看板を掲げる食堂群であった（図9-9）。文字どおり「古い北京」という意味だが，そこに込められた意味はきわめて多様である。その意味の一つは，かつての北京の風俗への「ノスタルジー」である。少なくとも20世紀前半の北京は，上海とともにアジアの中心都市であったという思いが，ここには込められている。当時の絢爛たる北京の消費生活が今日ふたたび可能になったという自信から，「ノスタルジー嗜好」が登場した。

北京でもっとも富裕なエリアの一つ「亜運村」には100年前に北京で流行した食堂が再現され，従業員は100年前の人々が好んだ衣装に身を包んでいた。あたかも1980年代前半に流行した香港映画に出てくる20世紀の食堂の姿のようであった。さらにはまた，従業員は「r」音の強い特有の北京訛りで客引きを行った。料理名にも「老」という字が多くつけられた。当時流行した炸醬麺も，もち

図9-8 大柵欄（北京）にある新成炸醬麺館（シンチャンヂャジャンミェングァン）の炸醬麺
（2018年，筆者撮影）

図9-9 大柵欄（北京）にある新成炸醬麺館
（2018年，筆者撮影）

ろん「老」メニューに含まれることになった。

　炸醬麺が老北京の象徴とみなされる上で決定的な事件は，2008年8月に北京で開催された第29回北京オリンピックであった。中国の中央政府と北京市の行政では，この行事のために天安門広場の南にある古い市場であった大柵欄一帯を20世紀初頭の姿に復元した。その過程で，既存の麺店で炸醬麺をメニューとして取り扱うことを奨励し，結果，2008年以降，大柵欄一帯はもちろん天安門広場の東西のダウンタウンの路地にも「老北京炸醬麺」という看板が立った。これが中国大陸に100年あまり前に存在し，姿を消した炸醬麺の復活ストーリーである。

　ところで，さらに興味深いのは，2010年代になって，台湾で炸醬麺が新しいかたちで復活しつつあるという事実である。台湾の炸醬麺のソースの中心は豆板醬（豆瓣醬）である。台湾もまた第二次世界大戦後に米国の無償小麦援助を受け，麺類の消費が活発化した地域である。台湾風牛肉麺は，米国から輸入した米国産牛肉に米国産小麦粉のヌードル，そして中国醬油の結合物である。2000年代以降，台湾の牛肉麺は北米地域へと進出し，台湾風炸醬麺もそれにともなって海を渡った。

おわりに

　華僑の歴史にあって，炸醤麺／チャジャン麺ほど流浪の旅を経た料理も珍しい。山東と北京の郷土料理であった炸醤麺が朝鮮半島の済物浦にたどり着いたのは1880年代半ばであった。少なくとも1930年代まで，朝鮮半島の炸醤麺は華僑内部の食文化であった。日清戦争後，韓国華僑の炸醤麺は日本の長崎の華僑へと伝わる。華僑相互の商業交流が生みだした結果であった。

　1950年の朝鮮戦争勃発後，韓国の華僑は故郷山東へ帰還できない政治状況に置かれた。彼らの祖国はそのときから中華民国，つまり台湾となった。加えて韓国人たちは，植民地期以来，野菜の栽培や商売に長けた中国人たちに悪感情を抱いていた。特に，韓国華僑は世界のどの地域の華僑とも異なり，故郷である山東から近かった。ゆえに春節を前に，彼らは妻子と家族の住む故郷へ帰省し，そのことから当時の在朝中国人は「チェビ（제비／つばめ）」と呼ばれた。まるで渡り鳥のように韓国で金を稼ぎ故郷へ帰ってしまうという意がこめられた別称であった。

　韓国華僑に対する韓国政府の排除政策は，1961年の土地所有不可政策によって確認できる。これにより，農民華僑は小都市の市内に中・低価格の中国料理店を開業し，そこでチャジャン麺を作った。当時，韓国政府はコメ消費を抑えるために粉食奨励政策をとり，時あたかも米国から大量に輸入された廉価の小麦により，チャジャン麺は，中国料理の中で粉食奨励に適した大衆料理として韓国人に認識された。

　都市化と産業化が完成しつつあった1990年代の韓国社会で，チャジャン麺に代表される中国料理店はほとんど韓国人によって営まれていた。少なくとも1970年代まで，ほとんどの韓国人にとってチャジャン麺を食べる機会は小・中・高校の卒業式のときくらいであった。当時，韓国の中産層家庭における最高の外食は，中国料理店でチャジャン麺を食べることであった。ゆえに子女の卒業式に際し，家長はチャジャン麺をふるまって祝ったのである。しかし1990年代になると，韓国人の収入増加に多忙な都市生活も加わり，家庭や職場では，料理の時間や食堂に行く時間がないときにチャジャン麺を出前注文して食べるのが日常の風景となった。

　1988年のソウル・オリンピックを前後して，ソウルに住む韓国華僑が営むごく少数の中国料理店は，旧都心開発によって江南へと店を移転したり，完全に店を畳んで台湾，あるいはカナダやオーストラリアへと移住したりした。1990年

代以降，韓国チャジャン麺は韓国人によって作り出され，韓国人が消費する韓国料理となってしまった。2006年，ついに韓国文化部では「100大民族文化シンボル」の一つにチャジャン麺を選定した。

　韓国社会のチャジャン麺に対するこのような愛情は，中国人が炸醬麺を再生しようとする動きに刺激を与えたとも考えられる。すでに1996年から中国大陸に進出していた韓国風中国料理店と現地で売られるチャジャン麺は，炸醬麺再生運動にさらなる拍車をかけることになった。2000年代になると，中国の炸醬麺は再生した。2000年代以降，中国の経済成長がもたらしたプライドは，「中華民族主義」の意識を強化し，これが炸醬麺を「老北京」の象徴に押し上げたのである。

　ある共同体の食文化は，彼らの移住を通じて他の場所へと移動する。一方，時の流れによる社会・文化的条件の変化とともに，共同体の故郷から特定の料理が消え去ることもある。ところが，移住先の共同体では，まるで「博物館」のように，移住前の故郷で享有されていた食文化を維持する場合がある。21世紀以降のグローバリゼーションの過程を経つつ，移住民たちが再び故郷を求めるなかで，消え去った料理が再生することもある。チャジャン麺は移住民の故郷回帰によって生まれたものではなく，それとは反対に，移住先に暮らす人々が料理の誕生地へと移住することで再生を刺激したという代表的事例であろう。私は19世紀末から現在に至るまでの「チャジャン麺ロード」を「チャジャン麺の流浪の旅」と呼ぶ。北東アジア，特に韓国華僑の旅程とチャジャン麺の旅路は，同じ境遇にあったといえる。そこに，韓国人の中国移住の結果物として生み出された「老北京炸醬麺」があるのである。

---

1) 本論文では，韓国風にアレンジされ韓国に定着したものを「チャジャン麺」と韓国語音のカタカナ表記で，中国の炸醬麺（ヂャジァンミェン）を漢字表記で表すものとする。その他，漢字ルビについては，原則として韓国の語彙は韓国語音を，中国の語彙は中国語（普通話）音をカタカナで付すものとする。

2) 大滷麺は，豚肉を油で炒めて水を注ぎ，各種野菜，といた卵，シイタケ等とともに煮込んだスープに麺を合わせた料理。

3) 韓国食品科学会編『食品科学技術大辞典』ソウル，光一文化社，2008年。

4) 梁世旭「食にまつわる中国語借用語の語源——「春醬・チャンポン・ティー」を中心に（음식 관련 중국어 차용어의 어원：'춘장．짬뽕．티'를 중심으로)」，『国際中国学研究』60号（2009年）149-169頁。

5) 聶鳳喬「醬」，中国烹飪百科全書編輯委員会編『中国烹飪百科全書』北京，中国大百科全書出版社，1995年，285頁。

6) 韓国の文化人類学者・金光億は，「チャジャン麺は大豆で作った醬（チャジャン）と

麺を混ぜたもので，山東の農民の簡単な食事に起源をもつ」と述べている（金光億「想像が競争する空間──韓国における中国料理（상상이 경쟁하는 공간 – 한국에서의 중국 음식）」，『韓国人類学の成果と展望（한국인류학의 성과와 전망）』ソウル，集文堂，1998 年，292-293 頁）。また，韓国の華僑研究者・朴銀瓊は「チャジャン麺（炸醬麺）も，もともとの山東式炸醬麺より淡白なソースを開発した作品である。カンチャジャンが醬（ジャン）に水をまったく入れずソースを作る山東風炸醬麺であるのに対し，韓国風チャジャン麺は水を加えてチャジャンを作ったもの」（朴銀瓊「中国飲食の歴史と意味（중국 음식의 역사적 의미）」，『韓国文化人類学会』24 号（1994 年），103 頁）と主張している。

7) 「山東会館の食堂は，辛亥革命によってアジアで最初の共和国・中華民国が誕生した 1912 年に「春の日のような中華民国」を象徴する「共和春」へと店名を改めた」（本書の岩間一弘の序論を参照）。

8) 「大会余禄──印象の点描（大會餘錄──印象의 點描）」，『東亜日報』1936 年 2 月 16 日。

9) 統・班はそれぞれ地方行政の末端組織であり，統長・班長はその代表者。組長や町内会長に当たる。

10) 「通班長買収による不法選挙運動横行（통반장 매수를 통한 불법 선거운동이 활개）」，『漢城日報』1950 年 5 月 28 日。

11) 「高級料亭廃止，無許可飲食店取り締まり強化（고급요정 폐지 무허가 음식점 단속 강화）」，『東亜日報』1951 年 12 月 2 日。

12) 「圜（ファン）」とは，韓国で 1953 年 2 月から 1962 年 6 月まで流通した貨幣単位である。

13) 「ソウル租界（5）──華僑たち（上） アジアのユダヤ人（서울 租界（5）── 화교들（상）亞細亞의 猶太人）」，『京郷新聞』1962 年 7 月 24 日。

14) 朴銀瓊（前掲）「中国飲食の歴史と意味」，『韓国文化人類学会』，97 頁。

15) 植民地期にも朝鮮の華僑は，都市地域で需要のある野菜の供給で高い比重を占めていた（李正熙『韓半島の華僑史：近代の礎石から日帝強占期までの経済史（한반도의 화교사 : 근대의 초석부터 일제강점기까지의 경제사）』ソウル，東アジア，2018 年，530 頁）。

16) 周永河『チャポン・ちゃんぽん・チャンポン──東アジア食文化の歴史と現在（차폰 잔폰 짬뽕 : 동아시아 음식 문화의 역사와 현재）』坡州，四季節，2009 年，15-45 頁。

17) 朴銀瓊『韓国華僑の種族性（한국화교의 種族性）』ソウル，韓国研究院，1986 年，133 頁。

18) 「異色の村をゆく（4）──仁川チャイナタウン華僑村（이색 마을을 가다（4）── 인천 차이나타운 화교촌）」，『東亜日報』1972 年 12 月 16 日。

19) 1996 年に「初等学校」に改称されるまでの初等教育機関（小学校）の名称。

20) 「〝飲食費を下げよ〟保社部より勧告（〝음식값 내려라〟보사부서 종용）」，『京郷新聞』1965 年 4 月 23 日。

21) 「中国料理値上げ要求（중국 음식 값 인상 요구）」，『毎日経済』1975 年 4 月 26 日。

22) 「家族の外食人気メニューはプルコギ，一人の時は男女ともにチャジャン麺が 1 位

（가족외식 인기 메뉴는 불고기 혼자땐 남녀 모두 자장면 1 위)」，『京郷新聞』1983 年 12 月 30 日。

23）日中戦争が勃発した 7 月から 10 月の間に，朝鮮華僑の半数に近い 3 万人が中国に帰国した（李正煕（前掲）『韓半島の華僑史』，219 頁）。

24）1960 年代以降に急速な経済成長を果たしたアジアの新興国である香港・シンガポール・韓国・台湾の各国を指す言葉。

第 10 章

朝鮮半島における「中国料理」の段階的受容
——分断後の韓国までを視野に

林史樹

はじめに

　近代に入り，世界各地で繰り返された大規模な戦争は人類に多くの不幸をもたらした。一方で，大規模な人の移動は多くのモノやスタイルの移動も誘発した。そこで，これまで近現代の東アジアにおける人々の流動が粉食系統の中国料理を伝播させた過程に着目し，例えば日本で特定の中国料理が受容される際，時期をずらして段階的に受容されたことで，その料理が異なった形態に上書きされる現象，換言すれば「文化の上書き」がみられたことなどを報告してきた[1]。一方，朝鮮半島全体，分断後は韓国における伝播に焦点を当てたとき，そこではまた日本と異なる状況がみられる。後述するように，既存の食文化研究で朝鮮半島に根づいた中華の研究はそれなりに存在するが，段階的な食の受容といった視点は，これまであまりみられなかった。

　朝鮮半島の場合，朝鮮王朝が長く鎖国体制を築いていたが，1875 年の江華島事件などを契機にその体制が崩壊するや，中国（清）以外に，日欧などから外来文化が流入してきた。そのような流れの中で，19 世紀末頃，中国料理店ができ，中国料理が外来食として入り込んでいったと考えられる[2]。しかし一方で，当時の朝鮮の人々にとって中国料理は受け入れられにくかった。中国の高級料理は庶民層にとって手の届かない食で，比較的廉価な小麦粉を主とする粉食（本稿では「中国式粉食[3]」とする）に関しても，一般的には小麦粉が韓国社会に大量に出まわる 1960 年代，そして都市生活が定着していく 1970 年代に入って広く大衆化されていったという見方が強い[4]。

　その一方で，大邱華僑を中心に調査を行い，華僑の歴史的な変遷に関心を持つ李正熙は，これまでの見解とは異なり，早い段階から朝鮮人や日本人が中国料理

225

店を経営しており，朝鮮社会で中国料理は受け入れられていたと指摘する。1920年代には，すでに中国料理は中国人のためのものから朝鮮人・日本人・中国人のためのものという段階に移行しており，より大衆化していたというのである[5]。

　そこで本章では，中国料理の定着をめぐる以上の見解の差をいかに埋め合わせるかを検討していく。その際，中国料理とも関連が深い朝鮮の宮中料理も視野に入れながら，朝鮮半島における中国料理の定着過程を，時代ごとの状況と照らし合わせながら紹介していく。一般的に中国料理というカテゴリで括られる食が，各時代に合わせて朝鮮社会，あるいは現代韓国社会に受容される際，料理群やジャンルごと，あるいはメニューごとに受容されていったことに着目する。その作業を通じて，一括りとして捉えられがちな食のカテゴリ（本稿では「中国料理」というカテゴリ）が一度に受容されたのではなく，部分的に，段階的に受容されてきたことを指摘していく。

1　近現代の朝鮮半島にみられる中国料理の浸透と定着

朝鮮時代の終焉と中国料理の定着・草創期

　朝鮮の人々が中国料理を受け入れていく時期を 19 世紀末頃と考えるなら，1882 年の朝清商民水陸貿易章程は一つの起点になりうる。朝鮮時代（1392-1897：1897年以降は大韓帝国）の終焉の時期であり，鎖国体制を維持できなくなった時期である。章程以降，清国人が朝鮮に住み始め，彼らが朝鮮内で生活する過程で定着していったと捉える。大陸出身者が多く住み着くにつれ，彼らの日常食として中国料理が普及し始める。当初は，家庭内で食されていたのが，徐々に同郷の労働者向けに供されるようになったのである。

　1900 年代初期には，京城（ソウル）でもすでに大衆向けの胡餅（今日のホットク〈호떡[6]〉，図 10-1）屋や中華ソバ屋が登場していたが[7]，その一方で雅叙園，金谷園，大観園，四海楼，泰和館，中華楼，共和春[8]（図 10-2）といった大規模な中国料理店が存在した。これは当時，政治的会合や各種祝宴，集会や祝賀会を催す上で個室を多く抱えたり，ホールを備えたりした料理店が必要とされたからである。本町グリルや鍾路グリル，永保グリルといった洋食店も各種イベントに利用されたが[9]，中国料理が利用されることも多く，特権階層や富裕層などで一定の需要が見込まれていた。

　しかし，1927 年，1931 年と朝鮮で大規模な排華運動が展開され，中国人犠牲者が多数でたことで中国料理店が減少し，一時的に料理人が中国に戻った時期もあった。とくに 1931 年の万宝山事件は，中国東北部で起きた朝鮮人と中国人と

226　第Ⅱ部　越境する中国料理

図 10-1　ホットク
（2011 年 9 月 26 日，筆者撮影，ソウル）

図 10-2　共和春
（2016 年 2 月 11 日，筆者撮影，仁川）

の間の水利権争いが発端となり，朝鮮半島において大規模な排華運動を引き起こす。しかし，その後 2-3 年で店舗数も回復していることから[10]，中国料理の担い手だけを考えれば[11]，それほど大きな変化はなかったと考えられる。加えて，外食ができるほど生活に余裕がある人々は朝鮮半島内でまだ一部に過ぎず，中国料理が朝鮮社会に完全に定着していなかったことも意味する。

　以上のように，統治時代は中国料理の定着草創期とされ，店舗は増えていったものの，社会に定着していくにはまだ時間を必要とした。

朝鮮の独立解放と中国料理の受難・転換期

　第二次世界大戦が日本の敗戦で幕を閉じ，朝鮮は独立解放を迎えたものの，朝鮮半島は米ソによって分割統治が行われる新たな時代に突入した。華僑の動きが統制された北部に比べ，南部で中国料理は独自の展開をみせていく。ただし，1950 年に勃発した朝鮮戦争のため，朝鮮半島は荒土となり，食糧難の時期が続いた。そこで，外食が盛んになることもなく，人々が口にする料理は家庭料理が中心で，中国料理を含む外来食を口にする機会は一部の人々に限られていた。朝鮮戦争による動乱は半島の南北間で食の混淆を促進した一方，中国料理に関していえば，先の理由で直接的な影響はなかったと考えられる[12]。

　1960 年代初めにおいても，中国系の飲食店の中では小規模な中国式の食堂が，1,259 軒ともっとも多く，その次に小資本の中華菓子店が 488 軒で続き，大規模な中国料理店は 41 軒に過ぎなかった[13]。これらの大規模な中国料理店は祝宴や冠婚葬祭などで利用されることが多く，日常的なものではなかった。

　韓国における中国料理の浸透に，大きな変化がみられたのは，援助物資としてアメリカから大量の小麦粉導入が行われて以降と考えられる。アメリカは，1954 年に農産物貿易促進援助法（PL480）を制定すると，1955 年，韓国との間に余剰

図10-3 混食粉食
ポスターには「混食で富強を求め，粉食で健康を求めよう」とある。
(2011年9月24日，筆者撮影，仁川・水道局山タルトンネ博物館内)

農産物協定を締結する[14]。この協定を受け，大量の小麦粉が国内に持ち込まれた。米不足から飲食店での米飯提供が制限される一方，小麦粉を原料とする粉食と，その他の雑穀を白米に混ぜた混食が韓国政府により奨励された。飲食店での米の販売は制限され，家庭でも「米なしデー（無米日）」の順守が義務づけられた。粉食がエネルギー効率がよいとして奨励されるなか（図10-3），1960年代頃から街角では小腹を満たすのに手軽な麺類やマントウ（饅頭：蒸しパン）類を扱った粉食屋[15]が増加していった。

加えて，華僑の貿易が没落することで海外に新天地を求めて移住する者が後を絶たない一方，飲食店に鞍替えをして生計を立てる華僑が1960年代から増加したことが後押ししたといえる[16]。1970年代は，中国料理店の華僑経営者の割合が最大限に高まった一方で，華僑らが徐々に海外移住していく時期でもあった。例えば，1948年に332店舗であった華僑の中国料理店が1958年に1,702店舗となり，1964年に2,307店舗，1972年には2,454店舗にまで増えていくのに対し，全華僑の職業のうち，飲食業が占める割合が1958年で58.2％，1964年で66.8％，1972年で77％まで増加する[17]。この背景として，当時の職業差別や逆に中国料理を彼らだけの技術として継承してきたことが考えられ，韓国人経営の中国料理店が1950-60年代にはみかけられたというものの[18]，まだ華僑による独占的な状態にあったことがわかる。

ところが，その後，急速に華僑たちによる中国料理店が減少する。主な原因は海外移住と考えられるが，直接的な引き金になったのは1973年から中国料理店を巻き込んでつくられた政策，米飯〈쌀밥〉販売禁止令と家庭儀礼準則である。前者は，朴正熙政権が米不足の中でとった政策で，中国料理店だけが対象となった。華僑側の抗議によって3カ月ほどで廃止されたが，精神的な打撃を受けたとされる。加えて，朴正熙大統領は富国強兵・質素倹約を掲げて，贅沢な生活，あるいは無意味な出費を禁止する上で，家庭儀礼準則（大統領令6680号）を施行する。準則の施行は，盛大な祝宴などによって利潤を得ていた大規模な中国料理店への影響が大きく，料理店を売り払って海外移住する華僑が増加した。韓国学中央研究院の周永河によれば，1976年に朴正熙政権が華僑の教育権と財産権を剝

奪する政策をとったことが華僑の海外移住を促進させたという[19]。1977年には中国料理店は20.9％減の2,030店舗となり，1980年にはさらに309店舗，1983年には151店舗と[20]，数年のうちに，実に2割を超える中国料理店が閉店に追い込まれていく。料理の味がより韓国の人々向けに変化してきたのも，この時期であったと考えられる[21]。

　朴銀瓊が韓国華僑65名に行ったアンケートによれば，台湾に移住にした理由として一番多かったのは，税金問題（28名；43％）で，次に外国人への規制（26名；40％），物価の高騰（13名；20％），人手不足（10名；15％），中国料理の価格統制（6名；9％）と続く[22]。税金問題にしても，遊興飲食税，営業税，営業附加税，所得税，免許税，特別行為税を払わされたほか，土地取得や土地利用に制限がある華僑は同じ場所で営業せざるを得ないが，営業年数に比例して税金が課せられる重課税制度も大きな負担になった[23]。

　以上のような国家の政策が，中国料理の転換期を招来したといえる。

中国料理の大衆化から新たな展開へ

　1980年代は，韓国社会が中流意識を持ち始めた時期といえる。この時期に，中国料理の大衆化が進み，多くの人たちが気軽な外食として利用するようになった。それと同時に，中国料理店もさらに増加していくことになる。1970年代後半から華僑らが飲食店から撤退し，抜けた穴を補ってもあまりあるかたちでの増加である。同時に，1980年代後半には韓国の景気上昇の影響を受けて，中国料理の高級化がみられるようになった。例えば，それはハコエビ，アワビ，ナマコなど高級食材を用いた三鮮料理の需要増加であり[24]，それだけ多様な人々を中国料理店は顧客として取り込んでいった。またコース料理など，高級なメニューが人気になっていくのもこの時期と考えられる。

　中国料理店数の増加は，ソウルに限っても，1977年で1,005店舗だったものが，1980年に1.5倍の1,585店舗，1985年にはさらに2倍以上の3,416店舗になっている[25]。それにともない，1970年代半ばまでも65％を維持していた華僑経営の店舗率は，1983年に25％，1988年に9.6％，1993年には6％にまで減少した[26]。中国料理店の経営が華僑から韓国人に移り変わる中で，チャジャン麺（韓国式ジャージャー麺）〈짜장면〉をはじめとする料理メニューにも食材などの変化が現れ，華僑経営者が知らない「中国料理」が誕生していく。

　また韓国人経営者の割合増加が価格に影響を与えたことは十分に考えられる。例えば，現行の通貨単位にそろえて80kgあたりの米の価格と比較したとき，1968年の米の価格は4,600ウォンであったが，チャジャン麺は50ウォンであった。

第10章　朝鮮半島における「中国料理」の段階的受容　229

しかし，1976年までに米の価格が2万4,255.8ウォンと約5.3倍に値上がりしたのに，チャジャン麺は138ウォンと約2.8倍しか値上がりしなかった[27]。同じく価格統制品目とされた米とチャジャン麺であるが，華僑経営者が減って韓国人経営者が増え始めると，チャジャン麺が1976年（138ウォン）から1980年（350ウォン）にかけて約2.5倍も増加したのに対し，米は同時期に5万837.5ウォンで約2.1倍にしか増加していない。また，チャジャン麺が1980年から1985年（660ウォン）にかけて約1.9倍も増加したのに，米は約1.5倍（7万4,248.3ウォン）の増加に過ぎない。さらに1986年（700ウォン）から5年後の1991年にはチャジャン麺の価格がちょうど2倍の1,400ウォンになるが，米は7万9,966.7ウォンから11万1,200ウォンと，約1.4倍にとどまっている[28]。このように韓国人経営者が参入する前後で物価統制のバランスが異なってみえる理由については，単に外食産業の盛況と捉えられなくもないが，韓国人経営者が大挙して参入したために極端な価格統制ができなかったことがうかがえる。

　1980年代後半から1990年代初頭にかけて好景気が続き，韓国で外食産業が急成長していく時期と捉えられる。しかし，1990年代も中盤に入ると，市場商人などを中心に景気に陰りがみえ始めた。1997年に通貨危機を迎えると，多くの企業が倒産し，国家破綻まで話題にされ，外食産業も急激に景気が落ち込んだ。町の中国料理店の主力であったチャジャン麺にも廉価商品が登場し，それが「昔風の」チャジャン麺として客離れを食い止めるのに貢献をした。同時に，社会が不景気であったこの時期には，多様な顧客を取り込むため，メニューが多様化していった。ほんのりと甘い口当たりのチャジャン麺にも辛口が登場し，四川チャジャンと称して人気を博したほか，挽肉入りや大皿盛りのチャジャン麺など，これまでの枠から外れ，多様化することで顧客維持に努めた。

　2000年前後，景気が急激に回復していったことで，徐々に客足が戻ってくるが，同時に中華メニューをアレンジして無国籍料理に取り入れたり，洒落たインテリアを導入して高級化したりするなど，従来の枠組みから外れる傾向がみられた。また近年，中国大陸から参入してきた朝鮮族が東北料理として羊の串焼きを中心とした店舗を出したり，漢族の料理人が四川料理や中国料理の店舗を出したりするケースも出てきている。

2　朝鮮時代から近現代への連続性
——朝鮮時代の料理にみられる中国式粉食

　以上のように，およそ韓国・朝鮮社会において，中国料理は1970年代，ある

いは 1980 年代から急速に受容が拡大する。しかし一方で，李正熙が指摘する
「早い段階から朝鮮人や日本人が中国料理店を経営しており，朝鮮社会で中国料
理は受け入れられていた」ことも資料から指摘できるところであろう[29]。一見矛
盾してみえるこれらの言説の間には，「中国料理」の捉え方に差がみられたよう
に思われる。その手がかりとして，朝鮮時代にみられた中国料理の粉食に類似し
た朝鮮料理に着目する。早い段階から受け入れられていたとすれば，当時の朝鮮
の人々にとってまったく未知の料理でなかったことが影響したと思われるからで
ある。そこで本章では，朝鮮の人々による中国料理の受容を読み解く上で，段階
的受容を一つのキーワードとし，とくには現代の日常的な食事に欠かせなくなっ
た粉食料理，とくに中国式粉食を中心にみていきたい[30]。

　古来，朝鮮半島は中国の影響を強く受けており，その影響は食事の中にも浸透
している。実際に今日の小麦粉中心の中国料理を思わせる麺類や饅頭（マンドゥ
〈만두〉）類は朝鮮時代の料理書や宮中料理にもみられる。

　食文化，とくに宮中料理の研究者である金尚寶は，朝鮮時代の記録から麺料理
の材料などについて明らかにしてきた。例えば，『都門大嚼』（1569-1618 年）に
は絲麺という料理がソバ粉で，『飲食知味方』（1598-1680 年）には麺がソバ粉や
緑豆粉でつくられたことが紹介されている[31]。そのほかにも『迎接都監儀軌』
（1643 年）に中国からの使臣をもてなした細麺の材料は緑豆粉，『園幸乙卯整理儀
軌』（1795 年）にはソバ粉と緑豆粉が用いられたと指摘しており，1765 年から
1902 年の間の宴会食儀軌でもソバ粉が愛用されたと指摘する[32]。朝鮮時代にお
ける麺の材料は，緑豆，ソバ，小麦，山芋，クズ，ササゲ，キビ，アズキ，ハト
ムギなど多様であり[33]，小麦粉が占める比重が低かったことがうかがえる。

　饅頭（マンドゥ）に関しても，前掲書の『迎接都監儀軌』をみると，餡を包む
皮は，材料によって，ソバ粉，小麦粉，緑豆粉，その他の 4 つに分けられるとい
い，中には牛の胃袋で包むマンドゥもあった[34]。マンドゥとは今日的にはいわゆ
る餃子を指すことが多いが，朝鮮時代には肉や野菜などの餡を包み，ゆでたり，
蒸したりしてつくった料理を指し，皮の材料にはこだわらない。実際に，『飲食
知味方』（1598-1680）によれば，水餃衣（スギョイ：水餃子）や霜花（サンファ）
には小麦粉が用いられているものの，マンドゥの材料にはソバ粉が用いられてお
り，『是議全書』（19 世紀末頃）にはソバ餃子〈메밀만두〉というメニューが紹介
されている[35]。また，餃子の皮の材料にはソバ粉と小麦粉が用いられているが，
宮中宴会儀軌で餃子の皮の材料の大部分がソバ粉である点で，麺同様に餃子の皮
にもソバ粉を主に使用したものと考えなければならないという[36]。

　また，宮中料理研究の第一人者であった黄慧性は，宮中飲食における麺〈국

第 10 章　朝鮮半島における「中国料理」の段階的受容　231

水／麺〉料理としてソバ〈메밀칼국수〉，素麺〈밀칼국수〉，肉ダシソバ冷麺〈장국냉면〉，混ぜ麺〈비빔국수〉，肉ダシソバ〈온면〉，大根の水キムチソバ冷麺〈동치미냉면〉，豆乳冷麺〈콩국냉면〉などを紹介している[37]。一方，饅頭（マンドゥ）類としては，餃子〈밀만두〉，魚の薄切り巻き〈어만두〉，冷やダシ水餃子〈편수／片水〉，マンドゥック：餃子スープ〈병시／餅匙〉，ヒラの団子〈준치만두〉，ツタの葉の蒸し餃子〈규아상〉，ボラの薄切り巻き〈숭어만두〉，ソバ餃子〈메밀만두〉，キジ肉団子〈생치만두〉，冬瓜の薄切り巻き〈동아만두〉，トックッ（餅スープ）〈떡국〉が紹介されている[38]。ただし，もちろん，これらマンドゥとして紹介されている料理であっても，小麦粉を用いた料理や餃子に類似したものは多くなく，主流はソバ粉であり，次に緑豆粉である[39]。これらマンドゥ自体が朝鮮に入り，宮中料理として取り入れられた後，近代になって中国から移住した華僑が持ち込んだ餃子が朝鮮料理化したマンドゥ同様に「餡を包む料理」であったため，餃子もマンドゥと呼んだとも推測できる[40]。

次に，宮中料理よりも少し下の階層への浸透度をみていく。朝鮮語で編まれたいわゆる料理書『朝鮮無双新式料理製法』（李用基，1924 年）は外来料理も紹介した料理全書的な書といえる。内訳として，およそ 781 種類の韓国料理に加え，45 種類の西洋料理，26 種類の日本料理，15 種類の中国料理（支那料理）が紹介されている[41]。ただ，中国料理として紹介された数は西洋料理や日本料理に比べて少なく，しかも肉を用いた料理か，デザートの類であった。今日的に，中国料理として多く消費されている麺類や饅頭（マンドゥ）類はすべて朝鮮料理として紹介されていた。注目すべきは，李用基が朝鮮料理と分類した麺類やマンドゥ類は，ソバ粉や緑豆粉を主原料としており，小麦粉ではないことである。

同様に，17 世紀の知識人層の食事が垣間みえる『飲食知味方』においても麺類やマンドゥ類の主原料は小麦粉でない[42]。『飲食知味方』には麺と餅類，菓子類，魚肉類，酒類，蔬菜類などに分類された多くのメニューが朝鮮料理として収録されている[43]。ここに紹介されている麺類やマンドゥ類の料理法をみても，多くがソバ粉か緑豆粉である[44]。『飲食知味方』で紹介された 12 種類の料理のうち，小麦粉を使用すると記されているのはわずかに霜花と水餃衣だけである。とくに霜花の料理法では「大麦を搗く時のように」[45]と，まず小麦の搗き方から説明していることから，小麦自体が馴染みのある食材でなく，小麦粉を用いた料理自体がそれほど一般的な料理ではなかったと推測できる。

ただ，食材が異なるとはいえ，麺類や饅頭（マンドゥ）類にある程度の慣れがあったことは，中国との接触を通じて，小麦粉を用いた粉食料理を受け入れる際に大きな役割を果たしたと考えられる。

3 「中国料理」の段階的受容

朝鮮の人々の粉食に対する慣れ

東アジアにおける華僑の移住について興味深いのは，日本に渡った華僑に比べ，朝鮮に渡った華僑の一つの特徴として李正熙が挙げた労働者（苦力）の割合が高かった点である[46]。日本の場合，中国料理の裾野を広げたのは大陸からの引揚者の存在が大きかったが，多くの引揚者が資本のかからない屋台を用いて，庶民層に中華ソバや餃子などを販売した。朝鮮華僑の場合も，多くが十分な資本を持たない北方華僑であったため，南方華僑のように大型の料理店を経営するだけの資金もなく，労働者向けの軽食を中心に飲食商売を始めていったと考えられる。つまり，小規模な中国料理店や中華菓子店が多かったのは，商売相手となる労働者たちは多かったものの，彼らは贅沢な食事ができる富裕層でなかったこと，店主自身も潤沢な資金を保有していなかったことによる。

もう一つの視点として，日本の庶民層は粉食に馴染みがあったが，朝鮮の人々が粉食にどこまで慣れていたのかの検討は必要である。仁川大学仁川学研究院研究員のキム・チャンス[47]によれば，1920年までもチャジャン麺（図10-4）の主な顧客は中国人であり，チャジャン麺が朝鮮人の飲食店で調理されたり，外食メニューとして拡散したりすることはなかった。

実際に，日本統治時代に平壌に住んでいたN（2014年8月調査当時90歳代）は，父が中国人に店舗を貸していたため，餃子など，家庭でつくった中国料理をいただいた経験がある。しかし，普段はあまり口にしない料理ということ以上の特別な感情はなかったという。10歳頃の経験とすれば，1930年頃の状況となる。粒食を正式な食事とする当時の朝鮮社会の状況を考えても，中国式粉食は好んで食されるものではなかったと考えられる[48]。加えて今日でも，脂気の多い料理は避けられる傾向にあり，一部の炒め料理も広がりにくい素地があったと思われる。

以上のことを念頭に，同じ粉食というジャンルで括られても，メニューによって受容度が異なった可能性を指摘したい。とくに本節では，中国料理の段階的受容を検討する際，麺類と饅頭（マンドゥ）類で，受容に差がみられることに着目しておきたい。加えて，中国料理の担い手としての料理人の変化が，さらに段階的受容を促進したと考えられる。本節では，この2点から検討を加えたい。

麺類と饅頭（マンドゥ）類の受容の差

例えば，製法上，麺類はつなぎに苦労するが，つなぎに最適な小麦粉などは高

価で入手が容易でなく,麺類自体が庶民の日常的な食と縁遠いものであった[49]。一方,マンドゥはソバ粉を利用するが,「必ずしも大きな丸型のもの」を意味しておらず,「餃子,わんたんのような形をしたもの」とある(図10-5)[50]。さらに前節で紹介したように,マンドゥにはスライスした魚肉などで野菜や肉でつくった餡を巻いたものも含まれる。中国料理としての餃子やマントウ(饅頭)とは異なったが,宮中料理にもマンドゥが取り入れられており,これらは麺類に比べて朝鮮の人々の口に合い,広がりやすかったように考えられる。

　加えて餃子やホットクは比較的に廉価で,朝鮮人の嗜好に合ったため,朝鮮人労働者がよく口にしたという指摘もある[51]。度重なる排華事件でも,被害にあった中国料理店数は中区や龍山区に比べて鍾路区が多く,その理由として,朝鮮人が多く居住していたことを挙げ,さらに鍾路区では一般の中国料理店よりもホットクの販売店舗がはるかに多かったという[52]。このことを考え合わせると,当時の朝鮮社会において中国料理の需要がそれなりにあったことを裏づけてはいる。しかし,朝鮮の人々が中国料理をすべて受け入れたのではなく,同じ小麦粉を原料とする麺類とマンドゥ類の間でも,より手軽な餃子やホットクといったメニューに限って受け入れたとみるのが妥当であろう。生活者のレベルで食をみるとき,「中国料理」という大きな括りでなく,ジャンルやメニューによって個別に捉えていく必要があるといえる。

　マンドゥ類が麺類より受け入れられたことを思わせる事例にチャジャン麺が挙げられる。現代韓国で国民的な人気を誇る中国料理起源のチャジャン麺であるが,人気を博してくるのは1960年代以降とされる[53]。これについては多くの人々が麺料理に慣れていなかった点が大きいと考えられる。例えば,今日の韓国ではインスタントラーメンが大人気で,1人あたりの年間消費量も世界一を誇る[54]。し

図 10-4　チャジャン麺
カラメルが添加された黒いソース(春醬:チュンジャン)が特徴といえる。
(2014年8月24日,筆者撮影,仁川)

図 10-5　マンドゥ
華僑の中華料理店「中南海」の蒸し餃子。
(2015年2月3日,筆者撮影,釜山)

かし，韓国包装協会によれば，インスタントラーメン発売当初3年間は消費者から相手にされなかったといい，その理由として，「穀物食中心の生活をしてきた韓国の人々は聞いたこともないラーメンという商品がでてきてもラーメンの麺を何かの繊維（綿）や糸の名称と誤認し，購入しようとしなかったため」と述べている[55]。穀物食といえば粒食であったため，庶民層には韓国語でも発音が等しい麺と綿の区別がつかなかったという。

さらにいえば，中国研究者でチャジャン麺に関する著書を執筆した柳中夏は，（韓国人と比べ）日本人の麺に対する愛情は格別と指摘する[56]。日本はソバなど，すでに麺に慣れていた上，小麦粉を原料とするうどんなどが各地で食されていた。その差が韓国においてすぐに麺料理が受容されなかった要因の一つになっていたように思われる。一方，日本の人々が20世紀に入って，ラーメンやチャンポンなどをあまり抵抗もなく受容していったのは，麺料理，しかも小麦粉を素材とする麺料理に対する慣れがあったためと考えられる。

その後の麺類の普及を，単に小麦粉増加だけに求める向きもあるが，1964年1月から，すべての飲食店で麦や麺を25％以上混ぜて販売するようにし，同年8月にはいくつかの韓国料理のメニュー（ユッケジャン，コムタン，ソルロンタン）に対し，米50％，雑穀25％，麺25％を混ぜて調理するように定めた奨励政策は無視できない[57]。そのような行程を経ながら韓国に小麦粉の麺料理が定着していったのである。

「中国料理」の担い手の変化

次に，料理人という観点から前項を補足すると，冒頭の李正熙の見解には矛盾がみえてくる。李正熙は，別の論考の中で，華僑の料理人は「中国料理は独特な風味を備えており，日本料理，朝鮮料理と比較できない。加えて，料理法は中国人独特の技術で，外国人が絶対に学べるものではない」といい，「そのため，中国料理だけは自分たちのテリトリーを守っており，外国人の進入を一歩たりとも許していない」と語っている[58]。これは先述した中国料理が朝鮮の人々にも受容され，経営者まで輩出したという李正熙自身の記述と相容れないように思われる。事実，朝鮮の初期中国料理店名[59]は，朝鮮人向けというよりも，雅叙園，悦賓楼など当時の上海で有名であった北京料理店名と重なるか，似通っている[60]。たとえ客として朝鮮人や日本人が多かったとしても，中国人がみて料理店の格式が感じられる名称をつけたことから，同郷の中国人を多分に意識していたことがうかがえる。

華僑の料理人が，このような自他の区別，とくに技術の伝承に神経を遣ってい

たことについては，彼ら自身の語りにも出てくる[61]。経営者として日本人や朝鮮人が入り込んでも，中国料理の料理技術を自分たちだけの特別な領域として彼らは確保していたのである。

　例えば，札幌ラーメンの発祥とされる「竹家食堂」でコックとして調理場を取り仕切っていた王文彩が調理場に日本人が入るのを嫌ったこととも重なる。彼は，雇い主への感謝の気持ちから，味を伝える意味で竹家食堂経営者の息子であった大久陞にだけは調理場に立ち入るのを許したが，日本人には仕事を教えないという感覚を持っていた。これは他の中国人料理人も同様で，技術を教えたら自分が不要になると考えていたためである[62]。

　このことから，料理技術を簡単に教えてもらえなくても，工夫して真似ができたジャンルには朝鮮人が参入しやすく，そのような彼らが初期はホットク屋，後にメニューも加えて粉食屋を営業し，韓国・朝鮮社会に麺料理や饅頭（マンドゥ）類を浸透させたといえる。一方，大規模店になるほどなおさらであるが，中国料理店に朝鮮人が参入するのは料理技術的にも難しく，1970-80年代になって目立ってきたと考えるのが妥当であろう[63]。

　いずれにせよ，以上のことを考え合わせると，いくつもの段階を経て，中国料理の中でも特定の料理群，あるいはジャンルが韓国・朝鮮社会に受容されてきたことがわかる。

おわりに

　以上のように，朝鮮半島に中国料理が定着していく過程にはいくつかの段階があったといえる。一言で同じ「中国料理」というカテゴリにあっても，受け入れられ方が段階的で，さらに中国式粉食といっても受容のされ方が一様でなかったことがわかる。

　李正熙が示した店舗数だけで中華菓子店などが繁盛していたかの判断が可能かは検討の余地が残されているが，割合に朝鮮人に受け入れられやすかったとは思われる。一方で，麺類はそれらよりも時間がかかった。確かに，麺料理自体はすでに朝鮮にも存在したが，ソバ粉や緑豆粉が中心で，微妙な食感の違いを彼らに与えていたともいえる。

　それが，1950年代半ば，韓米余剰農作物協定後に大量に小麦粉が入り込み，韓国政府も粉食混食奨励運動を展開することで，麺食が定着していく。インスタントラーメンの導入もあり，徐々に麺料理に親しんだ韓国の人々が，1960年代後半からチャジャン麺やチャンポンといった中華メニューに傾倒していったこと

は想像に難くない。

　加えて，1970-80年代は料理人が華僑から韓国人へと転換していった時期と重なった。華僑たちが弾圧を逃れて海外移住し，料理人が韓国人に移行する中で，人気のメニューに特化し，韓国の人々の嗜好に合う中国料理も登場していった[64]。

　1980年代以降は，所得が向上して高級食材を用いた料理が身近になり，口にされる中国料理の幅が広がった。今日では，既存のメニューに加えて多様なメニューが生み出された。チャジャン麺でいえば，昔風，手打ち，大皿，辛口バージョンなどが加わり，チャンポンでいえば，汁なしチャンポン炒め，バラ肉入りチャンポンが誕生するなどし，それぞれに人気を博している。一方で，これまで北方料理で馴染みのなかった焼売や小籠包などが冷凍食品として人気を博してきている。

　これらを簡単にまとめると以下のようになる。

① 1900年代初期，中国料理店ができ始めるが，ホットクなど一部の中国式粉食は値段も廉価で，朝鮮人に受け入れられた。

② 粉食は1955年以降に小麦粉が大量に流入し，奨励される過程で受け入れられていくが，麺よりはマンドゥが韓国の人々に受け入れられやすかった。

③ 1960年代までは，コース料理を中心とする中国料理は受け入れられにくく，多くの人にとって中国料理店での外食自体が高嶺の花であった。

④ 1970年代後半から料理人が華僑から韓国人に変化する中で，価格統制も緩くなり，また韓国の人々に好まれるように料理がさらに変化した。

⑤ 1980年代後半の豊かさが中国料理にもちょっとした高級化をもたらし，コース料理など需要も高まった。

⑥ 1990年代後半の通貨危機とそれ以降，中国料理の固定した概念が崩れ，さまざまな形態の中国料理が受け入れられていった。

　以上のように，朝鮮半島において中国料理は時代ごとにそれぞれの料理群やジャンルでもって段階的に受容されてきた。それらが時に重なり合い，同一の料理名であっても，料理内容が異なって受容されることもある。また現代韓国では中国料理という枠組みから抜けでて，多様な組み合わせで食が受け入れられる一方で，まだ馴染みのない料理が新たな味の「発見」として持ち込まれている。すでに人々が意識しないレベルとなりながらも，いまだ段階的受容は続いており，「改良」や新たな「追加」を繰り返しながら微妙に変化している。中国料理の枠組みが残るかぎり，それは今後も続いていくといえる。その変化を楽しみながら，さらなる問いかけを続けていきたい。

第10章　朝鮮半島における「中国料理」の段階的受容　237

1) 2016 年 12 月，東洋大学で開催された国際シンポジウム「帝国日本における人とモノの移動と他者像——台湾・朝鮮・沖縄を基点に」にて発表しており，植野弘子・上水流久彦編『帝国日本におけるモノの交錯』（風響社，近刊）に「戦前・戦後期の日韓にみられた粉食中華の普及過程——「食の段階的定着」の差に着目して」として収録予定である。前稿では朝鮮半島における中国料理受容と比較して日本の中国料理受容において文化の上書きが起こっていることを指摘した。それを受けて，本稿では朝鮮半島における中国料理受容に特化して論じている。

2) 朴銀瓊「中国飲食の歴史的意味」，『韓国文化人類学』26 号，1994 年，95 頁〈韓国語〉。

3) 例えば，今日の街角や大衆食堂でみかけるようなラーメンなどの麺料理や餃子，包子の類を指す。

4) 咸翰姫ほか「ソウル住民の食生活の変遷」，ソウル市政開発研究院編『ソウル 20 世紀生活・文化変遷史』ソウル，ソウル市政開発研究院，2001 年，406-408 頁〈韓国語〉。

5) 李正熙「朝鮮華僑の中華料理店研究——1880 年代-1920 年代を中心に」，『社会と歴史』（韓国社会史学会）114 号（2017 年 6 月），61 頁〈韓国語〉。

6) シナモン入りの黒砂糖や松の実などを中に包んだおやき風のおやつで，屋台などで販売されることが多い。

7) 韓福眞『私たちの生活 100 年・飲食』ソウル，玄岩社，2001 年，322 頁〈韓国語〉。咸翰姫ほか（前掲）「ソウル住民の食生活の変遷」，ソウル市政開発研究院編『ソウル 20 世紀生活・文化変遷史』，399 頁。

8) 一説に山東会館として 1908 年（1905 年説など異説もある）に開業し，後に中華民国建国を祝して共和春と改名したとされる中国料理店の代表格で，1983 年に閉店したとされる。チャジャン麺の発祥地とされることが多く，その建物は 2012 年 4 月からチャジャン麺博物館として利用されている。

9) 「朝鮮織物総会配当は七分」，『東亜日報』1934 年 6 月 9 日 4 面〈韓国語〉。「高麗籠球団百合を改称しなければ」，『東亜日報』1934 年 9 月 21 日 2 面〈韓国語〉。「普専籠球歓迎会」，『東亜日報』1938 年 10 月 3 日 2 面〈韓国語〉。

10) 李正熙「朝鮮華僑の中華料理店の実態——1927-1945 年の時期を中心に」，『経済史学』41 巻 3 号（2017 年 12 月），278 頁〈韓国語〉。

11) 拙稿（前掲）「戦前・戦後期の日韓にみられた粉食中華の普及過程——「食の段階的定着」の差に着目して」で述べたのは，日本では中国料理の担い手が 1931 年の満州事変を契機に中国人から日本人へと移行するのに対し，朝鮮半島では同じく排華運動が盛んであった 1930 年頃にも担い手に変化がみられず，料理の定着度合に影響を及ぼしたことを指摘した。

12) ただし，料理人としての在韓華僑を全国に拡散させる役割は果たしたといえる。

13) 中国料理店は 10 室以上の客室と 50 坪以上の面積を有したものを大規模な中国料理店とし，それよりも少し規模が小さな料理店は 390 軒あった。この資料では，中国式食堂というのは単に食事ができるところとして分類されており，菓子店とは包子やマントウ，油条などを中心に販売していた店舗とされている。王恩美『東アジア現代史のなかの韓国華僑』三元社，2008 年，241-242 頁。

14) これは小麦や大麦，大豆やトウモロコシ，綿花といった農産物が大量に余り，処理に

困ったアメリカが，これらの農産物を海外に輸出し，在庫を減らす一方で援助として利用する目的があった。余剰農産物を援助する相手国の通貨で決済して購入させ，その売上金を相手国に積み立てるなどして，その相手国の援助やとくに軍事上の必要資金にあてがうもので，余剰農産物処理と東西冷戦体制を見据えた戦後の復興援助を兼ねた政策であった。ただし，当時のアメリカは日本とも同様の協定を結んでおり，決して韓国だけが対象になったわけではなかった。日本でも同様に小麦の消費拡大運動が展開され，学校給食はもとより，粉食の導入・奨励が推進され，パン食の習慣化が進んだことは周知のとおりである。

15) ウドンやラーメンといった麺類や蒸しパン，餃子，すいとんなど粉食を販売する食堂であるが，海苔巻きやトッポッキなども売っており，廉価なメニューが多い。

16) 王恩美（前掲）『東アジア現代史のなかの韓国華僑』，241頁。

17) 朴銀瓊『韓国華僑の種族性』ソウル，韓国研究院，1986年，133頁〈韓国語〉。

18) 崔承現『韓国華僑史研究』香港，香港社会科学出版社，2003年，168頁。

19) 周永河『チャポン，チャンポン，チャムポン』坡州，四季節，2009年，42頁〈韓国語〉。

20) 朴銀瓊（前掲）「中国飲食の歴史的意味」，『韓国文化人類学』，104頁。

21) 拙稿「チャンポンにみる文化の「国籍」——料理の越境と定着過程」，『日本研究』（中央大学校日本研究所）30号（2011年2月），54頁〈韓国語〉。変化の理由については本稿にも記したように，華僑店主の減少と，後述するように韓国人経営者の増加が考えられる。

22) 朴銀瓊（前掲）『韓国華僑の種族性』，223頁。

23) 王恩美（前掲）『東アジア現代史のなかの韓国華僑』，242-244頁。

24) 赤嶺淳「大衆化する宮廷料理」，『エコソフィア』4号（1999年11月），56頁。

25) 朴銀瓊（前掲）「中国飲食の歴史的意味」，『韓国文化人類学』，106頁。

26) 朴銀瓊（前掲）「中国飲食の歴史的意味」，『韓国文化人類学』，107頁。

27) ソウル市政開発研究院編『指標でみたソウルの変遷——主要統計と動向』ソウル，ソウル市政開発研究院，2003年，42，44頁〈韓国語〉。

28) 同上。

29) 李正熙（前掲）「朝鮮華僑の中華料理店研究」，『社会と歴史』，61頁。

30) 例えば，食文化研究者の李盛雨『韓国料理文化史』（平凡社，1999年，208頁）によれば，高麗時代までは小麦の生産量が少なく，中国の華北から輸入していたといい，小麦粉の値段が高かったため，婚礼のとき以外は食べられなかったという。それに従えば，小麦粉は朝鮮であまり食されなかったことから，小麦粉を主体とする粉食は「中国料理」，あるいは「中国料理」の影響を多分に受けた料理といえる。そこで本稿では「中国式粉食」と位置づけ，対象とした。

31) 金尚寶『韓国の飲食生活文化史』ソウル，光文閣，1997年，406頁〈韓国語〉。

32) 金尚寶『朝鮮王朝宮中宴会食儀軌飲食の実際』ソウル，修学社，1995年，78頁〈韓国語〉。

33) 金尚寶（前掲）『韓国の飲食生活文化史』，407頁。

34) 金尚寶（前掲）『朝鮮王朝宮中宴会食儀軌飲食の実際』，85-86頁。

35) 金尚寶（前掲）『韓国の飲食生活文化史』，412頁。

36) 金尚寶（前掲）『韓国の飲食生活文化史』，413 頁。

37) 黄慧性『教授の韓国料理百科事典』ソウル，三中堂，1976 年，189-195 頁〈韓国語〉。

38) もちろん，麺類についてもすべてが中国式粉食といえるものではなく，マンドゥとして紹介されている料理であっても，必ずしも「中国」を想起する料理ではない。ただ，ここで紹介された料理の中には，今日の中国料理を思わせる料理が入っている。

39) 金尚寶『朝鮮王朝宮中儀軌飲食文化』ソウル，修学社，1995 年，117 頁〈韓国語〉。

40) ただし，前出の李盛雨『韓国料理文化史』によれば，餡を入れて蒸したものをマンドゥと呼ぶのは，日本を通して入ってきた名称と指摘する。

41) 李用基『朝鮮無双新式料理製法』ソウル，韓興書林，1924 年〈韓国語〉。

42) 『飲食知味方』の著者である張氏は，慶尚北道英陽郡に居を構えた李時明（1580-1674 年）の妻である。李時明は朝鮮時代の地方の著名な文人・学者であるため，庶民ではないが，高級官僚というわけではない。

43) 鄭大聲編訳『朝鮮の料理書』平凡社，1982 年。

44) 同上，5-20 頁。

45) 同上，12-13 頁。

46) 李正熙（前掲）「朝鮮華僑の中華料理店研究」，『社会と歴史』，81 頁。

47) キム・チャンス（김창수）「仁川大仏ホテル・中華楼の変遷史資料研究」，『仁川学研究』13 号（2010 年 8 月），292 頁〈韓国語〉。

48) 脂っこい料理に慣れていないことは述べたが，麺料理の位置づけも注意すべきで，食文化研究家の奥村彪生による『進化する麺食文化』（安藤百福監修，フーディアム・コミュニケーション，1998 年）も，米が主食の地域では，小麦粉製品はその下位に置かれがちで，常時食べるものではない，と述べている。実際に，今日の韓国でも小麦粉製品は正式な食事というより，間食や中食の位置づけである。

49) 拙稿「戦争期にともなう食の伝播に関する一考察——韓国における粉食を中心に」，『神田外語大学紀要』28 号（2016 年 3 月），315 頁。

50) 鄭大聲編訳（前掲）『朝鮮の料理書』，6-7 頁。

51) 李正熙（前掲）「朝鮮華僑の中華料理店研究」，『社会と歴史』，82 頁。

52) 李正熙（前掲）「朝鮮華僑の中華料理店の実態」，『経済史学』，280 頁。

53) ソウル市政開発研究院編（前掲）『指標でみたソウルの変遷』，44 頁。

54) 世界ラーメン協会（WINA）ホームページ「絵で見る世界のインスタントラーメン」（https://instantnoodles.org/jp/noodles/report.html，2019 年 3 月 29 日閲覧）によれば，2017 年に世界で消費されたインスタントラーメン約 1,001 億食のうち，総数としては中国・香港が 389.7 億食，インドネシア 126.2 億食，日本 56.6 億食となるが，1 人あたりの年間消費量は韓国 73.7 食，ベトナム 53.5 食，ネパール 51.1 食となる。

55) 韓国包装協会「韓国ラーメンの元祖三養ラーメン」，『包装界』119 号（2003 年 3 月），160 頁〈韓国語〉。

56) 柳中夏『華僑文化を読む目，チャジャン麺』ソウル，ハンギョレ（한겨레）出版，2012 年，121 頁〈韓国語〉。

57) ヤン・セウク（양세욱）『チャジャン麺伝』ソウル，ウンジンシンクビッグ（웅진씽크빅），2009 年，154 頁〈韓国語〉。

240　第Ⅱ部　越境する中国料理

58）李正熙（前掲）「朝鮮華僑の中華料理店の実態」，『経済史学』，287頁。

59）李正熙（前掲）「朝鮮華僑の中華料理店研究」，『社会と歴史』，74-78頁。

60）岩間一弘「中国料理のモダニティ——民国期の食都・上海における日本人ツーリストの美食体験」，関根謙編『近代中国その表象と現実』平凡社，2016年，289頁。

61）例えば，平澤市で中国料理店を営むWは，祖父が戦乱を逃れて仁川にきた山東省出身華僑3世である。祖父は，その後，仁川から平澤に移って中国料理店を開業したが，父や自分は料理のつくり方を親から学びながら代々中国料理店を守っているという。

62）小菅桂子『にっぽんラーメン物語』講談社，1998年，74-75頁。

63）拙稿「外来食の「現地化」過程——韓国における中華料理」，『アジア遊学』77号（2005年7月），64頁。

64）その傾向は今日でも人気メニューであるチャジャン麺やチャンポン，糖醋肉（酢豚）などの料理にみられる。チャジャン麺やチャンポンについてはすでに記した。拙稿「コリアン中華の代表料理——チャジャン麺」，『韓国語ジャーナル』17号（2006年6月），54-55頁。拙稿「チャンポンにみる文化の「国籍」——料理の越境と定着過程」，『日本研究』30号（2011年2月），54頁。

第 11 章

グローバル政治における
ディアスポラ汎中国料理の創出

呉燕和（大道寺慶子 訳）

はじめに

　筆者は 20 年にわたり，主に中華料理に関する人類学的研究を行ってきた。これまでも繰り返し強調してきたように，現在みられる中国料理店の世界的な普及は，国際政治の産物である。具体的な原動力として，植民地化と戦争を挙げることができよう。中国国内で始まったものであれ，国外で勃発したものであれ，直近 200 年の間に起こった植民地化と戦争は，西欧及び日本を巻き込み世界を大きく動かした[1]。本論が取り上げるのは，第二次世界大戦後の中国料理がどのように展開したかという歴史である。このテーマはその重要性にもかかわらず，学術研究の対象とされることがなかった。フィールドワークに基づく新たなデータとともに本論が示す一連の歴史的展開は，それがアメリカと日本における中国料理店の食に，今日に至るまでずっと影響を与えてきたことを明らかにするだろう。

　本論において，ある種の中国料理のグローバル化を「ディアスポラ汎中国料理 (the Diaspora Pan-China Cuisine)」と呼ぶ。1950 年代の中国共産党の台頭のみならず，1950 年代から 1970 年代にかけて中国・台湾・アメリカにおいてグローバル化した「冷戦」から，「北方中国料理」とも言うべき料理が現れて普及した過程を論じる。それは台湾で始まり，後にアメリカに移動して「汎中国料理」として展開した（韓国及び日本でも同じ現象が見られたが本論においては取り上げない）。とりわけ本論が着目するのは，この冷戦期間にアメリカの大学院に留学した多くの台湾人学生が，アメリカの中国料理店における調理スタイルやメニューの変革にどのように関わったかというストーリーである。こうした台湾留学生，そのビジネスパートナー及び家族たちは，アメリカの中国料理店における食文化にまさに新しい波を起こす先駆者であったことが，1960 年代以降の調査から解き明かさ

243

れる。

　本論に先立ち，本テーマに取り組むに至った経緯を説明したい。筆者は人類学の分野において世界各地の人類学的・文化的・国家的アイデンティティの諸問題に関する研究を行ってきたが，1990年代以降は特に中国料理のグローバル化に着目してきた。それは筆者が1940年代の幼年期以来，北方中国料理の北限である北京の料理，上海の上海料理そして古い日本料理を取り入れた台湾料理を，自ら経験する機会に恵まれてきたという事実と密接に結びついている[2]。こうした味覚の記憶が少なからず，後年のガストロノミー（美食学的）人類学に踏み込むきっかけとなった。したがって食の人類学という本題に入る前に，筆者自身の昔年の思い出と後年の研究者としてのキャリアについて少々述べることをお許し願いたい。

　ハワイで20年教鞭をとった後，1990年代前半に筆者は香港に移ったが，その中国料理と西洋料理を取り揃えた美食の都に魅せられた。食の人類学により比重を置いたキャリアに進むことができたのも幸いであった。大学の新しいコースで教える傍ら，同僚や学生達に対して，食と料理に関する研究を広めるべく尽力した。ほどなくして，筆者が申請した何年にもわたる一大研究プロジェクト「香港アイデンティティの出来上がり」は香港政庁（植民地時代の政府）の大学助成金協議会（略称：UGC）から補助金を受ける機会を得て，香港の二つの主要大学から，数多くの研究者と研究生が参加したのである。またその頃，筆者は香港中文大学の人類学部の主任であり，飲食（特に砂糖と茶）のグローバル化に関する人類学的研究のパイオニアにして重鎮のアメリカ人・故シドニー・ミンツ（Sidney Mintz）教授を香港中文大学に招聘した[3]。筆者が，東アジア及び東南アジアにおいて初となる「食の人類学」のクラスを開講したとき，ミンツ教授はその授業を共同で教授してくれたのであった。また同時期，旧友でもあるジェームズ・ワトソン（James Watson）教授に招かれて，東アジアにおけるファストフード店のマクドナルドに関する国の枠組みを超えた非常に有意義な研究プロジェクトに参加した[4]。このマクドナルド・プロジェクトのお蔭で，週末を利用して何度も，香港から筆者の郷里である台湾を訪れる機会を得た。その目的は台北にあるマクドナルドの社会政治的な意義を考察することにあった。振り返るに，香港及びその他，筆者が教鞭をとった各地で，こうした食の人類学に関する教育・研究・出版は現在，伝統ある学術研究の一分野として確立しており，それは筆者の誇りとするところである。

　さて，人類学的研究の対象としては，アメリカの中国料理店は実に興味深い。本論では，アメリカの中国料理店とそこで供されるあるタイプの中国料理は，他

の何処における中国料理店・中国料理とも一線を画すことを論じる。本研究を裏付ける二つの理由を挙げるならば，一つは筆者の半世紀以上にわたるアメリカにおける中国料理店の食歴を記録することにあり，もう一つは中国人の多様性について，エスニシティ，文化（食の好みを含む），社会階級などの視点から分析することにある。

　まず20世紀前半の古き「チャプスイ（the Chop Suey，米国式中国料理）」の事例から始めたい。19世紀後半より普及した「チャプスイ」もしくは「仮想の正統派中国料理」に関しては1960年代までに厚い研究の蓄積がなされてきた[5]。当時の大衆向けのマスメディアにも，アメリカ人がどのように中国料理を受容したかを記した記事を数多く見つけることができる。例えば，なぜニューヨークのユダヤ人が中国の「チャプスイ」店の食を受容し，クリスマスの休暇中に中国料理店で食事をするようになったのかという話がよく知られている。この習慣の最たるもので，かつ最も興味深いエピソードに，サンフランシスコでは，クリスマス期間に「Kung Pao Kosher Comedy（ユダヤ人向けのクリスマスコメディ）」を観るため，ある（中国料理）レストランに集うという，25年も続くユダヤ人の伝統がある[6]。しかし，筆者の先行研究が指摘したように，アメリカのガストロノミー史研究の膨大な著作量にもかかわらず，以下の事象については，十分な研究及び記録がなされてきたとは言いがたい。それはアメリカ各地で1960年代から1980年代にかけて起こった，新しいスタイルの中国料理店の勃興と普及で，そうした店のオーナー達の多くは「北方中国料理（Northern Chinese cuisine）」もしくは「北京風料理（Mandarin cuisine）」を称することである。その後，今日に至るまで，「チャプスイ・ハウス」を含むアメリカの中国料理店の大部分は，スタイルを変えながら新しいメニューを展開してきた。それはいわゆる「北方中国」料理と，長く愛されてきたチャプスイの組み合わせのようなものである。こうした料理を筆者はかつて「スタンダード化された汎中国料理」と名づけたが[7]，近年著された研究書『*Chop Suey and Sushi from Sea to Shining Sea*（チャプスイとスシ──海から輝く海へ）』所収の論稿でも，この筆者の見解が支持されている[8]。

　中国料理店を長年利用してきたアメリカ人の顧客にあってすら，1970年代に現れた「北方中国」料理という言葉には，いまだに戸惑いを覚える者が少なくないようである。当時（そして現在にいたるまで），新規開店した中国料理店の多くは，店名に「Peking（北京）」，「Yen King（燕京）」，「King-Tsing（京津：北京と天津の意）」，「Shanghai（上海）」，「Shi-Chuan（実はスペル間違いだが英語で四川［正しくはSichuan］を指すのに一般的に使われる）」，「Hunan（湖南）」，「Hakka（Kejia 客家）」，そして「Taiwan（台湾）」等の語を冠していた。こうした中国語の地名の英語表

記に奇妙なものがあるのは，中国料理店が増え始めた 70 年代，ピンイン表記が
まだ広く普及していなかったためである。実存する中国の地名や店名や新しい料
理の名前を示す際，中国系移民や中国人でない顧客の間で，少しおかしな表記が
使われることも珍しくなかった。これらの単語は地元の新聞の「食べ物コラム」
の広告にも頻出していた。言い換えれば，この頃に新規開店した中国料理店で提
供された数々の料理は，初期の中国系移民がもっと以前にアメリカで確立した料
理とは，内容が異なっていたということである。

　新しい「北京風」料理のルーツは中国各地に遡るが，大陸の中国人が台湾に持
ち込んだのが始まりであった。彼らは 1940 年代後半から 1950 年代にかけて，共
産党が国民党を打破し中国本土を掌握した際に，台湾へ逃れた人々である。1980
年代までに，アメリカのいわゆる「北方中国」料理店では，ある種の品々がスタ
ンダードな料理として提供されるようになり，それはその後も同様である。こう
した店で供される選び抜かれた各料理は，実際は中国各地の地域料理に想像また
は創造あるいは新たなアイデアを加えたものや，家庭料理（中国語で家常菜と呼
ばれる）を応用したものである（ことが多い）。

　1970 年代の台湾で，テレビ出演もしていた著名な北方中国料理のセレブシェ
フの一人，傅培梅は，自らの料理を「培梅のメニュー──家庭中国料理（原題
『培梅食譜──家常菜』）」と呼び，1986 年に出版された彼女の料理本のタイトルに
もなっている[9]。これらの料理は台湾の「外省人」の家庭及び 1950 年代から
1970 年代にかけて台北でオープンした料理店で一般的に供されていたもので
あった[10]。「外省人」とは何かという定義に関しては，末成道男が 1960 年代に台
北で行ったフィールドワークに拠る[11]。末成によれば，台湾の地方において「外
省人」と元々台湾にいる「本省人」はエスニック的にも社会グループ的にも異な
るという。傅培梅はアメリカと日本をしばしば訪れ，料理教室を開いていた
（1980 年代初め，彼女が料理と料理本のプロモーションのためにホノルルを訪れた際，
筆者も傅培梅に会ったことがある）。傅培梅が 1986 年に刊行した料理本の裏表紙に
は，彼女が台北にある台湾政府の観光局から賛辞を受けたこと，そして「日本食
文化協会」からも「感謝状」を授与されたことなどが記されている。台湾政府及
び海外からの賛辞は，彼女の料理教室がいわゆる「北方中国」料理を教えていた
ことや，そのルーツが広東でも，古くからのチャプスイでもなかったことと無関
係ではないだろう。しかし今日の日本にあってすら，昔ながらの人気を誇るチャ
プスイがいまだに中国料理店の一部で見受けられるのは，芹澤知広が指摘したと
おりである[12]。例えば甘酸っぱい豚肉料理（芹澤の表現では「酸っぱくて甘い豚
肉」），中国語では「咕嚕肉」もしくは日本語のメニューでは「酢豚」と表される

246　第Ⅱ部　越境する中国料理

料理がある。また「芙蓉の花のような卵料理」という外観から，英語で「Egg Fuyong」もしくは中国語で「芙蓉蛋」と表記される中華風のオムレツもよく知られる。これに関連して，岩間一弘の考察が示すように，第二次世界大戦前や民国初期に上海を訪れた著名な日本人たちが堪能した料理は，昔ながらの本物の上海料理だったのか，それとも西洋の影響を受けた料理もあったのか，ひょっとしたら「チャプスイ」が混ざっていたのか，それもまた興味深い点である[13]。

　アメリカにおける中国料理店の歴史を研究するにあたり必要不可欠なのは，新しいディアスポラ汎中国料理が始まった背景にある，より大きなグローバルかつ社会的政治的な要素の解明である。それはアメリカに「チャプスイ」がやって来た初期の現象についても同じことが言えよう。まず初めに1960年代の後半，何千人もの大学卒の学生や移民が毎年，台湾からアメリカに移動したのに伴い，筆者が「スタンダード化された汎中国料理」と呼ぶ，新しい市場（マーケット）が開拓された。それは，大陸中国の「家庭料理」を強く求めていた，新しい（台湾の）ディアスポラ共同体の胃袋を満足させるためだった。こうした新しいレストラン・ビジネスは，台湾から家族ぐるみで移住してきた人々が新しい店で生活費を稼ぐことを可能にし，さらに台湾から家族や親戚達をアメリカへ引き寄せる呼び水となったのである。

　以下は拙稿[14]の論述をもとに，日本語での論文発表に際して加筆・修正を行ったものである。

　筆者が聞き取り調査を行った情報提供者（インフォーマント）達によれば，アメリカの北方中国料理店では以下のようなメニューが人気である。麻婆豆腐，肉絲豆干（細切り肉と岩豆腐の炒め），乾煸四季豆（サヤインゲンのピリ辛肉炒め），宮保鶏丁（鶏肉とカシューナッツ炒め），または辣子鶏丁（鶏の辛味炒め），樟茶鴨（茶で味付けし樟［くすのき］で燻したアヒル），魚香茄子（茄子の辛味煮込み），木須肉（きくらげと豚肉の卵炒め），合菜戴帽（五目野菜炒めの玉子焼き乗せ），紅焼蹄膀（豚すね肉の紹興酒煮込み），酸辣湯（酸っぱくて辛い中華スープ），炸醤麺（ジャージャー麺），春巻き，鍋貼（焼き餃子），八宝飯（もち米で作るデザート），湯圓（団子スープ），焼餅（小麦粉をこねて焼いたパン状のもの），油条（揚げパン），豆乳などが挙げられた。また，炒飯（chowfan：英語で広東炒飯を指す），炒河粉（chowfen：河粉炒め），炒麺（chowmin：英語で広東炒麺を指す），咕老肉（甘酢味の豚肉），そしてオイスターソース味の牛肉，鶏肉，野菜等は「チャプスイ」として，以前から広まっていたが，これらに，上記の北方中国料理が新しく加わった。1970年代以降，これらの料理は一般的になり，後述する2軒の代表的な「北方中国料理」店でも人気のメニューであった[15]。いみじくも山下清海が表現したよ

第11章　グローバル政治におけるディアスポラ汎中国料理の創出　247

うに「北方中国料理」は，新しい移民社会における多種多様なエスニック・グループ（またはエスニック料理）を「覆う傘」と解することができよう[16]。

　着目すべきなのは，これらの「北方中国」料理店の経営者の大半が，1960年代以降に台湾からやって来た新しいタイプの移民であった点である。彼らの多くは年齢も若く，広東系ではなかった。元々は，すでに台湾の大学で学位を取得した後に，アメリカの大学院で修士号や博士号を取得するために渡米した者が多かった。高等教育を受けたこの若者達が，アメリカで「北方中国料理店」を始めた背景には，グローバルな政治の事情が関与している。とりわけ冷戦下における中国，台湾，アメリカ間の相互の動きに起因していた。彼らの大半は，軍や官職にあった「大陸中国人」を親に持つ家庭の出身で，台湾に移住せざるを得なかった，もしくは台湾に流れてきたという事情があり，16世紀から19世紀にかけて，福建や広東から台湾に移住した中国人の子孫である昔からいた台湾人（本省人）と同視すべきではない。

　こうした状況下にあって，アメリカは外省人とその家族にとって新天地であった。特にニクソン大統領による訪中（1972年），そしてアメリカが外交上，台湾の中華民国政府を承認せず，中華人民共和国を国家として承認するといった，一連の政治の動きが続いた。さらにその直後，国連で（アメリカの指示の下）共産党中国が国連安保理常任理事国に選ばれ，その結果として台湾（中華民国）は国連から脱退することになった。台湾で国民党を支配する権威者達の心理としては，中華民国（ROC）が（台湾で）唯一の正統な国家政府であり，中国全体の代表なのだから，彼らは国際連合の場で，敵である「共匪」（当時の台湾における中国共産党・共産党中国の呼称）と同席することを潔しとしなかったのであろう。仮に国連が台湾に別枠の席を与え，残留が許されたとしても，結果は変わらなかったに違いない。

　このように「追い詰められた」台湾からの中国人留学生の中から，「帰る場所がない」という切迫した心情の下，アメリカでレストラン・ビジネスを始める者が現れた。彼らはビジネスを通して，永住権というアメリカ移民として理想の地位（ステイタス）を獲得し，最終的にはアメリカの市民権を得しようとしたのだった。中華民国の外務省が残したある統計によれば，1950年から1980年の間に10万人以上の台湾人留学生が大学で学ぶためにアメリカに渡った。しかし台湾に戻ったのは8,000人にも満たなかったという[17]。筆者の多年にわたる研究からも，アメリカでレストラン・ビジネスに転じた学生達は，その多くが1950年代に共産党から逃れて台湾にやって来た中国人の子女で，社会的地位が高く経済力のある者が多かった（なかには軍の高官や市長，長官，そして国大代表や立法委員

248　第Ⅱ部　越境する中国料理

といったように中国の都市や町の代表者も混ざっていた）。したがって，19世紀から20世紀の初頭にかけて中国南方の農村からアメリカに渡った労働階級の中国人移民と，これらの料理店経営者となった留学生達とは，教育及び社会性の面で大きな相違があったと言える。もし政治的闘争に巻き込まれるという思いがけない人生の局面を経ていなかったら，年も若く高等教育を受けた台湾からの中国人が，料理店の従業員やオーナーになることはなかっただろう。なぜなら中国の伝統的な価値観においては，料理店の仕事は下流階級の者が従事すべきものと見なされていたからである。

　ある意味，こうした20世紀後半に新しく現れた「北方中国」料理店主達は，「たまたま料理店のオーナーになった」とも言える。台湾人留学生の多くは，台湾を離れる前は実家で料理した経験はなかったが，アメリカの中国料理店（その多くは「北方中国料理」を提供していた）で従業員として働いたときに，調理技術の基本を身につけたのだった。例えば，筆者がインタビューした人物の1人は，ハワイ大学で博士号を取得した年若い人類学の教授であったが，次のように語っていた。「中華鍋で『炒める格好（台湾語の la-la-e という表現を使った）』ができれば，誰だって中華シェフになれますからね！」。これは，ニューヨークや他のアメリカの大都市に見られる「インド料理店」のオーナー達の事情とよく似ている。たくさんの南アジア出身の男性の大学院生が，アメリカにやって来ていわゆる「インド料理店」を開いた。しかし母国の生家では，彼らは料理はもとより，厨房に入ることすら許されなかったはずである。なぜなら，彼らの社会的地位・カースト階級が総じて高かったからというだけでなく，それは男性というジェンダー上のステイタスの問題でもあったからである[18]。

　以下に紹介する事例は，50年以上もアメリカで中国料理店に顧客として通い続けてきた筆者の視点から，中国料理店の歴史を考察するものである。顧客としてだけでなく，食文化の人類学研究者として，筆者は長年にわたり中国料理店のオーナー，その家族や親しい友人そしてレストラン・ビジネスへの出資者達に聞き取り調査を行ってきた。その中の二つの「北方中国」料理店の成功事例を紹介したい。その一つを仮に「秋葉（原文：Autumn Leaves）」と名づける[19]。1976年から現在に至るまでホノルルで営業を続けている料理店である。もう一店舗の仮名は「福園（原文：Foo Yuan）」としたい。アメリカのニューオーリンズで1979年から2000年まで営業していた。ホノルルの「秋葉」のオーナーと筆者は，1970年代の開店当初からの知り合いである。ニューオーリンズの「福園」のオーナーも，筆者が台湾にいた頃からの古い友人で，1950年代に台中で同じ高校を卒業した仲であった。この2軒の料理店は20世紀後半の「北方中国」料理

第11章　グローバル政治におけるディアスポラ汎中国料理の創出　249

の歴史を端的に示す好例であり，彼らの料理は後に，アメリカ中のほとんどの中国料理店で「汎中国料理」として展開しスタンダード化された。

1　ホノルルの「秋葉」の事例

「秋葉」は1970年代半ばに開店して以来，おそらくホノルルで最も有名な「北方中国」料理店といってよいだろう[20]。この料理店は，ハワイ大学のメインキャンパスから約1マイルの距離に位置し，40年以上の間に移動することもなく，1960年代後半の開店当初から，ハワイの「台湾（多くは外省人）」の移民が大量に訪れてきた。その中には大学の教員スタッフや，筆者自身のような大学院生も多く含まれていた。今日，この料理店は改築と内装の改造を経て木造の2階建てになっているが，開店当初は1950年代のアメリカンスタイルの食堂風の建物であった。「秋葉」の店名は，1975年もしくは76年の開店当時から同じままであり，ハワイの某大手銀行の「大学支店」の高い建物の裏という位置もずっと変わっていない。元々は1973年に，隣接する古くからの日本人居住区であるモイリイリ[21]の中心部にある古いボウリング場が取り壊され，半ブロックほど先の通りの新しい商業開発地区に，昔ながらの旧式の中国料理店が開店したのだが，その店を1975年か1976年頃に，R氏とビジネスパートナー達が買い取って「秋葉」と店名を変え，今日に至る。

2017年，筆者はホノルル在住の2人の主要な人物に聞き取り調査を行った。両人とも「秋葉」の店主であるR氏とは40年来の友人であり，「秋葉」の来歴に関する認識は概ね共通していた。全ての始まりは，若かりしR氏が台北の2年制のカレッジである中国文化学院（現在は陽明山にある文化大学）を卒業してまもなく，台湾からホノルルにやって来た1970年もしくは1971年に遡る。はじめ，R氏は1974年にホノルル・コミュニティ・カレッジに入学し，後にハワイ大学に移籍して1979年に工学の学位を取得した。学位取得に向けて勉学に励む傍ら，学生のR氏は二つのアルバイトをしていた。タクシーの運転手と，当時まだ新しかった中国（上海）料理の店でのホールスタッフの仕事である。R氏はタクシー車両を所有しており，1日を3交替制にして，2人もしくは3人のドライバーでシフトを組んでいた。そのメンバーの全員が台湾から来た大学生だった。そのタクシー業のパートナーの1人には何度も聞き取り調査を行ったが，彼の話では，台湾にいるR氏の実家は裕福で，R氏がタクシー業を営むことができるようにと，タクシーの新車を買い与えたのだという。タクシー業は約5年続いた。

筆者が近年たびたび聞き取りを行ったもう1人の情報提供者（インフォーマン

250　第Ⅱ部　越境する中国料理

ト）は，1974 年から 75 年にかけて，ホノルル・コミュニティ・カレッジでR氏が工学について師事した人物で，後に「秋葉」の出資者にもなった。1975 年か 76 年に，タクシー会社の 3 人のパートナー達とともに，R氏は「秋葉」を開店し，彼のみが事業権の契約に署名をしたようである。3-4 人いた株主は全員，カハラ・モールにある「上海料理」店のホールスタッフの経験があったので，「秋葉」でもシェフまたはホールスタッフとして働いた[22]。その当時，ハワイにはすでに 100 以上もの「何某チャプスイ・ハウス」といった名前のレストランがあり，昔ながらの創作広東風の「チャプスイ」を提供し，地元の人々に馴染み深いものになっていた。ちなみに 1960 年代後半から 1970 年代前半にかけて台湾から移住してきた他の学生の中にも，小規模の「北方中国料理店」を開店した者がいた。彼らは皆それぞれにハワイ大学と何らかのつながりがあり，各事例ともきわめて興味深いのだが，ここでは深入りしない。しかし，本論の結びにおいて，これらの「失敗した」料理店の事業主達の驚くような社会的・政治的背景について，少し言及したいと思う。

　1970 年代半ばに開店した「秋葉」に話を戻すことにしよう。開店してから，R氏の新しい「北方中国」もしくは「北京風」料理店の経営が軌道に乗るまで時間がかかった。だがそれは決して意外なことではなかった。R氏もビジネスパートナー達も，プロの調理人ではなかったし，料理店の経営に関しても素人であった。さらに「台湾留学生」が焼き直して創作した「北方中国」料理は，現地ハワイのアジア系の人々にとっても目新しいもので，言い換えれば馴染みがなく，奇異に映ったようである。このハワイのアジア系の中には，広東の中山市から来た，中国移民の 2 世または 3 世にあたる人々が多く含まれていた。広東の中山市は 1912 年に中華民国を成立させた，国父・孫文の生誕地として有名な場所である。これに対して「秋葉」が提供した「新しい」料理は，ホノルルに 1960 年代以降にできた「台湾人」コミュニティにとって，「おなじみの」家庭の味もしくは「懐かしい」故郷の味であった。台湾人コミュニティが，こうした料理の登場をいかに喜んだとはいえ，50 人以上もの客席を抱える「秋葉」の経営を支える集客数にはほど遠かったのである。

　R氏にとっての幸運は，ホノルル・コミュニティ・カレッジで彼に工学を教えた師が，1978 年に救いの手を差し伸べてくれたことである。彼はハワイ島（通称ビッグアイランド）で生まれ育ち，アメリカ本土で教育を受けた日系 3 世であった。R氏の師とその妻は，しばしば「秋葉」に食事をしに訪れた（彼らは 1970 年代後半以来の筆者の親友でもある）。その頃，この師はある私設の土木会社に加わっていたが，その会社の経営者は，ハワイ在住の「韓国人」ビジネスマンで，

相当の財力と影響力を持った人物だった。例えば，彼が当時ハワイ大学の理事会のメンバーでもあったことからも，その影響力がうかがえよう。R氏の旧師にあたるこの日本人は，元教え子の苦境を知り，R氏を助けるために一肌脱ぐ決心をした。親切な彼はまずR氏に5,000ドルを貸し付け，それによってR氏は，台湾の友人達やタクシー業のパートナー達が保有していた「秋葉」の株をすべて買い取ることができた。その後，この旧師は，自分の上司にあたる前述の韓国人を，R氏の料理店での昼食会に招待した。この上司は，「秋葉」の料理が気に入ったらしく，この料理店に投資することに前向きになった（この韓国人の企業家が「北方中国」料理を気に入ったのは，にんにくと唐辛子を多量に使用するレシピに馴染みがあり，好みに合っていたのではないかと推察される）[23]。彼はR氏の事業権を買い上げたうえで，R氏が料理店のマネージャーとしてそこで働き続けられるようにした。それ以降，「秋葉」の新オーナーとなったこの韓国人ビジネスマンは，クライアントの接待やゲストをもてなす際，頻繁に「秋葉」でパーティーを開いた。それにつれて，彼の会社の仕事仲間や家族，友人達も同じように「秋葉」を使うようになっていった。その頃になるとR氏はプロのシェフを台湾から雇い入れ，厨房で働かせるようになった。R氏は，この台湾から招いたシェフを彼自身の家に住まわせて厳重に監視し，シェフが他のもっと有名な料理店に逃げていかないようにした，という噂もあったほどである。このようにビジネスの形態を変え，新しい顧客が増えたことで，「秋葉」の経営は大いに盛り返した。「秋葉」のお蔭で「北方中国料理」がホノルルに普及し，「現地ハワイ在住のアジア人」の間でも人気となったのである。その一方で「台湾人」も，自分達の懐かしい「家庭の味」を提供してくれるこの料理店を支持し続けた。

　現地ハワイのアジア系の2世や3世の人々は，昔ながらの「中国料理」すなわちチャプスイに慣れきっていたので，R氏の店（やその他のいわゆる北京風料理店）で食事をするようになって何年か経っても，依然として北京語の料理名は耳に慣れず，また覚えるのに苦労するようであった。例えば，R氏の店の出資者である件（くだん）の日本人は，聞き取り調査において，「秋葉」の1970年代のお気に入り料理はと尋ねられたとき，料理の名前が出てこず，「酸っぱくて辛い茄子」や「チョウミン（chawmin）」のように説明してくれたものである。チョウミンとは，広東で使用されていた，現地の言語と英語の混ざった混成語（ピジン英語とも）で焼きそばを意味するが，「チャプスイ・ハウス」で供される，米国式中国料理の焼きそばともまた異なっている。恐らく彼が指していたのは，通常「上海風太麺焼きそば」と呼ばれており，日本の焼きうどんと見た目も味も似たものではないかと思われる。この日本人は，お気に入りとしてさらに「酸っぱくて辛いスープ」

や「小豆餡の入った揚げ餅」を挙げてくれた。前者は中国語で酸辣湯，後者は，文字通り「小豆餡入りの餅」を意味する「豆沙鍋餅」ではないだろうか。豆沙鍋餅は1970年代に現れた新しいデザートで，台北の北方中国料理店で人気があった。また，この日本人の彼は，英語で「芝麻湯圓（英語でPearl Dumpling）」という新しい創作デザートが記憶に残っていると話してくれた。それは砂糖と黒のすり胡麻の餡を包んだ小さな「お餅」が入った甘いスープだったらしい。ちなみに餅は現地ハワイでも日本人の間では「オモチ（omochi）」と呼ばれる。筆者の記憶では，それは上海人や台湾人が北京語で呼ぶところの湯圓（団子スープ）である。彼の話によれば，この「芝麻湯圓」は，R氏が自身の母親から教わった特別な一品であった。付け加えておくと，1980年代に「秋葉」のメニューに加わった料理のなかで，筆者自身は「秋葉」の看板料理になったと感じていた2品があるのだが，不思議なことに，この日本人はその2品については記憶にもないし注文したこともないという。一つは「樟茶鴨」と言い，茶で味付けして樟（くすのき）でアヒルを燻したもので，アメリカでは「北方中国」の代表的な一品として知られ，広東系の中国料理店では提供されない。元々は四川省発祥の料理のようで，中国や台湾から来た中国人はこれを南中国の料理と見なしている。もう一品，筆者がよく覚えているのは，日曜日の朝限定の北方中国の朝食メニューで，とりわけ「台湾から」の客に人気があった「焼餅油条」である。胡麻味のもっちりした焼きパンで，さくさくした揚げパンを巻いたもので，豆乳（甘味と塩味の両方がある）と一緒に食べる。広東人や，昔ながらのチャプスイ・レストランで働いていた人々を含め，アメリカの広東料理店のオーナー達ならば，朝食としては少々あり得ないと思うような代物である。話は逸れるが，ある台湾出身の老情報提供者たちに聞き取りをしたところ，「秋葉」が開店したばかりの頃，R氏の父親が台湾からやってきて店を手伝って働いていたらしい。しかし父親はまもなく自分の息子により解雇されたという。

2-3年で，R氏は前述の「韓国系エンジニア事務所」から，料理店の事業権を買い戻すのに十分な収入をあげることができた。時は流れ，R氏はホールスタッフの中国人女性の1人と結婚し，やがて女の子が生まれた。さらにその十数年後に，その娘はハワイの二大有名私立高校の一つ（イオラニもしくはオバマ前大統領が通ったプナホウスクールが有名）に入学した。最終的に彼女は，ボストンのマサチューセッツ工科大学で工学の学位を取得し，R氏親子のサクセスストーリーは，ハワイの台湾「外省人」コミュニティの中で伝説となった。

R氏の旧友の見解によれば，R氏の店が成功したのは，彼自身の性格と，思いがけずメディアが好意的に取り上げてくれたことが大きかったようである。R氏

は非常に知性的かつ社交的で，記憶力がよい人物として知られる。「秋葉」の常連客やリピート客は特別なサービスを受け，たいていはデザートが無料で提供された。大学の中国人の教授達で，特に初期のR氏を援助した人々の中には，名誉ゲストとして食費がタダになるという特典を受ける者もいた。また，1980年代に地元ハワイのメディアで，ハワイの中国料理店「ナンバーワン」と賞賛されたことがあり，それがきっかけでハリウッドのスーパースター，シルヴェスター・スタローン（名作映画『ロッキー』シリーズで知られる）が「秋葉」をごひいきにして何度か訪れるという，このうえない幸運にも恵まれた。その後，R氏とこのハリウッドスターがにこやかに並んでいる写真と，「秋葉」を賞賛する新聞記事は，「秋葉」の宝物として末永く壁に飾られることになった。

さらに1990年代に「秋葉」の裏側に大きな宴会場が増設され，そこでは時に結婚披露宴が行われる他，ハワイ大学の史学部の教授が提案して始まった「中国ランチセミナー」の会場として使われるようになった。このランチセミナーは，現在は東西センター（the East-West Center）が主宰している。2-3カ月に1度開催されるそのランチセミナーは，中国を専門とする研究者やジャーナリストが中国の時事問題について討論するのを，20-80人くらいまでの聴衆が料金を支払って聴きに来るというものである。そのセミナーは「北京風料理」店としての「秋葉」の評判を押し上げただけではなかった。R氏が逝去しオーナーは代わったが，「秋葉」は今日に至るまでこのセミナーの会場として使用されている。その一方で，約10年前から「秋葉」は市街地で「お手頃価格」の中国料理店ビジネスにも参入し，比較的安い料金でビュッフェ形式のランチを提供するようになった[24]。では次に「秋葉」との比較として，ハワイではない場所にある別の料理店について考察したい。

2　ニューオーリンズの「福園」

第二の事例は，約30年前，アメリカのニューオーリンズで1970年代後半にオープンした，北方中国料理店の「福園」である。この料理店の中心人物となるDu氏は，筆者の高校時代の先輩にあたり，1978年に台湾からアメリカに移住した[25]。彼は中興大学の台北キャンパスの理事としての職を早期退職し，貯蓄した全財産と家族全員を伴ってカリフォルニアに移住した。カリフォルニアにはDu氏の弟がおり，彼らの移住を資金援助してくれたのである。これは憶測だが，Du氏がアメリカに持っていった資金には彼の父が遺してくれた財産も含まれていたのではないだろうか。Du氏の父親は，退職前は教授であり空軍大佐でもあっ

た人物で，1950年代から60年代にかけて，台中市の空軍機械工場のトップ（空軍機械廠廠長）を務めていた。Du氏の家族構成は，高校時代からの交際を経て結婚した，中学校の教師をしていた妻と3人の子供達と合わせた5人で，一番上の子供は移住するとき，台北の中学校を卒業したばかりだった。Du氏の弟は，筆者にとって中学校の同級生でもあり生涯の友でもある。この弟は1970年代初頭に，大学院で工業化学を学ぶためアメリカに渡った。修士号と国際企業での安定した職業を手に入れ，アメリカの市民権を取得した。

　Du氏夫妻がアメリカに移住して，まず直面した現実問題は，家族を養う職を見つけること，そして将来のため継続的に収入を得ることだった。1960年代以降，台湾からアメリカに渡ってきた新たな移民達の多くと同じように，Du氏達は中国料理店での職を探した。夫妻は四川料理店で職を見つけ，Du氏はホールスタッフとして，妻は厨房の助手として働き始めた。Du氏はこの店で実直に働き，バーテンダーの技術も身につけた。Du氏の妻は，厨房で懸命に働きながら，四川料理やその他の中華料理のコツを密かに見て覚えたと筆者に話してくれた（しかし，表面上は調理には興味がないふりをし，何か質問したこともなかった）。

　このカリフォルニアにある「四川」料理店で半年働いた頃，Du夫妻に，ニューオーリンズに移り，中国料理店を新規に開店する機会が訪れた。Du氏はある四川料理のシェフと親しくなったのだが，そのシェフの友人がその頃，ルイジアナ州のニューオーリンズで新しく「四川」料理店をオープンして大成功したという。その話をしたシェフは，中国料理店を開くなら，テキサスやルイジアナのような南部の州がいいと主張した。なぜなら当時，南部には石油産業でひと山当てた裕福なアメリカ人が大勢いたからである。Du氏は彼の提案を受け入れ，2人はビジネスパートナーとなって，ニューオーリンズでレストラン「福園」をオープンしたのだった。

　わずか半年の間に，Du氏が四川料理店のシェフと確かな関係を築くことができた理由と手段について考察しよう。Du氏は第二次世界大戦中，日本による侵略時に四川で幼少期を過ごしたため，四川語を話すことができた。なぜなら1950年代の台湾では，軍隊（特に空軍）から経済的援助を受けている小学校や，大陸からの中国人の子女が大半を占めるエリート校では，公用語は普通話であったが，授業外のコミュニケーションでは四川語が共通語となっていたからである[26]。

　開店した「福園」の経営が軌道に乗るまでに時間はかからなかった。しかし4年後，ビジネスパートナーのシェフは再びどこかへ移動することになり，Du氏夫妻が料理店の単独経営者になった。Du氏はホールスタッフ・バーテンダー・会計などのホールの仕事全般を引き受け，Du氏の妻は厨房に入り調理を担当した。

この頃になると3人の子供達は皆、高校生や中学生になっており、学校が終わった後は料理店を手伝った。Du氏によれば、アメリカ人は飲酒を好むので「福園」で最も収益が高かったのはバーの部門だったという。そしてDu氏のもう一つの重要な役目は、中国料理についてアメリカ人客を教育することにあった。Du氏が台湾の大学で講師をしていたこととも無縁ではないだろう。彼は一品ごとに料理の説明をし「北方中国料理」とは何か、それはアメリカ人達が食べ慣れている、昔ながらの（広東人が創作したチャプスイのような）中国料理よりもずっと正統かつ由緒正しい中国料理であることを話して聞かせるのだった。それがさらに新しい客を呼び、「福園」を成功へと導いたのである。

　レストラン業が順調に伸びていく一方、Du家の子供達は成長しつつあり、うち2人はすでにカレッジに入学していた。「福園」を開店して2-3年が経った頃、長男はすでに大学に入学しており、2番目の娘はルイジアナのシュリーブポートという都市にある医学校からの入学許可を得た。Du氏夫妻は、娘が医学校で成功するよう親として全力でサポートしようと決意し、ニューオーリンズの「福園」を売却して、シュリーブポートで新しい料理店を開くことにした。末の息子はこのとき高校生であったが、両親とともにシュリーブポートに引っ越した。それから6-7年後、娘は医学校及びインターンシップを終え、2人の息子もそれぞれ大学を卒業した。末の息子はテキサスにある石油会社でエンジニアとなった。3人の子供達はそれぞれ親元を離れて、アメリカの他の都市でよい職に就き、結婚して自分達の家庭を持った（2人はニューヨーク、1人はカリフォルニアのモンローにいる）。しかし約60年にわたる、筆者の旧友の長い物語はここで終わったわけではない。

　彼らのその後をかいつまんで述べると、Du氏夫妻は料理店を売却して、ある「湖」の畔に10エーカー（訳者注：約4万平方メートル）の土地を購入し、引退後に住む大きな家を新築した。Du氏の弟の話によれば、Du氏はひたすらのんびりと過ごし、魚釣りや鳥猟を楽しんでいるという。野鴨は美味に違いない。夫妻は子供達を訪問したり、時折、台湾にまで足を伸ばして旧友を訪れたりしている。北方中国料理店のエンディングとしては、「彼らはその後いつまでも幸せに暮らしました」ということになるだろう。筆者は、Du氏夫妻が2010年に懐かしい「故郷」を旅していたとき、偶然に台湾の新竹市で出会い、このアメリカでのサクセスストーリーを本人から聴いたのだった。

おわりに

　本論の目的は，アメリカで成功した「北方中国料理」を代表する2軒の料理店の歴史を社会的・文化的・経済的・グローバルな政治の文脈において読み解くことであった。本論の結びにあたり，この2軒の「料理店とたまたまオーナーになった人々」のストーリーが，新しいタイプの中国系及び台湾系移民がアメリカに離散した未曾有の状況を，いかに鮮やかに照射しているかという点を強調したい。その補足としてこれらの事例とは対照的な，アメリカの中国料理の新時代に現れた，草分け的であるが「不成功に終わった」料理店オーナーの事例について少し触れたいと思う。

　例えば1960年代後半に，たった1人の老婦人が始めた「餃子館」（英語でも日本語を借りてそのまま Gyoza Place と表記する場合もある）があった。この老婦人は元々山東省の出身で，台湾を経由してアメリカに渡り，ある教授の妻となった。彼女の息子は1960年代後半から90年代にかけて，ハワイ大学で土木工学科の教授をしていた。筆者は亡き妻と共に，水餃子や鍋貼（日本のいわゆる焼き餃子）を供する彼女の小さな「北方中国料理店」を訪れるのを楽しみにしていたものだった。しかし1980年頃になると，水餃子や焼き餃子は一般的になってしまい，ほとんどの台湾からの留学生はレシピ本等で作り方を学び，家で自分で作るようになってしまった。同じくホノルルで1960年代後半に開店した別の「北方中国」料理店は，小さな車修理工場の近くにあった。筆者は，自身の古い英国車が故障するとよくこの工場に車を持って行ったものである。この料理店を経営していたのは，ハワイ大学の中国語及び中国文学の講師だった。彼は台湾で中国語を学んだ白人の男性アメリカ人で，台湾人の妻とともに「台湾風」の餃子とスープ麺を供していた（余談だが，同学部のこの講師の上司が，彼が勤務時間内に「妻」を手伝うと称して頻繁に料理店に行ってしまうのは，勤務怠慢だと筆者にこぼしたことがある）。他にも，台湾から来たハワイ大学の大学院生で，小さな料理店を開いた者を2人知っている。2人とも簡単に作れる「上海」料理を提供する料理店をそれぞれ始めたが，どちらの店も1年か2年しか続かなかった。そのオーナー達のうち1人は，台北の某トップクラスの大学で英語の教授として著名な母を持ち，もう1人は，料理店業の傍ら大学院で言語学の博士課程を履修していた。

　もう1軒，ハワイと台湾の外省人の仲間内で最も噂になったのは，1970年代前半にハワイ大学の元講師がアメリカのウィスコンシンでオープンした「湖南」料理の店であった。この店も2-3年しか続かなかった。この湖南料理店のオー

ナーは筆者の同窓で，台北の大学で 8 年先輩にあたる。1950 年代後半以来の親友で，アメリカの大学院に留学する前は筆者と同じ研究機関に勤めていた。

　1960 年以後，中国語を教えるアルバイトをしながら，彼はアメリカ本土で社会科学の分野で博士号を取得するべく研究を続けていた。そして 1970 年代初頭に並行して「湖南」料理店の営業を始めた。最終的には 1970 年代後半に博士号を取得し，カリフォルニアで常勤教授の職を得ている。彼が大学で教えた授業のなかで一番人気があり履修者が多かったのが，中国料理とその調理についてのクラスだったという。彼の台湾及び中国における家族的背景を見ると，その社会的政治的な地位の高さは驚くほどである。この教授は，1950 年代から 70 年代にかけて，台湾で湖南省を代表する立法委員を務めた人物を叔父と叔母に持ち，また彼の父方の親戚の 1 人（亡父の従兄弟にあたる）は，中華人民共和国の共産党幹部であった。

　最後に，20 世紀後半から 21 世紀初頭にかけてのアメリカ・中国及び台湾におけるガストロノミー史として，筆者がこの度初めて語る中国料理店と中国料理の物語が，読者各位に楽しんでもらえたことを願い本論の締めくくりとしたい。

注記 1.　筆者の研究が結実した著書や論稿の多くは，本論の文末注に記載しているが，本論を筆者の人生に大きな影響を与えた 2 人の人物に捧げたい。1 人は筆者の亡父である（呉燕和，陳淑容編『呉坤煌詩文集』台北，台大出版中心，2012 年。呉燕和著・日野みどり訳『ふるさと，フイールド，列車：台湾人類学者の半世紀』風響社，2012 年［中国語版は『故郷，田野，火車』台北，時報出版社，2006］を参照）。もう 1 人は，今は亡き筆者の前妻で，45 年にわたり人類学のフィールドワークのパートナーでもあった王維蘭である（王維蘭『田野家書』台北，唐山出版社，2000 年を参照）。彼らなくして，筆者が幼少期から北京，台湾，アメリカで，結婚後は世界中をめぐって，様々な食体験をすることはできなかった。筆者の食経験は，人類学的な食研究の枠を超えるものである（Wu, David Y.H.〔呉燕和〕, "Global Encounter of Diasporic Chinese Restaurant Food," Tan, Chee-Beng (ed.), *Chinese Food and Foodways in Southeast Asia and Beyond*, Singapore: National University of Singapore Press, 2011, pp. 75-103.）。筆者の個人的な回想録に記したように，筆者が幼少期から家庭で（家の料理人と乳母に甘やかされて）多種多様な食を経験したことが，鋭い味覚が形成された背景にあると考える（呉燕和〔前掲〕『ふるさと，フイールド，列車』）。また，離散する台湾人の家庭に特徴的なように，幼少期より中国の北方から南方にいたるまで，各地を旅し滞在してきた。そして成人し

て人類学者としての道を歩み始めてからの60年間，フィールドワークに合わ
せて，筆者は中国各地および世界中——東アジア・東南アジア・南太平洋諸
島・オーストラリアおよびヨーロッパ——に拡散する中国人コミュニティを訪
れるあらゆる機会を得た。

注記2．以下を参照されたい。Hamlin, Jesse,"Kung Pao Kosher Comedy marks 25
years of Laughs during the holidays," *San Francisco Chronicles, Arts and
Entertainment*, December 21, 2017（internet download on March 14, 2018）;
Tuchman, Geye and Levine, Harry, "Chop Suey: An American Classic," *New York
Times*（2017 online access at https://www.smithsonianmag.com/1993）.

注記3．筆者は，直近の3年をかけて本論で言及した料理店のオーナー達，元ビジ
ネスパートナー達，彼らの親友そして家族達に加えて，1970年代以来の古く
からの顧客達にも聞き取り調査を行ってきた。オーナー達も中国人の顧客達も，
その家族的背景を遡れば元々は大陸中国に住んでいた人々である。彼らの多く
は中国本土から台湾に移り，そこで幼少から青年期を過ごした後，さらなる高
等教育を求めて1960年代から1970年代にアメリカに渡った。筆者は彼らの他
にも，1970年代から2000年代初頭にかけて営業していた「北方中国」料理店
を後援していた人々や常連客とも話をした。筆者が1975年に食事をした，ア
メリカ初の「台湾」料理店は，サンフランシスコのベイエリアにある，カリ
フォルニア大学バークレー校のすぐ近くにあったことをここに記す。

　　また「秋葉」と「福園」の二つの料理店の様々な裏話を語ってくれた多くの
方に感謝の意を表したい。とりわけ何度も聞き取り調査にお付き合いいただい
た Charlie Yamamoto 氏，Francis C.Y. Tu 氏，G. T. Chao 氏そして Mary Wu 氏
には深く感謝している。そして日野みどり教授には本論の草稿に目を通してい
ただくとともに，有益な日本語資料についても御助言いただいた。ここに深謝
の意を表する。最後に本稿を和訳してくれた大道寺慶子氏にも謝辞を贈る。

注記4．この料理店の名前は1970年代にオープンした，台北で初めてかつ最も有
名な「香港スタイル広東料理店」の「楓林」（広東語で Fung Lum）もしくは
「楓林小館」にちなんでいると思われる。この香港発の料理店は台北市の北に
あった5階建ての真新しい建物で，客家料理を提供すると宣伝していた。観光
地として展開しつつあった商業区の近くにあり，当時の観光客の主なターゲッ
トは日本人であった。ところで1970年代以来，筆者はこの元祖「楓林」の
オーナー及びその家族と面識がある。彼らは1950年代後半に広東省から難民
として移住してきた客家人であった。筆者は1970年代に，アメリカのサン・
ホゼとロサンゼルス（ユニバーサルスタジオ内）にある，「楓林」の支店にあ

たる豪華な料理店を訪れた。元祖「楓林」の系列店はすべて閉店してしまったが，世界各地で新規開店する中国料理店の中には，いまだにこの著名な「楓林」という店名を使う店も多い。2017年にオーストラリアを訪れた際，シドニー及びブリスベンに居住している，「楓林」一家の第2・第3世代にあたる人々と出会ったことがある。元祖「楓林」の成り立ちとそのグローバルな展開についても長いストーリーがあるが，それは別稿に譲りたい。

注記5. 19世紀後半から1960年代にかけての昔のホノルルの市街地は，エスニックな住み分けによって明確に分断されていた（以下を参照：Glick, Clarence E., *Sojourners and Settlers: Chinese Migrants in Hawaii*, Honolulu: University of Hawaii Press, 1980. 中国語版は Wu, David Y.H.（呉燕和）and Wang, Weilan（王維蘭）訳『夏威夷的華裔移民』台北，正中書局, 1985）。筆者自身の経験として，筆者と亡き前妻が1960年代後半に初めてホノルルに到着して借家を探していたとき，日本人ではないからという理由で，モイリイリにある賃借を断られたことがある。その部屋は大学通り（University Avenue）沿いにあり，壁に賃借可の看板が出ていた。しかし，我々がその建物のオーナーもしくは管理人である，日本人移民1世の老人に話を持ちかけたところ，その部屋はできれば日本人だけに貸したいのだと，丁寧にかつ申し訳なさそうに断られてしまった。その物件の借家人は全員が日本人で，日本語だけでコミュニケーションできるのが気楽でよいと感じているので，というのが彼の説明であった。我々は台湾からやってきたばかりの右も左も分からぬ移民で（台湾では当時，法や正義の根拠なく政府から不当な扱いを受けたり，差別されたりすることに人々は慣れていたので），かの老人の言い訳をもっともなことと受けとめて，その場を去ったのだった。

注記6. R氏がアルバイト店員として働き，調理と料理店経営のコツをつかんだ，この上海料理店「Winter Garden」は後に店名を「Yen King」（北京の古い呼称である燕京を指す）と変えた。「Yen King」は最終的には2016年に閉店してしまったが，「Yen King」の経営陣の1人で，比較的最近に広東省から移民してきた人物がR氏の事業に加わった。今日，新しく塗り替えられた「秋葉」の看板には，今でも二つの料理店の名前が英語で「Autumn Leaves and Yen King」と書かれている。そして看板の下には，小さめの字でもう1行「北京風料理」と付け加えられている。

注記7. ハワイ地元の情報提供者（インフォーマント）は「辛くて酸っぱい」と表現するが，中国にいる中国人が主張するように，これは実は中国で認識されている伝統的な北方中国料理の特徴ではない。また筆者は1970年代後半に韓国

のソウルを何度か訪れたことがあったが，ソウルの「北方中国料理」の人気店の多くは，朝鮮半島に隣接する中国・山東省からの移民によって経営されていることに気づいた。山東料理の技法は，清朝の時代より伝統的な北京料理の核を成すものであった。

注記 8. 偶然だが，筆者の友人で Du という姓を持つ人物がいる。この Du 氏は，筆者の亡き前妻の台北での小学校時代の同級生でもあったのだが，「Peking」という名前の中国料理店チェーンのオーナーをしている。1970 年代から事業を展開し，その 6 店舗すべてがヴァージニア州にある。北アメリカの中国料理店における「北京料理」の物語もまた，今後の研究対象として興味深い。

注記 9. この学生達は日中戦争中に生まれ，幼少期を中国南西部で過ごしたため，実際は四川語を共用語とするという経験もしくはエスニック・アイデンティティを共有していた。管見の限り言語学見地からすると，南西部の方言（もしくはさらに分化した方言）を話すのは，四川，雲南，貴州そして広西省の一部分である。これらはすべて「公用北方中国語」もしくはマンダリン（普通話）と相互に理解可能な系統に分類される。四川もしくは南西部の省出身でなくても，学校で友達をつくるために四川語を交えた混成語を倣い学ぶ者が多かった。

1）以下を参照：Wu, David Y.H.（呉燕和）,"Cantonese Cuisine in Taiwan, Taiwanese Cuisine in Hong Kong: Food Culture and Ethnicity (in Chinese)," Lin, Ching-gu ed., *The 4th Symposium on Chinese Dietary Culture*, Taipei: Foundation for Chinese Dietary Culture, 1995, pp. 5-21;"McDonald's in Taipei: Hamburgers, Betel Nuts, and National Identity," Watson, James L. ed., *Golden Arches East: McDonald's in East Asia*, Stanford, CA: Stanford University Press, 1997, pp. 110-135; "All You Can Eat Buffet: The Evolution of Chinese Cuisine in Hawaii," *Journal of Chinese Dietary Culture*（中国飲食文化）: 4 (1) (2008), pp.1-24; "Global Encounter of Diasporic Chinese Restaurant Food," Tan, Chee-Beng (ed.), *Chinese Food and Foodways in Southeast Asia and Beyond*, Singapore: National University of Singapore Press, 2011, pp. 75-103.（また以下の中国語翻訳版も参照：陳志明編『東南亜華人的飲食与全球化』厦門，厦門大学出版社，2016 年，92-128，第 3 章）; *Where is Home*, Taipei: Institute of Ethnology, Academia Sinica, 2011; "建構日本伝統飲食與打造文化旅游市場：日本酒都的田野調査," paper presented at the International Symposium of Chinese Dietary Culture, Yunnan University, Kunming, China, October. 2013; *Overseas March: How the Chinese Cuisine Spread*, Taipei: Foundation for Chinese Dietary Culture, 2013; "Cultural Nostalgia and Global Imagination: Japanese Cuisine in Taiwan," Kim, Kwang Ok (ed.), *Re-Orienting Cuisine: East Asian Foodways in the Twenty-First century*, New York and Oxford: Berghahn Books, 2018, pp. 108-128; Wu, David Y. H. and Cheung, Sidney

C.H. (eds.), *The Globalization of Chinese Food*, Surrey, England: Curzon Press, 2002; Wu, David Y. H. and Tan, Chee-Beng (eds.), *Changing Chinese Foodways in Asia*, Hong Kong: The Chinese University Press, 2001.

2）注記 1 と Wu, David Y. H.（前掲）"Cultural Nostalgia and Global Imagination" を参照。

3）ミンツ氏の研究は以下を参照：Mintz, Sidney W., *Sweetness and Power*, New York: Viking-Penguin, 1985; "Concluding Commentary," Wu, David Y. H. and Tan, Chee-Beng, (eds.), *Changing Chinese Foodways in Asia*, pp. 271-286.

4）Wu, David Y. H.（前掲）"McDonald's in Taipei".

5）Liu, Haiming, "Chop Suey as Imagined Authentic Chinese Food," *Journal of Transnational American Studies*, 1 (1), Article 12 (2009); *From Canton Restaurant to Panda Express*, New Brunswick, N. J. : Rutgers University Press, 2015; Chen, Yong, *Chop Suey USA: The Story of Chinese Food in America*, New York: Columbia University Press, 2014；芹澤知広「新刊紹介：Coe, Andrew, *Chop Suey: A Cultural History of Chinese Food in the United States*」,『華僑華人研究』7 号, 2010 年, 169-172 頁；芹澤知広「アメリカで生まれた中華料理」, 華僑華人の事典編集委員会編『華僑華人の事典』丸善, 2017 年, 364-365 頁。

6）注記 2 を参照。

7）Wu, David Y. H.（前掲）"All You Can Eat Buffet," Wu, "Global Encounter of Diasporic Chinese Restaurant Food".

8）Arnold, Bruce M., Tunc, T. E. and Chong, R. D. (eds.), *Chop Suey and Sushi from Sea to Shining Sea: Chinese and Japanese Restaurants in the United States*, Fayetteville: The University of Arkansas Press, 2018.

9）傅培梅，程安琪編著『培梅食譜──家常菜』(Pei Mei's Home Style Chinese Cooking) 台北，三友図書公司，1986 年。

10）この時期の台湾の料理店史に関しては，Wu, David Y. H.（前掲）"Cantonese Cuisine in Taiwan, Taiwanese Cuisine in Hong Kong".

11）末成道男「私のフィールドワークを振り返って」, 西澤治彦・河合洋尚編『フィールドワーク』風響社，2017 年，41-44 頁。

12）芹澤知広（前掲）「新刊紹介」, 芹澤知広（前掲）「アメリカで生まれた中華料理」。

13）岩間一弘「中国菜的現代性──日本游客在民国時期食都上海的美食体験」,『中国飲食文化』14 巻 1 号（2018 年 4 月），93-128 頁。

14）Wu, David Y. H. "Under the Banner of Northern Chinese Cuisine: Invention of the Pan-China Cuisine in America," in Jenny Banh and Haiming Liu (eds.), *American Chinese Restaurants: Society, Culture, and Consumption*, London: Routledge, 2019, pp. 121-135.

15）注記 3 を参照。

16）山下清海編『世界と日本の移民エスニック集団とホスト社会』明石書店，2016 年。

17）清水麗「台湾からの海外移民」, 華僑華人の事典編集委員会編『華僑華人の事典』丸善，2017 年，284-285 頁。

18）Ray, K., "Ethnic Succession and the New American Restaurant Cuisine," Beriss, David and Sutton, David（eds.）, *The Restaurants Book: Ethnographies of Where We Eat*, Oxford: Berg Publishers, 2007; The Ethnic Restaurateur, New York: Bloomsbury, 2016.

19）訳者注：本論における当該レストランの仮名は，英語の原文では「Autumn Leaves」である。これは筆者が若かりし頃，ラジオでしばしば聴いていた，1950年代に活躍したフランスの歌手，イヴ・モンタンのシャンソン「Autumn Leaves」にちなんだものだが，当該シャンソンの邦題「枯葉」はレストランの名前としてそぐわないことから，和訳では「秋葉」とした。しかし，レストランの仮名「Autumn Leaves」は，筆者の半世紀にわたるガストロノミー体験と，この料理店の歴史への思いを示していると，ここに記すものである。

20）注記4を参照。

21）注記5を参照。

22）注記6を参照。

23）注記7を参照。

24）Wu, David Y. H.（前掲）"All You Can Eat Buffet".

25）注記8を参照。

26）注記9を参照。

第 12 章

中国語教育と中国の「食文化」に関する考察
—— 中国語テキストにおける事例を中心に

浅野雅樹

はじめに

　本章では，大学などの学校教育として展開される中国語教育と中国の「食文化」の関係をテーマとして論考を試みる。語学教育の中心は，言語要素の知識の教授と学習者の言語技能の向上を目指すものであるが，同時に広い意味での文化に関する内容を取り入れることが求められる。とりわけ中国語教育では，その必要性が高い。語学力の向上と文化理解は相補的な関係である。外国語として中国語を学ぶ学習者が，語学力はかなりの腕前であるが，中国文化への理解はほとんどない，といった状況はあり得ない。中国語教育の現場において，「文化」に関する事項をどの程度導入し，どのような内容を学習項目として教えるのかという問題はたびたび指摘される。ただ，言語要素の指導と比較すると，その体系化や項目立てが難しいという理由から，問題の解決には至っていない。時間的な制約が多く，また入門から初級教育の授業が中心である日本の大学等における中国語教育では，中国国内における国際漢語教育と比べると，特にこの点が顕著である。
　語学教育における「文化」には様々な要素が存在し，その範囲は多岐にわたる。本章では「食文化」に着目し，両者の関係性について，主に中国における先行研究を踏まえながら論述する。日本や中国で使われている中国語の授業用テキストを資料として，そこで明示されている「食文化」について述べる。その上で，主に大学等の中国語学習者に対する語学教育の中で，どのような「食文化」に関する事項を取り上げ，如何なる形式と方法で教材に導入するのが適当なのかという問題を探求することが本章の目的である。

1 語学教育における文化的な要素の導入について

　大学等の教育機関における中国語教育は，主に初習外国語の位置付けで，「音声，語彙（文字），文法」といった言語要素の指導を中心に行うのが一般的である。ただ，「コミュニカテイブアプローチ」と言われる教授法に基づいた，いわゆる「言語運用能力」の向上を目的とする教育では，これらの言語要素と同時に，目標言語に関わる「文化」の学習も含める必要性が生ずる。中国の国際漢語教育においては，言語教育の中に，どのように「文化」を取り入れるべきなのかという課題に対して，以前から多くの教師及び研究者が関心を寄せている。

　日本の中国語教育界でも，語学教育の中で「文化」をどのように捉えるのかという課題に直面していると言える[1]。しかしながら，授業時間の制約などの環境や大学等の学校では初級レベルが中心であるといったカリキュラム上の理由から，「文化」を教える条件が整っているとは言い難い。「音声，語彙，文法」といった言語要素に加えて，どのような「文化」を如何なる方法で教えるべきなのかといった実質的な問題も多く残されており，この方面の研究は，さらに発展の余地があると言える。

　中国語教育と関係性が深い「文化」とは何なのか。その教育上の機能の面から，大きく二つの内容に分けて考える必要がある[2]。

　一つは，芸術，宗教，歴史，地理，思想など，学習の過程で知識として身につける，いわゆる「知識文化」である。これらは，学習者が学習する言語とは直接的な関係がなく，また異文化コミュニケーションにおいても直接的な影響をもたらさない知識である。これらの文化的な内容を語学教育に取り入れる目的は，語学能力の向上とともに，学習者の中国文化理解を深めることにある。ただ，この点については語学の授業に取り入れるというよりも，「中国文化論」といった，単独の授業を設置した上で，教えることが適当であると考えられる。

　もう一つは，異文化コミュニケーションに直接的な影響をもたらす文化である。これは，あらゆる言語的な要素と結び付いた言語現象や言語活動の中に反映される行為，価値観，習慣，心理，思考などである。これらは，「知識文化」に対して「コミュニケーション文化」と称されるが，言語の中に刷り込まれ，一般的に母語話者でも意識にないことが多く，二つの文化が接触してはじめて具現化する文化である[3]。具体的に言えば，日本人の中国語学習の面では，「〝你好！〟は『こんにちは』に相当するあいさつ言葉なのか？」，「通常，過去の出来事に対する御礼をするのか」，「友人に依頼あるいは勧誘されて，どのような表現で断るの

か？」，「学校で先輩に対してどのように話しかけるのか？」，「食事の前後の『いただきます』，『ごちそうさま』に相当するフレーズは中国語でどのように表現するのか？」といった，より日常的なコミュニケーションにおいて作用する文化的要素である。このような「コミュニケーション文化」を語学教育の中で，どのように位置付けるのか，という非常に重要でありながら難しい課題が存在する。語学の授業では，「音声，語彙，文法」などの言語要素を，「形態素，語，フレーズ，文，段落」といった言語単位に応じて教えることが中心となる。その中に，どのような「コミュニケーション文化」に関する要素を如何に体系的かつ段階的に取り入れていくのかという視点が必要となる[4]。

　言語指導における文化面の学習事項の教育現場への導入について，実践面での方針として，以下の三つの側面から考えることができる[5]。

① 「多くは教えない」：語学教育においては，言語要素の指導に専念する。断片的な導入で，テキストにはコラム等で紹介する。
② 「できるだけ教える」：コミュニケーション能力の育成という面を重視し，語学の授業やテキストにおいて中心的な学習内容と見なす。
③ 「文化を兼ね合わせた語学教育」：言語は文化の媒体であるとの認識の下，目標言語に関わる特徴的な「コミュニケーション文化」を体系的に語学教育の中に取り入れる。

　ここで示した①の観点から言えば，現在日本で使用されている多くの初級テキストにおいて，断片的にコラム等の箇所において，文化的な事項が紹介されている。ただ，コラムにおいて示した内容は，あくまで副次的なものであり，授業の学期末試験などの範囲となることは少ない。したがって，その重要性を学習者に認識させることは難しく，学習者自身も興味は持つが，その重要性に気づくことは少ない状況がうかがえる。理想的なのは②であるが，現実的には，この方針に基づく語学教育の実施は簡単ではない。日本の大学などにおける学校教育としての中国語教育は，時間的な制約があり，中国国内で展開されている外国人留学生向けの国際漢語教育と比較すると，一人の学習者に対する授業時間はかなり少ない。またレベル的には初学者向けの入門から初級レベルの授業が圧倒的に多い現状がある。初級の授業では，一般的に音声記号であるピンインを学習し，数多くある中国語の音節を一つ一つマスターする必要がある。さらに最低限必要な常用語彙を学習し，基礎的な文法事項の体系的な学習が不可欠と見なすなら，上の②の文化的な事項を「できるだけ教える」という方針には様々な障壁がついて回り，

限界がある。そのため，やはり③の理念と方針に基づき，言語要素の指導を中心としながらも，必要な「コミュニケーション文化」を取り入れることが現実的であると筆者は考える。

　しかしながら，とりわけ日本における中国語教育において，どのような「コミュニケーション文化」を取り上げ，またそれらを学習することによって，学習者の言語技能やコミュニケーション能力の向上にどのような効果があるのかといった問題は明らかになっていない点が多い[6]。

2　「中国語教育」と「中国食文化」の関係性

　本節では中国語教育と文化の一要素である「食文化」との関係性について見ていく。言語と文化を効果的に兼ね合わせた語学教育の重要性が唱えられるが，教育の実践面では具体的にどのような文化的な要素があるのかという問題を検討しなければならない。『中国文化常識／国際漢語教師標準叢書』[7]は中国国内で公布された『国際漢語教師模塊与原文』に応じて編集された国際漢語教育に従事する教師用のガイドブックである。同書では，中国語教育の中で具体的にどのような文化的な要素を取り上げるべきなのかという視点から，様々な文化的事項を提示している。同書の第4章「中国的民俗文化」において，〝伝統節日〟〝服飾文化〟〝民間工芸〟〝婚喪礼俗〟〝民間信仰〟などと並べて，〝飲食文化〟の節が設けられている。

　于勇（2016）[8]は，中国語教育と「食文化」の関係について以下のように述べている。

　　　すなわち，中国の食文化は中国文化の重要な構成部分であり，さらにその独特な文化的親近性が中国人の生活におけるコミュニケーションに影響を与えている。中国人の生活と密接な関係がある食文化を対外中国語教育の切り口とすることは，学習者の学習意欲と動機を高め，より効果的に中国語の知識を得ることに役立つものと言える。より多くの中国の食文化を理解することは，よりスムーズに中国語のコミュニケーションを行えることにつながる。それゆえ，対外漢語教育における食文化の教育は大いに必要である。

　中国国内で用いられる中国語教育のガイドラインである『高等学校外国留学生漢語教学大綱（短期強化）』[9]では，コミュニケーション能力の育成のための学習項目表が付されている。初・中・上級の各レベルに応じて〝交際任務項目表〟

268　第Ⅱ部　越境する中国料理

（コミュニケーションタスク項目表）が極めて詳細に明示されている。この中に，「食文化」に関わるものが数多く含まれる。例えば，〝了解或説明中国飯菜的主要種類，学会点菜〟（中国料理の主な種類を理解または説明して，注文の方法をマスターする），〝簡単説明各地菜肴的特点〟（各地の料理の特徴を簡単に説明する），〝了解説明宴会的主要程序和礼節〟（宴会についての主な段取りと礼節を理解し説明する）といった内容が見られる。近年公布されたガイドラインとしてよく知られる『国際漢語教学通用課程大綱』[10]では，1級の「文化知識」という学習項目の中に〝初歩体験中国文化中的物質文化部分，如食品，服装等〟（中国文化における物質文化の部分について基本的な体験をする。例えば，食品，服装など）という記載がある。また付録として示される「漢語教学話題及内容建議表」の中には，その〝日常生活〟という項目の中に〝外出就餐，飲食習慣〟という内容が見られる。日本の中国語教育学会が作成した『中国語初級段階学習指導ガイドライン』[11]には，文化に関わる学習項目は提示されていない。また日本の高等学校における中国語と韓国語の教育に対する提言として作成された『外国語学習のめやす2012』[12]には「中国語学習における食文化」という内容の記載が見られる。同書は「コミュニケーション能力指標」として15の話題分野と内容を挙げるが，その中の一つに「食（食べ物の好き嫌いや食事の習慣など，食生活に関する話題）」が見られる。さらにこの「食」に関して，学習者の言語レベルを四つに分け，それぞれのレベルにおいて複数の能力標準としての「内容標準（何ができるかを提示）」が示されている。

　日本で使用されている中国語のテキストでは，よく「食文化」を紹介する読み物が用いられる[13]。またテキストでは，「レストランにおいて」，「友達を食事に誘う」などといった場面依存型シラバスに応じた会話文が，レベルを問わず一定の比率で採用される。つまり，どのようなテキストにも，一定程度は「飲食」に関する語彙の収録が見られ，また〝課文〟（テキストの本文）で「食文化」に関するニュアンスが読み取れるものが見受けられる[14]。

　筆者は日本の大学で中国語教育に従事している。中国語の学習意欲が高く，広い意味での中国文化に対して理解しようとする姿勢が見られる大多数の学習者は「食文化」にも多少の興味を持っているという実感がある。大学の研修として短期間，初学者の学生を現地の大学等で中国語を集中的に学習させるプログラムがあり，筆者は授業の一環として学生を引率した経験が幾度かある。日本人学生の中国語学習者が中国に赴き，実生活の中で，どのような言葉を使用する必要性があるのか観察してみると，「レストランやフードコートのカウンターでどのように注文すればよいのか？（どう言えばよいのか？）」，「メニューにある料理名を見

てもどのような料理なのかわからない」,「自分が食べた料理の中国語名がわからない」,「知り合った中国人の友達を食事に誘いたいがどのように表現するのかわからない」というように,「飲食」に関することが非常に多い。研修に参加したほとんどの学生が,研修時の実生活の中でまず初めに興味・関心を持つのは「食文化」であると言っても過言ではない。このような状況に照らし合わせて言えば,于勇(2016)[8]で言われるように,「食文化」を切り口とした語学教育システムの構築を目標とすることに,一定の価値を見出すことができ,ある程度の教育効果も期待できる[15]。

初修の中国語の授業の学習前の段階で,「中国料理とは…?」といった質問を学習者に投げかけると,「ラーメン,ギョーザ,麻婆豆腐,辛い」というような回答がある。一般的に,中国語を学習する前から,何らかの知識を持っていることがうかがえる。しかし,これらはステレオタイプ的なものであり,文化の深層まで理解している学生はそれほど多くはない。筆者は以前,初修の学習者に対して,中国文化の理解度を測る簡単な調査を行ったことがある。その中に「ギョーザは中国では年越しに食べる料理で,一家団欒の象徴である」という「食文化」に関する項目があったが,約6割の学生が「×(そうは思わない)」という回答をした。「日本のラーメン定食のように,中国でもギョーザはラーメンや白飯,チャーハンと一緒に食べる」という項目には,約7割の学生が「○(そう思う)」という回答をした。

学習開始後,日本人学習者が中国語によるコミュニケーションを行うと,通常は「〝請客〟(客の招待)」,「〝AA制〟(割り勘)」,「中国料理の地域性」,「会食時のテーブルマナー」,「中国料理の料理名に対する分析的な理解力」などの事項に関する理解を迫られる。会食時の〝AA制(制り勘)〟など日本の文化,習慣と全く逆の中国文化に対しては心理的な障壁を取り除く必要があり,円滑なコミュニケーションを遂行するためには,かなりの困難を伴うケースもある。これらは教育上,前述した「コミュニケーション文化」の範疇に属する事項である。「文法・語彙」といった言語要素とこのような「コミュニケーション文化」をうまくリンクさせて指導を行い,学習者のコミュニケーション能力を高めることは語学教師にとっての一つの責務であろう。発音はきれいで,数多くの単語をマスターしたとしても,「文化」に関する事項に対する知識と理解が不足している状況では,コミュニケーションが円滑にできないことは明白である。

3 中国語テキストにおける「食文化」に関する語彙

　中国語教育では「音声，語彙，文法」などの各言語要素の指導を中心とした場合でも，さらに文化的な側面から，どのような内容の学習項目を取り入れるのかという問題が生ずる。これらのなかで，より明確に文化的な内容が反映されるのは「語彙」である。とりわけ大学1年生などの初級学習者に対しては，文化的なニュアンスが強い語の判別と選択を行い，またどの程度の数の語を導入するのかという実践面での課題が存在する[16]。

　本節では，日本で出版された主に大学の授業用の初級中国語テキストに見られる「飲食」に関する語彙の調査を行う。「飲食」に関する語の認定には，次のような基準を設けた[17]。

　「名詞」：料理・食品名，食材，食器類，企業名などの固有名詞，飲食に関する
　　　　　　場所詞

　「動詞」：飲食に関わる動作，調理法

　「形容詞」：飲食に関わる形容表現

　表12-1は，調査したテキスト[18]に見られた「飲食」に関する語彙をまとめたものである。

　「料理・食品名」が最も多く，〝餃子〟〝包子〟〝麻婆豆腐〟など中国料理の定番と言えるものは，どのテキストにも見られる。「食材」についても比較的多いが，テキスト間で異同が多く，どの語を取り入れるのかは，著者の判断によるところが大きいと言える。「食器類」「調理法」「形容表現」については，表12-1の通り数は比較的少なく，〝好吃〟〝辣〟などはすべてのテキストに見られたが，その他の語については，あらゆるテキストに見られるわけではない。その他，「国名（地域名）＋〝菜〟」の修飾型の語構成を持つ語は，どのテキストにも見られるが，〝中国菜〟を除けば，どの語が使われるのかは，テキストによって異なる。表12-1にある，〝餃子〟〝小吃〟〝筷子〟〝茶館〟〝年夜飯〟などは中国文化を色濃く反映する語であり，文化理解を中心とした学習を主眼に置くなら不可欠な語であると見なすことがきる。

　陳光磊（1997）[16]で述べられるように，文化義を持つ語の中で，教育上注視すべきなのは，語が特有の概念を示す場合や，学習者の母語である媒介語と目標言語である中国語の対応関係で，微妙なニュアンスの差異があるものである。以下，日本人学習者の語彙学習という視点から〝詞彙空缺〟（語彙空白）[19]と〝同形詞〟（同形語）の面から述べる。

表 12-1　初級中国語テキストにおける「飲食」に関する語彙

語句	語彙
料理・食品名	包子　北京烤鴨　比薩餅　点心　方便面　咖哩飯　漢堡包　鶏蛋煎餅　煎餅　餃子　火鍋　可楽　饅頭　面包　熱狗　三明治　色拉　油条　炸糕　春巻　大麻花　蛋糕　紅燒肉　麻婆豆腐　汽水　巧克力　肉夾饃　三鮮餃子　糖葫蘆　小籠包　羊肉串　氷激淋　面条　肉包子　橙汁　烤肉　烤魚　可可　拉面　緑茶　牛奶咖啡　苹果汁　生魚片　石鍋拌飯　果汁　辣子鶏丁　啤酒　湯　砿泉水　餛飩　烤鴨　炸薯条　扎啤　干啤　刺身　咖啡　茉莉花茶　烏龍茶　白酒　牛奶　炒飯　奶酪　干燒蝦仁　老酒　沙拉　酸奶　寿司　糖醋肉　杏仁豆腐　粥
食材	葡萄　苹果　肉　魚　鶏　酒　橘子　水果　西紅柿　羊　米飯　草莓　胡蘿卜　蘿卜　面　青椒　飯菜　鶏蛋　梨　牛肉　糖　桃　猪肉　香蕉　醋　開水　魚翅　鹽　緑芥末　白菜　瓜　蝦
食器類	碟子　筷子　茶杯　茶壺　刀　杯子　蒸籠
企業名	必勝客　吉野家　肯徳基　麦当労
場所詞	餐廳　飯店　咖啡廳　酒店　茶館　快餐廳　拉面店　菜館　快餐店　飯館　食堂
動作	吃飯　喝茶　吃　喝　喝醉　包　嘗　点菜　干杯
調理法	炒
形容表現	飽　好吃　辣　好喝　苦　甜　咸　酸　渇
その他	法国菜　中国菜　川菜　意大利菜　粤菜　俄国菜　韓国菜　日餐　点心　飯　小吃　盒飯　年夜飯　味道　午飯　食客　晩飯　厨師　主食　自助餐　菜単　拿手菜　聚会　放心食品　緑色食品　美食　日本茶

　表12-1にある語から，例えば，〝面包〟〝炒飯〟〝啤酒〟〝麻婆豆腐〟などは，日本人が一般に抱いているイメージ通り，経験と感覚に基づき発音と語義を学習すれば，ほぼ十分である。ただ，日本語の語彙との関係性に基づき〝詞彙空缺〟（語彙空白）の面から考えると，〝饅頭〟〝油条〟〝糖葫蘆〟〝小吃〟などは，日本には完全に相当する概念がないため，日本語の語彙において語彙空白となる語である。辞書やテキストでは，「饅頭：蒸しパン」，「小吃：軽食」といった対訳語が当てられることが多い。ただ，この場合，対訳語だけで理解を深めるのは困難であると言わざるを得ない。一方で，〝餃子〟〝拉面〟〝包子〟などは，日本語の「ギョーザ」，「ラーメン」，「中華まんじゅう」といった対訳語と比較すると部分的な重なりは持つが，完全に一致するものではなく，部分空白の現象がある。とりわけ〝餃子〟と「ギョーザ」など，文化的な意味合いに関する要素が日本語に欠落している場合，単語学習の際は音声情報や基本義と同時に「文化義」にも注意を払わなければ，その語を学習したと見なすことは難しい。また，中国語の

272　第Ⅱ部　越境する中国料理

〝拉面〟と「ラーメン」は，日本文化が色濃く含まれる「ラーメン」という語に対して，〝拉面〟には，日本人が一般的に想像しているほど文化的な意味合いは含まれていない[20]。日本人が「ラーメン」に対して持っているイメージで，中国語における〝拉面〟を学習しても，日中のコミュニケーションで誤解が生ずる可能性が高い。このような部分空白が文化義の面で顕著な語は母語である日本語から負の干渉を受けやすいため，語彙指導において，相当の工夫が求められるタイプの語彙である。

　もう一点，「同形語」の観点から考察する。日本語の中には，中国由来の漢語語彙が存在し，現代の両言語の関係性を見ると，語形と語義がほぼ同じである「同形同義語」が存在する。〝春巻〟〝牛肉〟〝白菜〟〝主食〟などは日本語にも存在し，中国語の学習経験がなくても，見れば意味がわかる語である。中国語の常用語彙全体において，日本語と同形同義の語は半数前後であると言われるが，「飲食」に関わる表 12-1 の語を見ると「同形同義語」の割合はそれほど高くない。日本語では「飲食」を示す語は，「カタカナ語」が多いことも理由として挙げられるであろうが，日本語の語彙にはない「異形語」の占める割合が高い。「異形語」の中でも，〝羊肉串〟〝茶杯〟〝生魚片〟〝老酒〟〝年夜飯〟などのように，学習者は漢字を見れば語義の類推がある程度可能なタイプがある。一方で，〝大麻花〟〝盒飯〟〝汽水〟〝点心〟〝拿手菜〟のように，漢字を見ても語義の類推は，ほぼ不可能である「異形語」も多いが，学習者にとってこれらのタイプの語の難易度はさらに高まる。また，〝可楽〟〝三明治〟〝巧克力〟〝可可〟など，外来語の音訳語の比率も比較的高い。さらに日本語と同じ形でも，意味が異なる「日中同形異義語」もいくつかある（〝猪肉〟〝湯〟〝酒店〟など）。このように，初級で学習する「飲食」に関する中国語の語は，日本語の漢語語彙と比較すると様々な関係性があるため，その理解や習得は決して簡単であるとは言えない。

　上述したように教育の実践面では，日本語の漢語語彙との関係性を整理しながら，「食文化」に関する語彙を導入することが課題となる。どのような学習項目を具体的に教育の実践面に取り入れるのかという選択に対して，「語彙指導」と「文化的な要素の指導」という両面の接点から，その基準を見出していく必要性が指摘できる。

4　中国語教育ガイドラインと〝課文〟「テキスト本文」の整合性について

　趙金銘（2004）[21]で言われるように，語学のテキストの作成及び編集においては，各種の「語学教育ガイドライン」を基準とすることが多い。「ガイドライ

ン」にて示される事項は，語学教育における文法，語彙，言語機能，文化などの面での指導内容の選択や確定にも大きな作用をもたらすものである。

　本節では，中国の国際漢語教育用の中級レベルのテキストを資料として，中国の「食文化」に関わる記載を調査する。その上で，前述した『高等学校外国留学生漢語教学大綱（短期強化）』に示されている「食文化」に関する項目に基づき，テキストにおける内容との整合性に関する調査と考察を行う[22]。本章の第2節でも述べたが，本ガイドラインでは，コミュニケーション能力の育成のための学習項目表が付されている。その中には，初・中・上級の各レベルに応じて「食文化」に関する学習事項が明示されている。以下のように初級では3つ，中級は6つ，上級は4つの項目に分けて記されている[9]。

〈初級〉点菜吃飯（項目範囲）
　　19. 了解或説明中国飯菜的主要種類，学会点菜（中国料理の主な種類を理解または説明し，注文の方法をマスターする）
　　20. 了解或簡単説明菜系的特点（料理の系統についての特徴を理解し，また簡単に説明する）
　　21. 了解或説明常見飲品的種類和特点（よくある飲み物の種類と特徴について理解し，また説明する）
〈中級〉飲食（項目範囲）
　　12. 簡単説明各地菜肴的特点（各地の料理の特徴を簡単に説明する）
　　13. 簡単説明某道菜的制作方法或過程（ある料理についてレシピを簡単に説明する）
　　14. 従色香味形等方面具体描述和評価某道菜（色彩，味，香り，形などの面からある料理について具体的な描写と評価をする）
　　15. 了解並掌握点菜的方法和技巧（料理の注文方法とテクニックについて理解し，またマスターする）
　　16. 説明某人的飲食習慣和愛好（ある人の飲食の習慣や好みを説明する）
　　17. 比較並評価各種飲品（各種の飲み物に対し，比較と評価をする）
〈上級〉飲食文化（項目範囲）
　　70. 了解説明宴席的主要程序和礼節（宴会についての主な段取りと礼節を理解し説明する）
　　71. 説明飲酒的習俗及文化含義（飲酒についての習慣と文化的な意味を説明する）
　　72. 説明品茶的習俗及文化含義（お茶を飲む習慣と文化的な意味を説明する）

73. 介紹某些菜肴的文化含義（ある種の料理の文化的な意味合いを紹介する）

　中国の国際漢語教育において，教育の理念や方針として「文化」の重要性が強調されることが多い。ただ，テキストでの明示項目という，より実践的な面でどの程度システム的に指導内容に導入されているのかは不透明であり，その現状を明らかにすることが調査の目的である。また，本調査を通して，国際漢語教育に従事する専門家や教師が外国人学習者にとって必要であると見なされている「食文化」に関する事項を明らかにしたい。その他，本調査の結果に基づき，日本人学習者を対象とする中国語教育において，有用性が高い中国文化を反映したテキスト本文に対する理解の手がかりを得る目的がある。

　国際漢語教育用の中級レベルのテキスト7冊について[23]，その中の〝課文〟（テキスト本文）を調査の対象とする。まず，テキストの中で「食文化」に関する〝課文〟を収集した。そして，それらの内容に応じて，前頁に示したガイドラインにおけるどの項目に相当するのかということを調べて見た。表12-2は，主に各テキストにおける「食文化」に関わる〝課文〟とガイドラインにおける項目との関連性を示したものである。

　さらに，前頁に示した『高等学校外国留学生漢語教学大綱（短期強化）』の中級（12～17），上級（70～73）のどの項目に応ずると見なせるのか，筆者が判別した結果を示したものである。例えば，『橋梁（上）・（下）』の〝喝茶〟は，文章の内容から「16. ある人の飲食の習慣や好みを説明する」に対応しているということを示す。また表中の標記の（外）というのは，ガイドラインの項目の中に相当するものがないことを示す。

　『中級漢語閲読教程1』のようにかなり高い比率で〝課文〟に「食文化」に関するものを使用するテキストがある。一方で，『風光漢語中級口語Ⅰ・Ⅱ』と『登攀　第一冊上・下／第二冊上・下』のように「食文化」に関する〝課文〟が見られないテキストがある。ガイドラインとの対応関係から見ると，中級「16. ある人の飲食の習慣や好みを説明する」に応ずると判断できる〝課文〟が比較的多かった。中級の「14. 色彩，味，香り，形などの面からある料理について具体的な描写と評価をする」と「15. 料理の注文方法とテクニックについて理解し，またマスターする」に相当する〝課文〟は見られなかった。上級の「70. 宴会についての主な段取りと礼節を理解し説明する」については，どちらかと言えば，大学卒業後に社会人となった際の社交や商談の場で必要なコミュニケーションタスクであるが，『説漢語談文化Ⅰ・Ⅱ』における「宴会での決まり」などいくつか見られた。また，『中級漢語閲読教程1』における「食事は，肉は少なめ魚を

第12章　中国語教育と中国の「食文化」に関する考察　275

表12-2 「食文化」に関わる〝課文〟とガイドライン学習項目との関連性

教材名	構成	「食文化」に関わる課文の数	〝課文〟（テキスト本文）のタイトルと『高等学校外国留学生汉语教学大纲（短期強化）』の項目
『橋梁（上）・（下）』	全30課	4	・喝茶「お茶を飲む」(16)・烟酒不分家「タバコとお酒はみなで楽しむ」(71)・烟酒対話「タバコとお酒の対話」(16)・〝吃〟文化「食べる文化」(外)
『発展漢語中級総合（I）・（II）』	全30課	1	・給咖啡加点儿鹽「コーヒーに塩を入れる」(16)
『中級漢語閲読教程1』	全30課	12	・茶葉的故郷「お茶の葉の故郷」(17)・広州人与飲茶「広州の人とヤムチャ」(12)・生菜会「生野菜会」(16)・北京的飲食「北京の飲食」(12)・雲南過橋米線「雲南の過橋米線」(13)・可食餐具「食べられる食器」(13)・飲食応少肉多魚「食事は，肉は少なめ魚を多め」(外)・麻婆豆腐的伝説「麻婆豆腐の伝説」(13)・第一个吃西紅柿的人「最初にトマトを食べた人」(16)・宴請朋友的方法「友達を食事に誘う方法」(70)・第七営養素「第7栄養素」(外)・請母親吃飯「母親を食事に招く」(16)
『博雅漢語中級冲刺篇I・II』	全22課	3	・我為什么吃素「私がなぜ菜食をするのか」(16)・素食者起歩「菜食主義者の始まり」(16)・北京的飲食「北京の飲食」(13)
『説漢語談文化I・II』	全20課	5	・宴会上的客套「宴会での決まり」(70)・中国人飯局的社交「中国人の会食の社交」(70)・吃面条「麺を食べる」(16)・美食「おいしい物」(16)・飲食協調健康長寿「食事のバランスと健康長寿」(外)
『風光漢語中級口語I・II』	全30課	0	
『登攀 第一冊上・下／第二冊上・下』	全36課	0	

多め」や「第7栄養素」など，ガイドラインには相当する項目がないと判別できるような〝課文〟もいくつかあった。

　中国の国際漢語教育で使用される中級レベル以上のテキストに示される〝課文〟は新聞，小説，雑誌記事などから引用したものが多い。全体的に母語話者が読む文章よりわずかに平易になるよう加工・修正される場合もある。テキストの

一般的な各課の構成は、〝課文〟の後に「新出語句」や文法，語彙，表現法等に関する「学習項目（学習ポイント）」が付される。テキストの編成に際し，どのような〝課文〟を採用するのかは，これらの「新出語句」や「学習項目（学習ポイント）」との整合性を調整し，決められることが多い。このようにテキストにおける〝課文〟は，学習者の閲読，読解を通して学習者の言語技能としての読解力や表現力を高めるために提示される。一方で，〝課文〟の内容についても決して軽視できるものではなく，規範的で，テキストの使用者が知らない中国の文化や社会を題材とした文章や会話文が好ましいとされる。

　中国の国際漢語教育では，「構造─機能─文化」を融合させたテキストが理想的であると言われる[24]。その中の「構造」と「機能」については，システム的にどの段階でどの項目を教えるのが妥当なのか，教師の間で，ある程度の共通の認識がある。一方で「文化」については，まず何を教え，どのように項目立てをして，どこまで教えるのかという具体的な問題は解決に至っていない。ここで言う「文化」とは，言語教育における「文化的要素」という意味である。例えば「食文化」についての文章を〝課文〟として使用した場合，「食文化」自体に関する知識を与えることではなく，言語的な要素と融合させて，言語技能を向上させ，コミュニケーション能力を高めることが主な目的である。したがって，テキストに採用する〝課文〟は歴史・文化性が強く，含蓄があり，高尚な文章を使用すればよいというものではない。最適なのは，目標言語の「構造」と「機能」面の要素との整合性が高く，また学習者が受け入れやすい文化的なニュアンスをそなえた文章である。ただ，「構造」や「機能」と結びつけると言っても，これらの面でのあらゆる学習要素において，一対一の関係が確立しているわけではない。とりわけ「文化」の面での学習要素を「構造」や「機能」面のどの項目と結びつけるのかという判断は，どうしても教師の主観に拠らなければならないのが現状である。

　語学テキストにおいて，「飲食」など，何らかの文化を示す〝課文〟が語学教育と学習にとってどのような有用性があるのか，その判定は難しい。ただ，本節で行ったように指導ガイドラインの項目と照合しながら，一つ一つ慎重に見極めていくことが重要であると考えられる。また，新たなテキストの作成に際し，あるガイドラインに提示されている項目に対する整合性を判断し，学習者にとって効果的な〝課文〟を選択し，採用することが，一つの方策であることを指摘したい。

おわりに

　以上，本章では中国語教育における，「言語」と「文化」の関係性という視点から，中国の「食文化」をテーマとして考察を行った。「コミュニケーション文化」としての「食文化」について，中国語のテキストで示される語彙や本文を調査対象として，主に日本人の学習者にとって，学習項目と見なすべき内容や事項について分析を加えた。教育理念や方針として「コミュニケーション文化」を学習項目として設定し，テキストなどの実践面に導入することが盛んに主張される。ただ，実際どのような「コミュニケーション文化」を取り上げ，それがどのような言語現象に具現化されるのか不明な点は多い。また，一見，簡単で単純な語やフレーズ，文にも文化義が含まれていることがあり，教師や研究者でも認識していない事例あるいは認識していても指導で強調されていない事例が，まだ数多く残されている可能性がある。

　次の対話は，ある初級の中国語テキストの会話文における例である[25]。

　　望月：菜夠了，太多了咱們吃不了。再要个〝酸辣湯〞怎么様？
　　飛龍：好的。没想到你們這么会点菜。咱們喝点儿什么？

　〝吃点儿什么？〞という本文のタイトルにおける友人同士の会食の場面で，レストランで料理の注文が一段落した時点での会話である。文中の〝没想到你們這么会点菜〞は「料理の注文がこんなに上手だとは思いもよらなかった」という意味であり，一見，普通の文であるように思える。しかし，深く観察してみると，文化的な意味合いが強く示される文であることがわかる。まず，日本語のコミュニケーションでも「注文するのがうまいね」というような発話が全くないわけではないが，中国語では，この〝会点菜〞というフレーズの使用頻度が高く，ほとんどの場合，褒め言葉として使用される。日本の会席料理や一人一人が自分の分を注文する定食のような形とは異なり，全員で同じ料理を取り分ける「食文化」を反映したフレーズであるとも見なせる。また，中国では会食の際，割り勘をする習慣は以前と比べると増えたようであるが，まだまだ定着していない。勧誘や招待した側が料理の注文や支払いのすべてを受け持つのが普通で，〝会点菜〞にはこのような文化が一つの言語表現に凝縮されていると解釈できる。

　第1節でも述べたように「コミュニケーション文化」とは，二つ以上の文化を比較対照して，はじめて明らかになるものである。さらに，それがどのように言語化されるのかという問題の解明は，非常に難しく，依然として未知の部分が大

きいと言える。"会点菜"のように，言語の形式と意味の面では，一見，簡単ではあるが，複雑な文化義が含まれている例は，かなり多いと思われる。一つ一つの言語現象を注意深く観察することにより，このような事例を見出していくことは，語学教師や研究者にとって，今後の極めて重要な課題である[26]。筆者はこの課題に対して，今後も観察と分析を続けたい。

　「食文化」と言えば，伝統的な面での事象に関心が寄せられがちになるが，語学教育では，現代の新しい事項にも注意を払わなければならない。とりわけここ数年の中国では，社会や経済の変化がすさまじく，それに伴って一般市民の食生活も大きく変化し，新しい「飲食」に関する語彙や表現が次々と生まれている。現地の中国料理のレストランでメニューを見ると，辞書にも載っていない新語と見なせる料理名が目白押しである。レストランで店員に対して，注文する際の発話はテキストによく見られるが，最近は中国でも店員と会話を交わすことなく，タッチパネルで注文できるシステムも増えてきている。食事の勧誘を会って話す，電話で話すというより，「LINE」，「メール」や"微信"で行うといった最近のコミュニケーションスタイルを考えれば，語学教育において音声言語から文字言語重視の方針にシフトする必要性が生じてくる。あらゆる「文化」の面で，情勢の変化について，常に観察を継続し，新しい事項をどのように教育の場に導入するのかという課題も忘れてはならない。

---

1) 村上公一「中国語教材における文化とコミュニケーション」，『中国語教育』14 号
　（2016 年 3 月），23 頁には次の指摘が見られる。
　「言語はそれが使用されているコミュニティーの社会的・文化的規範に支えられて機能している。その言語が同一のコミュニティーの中で使用される場合は特に問題とならないが，異なるコミュニティーに所属する人々が一つの言語を介してコミュニケーションを取ろうとすると，突如としてこの問題が大きな障壁として立ち現れる。それは外国語教育としての中国語教育の抱える問題でもある」。
2) 「知識文化」と「コミュニケーション文化」については，張占一「試議交際文化和知識文化」，『語言教学与研究』第 3 期（1990 年 7 月），22 頁にて定義付けがなされている。
3) 語学教育における"交際文化"（コミュニケーション文化）に関する文化的要素を体系化及び分類した研究では，趙賢洲「文化差異与文化導入論略」，『語言教学与研究』第 1 期（1989 年 1 月），陳光磊「語言教学中的文化導入」，『語言教学与研究』第 3 期（1992 年 7 月），孟子敏「交際文化与対外漢語教学」，『語言教学与研究』第 1 期（1992 年 1 月）がよく知られていて，本章でも参照した。
4) 趙賢洲（前掲）「文化差異与文化導入論略」，『語言教学与研究』，81-83 頁を参照した。

第 12 章　中国語教育と中国の「食文化」に関する考察　279

5) この三つの方針については，李泉・定秋懐「中国文化教学与伝播——当代視角与内涵」，世界漢語教学学会秘書処編『第十二届国際漢語教学研討会論文選』北京，外語教学与研究出版社，2017年，213-214頁を参照した。

6) 馬帥「浅析日本漢語文化教材里的交際文化」，『現代語文（学術総合版）』9期（2016年9月），151頁では，日本で出版される中国語の教材に対して，コミュニケーション文化の選択が恣意的であり，何らかの基準に従って導入がなされていないことが指摘されている。

7) 劉珣・崔永華主編，許樹安・賈烈英著『中国文化常識／国際漢語教師標準叢書』北京，北京語言大学出版社，2011年。

8) 于勇「対外漢語教学中的飲食文化教学研究」，『亜太教育』第11期（2016年4月），105頁。原文は中国語で，日本語訳は筆者による。

9) 国家対外漢語教学領導小組辦公室編『高等学校外国留学生漢語教学大綱（短期強化)』，北京，北京語言大学出版社，2002年。

10) 孔子学院国家漢辦編制『国際漢語教学通用課程大綱（修訂版)』北京語言大学出版社，2014年。本書はHSK（1級～6級）に応じて作成されたガイドラインである。

11) 中国語教育学会学力基準プロジェクト委員会『中国語初級段階学習指導ガイドライン』，2007年（http://www.jacle.org/storage/guideline.pdf），2019年7月10日最終閲覧。

12) 公益財団法人国際文化フォーラム『外国語学習のめやす2012　高等学校の中国語と韓国語教育からの提言』東京国際文化フォーラム，2012年，42頁。

13) 日本の中国語テキストに示される文化面での内容については，秦衍「関于日本大学二外漢語教学中跨文化教育的研究——通過対初級漢語教材的調査分析」，『海外華文教育』第1期（2018年1月）を参照した。その中で，日本で使用されている15冊の初級テキストのうち，13冊のテキストにおいて何らかの「飲食」に関する内容の本文が見られたという結果が示されている。

14) 中国料理と中国語をリンクした中国語の初級教材として，古川典代・福冨奈津子『料理で学ぶオイシイ中国語』朝日出版社，2004年がよく知られている。

15) 小川快之「中国語教育における中国文化紹介の試み」，『言語文化論叢』3号（2009年3月），105-110頁。千葉大学言語教育センターでは，語学教育における「中国食文化」の紹介として，授業で使用する自作のプリント例が提示されている。

16) 陳光磊「関于対外漢語課中的文化教学問題」，『語言文化応用』第1期（1997年1月），25頁では，「文化」と「語彙指導」の関係についての指摘があり参照した。

17) 「食文化」を示す語の分類については，楊徳峰『漢語与文化交際（修訂本)』北京，商務印書館，2012年，145-156頁を参照した。

18) 本調査で対象としたテキストは以下の8冊である。『中国語の並木道』編集部会編『中国語の並木道　改訂版』白帝社，2011年。上野恵司『新版標準中国語基礎編』白帝社，2015年。渋谷裕子・孟若燕『新訂キャンパス的中国語』同学社，2017年。斎藤匡史・何暁毅・田梅『中国語スタンダード文型・表現編』白帝社，2005年。鄭高咏・児野道子・袁莉萍・大野公賀『総合力UP初級中国語』朝日出版社，2017年。中山文監修『みんなの中国語読物編』白帝社，2012年。木村裕章・篠原征子・浅野雅樹『どんどん吸収中国語』光生館，2012年。竹島金吾監修，尹景春・竹島毅著『（最

新 2 訂版）中国語はじめの一歩』白水社，2012 年。

19）〝詞彙空缺〟（語彙空白）については，趙明『現代漢語文化詞研究』北京，中国社会科学出版社，2016 年，28-32 頁を参照した。

20）相原茂・木村英樹・杉村博文・中川正之『新版中国語入門Ｑ＆Ａ 101』大修館書店，2003 年，206-207 頁を参照した。

21）趙金銘主編『対外漢語教学概論』北京，商務印書館，2004 年，190 頁には各種ガイドラインと教材の作成や編集についての記述があり参照した。

22）本ガイドラインは，中国国内で学位取得が目的ではなく，正規の学部生以外の短期の外国人留学生を対象としている。いくつかあるガイドラインの中で，日本の大学等で行われる中国語教育に対して参照できる面が最も大きいと判断したため，本ガイドラインに依拠して調査をすることにした。

23）本調査で対象とした 7 冊のテキストは以下の通りである。陳灼主編『橋梁（上）・（下）』北京，北京語言大学出版社，2000 年。徐桂梅・崔娜・牟雲峰・武惠華編著『発展漢語中級総合（Ⅰ）・（Ⅱ）（第二版）』北京，北京語言大学出版社，2011 年。周小兵・徐霄鷹主編『中級漢語閲読教程 1（第二版）』北京，北京大学出版社，2009 年。李暁琪主編『博雅漢語中級冲刺篇Ⅰ・Ⅱ』北京，北京大学出版社，2005 年。呉暁露・程朝暉主編『第二版　説漢語談文化Ⅰ・Ⅱ』北京，北京語言大学出版社，2008 年。金英実主編『風光漢語中級口語Ⅰ・Ⅱ』北京，北京大学出版社，2011 年。楊寄洲編著『第二版　登攀　中級漢語教程　第一册上・下／第二册上・下』北京，北京語言大学出版社，2017 年。

24）趙金銘「対外漢語教材創新略論」，『世界漢語教学』第 2 期（1997 年 4 月），57-58 頁には「構造」「機能」「文化」の三つの側面を結び付けて教材を作成するモデルが示されている。

25）馬箭飛主編『第二版　漢語口語速成（日文註釈）基礎篇』北京，北京語言大学出版社，2008 年，12 頁。

26）この点については，テキストの本文のほか，学習辞書の用例を参照することもできる。例えば，魯健驥・呂文華主編『商務館学漢語詞典（双色本）』北京，商務印書館，2007 年。同書の「点菜」には五つの用例文が付されているが，その中で〝今天我請客，你随便点菜。〟と〝今天由你来点菜〟の二つの文から文化的なニュアンスが読み取れる。

＊付記：本章で示した中国語の引用や参考文献について，原文はすべて簡体字である。印刷の関係上，一部分の文字は日本語の漢字体に直して表記した。また，本章で示した中国語につけた日本語訳はすべて筆者によるものである。

第III部
中国料理の文化と政治

第13章

「中国料理」はいつ生まれたのか
──『申報』に見える料理の語彙の分析を通して

西澤治彦

はじめに

　「中国料理とは何か」を学問的に論じようとすると，実はこれが非常に大きな問題であることがわかってくる。そもそも料理というものは歴史的に形成されるものであるが，中国はその歴史が長いだけでなく，地理的な領土の拡大にともなって中国料理の「境界線」も不断に拡大してきた。時代や地域のどの断面を見るかによって，中国料理はその姿を変え，その変化は今も続いている。しかも，世界の他の地域の料理との比較をしなければ，その独自性も見えてこない。とはいえ，世界に存在する多くの料理の中で，中国料理が特徴的な素材や調味料，調理技術と配膳方法などを有しているという認識は多くの人に共有されている。それは何よりも中国人自身によって自覚されているし，中国では国賓をもてなす料理として基本的に中国料理を提供していることからもうかがうことができる。

　こうした「中国料理」という自覚，あるいは他者による認証は，歴史的に見るならば「国民国家」の形成過程と密接に関わっている。これはなにも中国料理だけに言えることではなく，世界各地で見られる現象である。もっとも，国民国家の建設は長い歴史と複雑な過程を経ており，国民国家の形成と国民料理の存在はきれいな対応関係にあるわけではない。西欧においていち早く「国民国家」を建設したフランスは，大革命の進行と同時に「フランス料理」なるものが形成されていくが，その数年前にイギリスからの独立を果たしたアメリカは，いまだにアメリカ料理なるものの存在の有無をめぐって議論が交わされている情況である。あるいは，戦後になって植民地から独立したアジア・アフリカ諸国は，目下，国を挙げて「国民料理」なるものの形成過程にある[1]。

　では，国民料理としての「中国料理」はいつ生まれたのか？　これが本論考の

285

趣旨である。もちろん，国民料理は一夜にして生まれるわけではなく，前提として複数の地方料理が存在し，それらが国家統合の結果，国民料理として形成，自覚されていく，というのが世界的に見られる展開の図式となっている。その際，一つの契機となるのが，本国における外国料理との出合いであり，外国における自国料理の展開である。

「日本料理」という語句，即ち概念が生まれるのも，明治期になってからである。その契機となったのが「西洋料理」や「支那料理」との出合いであった。他者と出合うことにより，自分たちが食べているのは「日本料理」なのだ，という意識と自覚が生み出される。その後，「洋食」に対する「和食」という語句も生まれる[2]。「日本料理」や「和食」の例から考えると，「中国料理」の形成は，清朝が倒され，国民国家建設に邁進した中華民国期と推測される。本論考は，この清末民初の時期にスポットを当て，より詳しくその過程を検証しようとするものである。

その際，資料となり得るのは，料理書類である。日本料理の歴史的な研究においても，料理書の発掘，蒐集，及び研究は盛んに行われている。しかしながら，清末民初期の中国で刊行された料理書類に関しては，日本で閲覧するのは難しい。「国民料理としての中国料理」という観点からの料理書の研究は，中国でも十分には為されていないようである。次に資料となり得るのは，雑誌類や新聞であるが，この分析をしようとすると膨大な時間を要する。しかしながら幸いなことに，近年になってこれらの資料がデータベース化されつつある。そこで本稿では，清末から民国期にかけて（1872-1949 年），上海で刊行された日刊紙である『申報』[3]を主な資料として，中国料理の総称としての「唐菜」「中国菜」「華菜」「中餐」などの語彙，及び外国料理の総称としての「番菜」「外国菜」「西菜」「西餐」などの語彙の初出や頻度などを調べていき，それらから読み取れるものを考察してみたい。なお，民国期の上海における地方料理店の展開に関しては，すでに多くの研究蓄積がある[4]。本論考は，これらの先行研究があまり注目してこなかった「国民料理としての中国料理」の形成過程に焦点を当てるものである。

1　中国料理の総称としての「唐菜」「中国菜」「華菜」「中餐」などの語彙

中国料理の総称としては，「唐菜」「中国菜」「華菜」「中餐」などの語彙がある。当初，私はこれらのうち，「唐菜」が最も古い語句であり，これから「中国菜」「華菜」などへ派生していったと予想していた。というのも，広東語では「唐人街」の如く，「唐」は「中国」の意味で使われたし，現在でも中国料理を指して

286　第Ⅲ部　中国料理の文化と政治

「唐菜」と言うことがある。清末にいち早く海外に出て行った人々の多くは広東語を話す人々であり，彼らが外国の料理に触れ，自分たちの料理を「唐菜」と呼び始めたのではないか，と考えたからである。しかし『申報』を調べてみると，この推測はあっさりと覆されてしまった。「唐菜」が最も古い語句であることは間違っていなかったが，これは必ずしも広東系の華僑によって使われ始めた言葉ではないようである。もちろん，広州の新聞などを調べれば，また違った結果になるかもしれない。というのも，『申報』でも広東人が書いた記事では，「唐菜」が使われているからである。しかしながら「唐菜」の初出は，「唐番菜」と，「番菜」と対比される形で出ており，必ずしも広東語としての「唐菜」ではない。以下，個々の語彙を見ていきたい。なお，引用文は日本語に訳しているが，キーワードとなる中国語はそのままにして太字にした。

「唐菜」

「唐菜」で検索すると，わずかに 4 件しかヒットせず，その中でも中国料理の意味で使っているのは 1 件のみで，1929 年 1 月 12 日 21 頁の紀行文「龍山起海記」に「汽笛が鳴り，船が埠頭を離れたところで，**唐菜**を七角，注文した」とある[5]。香港から乗船しているので，おそらく広東人が書いたものゆえ，中国料理を指して「唐菜」と書いている可能性がある。こうしてみると，少なくとも上海で発行された『申報』紙上においては，中国料理を指す意味での「唐菜」はほとんど使われていなかったことになる。

ただし，皆無ではない。1877 年 5 月 24 日 6 頁の「新開番菜館」の宣伝文句に「**各色唐番菜点心**」とあり，この場合は明らかに中国料理と西洋料理とを対比させている。もっとも，「唐番菜」で検索しても，この宣伝が 3 日連続で繰り返されるだけで，わずかに 3 件しかない。中国料理全体を指す意味での「唐菜」はこれが初出であり，この後は上記の 1 件しかない。

「中国菜」

「唐菜」に続いて，『申報』に登場する中国料理の総称としては，「中国菜」及び「華菜」がある。この二つの語句は 1884 年 6 月 6 日 1 頁（光緒 10 年 5 月 13 日）の記事に同時に初出する。中国と西洋の礼について論じた「中西同俗古今不同礼説」の中に，「中国菜」及び「華菜」が「西菜」と対比される形で登場する。即ち，「西洋人が華人を招待する時には**西菜**で，華人が西洋人を招待する時には**華菜**にするが，それは珍しいものの方が重視されていると感じられるからである。近頃では西洋人が華人を招待する時に**中国菜**を使う者がいるが，華人が西洋人を

招待する時に**西菜**を使う者はいない。客の好みに応じて接待すると相手を尊重することにはなるが，客が日常的に食べるものを恭しく出すと，逆におかしなことになる」とある。注目すべきは，「西人」と「華人」が対比されているように，ここで「中国菜」及び「華菜」が「西菜」と対比されている点である。

　「中国菜」が次に登場するのは 1889 年 9 月 14 日 5 頁の「大花園火船馬車演戦戯遊例」の宣伝文句で「**中国酒席一切倶備定中国菜**」と見える。ここでは，「中国酒席」という語句と並列している点が注目される。レストランの宣伝はその後も多く登場する。

　1914 年 3 月 20 日 6 頁の「慶雲殿副総統宴西賓」という記事も興味深い。慶雲殿にて副総統が西洋の賓客を宴会でもてなした話で，「**西餐**を出す際に燕窩〔燕の巣〕や焼鴨〔ダック〕，魚翅〔フカヒレ〕などの中国食材を加えたことに対し，黎副総統は笑いながら集まった客に対して，『もし皆を食事に招待するのに**西菜**だけでは，皆さんは満足しないだろう。必ず**中国菜**を加えた方が好ましい。譬え憲法で制定したところで，〔中国での宴会で〕西洋の形式のみを採用することはできず，必ず中国と西洋の習慣の両方を参照する必要がある』と話した。居合わせた皆は白い歯をみせて大笑いした」とある。ここでも，西餐と中国食品，西菜と中国菜とが対比されている。これも外国人を接待するときに，彼らにとって珍しい中国料理を出すべきである，という話である。

　「中国菜」で検索すると，このほか，「中国菜庁」，「中国菜館」という語句も多くヒットする。例えば，1914 年 6 月 30 日 14 頁の「日本旅館万歳館」の宣伝に「**東洋式もあれば西洋式飯食もあり，西洋餐もあれば中国菜庁もある**」とある。ここでも西洋と東洋，西洋と中国とが対比されている点が注目される。また，1918 年 5 月 8 日 3 頁の「東京電」に「昨夜，中国人留学生二十余名がとある**中国菜館**に集まり，時事問題を議論し……」とある。これは東京における店の話であるが，「中国菜館」という語句は，当初は海外における中国料理店を指して使われたことが多かったようである。これは日本でも，日本国内では「日本料理店」とはあまり言わないのと同じ現象であろう。

　「中国菜」で気になるのは，「西式之中国菜」という表現が出てくることである。すなわち，1923 年 11 月 22 日 13 頁の「新聞界歓宴瓊斯氏紀」に Sir Rederic Lones 氏らを宴会に招いた際，「各々が着席したが，供された料理は**西式之中国菜**であった」とある。この時代，既に中国料理を西洋式にアレンジ，もしくは給仕していたことになる。

「華菜」

中国料理としての「華菜」という語句は，上述の如く，初出は 1884 年の「中西同俗古今不同礼説」の記事である。これに次ぐのは，1906 年 9 月 31 日 1 頁の広告「蘇州閶門外泰和菜館広告」に「本月の十三日に開業，掛爐焼鴨や満漢筵席など新たに**京式華菜**を提供」とある。店の場所は蘇州であるが，掛爐焼鴨（北京ダック）や満漢筵席という語句から判断して，「京式華菜」は北京式中国料理で間違いなかろう。また，1911 年 2 月 3 日 6 頁の「宦運之通塞」に**番菜華菜**とある。華菜に対比される「番菜」は西洋料理の意味である。ここでも「番菜」と「華菜」とが対比されている。

「華菜」で検索すると，「中華菜」もヒットする。「中華菜（園）」としての初出は，1885 年 5 月 29 日 3 頁で，「朝鮮近事」という，朝鮮における日本人のニュースの中にある。「仁港の東三里寨にある**中華菜園**」とあり，レストランを意味している。朝鮮での話なので日本人が呼ぶ名称がそのまま報告された可能性もある。「中華料理（店）」は和製漢語であるが，なんと『申報』に 16 回登場する。初出は 1931 年 7 月 19 日 4 頁の「朝鮮続有暴動」と題する記事の中に，「日本の斗郡内平静村にある**中華料理店**が鮮人十余名によって襲われ……」と見える。これも日本人と関係する記事の中である。「華菜」は間違いなく中国人自身が使用していたが，「中華菜」は日本人が使い始めたのかもしれない。しかし，やがて中国人も使いだすようになった。例えば，1912 年 10 月 8 日 1 頁の広告に「**中華菜館広告**」とある。こちらの店の場所は上海の四馬路となっている。なお，この広告文に「**京蘇頭等名厨辦**」とある。この場合の「京蘇」は「南京を中心とする江蘇料理」の意味で，そのトップレベルの料理人が担当している，という宣伝である。

こうして見ると，民国期になると中国人も「中華菜」を使うようにはなるが，多くの場合，「中華菜館」とレストランの場合に使われたようである。「中華菜園」同様，四文字のほうが語呂がいいというのもある。それ以外は，「華菜」が多用されたものと思われる。

「中餐」

「中餐」で検索すると，3629 件ヒットするが，その多くは昼食の意味である。「中餐」がヒットする初出は 1874 年 9 月 1 日 1 頁であるが，文脈から判断して昼食の意味と解するのが妥当のようである。記事は「詳述香港士迫火船被刼事」というタイトルで，中歴の 7 月 11 日夜間にマカオに到着する予定の火船が盗賊に掠奪されてしまった話である。その中に，「船主が，西洋人客がいる上層デッキ内で**中餐**を食べている時に，中国人客がいる下層デッキで騒ぎ出す声を聞き

……」とあり，船主が騒ぎを解決しに行ったものの，最終的に盗賊に殺害されてしまう。そして船に残った人々は夜中にマカオに到着する，という内容である。1874年当時，西洋人客が利用する上層デッキ内に中国料理を出す食堂があったとは考えにくい。しかも船主が食べていたのが中国料理であったというのは，重要な情報ではない。これは昼食の意味であろう。

中国料理の意味での「中餐」が初出するのは，1912年9月11日3頁に掲載された広告「上海鴻撥客桟の開店広告」である。この中で「中餐西餐厨司」と，西餐と対比する形で書かれているので，中国料理の意味で間違いない。

また，1914年8月2日13頁に掲載された広告「大新街大新楼広東菜館の大拡充」の中に，「中餐西餐，和菜零菜，海陸全席」と見える。「和菜零菜」は，コース料理やアラカルト，「海陸全席」は，海の幸，陸の幸のすべてを提供するという意味であろう。これらの広告で注目されるのは，やはり「中餐」が「西餐」との対比で使われている点である。この広告文には，「中西大菜」という語句も見える。「大菜」とは点心などではなく，本格的な料理という意味で，ここでも中国と西洋とが対比されている。

2 外国料理の総称としての「番菜」「外国菜」「西菜」「洋飯」「西餐」などの語彙

外国料理の総称としては，「番菜」「外国菜」「西菜」「洋飯」「西餐」などがある。これらを順次見ていきたい。

「番菜」

外国料理，西洋料理を指す総称としては，「番菜」が最も古くからある語句である。「番」は外国，とりわけ西洋を指す語で，西洋人のことを「番人」，西洋の国を「番国」と言った[6]。「番菜」としての初出は1873年12月17日6頁の広告文で，「各色面食承接大小番菜」とある。大小番菜とは，本格的な西洋料理からパンなどの類を指していよう。「面食」は，1876年1月1日6頁の「新開承辦番菜」にも，「架啡番菜館各色面食」と見える。この他，「唐菜」のところで紹介したように，1877年の「新開番菜館」の宣伝文句にも「各色唐番菜点心」とある。また，1882年11月5日5頁の広告にも「万元森番菜茶舗」とある。「番菜」は，「華菜」の項で触れたように，1911年の「宦運之通塞」にも「番菜華菜」と，「華菜」と対比されるかたちで登場している。

このように「番菜」は主に広告で多く使われているが，全部で7,381件と，非

常に多い。これは上海という土地柄もあろう。『申報』で最後に「番菜」が登場するのは，1947 年 12 月 23 日 9 頁の料理に関する記事の中で，「ここで言うアメリカ産の鶏とは食品の鶏であって，**番菜**の Chicken と品質は似ている」とある。したがって，「番菜」が古い語彙でそれがやがて「西菜」に取って代わられたと言うわけでもない[7]。

「外国菜」

「外国菜」という語句も 104 件ヒットする。初出は 1875 年 8 月 5 日 6 頁の広告で，「**外国菜厨司**」（外国料理の料理人）を募集する文中に出てくる。「外国菜館」としては，意外と遅く，1903 年 2 月 14 日 7 頁に掲載された，「盤店声明」の中にある「北四川路仁智里口にある泗合春**外国菜館**」が初出である。

また，「外国大菜（司）」という組み合わせだと，92 回，登場する。初出は 1876 年 8 月 21 日 6 頁に掲載された料理人の募集広告で，「**外国大菜司**」とある。「番菜」の項で紹介した 1882 年の広告「萬元森番菜茶舗」にも，「**外国大菜**」の語句が見える。「外国大菜」の場合，料理人の募集広告が多い。

「西菜」

「西菜」で検索すると 10,867 件ヒットするが，そのすべてが西洋料理というわけではない[8]。西洋料理の意味での「西菜」の初出は，1880 年 6 月 18 日 5 頁の広告「一品香告白」の宣伝文に「本店は四馬路中市に開設し，**英法大菜**（イギリスやフランス料理）を精緻に作るほか，各種のブランドの洋酒も揃え（中略）著名な料理人が**西菜**を精緻に調理し……」とある。

西洋料理のレストランの意味の「西菜館」が初出するのは，1888 年 2 月 28 日 3 頁の「病馬倒斃」という記事の中である。「四馬路を東に向かっていた馬車が，一家春**西菜館**の門前まで来たところで動けなくなってしまい……」とある。

なお，「中西大菜」という組み合わせだと，1,752 回登場する。初出は 1890 年 4 月 11 日 6 頁の「告白」で「資本を出し合い四馬路に杏花楼**中西大菜**を開設」とある。1890 年 8 月 25 日 6 頁の広告「名利両全」にも，「本店は**中西大菜**，中外国茶点を開設」とある。「中西大菜館」としては，1914 年 9 月 7 日 4 頁の広告に「四馬路中麦家圏口の粤華楼**中西大菜館**」とある。1926 年 1 月 24 日 13 頁の広告でも，「西蔵路の遠東飯店」の見出しに，「**中西大菜　西菜　中菜**」と「中西大菜」が出てくる。「西菜」との対比で「中菜」という語句も使われている点が注目される。

「洋飯」

「洋飯」で検索すると152件ヒットするが，そのすべてが西洋料理の意味ではない。西洋料理としての初出は，1886年2月26日4頁に見える，料理本刊行のニュースである。「美華書館から新刊の『造洋飯書』を一冊寄贈された」とある[9]。なおこの記事にも「英法各国之大菜」という語句が見える。「洋飯店」としての初出は1887年3月12日2頁に「東交民巷御河橋東にある外洋飯店」とある。このように「洋飯店」は「外洋飯店」とも称し，「外洋飯店」で検索すると5件ヒットする。この他「西洋飯（店）」という言い方もあった。これで検索すると14件あり，初出は1913年2月21日のニュースに「西洋飯店東陽軒」とある。ただし，これは東京日比谷での事件を報じたものである。

「西餐」

「西餐」は全部で10,492件ヒットするが，そのすべてが西洋料理の意味ではない。[10]西洋料理の意味での初出は，1901年4月23日1頁に掲載された広告文「燕窩糖精喩」の中に，「近ごろは西餐に招くものが多い」とある。続いて，1904年11月19日2頁の「四続出使俄国大臣胡考求中国出口土貨公文」という記事の中に，「西洋人が好んで食する魚は湖北で繁殖された鱖や鯉で，肉が多く骨が少なくて極めて宜しい。西餐の鼈は西味（西洋の味）の中でも最も珍用し……」と見える。ここでは，西洋料理の味に対して「西味」という表現を使っている点も注目される。

また，レストランの意味での「西餐館」が初出するのは，1907年6月23日19頁の「本埠新聞」内の「公餞西商誌盛」という記事の中に，「各紳士や商人が集まり礼査西餐館にて晩会を開き……」とある。「西餐」は1916年10月29日1頁の広告「新世界告中西餐吃客」にも，「〔1915年に四馬路に建設された『新世界』にある〕西餐では，前の各利外国菜館の料理人が招かれ，店の料理を請け負っている」とある。

3　考察

西洋料理との対比で生まれた「中国料理」

以上を整理すると，中国料理の総称を初出年代順に並べると，「唐菜」（1877），「中国菜」（1884），「華菜」（1884）」，「中餐」（1912）となる。一方の西洋料理の総称も同様に並べると，「番菜」（1873），「外国菜」（1875），「西菜」（1880），「洋飯」（1886），「西餐」（1901）となる。

図13-1に示した如く，『申報』紙上においては，外国料理の総称としての「番菜」が1873年と最も早く，その2年後に「外国菜」が登場し，さらにその2年後の1877年に中国料理の総称としての「唐菜」が登場したことになる。その後，1884年になって「中国菜」と「華菜」が登場する。西洋料理の総称としての「西餐」はやや遅れて1901年に登場するが，これに対応する「中餐」が登場するようになるのは，ずっと後の民国になった1912年からであった。これはもともと「中餐」には昼食の意味があり，それが中国料理の意味に転化するのに多少の時間を要したためであろう。いずれにせよ，語句としての「唐菜」「中国菜」「華菜」「中餐」は，「番菜」「外国菜」「西菜」「西餐」と見事な対応関係にあり，対照とする語句があって生まれたと解するのが自然であろう。これはちょうど，「西洋料理」と「日本料理」，「洋食」と「和食」の対応関係とも一致する現象である。なお，「洋飯」は当初，「（西）洋飯店」の組み合わせで多用されたものの，その後，使われなくなったようである。

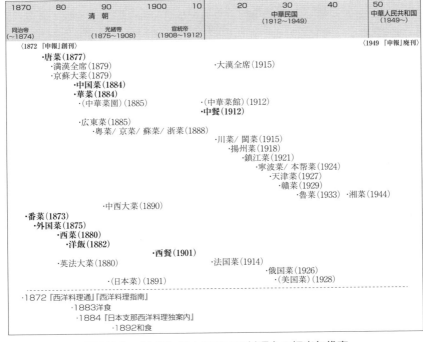

図13-1　『申報』紙上における料理名の初出年代表

第13章　「中国料理」はいつ生まれたのか　293

注目されるのは，「番菜」や「外国菜」と対比される形で「唐菜」が使われているが，「中国菜」や「華菜」が使われる前に「満漢全席」と「京蘇大菜」が出てきている点である。当時の上海においては，「外国菜」に対抗できる料理として，この二つが想起されたのであろう。

　それぞれの語彙の頻度も整理しておきたい。件数の多い順に並び替えると，「中餐」は3,629件あるが，そのほとんどは「昼飯」の意味であり，中国料理の意味で使われるのは1912年以降のことである。その正確な数は，3,629件のすべてを精査しないと判明しないが，「中餐西餐」の組み合わせだとわずかに36件しかないことを考えると，それほど多くはないようである。「中国菜（館）」は341件，「（中）華菜」は306件ある。「中国料理」の意味の「唐菜」は2件（のべ4件）のみとなっている。こうしてみると，「中国菜」と「華菜」が300件台と最も多く，この二つが代表的な語彙であったと推測される。

総称としての「番菜」「外国菜」の指すもの

　外国料理の総称としての「番菜」や「外国菜」などは，いったい何料理を表していたのであろうか。この手がかりになる記事が，1888年7月12日4頁の「杏林春番菜館告白」という宣伝記事である。広告文の中に，さまざまな地方料理と共に，「諸番菜」が登場する。すなわち，「本館は四馬路の中間に開設し，名庖丁人である李建庭を招聘し，**英法妙菜**（イギリスやフランス料理）を精緻に作っている。技巧を凝らした点心は全部で百種にもなる（中略）上海の**諸番菜館**の中では一番と言ってよかろう（中略）孔子はちゃんと料理したもの，細かく切ったものしか食べなかったが，上海には**京菜蘇菜浙菜粵菜**（北京・江蘇・浙江・広東料理）と各料理店が林立していて，それぞれの良さがあり，**番菜は外国人に好まれるだけでなく**，近年は中国人もまた多くこれを好むようになった……」とある[11]。「諸番菜館」という表現は，西洋料理を「番菜」と一括りにしていたわけではなく，その内訳は少なくとも英（イギリス）と法（フランス）に分けられていた。これは1842年の南京条約により，上海にイギリス租界（後に共同租界へ）とフランス租界が設けられた歴史を考えると，当然のことであろう。

　なお，「英法大菜」の初出は，「西菜」のところで紹介した1880年の広告で，この記事より8年早い。即ち，「一品香告白」の中に「本店は四馬路中市に開設し，**英法大菜を精緻に作る**ほか」とある。また，「法国菜」が単独で登場するのは，やや遅れて1914年7月8日4頁の料理人の募集広告「招請厨司」に，「現在，**法国菜**（フランス料理）の料理人を一人募集中，英語ができれば可」とある。「法国菜」は全部で11件ヒットするが，「法国菜館」の語句は見えず，その多くは

「法国菜厨司」の募集広告となっている。ちなみに，ロシア料理を意味する「俄国菜」の初出は 1926 年 9 月 20 日 2 頁の広告文に，「Kaukay 俄国菜館移転の通告」とある。

それぞれの語彙の頻度も整理しておきたい。件数の多い順に並び替えると，「西菜」が 10,867 件と最も多いが，野菜の意味など，すべてが西洋料理というわけではない。「中西大菜」という組み合わせだと 1,752 件ある。次いで多いのが「西餐」で 10,492 件あるが，これも四字成句などを含み，すべてが西洋料理の意味ではない。次いで多いのが，「番菜」で 7,381 件ある。「洋飯」は 152 件あるが，日本にある「西洋飯店」などを含む。「外国菜（館）」は 104 件，「外国大菜（司）」という組み合わせだと，92 件ある。なお，「法国菜」は 11 件，「俄国菜」は 27 件（ただし宝石なども含む）ある。「美国菜」も 5 件（野菜も含む）あるが，いずれもアメリカでの話題に出てくる。

こうしてみると，西洋料理の意味での「西菜」「西餐」の実際の件数は，共に 1 万件を超える記事を精査しないと判明しないが，「中西大菜」という組み合わせで 1,752 件ということから推測すると，それほど多くもなさそうである。さらに「中西大菜館」で検索すると 51 件しかない。おそらく，件数としては，清末から民国期を通して使われた「番菜」の 7,381 件が最も多かったと推測される。「洋飯」は 152 件，「外国菜」は 104 件と意外と少ない。これらと対応する漢語の語彙とは，頻度においてきれいな対応関係にないが，古くからの語彙である「番菜」が慣習的に使われ続けた結果と推測される。

総称としての「中国料理」の実態と，地方料理との関係

西洋料理に続いて，総称としての「唐菜」や「中国菜」などは，いったいどの地方料理を表していたのかを考察してみたい。これは換言すれば「中国料理」と地方料理との関係の問題でもある。

当初の予想では，総称としての「唐菜」や「中国菜」が登場する前に，それぞれの地方料理が登場するものと思っていた。ところが『申報』紙上では，「唐菜」(1877) や「中国菜」や「華菜」(1884) が先行し，その後に地方料理が五月雨式に登場する。図 13-1 に示した如く，地方料理の中でも最初に登場するのが「京蘇（大）菜」（南京を中心とする江蘇料理）である。1879 年 2 月 5 日 7 頁の「新開酒店」の広告文に「上海の老北門外賓善街にある**天津酒館**では**満漢全席**と**京蘇大菜**を提供」とあるほか，「満漢全席」もこれが初出となる。

これに次ぐのが「広東菜」である。初出は 1885 年 8 月 12 日 3 頁の「打架罰洋」という記事の中に，事件現場の話の中に「**広東菜館**」が出てくる。このように，

「広東菜」が単独で使われることはあまりなく，多くは「広東菜館」としてのようである。続いて先述の1888年の「杏林春番菜館告白」という宣伝記事に，上海に林立している中国料理店として，「京菜・蘇菜・浙菜・粤菜」が登場する。

　こうしたことから，総称としての「唐菜」や「中国菜」という語句が生まれた当初は，少なくとも上海では，主に満漢全席や京蘇菜を指していたと思われる。その6年後に広東料理が，さらにその3年後の1888年に，これらに京菜や浙菜が加わることになる。時間のズレはあるものの，最終的には満漢全席と，江蘇・広東・北京・浙江料理といった中国の主要な地方料理からなる総体を指す語句になっていったと考えられる。なお，ここで「川菜」が入っていないのは，上海における四川料理の受容はもっと遅く，『申報』紙上では1915年になって初出する事と対応していよう。

　中華民国期になると，さまざまな地方料理が登場する。「川菜」のほか「閩菜」が1915年，「揚州菜」が1918年，「鎮江菜」が1921年，「寧波菜」と「本帮菜」が1924年，「天津菜」が1927年，「贛菜」（江西料理）が1929年，「魯菜」（山東料理）が1933年，「湘菜」（湖南料理）が1944年という具合である。ここから先は，民国期の食都としての上海の料理店の世界が華やかに展開していくわけであるが，このことは，1912年になって，「中餐」という語彙が，昼食の意味から中国料理としての意味に転化していったことと，無関係ではないかもしれない。

　もっとも，こうした地方料理の中で，京蘇菜と広東菜はやや特異な位置にあったようである。それは「京蘇菜」の初出が地方料理の中で最も早い1879年であるということにも表れている。これは長江下流域に位置する上海という土地柄も影響していよう。「広東菜」の初出は，地方料理の中では「京蘇菜」に次いで1885年と早い。また，「中餐」のところで紹介した如く，1914年の広告「大新街大新楼広東菜館の大拡充」の中に，「中餐西餐，和菜零食，海陸全席」と見える。広東菜館と名のっている店が，「中餐」という表現を使っている点が注目される。「西菜」のところで紹介した1914年の広告「四馬路中麦家圏口の粤華楼中西大菜館」も，粤華楼という名前からして，広東系と推測される。なお，これらの広告文には，「中西大菜」という語句も見え，広東料理と西洋料理の両方を提供していたことがわかる。これも広東系料理店の一つの特徴と言えよう。

　以下，「満漢全席」及び各地方料理名の頻度も整理しておきたい。「満漢全席」が232件，「満漢筵席」が303件，「満漢宴席」が15件，「大漢全席」[12]が134件，4つを合せると684件となる。各地方料理を件数の多い順に並び替えると，「粤菜」が最も多く5,488件，「広東菜」だと127件で，両者を合せると5,615件となる。次いで多いのが，「（四）川菜」で1,734件ある。「京菜」も1,346件と多いが，

地名や語句としての「南京菜」（野菜の意味）も含まれ，すべてが北京料理というわけではない。

　次いで多いのが「闽菜」で648件，「寧波菜」は197件であるが，この中には野菜なども含まれる。「蘇菜」（江蘇料理）は80件あるが，「京蘇菜」も多く含まれる。なお，「金陵菜」「南京菜」で検索するとヒットはするも，「南京菜子」と野菜だったり，「南京菜館業工会」と南京の料理店業の組合だったりで，「南京料理」の意味では一度も使われていない。「天津菜」も294件ヒットするが，その多くは野菜で，料理店としては4件のみとなっている。「揚（州）菜」は，27件，「鎮江菜（館）」は9件，「本帮菜」は7件，「贛菜」は3件，「魯菜」は3件，「湘菜」も3件となっている。

　こうしてみると，粵菜の頻度がもっとも高いことがわかる。次いで川菜，京菜となるが，闽菜も意外と多い。次いで，地元料理である「浙菜」「寧波菜」や「蘇菜」「京蘇菜」などが続く。これ以外の地方料理としては，1920年代以降になってから，揚州菜，鎮江菜，天津菜，贛菜，魯菜，湘菜などが続くが，いずれも頻度は非常に少ない。なお，当時はまだ料理としての「南京菜」という語句がなく，南京を中心とする江蘇料理は「蘇菜」もしくは「京蘇菜」と呼ばれていたが，同様に「上海料理」という言い方もまだ生まれていなかった。「本帮菜」（上海の地元料理）の初出は1924年と意外と遅い。「浙菜」「寧波菜」も含め，民国期の上海においては，地元上海の料理という自覚がまだあまりなかったことがこれで確認できる。

海外の中国料理店

　上海における地方料理店の中で，満漢全席と京蘇菜を除けば，広東料理が特異な位置にあると書いたが，それは海外における中国料理店についても同様である。これは欧州であれアメリカであれ，華僑として渡った中国人の多くが広東語を母語とする人々であったことと関係している。

　「粵菜」がどんな料理であったのか，その内容を記した広告を一つ紹介しておきたい。1919年4月25日4頁の「時鮮当令」に，「本楼では，大明蝦〔大きな芝エビ〕，田鶏〔カエル〕，鳥魚〔ライギョ〕，响螺〔巻き貝〕，生蠔〔生カキ〕，時魚〔旬の魚〕，青蚧〔オオヤモリ〕などを集め，美味ならざるものは備えていない。**粵菜**や海鮮料理を味わいたい者，及び同郷の諸君は，朝市にいってもこれらを見つけることは難しいだろう。本楼では特に広州の有名な庖丁人を招き，専ら烹飪〔調理〕や蒸しもの，燉湯〔スープの煮込み〕などに従事している。調理場も客間も特設で，盃での飲み物，煮込み御飯，各種の麺や点心，牛肉食品など，

美味で廉価……」とある。このうち鳥魚は「生魚」用であろう。ここでも広州から有名な料理人を招いている。また，広東の料理を海鮮料理と並列していること，同郷の者に呼びかけている点なども注目される。

　さて，「粤菜」は海外における中国料理店の話題の中でも出てくる。例えば，1919年3月12日7頁の「法国戦後之商情」に，フランスでは「料理人の中で**中国菜**の腕が最もいいのは，ここでは「美兵近輿」である。余談だが，中国炒麺で最もうまいのは，残念ながらここにはない。**中国菜館**はアメリカにも多くあり，多くの**中国菜館**は皆広東人が経営している」とある。

　また，1920年5月28日14頁の「舊金山瑣談（五）」にも「粤菜」の記述がある。舊金山とはサンフランシスコのことで，その訪問記に広東料理を含む中国料理の話が書かれている。「初めてサンフランシスコに行った者は，決まって**中国菜**を食べたくなり，いわゆる「唐人街」Chinatown を訪ねる。唐人街は非常に賑やかな地区で，三条ある街は皆，中国の店である。中国の新聞屋もあれば，**飯店菜館**（ホテルや料理屋）もある。中国式の旅館や中国の骨董店もあり，多くの中国人がここに集まってくる。料理店としては杏花楼，共和楼，上海楼などがあり，均しく大きな料理店である。その中の設備は中国式でないものは一つもない。字畫や楹聯は行書，草書，篆書，隷書などで書かれ，それぞれ極めて精緻である。八仙卓や十錦椅子（色鮮やかな錦の布で装飾された椅子），お茶用の几，彌陀榻（榻は座具）まである。目を挙げて四方を見れば，あたかもまだ祖国にいるかのよう。太平洋を横断してきたというのに，まるで夢を見ているようだ。唐人街の華僑は皆，広東人なので，做る料理は全て**粤菜**となる。〔ゆえに広東人ではない私には〕肴の味が全く口に合わなかったが，外国にありながら**中国菜**を食べられるというのも，味がなかったとはいえ，一種の滋味があるものだ……」とある。今から100年前のサンフランシスコのチャイナタウンを彷彿とさせる記事であるが，記者は広東人ではないようで，自分の口には合わなかったが，と正直に書いているところが興味深い。つまり，当時，北米に渡った中国料理は，地方料理としての広東料理であって，他地域の中国人から見たら，なぜここでは広東料理ばかりなんだ，という違和感があったということを表しているからである。

　ニューヨークにある中国料理店の記述は，1924年4月22日3頁の「国外要聞」という見出しの「柏克哈司特女士来華記」という記事の中に「中国菜館」が登場する。すなわち，「三月七日，私は送別の宴を開くためニューヨークの百十六街にある**中国菜館**江南楼にて……」とある。こちらは江南楼という店名なので，広東料理か否かは不詳である。

　シカゴでの記事もある。1924年7月29日6頁の「美国通信」に中国のチャプ

298　第Ⅲ部　中国料理の文化と政治

スイのことが書かれている。即ち、「シカゴで最も高級な料理店は**中国 雑 砕館**で^{チャプスイ}あるが、ここで出されるのは**中国雑砕**のようにうまくはない（アメリカの**中国雑砕**はもはや**中国菜**ではなく、一種の中・西が合体した料理である）」とある。

　なお、アメリカでの記事の中に、「中国菜」と比較する文脈において「美国菜」が登場する。初出は 1928 年 4 月 25 日 17 頁のエッセイ「中国菜與中国文学」で、「**美国菜**（アメリカ料理）は色彩も綺麗で、匂いも濃厚であり、栄養もある。その原因は調理法にあり、〔肉を〕焼いたり炙ったりするのを良しとするからだ。味も淡く単調で、**中国菜**の一品一品が持っている長所からは遠く及ばない（中略）アメリカで料理店を営業する華人は、大半が**粵幫**（広東人）で、残りは**蘇幫徽幫**（江蘇・安徽人）である。**京菜川菜**（北京・四川料理）は暁の星の如くまだ少ない」とある。ここでも広東系が優勢であることが記されている。また中国人から見たアメリカ料理評も面白い。

日本及び日本料理との関係

　最後に総称としての「中国料理」と日本、及び日本料理との関係について考察したい。「日本料理」の自覚的な形成において、西洋料理と並んで「支那料理」が鏡として重要な役割を果たしているが、その逆があったのかを確認したいからである。

　「日本料理」という語句は、1920 年 3 月 3 日 14 頁の「社談　重洋咨訪記（六）」に出てくる。記者が日本を訪問した際に、中国料理との比較で日本料理が語られている。すなわち、「ある日、陸君と『**日本料理館**』（即ち料理屋のこと）に行き、**日本菜**を注文した。（中略）陸君は最初、『**炙牛肉**』を注文した。（中略）日本では高級料理である『**生魚**』などは生臭くて口に入れられない。（中略）実際、この種の『**生魚**』は私にはとても生臭くてまずかった。（中略）記者は中国人としていつも**中国菜**を愛する習慣があり、海外に出て外国に上陸すると、いつも必ず**中国菜館**を探してしまう。（中略）東京で**中国菜館**に行きたければ、神田の神保町に行くとよい……」とある。ここでも、「中国菜」が「日本菜」と対比されている点が注目される。また、炙牛肉（焼き肉）と「生魚」（刺身）への言及があるのも興味深い。

　このように「日本料理」という語句は出てくるにしても、日本における話題であり、中国での話ではない。しかも「生魚」（刺身）への評価も否定的である。したがって、「中国料理」の自覚的な形成においては、残念ながら日本料理は何らの役割を果たしていないようである。「華菜」「西菜」という語彙はあっても、日本料理を指す「日菜」という語句がないことからも、その影響力の薄さがうか

がい知れよう。

　なお，「中国料理」という語句は，「料理」の部分が日本語であり，改革開放以降になってから，中国でも一部の人々の間で使われるようになったと考えていたが，何とこの語句は，『申報』に20件も登場する。初出は，1911年6月25日10頁で，「東京通信」の中に「神田今川小路稲香村中国料理店」とある。これは日本での名称をそのまま紹介したものだ。

　興味深いのは，1931（昭和6）年7月5日21頁に掲載された日本における中国料理の記事である。見出しも「談日本之中国料理」となっている。当時の日本における中国料理の受容を簡潔に記述しているので，全文を紹介しよう。

　　　日本人には好んで**中国料理**（**中国菜**）を食べる嗜好があり，大通りには必ず何軒かの**中国料理店**が開店している。中でも東京と大阪の二個所が最も多い。〔関東〕大震災以降は，**中国料理**が最も興隆した時期と言える。普通の男女にとって，中国料理を食べたことがないというのは，流行遅れと言われてしまう。時に新聞界も**中国料理**の味や衛生を鼓吹している。日本でこの種の商売をしている中国人は，おおよそ，広東・北京・上海の三グループに分けられる。それぞれのグループには得意とするものがあり，マーケットもそれぞれ異なっている。**広東帮**は〔日本における中国料理店〕創業の開祖と言ってよかろう。彼らは当初，決して日本人相手に商売をしていた訳ではなかった。神戸・横浜・長崎といった土地は各国からの船舶が最も多く停泊する。各船には，必ず何人かの中国人の船員が働いている。彼らは上陸すると遊びにいくが，皆，人を〔中国〕料理店に招待した。こうして日本人も**中国料理**を知るようになり，一人また一人と受け入れるようになっていった。**平・滬帮**（北京・上海人）は，投機的な色彩が強い。日本人の嗜好に応じ，純粋な**中国料理**を半分日本式に変えていったため，歓迎されるようになった。大震災以降，日本の消費力は強く，中国料理店の経営者らは皆，大金を持ち帰ることが出来た。しかし，現在では当局の取り締まりを受け，また不景気の影響も受けて，徐々に失敗している情況である。

　ちなみに，日本における中国料理に関しては，初出の記事から6年後の1917年12月10日10頁の「大阪中華商会之招待」の中にも，「大阪中華商会と北帮公所が来日した記者団を招待する際には，頻繁に**中国菜**〔神戸は**広東菜**，大阪は**山東菜**〕で接待する」とある。神戸が広東料理であるのは，6年前と変わっていないが，大阪が山東料理になっている点が注目される。「平帮」は北京であろうが，「北帮」というと山東も入っているようである。こちらは広東料理店と違って，

「投機的」な店ということになろう。こうしてみると，やはり，「中国料理」「中華料理」は，和製漢語であり，『申報』に登場はするが，あくまで日本と関係する文脈でしか登場していないことが確認できる。

おわりに

　以上，上海で発行された新聞『申報』を資料として，清末から民国期にかけての，総称としての中国料理と西洋料理を指す語彙，及び各地方料理や各外国料理の初出や使われ方などを分析してきた。また参考までに海外における中国料理店の記事なども紹介した。もちろん，新聞というメディアに限定されていること，しかも租界のあった上海という，極めて特殊な地域での話であるという限界は認識しておく必要があろう。

　それでも，大まかなスケッチとして，総称としての中国料理を指す「唐菜」「中国菜」「華菜」「中餐」などの語彙が，いつ『申報』紙上に登場したか，そしてその語彙が生まれる契機となったのが総称としての外国料理を指す「番菜」「外国菜」「西菜」「洋飯」「中餐」などの語彙であったことが明らかにされたと思う。

　この過程は，日本において「日本料理」という語句，即ち概念が生まれる過程とパラレルな関係にある。図13-1の点線の下に入れておいたように，西洋の料理書として最初に登場するのは1872年の『西洋料理通』と『西洋料理指南』であり，その12年後の1884年に『日本支那西洋料理独案内』が刊行され，初めて「日本料理」を冠した料理書が刊行された[13]。1884年といえば，『申報』でも「中国菜」や「華菜」が使用され始めた年と一致する。1868年に明治維新によって，清国よりも44年早く近代国家建設に向かった日本であるが，こと総称としての「国民料理」の語句の成立時期に関して言えば，清国とほぼ同時期となる。言い換えると，総称としての「中国料理」を指す語句は，私の当初の予測よりも早い時期に生まれていたことになる。これは近代国家建設以前であっても，開港都市での租界の設立によって，西洋の文化が直輸入された結果であろう。

　また，洋食と和食という語句であるが，日本の新聞紙上では，「西洋料理」を冠した料理書が刊行されてから11年後の1883年に「洋食」が，「日本料理」を冠した料理書が刊行されてから8年後の1892年に「和食」が初出している[14]。「洋食」「和食」のほうが後発で生まれた語句であるが，この現象も，中国において「西菜」や「華菜」の語句の誕生の後に「西餐」と「中餐」が生まれたこととパラレルな関係にある。なお，日本語と比較した場合，外国料理や中国料理を指

第13章　「中国料理」はいつ生まれたのか　301

す語彙が複数あるのも，中国語の特徴であろう。

　記事の多くは，料理店の広告であった。このことは，中国料理にしろ，西洋料理にしろ，その普及において外食産業の果たした役割が如何に大きなものであったかを物語っている。これは中国に限らず，日本料理も含め，普遍的な現象である。また，中国料理にしろ，西洋料理にしろ，料理は人が作るものであり，おいしくなければ流行らない。名料理人の頻繁な引き抜きは，今も昔も変わらないものであった。歴史の資料として残るのは，こうした外食産業であることは仕方のないことである。こうしたさまざまな料理がどれだけ家庭料理の中に入り込んでいったのかは，今後の課題であろう。

　また，今回は深入りしなかったが，こうした総称としての中国料理の形成と，地方料理との関係についても大まかな推論を試みた。その過程で，やはり広東料理の特異性が見えてきたと思う。当初に予想していた広東語の「唐菜」から「中国菜」が広まった，という私の推測は崩れてしまったが，自覚的な「中国料理」の形成に，やはり広東料理が何らかの役割を果たしていたことは否定できまい。特に日本，北米，欧州など海外における中国料理店の経営者の多くが広東人であったことを考えると，なおさらである。自分らとは異なる料理との出合いは，上海という場においてこそもたらされたが，その一方で海外に出て行った華僑も，自分らの料理を自覚する機会に遭遇したはずである。当初は「広東菜館」であったろうが，やがてそれが「中国菜館」となるに従い，「中国料理」としての自覚に変化していったと考えられる。

　この意味では，天津や広州など，上海以外の地域における外国料理と中国料理の研究のほか，海外に出て行った広東系華僑と中国料理との関係も，今後に残された課題と言えよう。

1）国民料理に関しては，拙編『「国民料理」の形成』（味の素 食の文化フォーラム 37）ドメス出版，2019 年を参照のこと。

2）語句や概念としての「日本料理」や「和食」の形成を含む，近代日本料理の歴史に関しては，多くの先行研究がある。東四柳祥子「近代日本における日常食献立の形成と西洋文化の影響──英米料理書との関連を通して」，『会誌　食文化研究』1 号（2005 年），27-38 頁，「近代料理書にみる日本の異文化受容」，『Vesta（ヴェスタ）』72 号（2008 年 8 月），20-23 頁，「明治期における中国料理の受容」，『梅花女子大学食文化学部紀要』3 号（2015 年 3 月），33-46 頁，江原絢子・東四柳祥子著『近代料理書の世界』ドメス出版，2008 年，カタジーナ・チフィエルトカ，安原美帆『秘められた和食史』新泉社，2016 年など。なお，東四柳氏の研究は，博士論文として集大成されている（『家庭生活とナショナルクイジーンの創出──近代日本における近代性と

伝統性』国際基督教大学，2018 年）。

3) 『申報』の正式名称は「申江新報」で，1872 年 4 月 3 日（清朝の同治 11 年 3 月 22 日）に，イギリス人貿易商のアーネスト・メジャーによって上海にて創刊された。以後，メジャーの死後，辛亥革命後の 1912 年に史量才が経営を引き継ぎ，中国人が経営する日刊紙となった。『申報』は民主的で抗日的な言論を掲載したため，史量才は蔣介石に暗殺され，国民党宣伝部の管轄下に入った。1938 年 12 月，日本軍の南京占領によって一時，停刊するも，漢口版，香港版，上海版などが復刊される。1941 年，日本軍が上海の租界を占領すると，軍部によって接収される。終戦の 1945 年 8 月以降，再び国民党によって接収されるも，共産党が上海を制圧すると，1949 年 5 月 27 日，25,600 号をもって廃刊となった。『申報』はこのような経緯を経ながらも，77 年間も発行され続けた新聞で，近代中国において最も発行期間が長く，また影響力もある新聞の一つであった。それゆえ，中国近代史研究ではよく活用される資料ともなっている。

『申報』は 1983 年に上海書店から，創刊から廃刊までの全号が 400 冊にまとめられて出版された。この影印版をもとに，上海版・漢口版・香港版全文と広告文字，約 18 億字を語句から検索できる「申報全文データベース」が愛如生（北京愛如生数字化技術研究中心）によって開発され，2012 年から利用可能になった。日本国内では，東洋文庫などで利用でき，筆者も東洋文庫にて閲覧した。

4) 民国期の上海における外食産業に関しては，同時代のものとしては，後藤朝太郎『支那料理の前に』大阪屋号書店，1922 年，井上紅梅「上海料理屋評判記」，『支那風俗』（上・下）日本堂書店，1921 年などがある。上海における西洋料理店を含めた地方料理店の展開に関しては，唐艶香・諸暁琦『近代上海飯店与菜場』上海，上海辞書出版社，2008 年，及び Mark Swislocki, *Culinary Nostalgia: Regional Food Culture and the Urban Experience in Shanghai*, Stanford, California: Stanford University Press, 2009. などがあり，既に詳細な研究がなされている。日本では，これらを踏まえた上で，日本人ツーリストの視点から上海における地方料理店の展開を論じた論文に，岩間一弘「中国料理のモダニティ——民国期の食都・上海における日本人ツーリストの美食体験」，関根謙編『近代中国　その表彰と現実——女性・戦争・民俗文化』平凡社，2016 年，285-313 頁がある。また，西洋料理に関しては，鄒振環「西餐引入与近代上海城市文化空間的開拓」，『史林』100 期（2007 年 8 月），137-149 頁，及び陳元明「清末民初的上海西餐館——以「区分」「認同」「空間」及「失礼」為主的初歩討論」，『東華人文学報』15 期（2009 年 7 月），165-219 頁がある。

5) 「唐菜」で検索すると，1893 年 10 月 13 日 2 頁に見える記事が最初であるが，「毎斤不過銭両三文」とあり，野菜の意味のようである。1921 年 4 月 26 日 10 頁の記事にも見えるが，こちらも，「唐菜油」の意味となっている。1926 年 11 月 15 日 22 頁にもでてくるが，「唐菜磁器」としてである。

6) 『申報』における「番人」の初出は 1872 年 7 月 23 日 2 頁で「滬城感事詩」に見える。「番国」の初出は 1876 年 7 月 18 日 5 頁で演劇の公演広告「丹鳳戯園」のなかに見える。

7) 「番菜（館）」は，清末の李宝嘉が著わした口語による章回風刺小説『官場現形記』（1901-32 年）にも登場する。第 29 回の回題に「傻道台訪艶秦淮河　闊統領宴賓**番菜**

館」とある他，本文にも，南京での話の中で，「章豹臣を金林春に招いて**番菜**をご馳走することになっている」と見える。なお，第29回には，西洋料理の意味での「大菜」も登場する。天津から呉淞に到着した余道台が，西洋料理に誘われる話で，「ある人から，料理店に行って，吃**大菜**（洋食を食べ），酒宴を開き，芝居を見ようと誘われたが」とある。

8) 「西菜」の初出は1879年7月2日4頁の「雨中有懐瘦竹」という記事の中に「西菜根」と出てくるが，これは西洋野菜の根の話である。

9) 『造洋飯書』は上海で伝道していたアメリカ人宣教師 Tarlton Perry Crawford（1821-1902）が夫人とともに1866年に編纂した料理書で，中国人の料理人向けに西洋料理の作り方を指導したもの（鄒振環（前掲）「西餐引入与近代上海城市文化空間的開拓」，『史林』，142頁）。

10) 「西餐」の初出は，検索上は1875年7月10日となっているが，これは保険会社の宣伝で，データベースのテキスト入力で「餐」と読んだのは誤読と思われる。次に出てくるのは1886年10月24日の「英界公堂瑣案」という記事の中に「東宿西餐」とあるが，これは四字成句である「東食西宿」（東で食わしてもらい，西で泊まらせてもらう。あくなく自分の利だけを謀る意味）のバリエーションで，西洋料理の意味ではない。

11) 「孔子亦食不厭精験不厭細」は，『論語』「郷党」に見える「失飪不食」及び「膾不厭細」を受けた言葉。

12) 「大漢全席」は満族の清朝を倒して以降の名称で，1915年11月14日1頁の広告が初出。しかし「満漢全席」という表現はその後も店の広告で使われ続けた。

13) 東四柳祥子（前掲）「近代日本における日常食献立の形成と西洋文化の影響」，『会誌食文化研究』，28頁，同（前掲）「明治期における中国料理の受容」，『梅花女子大学食文化学部紀要』，34頁。「日本料理」と言っても当初は江戸時代の料理書の焼き直しであり，「支那料理」も同様に卓袱（しっぽく）料理の焼き直しであったが，新たに国別のラベルを付けた意味は大きい。なお，「洋食」がついた最初の料理書は，1886年に刊行されたパイン・ペリジ口伝・末村新太郎編『洋食料理法独案内 全』であるという（東四柳祥子（前掲）「近代料理書にみる日本の異文化受容」，『Vesta（ヴェスタ）』，21頁）。

14) カタジーナ・チフィエルトカ及び安原美帆の調査によると，新聞紙上における「和食」の初出は1892（明治25）年10月7日の『朝日新聞』に掲載された日本郵船会社の広告で，「洋食」との対比で「和食」が使われているという。また，新聞紙上で「西洋料理」の語句が初出するのは1875（明治8）年の『読売新聞』の料理屋の広告であるという（カタジーナ・チフィエルトカ，安原美帆（前掲）『秘められた和食史』，34-39頁）。

第14章

1920-30年代における上海の調味料製造業と市場競争——中国の味精と日本の味の素に着目して

李培徳（湯川真樹江 訳）

はじめに——語り継がれる市場競争

　味の素と味精はともに化学食品工業の製品であり，今日の日本と中国の台所においては，最も代表的な調味料である。1908年に，中国で鈴木商店が率先して味の素（中国名は「味之素」[1]）を売り出すまで，中国人はこの調味料を全く認識していなかった。しかしながら味の素の登場により，彼らは甘み，酸味，苦味，塩味の他に「うま味」という味覚を新たに知るようになったのである。味の素はその発明以降，日本だけでなく台湾，朝鮮，中国大陸，満洲各地においても流行し，その勢いはアジアの全域を巻き込むほどであった。

　1923年，とある無名の中国人青年であった呉蘊初は，学歴の豊かな帰国留学生でもなく，私財に富んだ大商人でもなかったが，味の素と同様の調味料である味精をその努力によって発明した。そして瞬く間に味精は，その低廉な製造コストと，中国人が日本企業である味の素株式会社（以下，味の素社）に抵抗を示したことによって，味の素の輸入代替品となっていった。呉蘊初によって設立された天厨味精廠は，中国で最も有名な化学食品企業となったのみならず，1920年代初めの国貨提唱運動においても一躍スターとなり，彼が生み出した「佛手」という商標は，その後も国産品を代表するブランドとして多くの人に知れ渡っていった。今日，人々が呉蘊初の成功を語る際には，彼が如何に味の素社を超えたのかといったことや，民族工業への偉大な貢献について称賛されることが多い。それは，1925年の商標裁判の判決において，天厨味精廠と味の素社の対決は，中国民族工業の日本帝国の独占資本に対する抵抗として捉えられていたからである[2]。そのわずかな数年間に，呉蘊初は一つの伝説を生み出していた。すなわち，天厨味精廠は少ない資本と簡単な生産技術しか有していなかったにもかかわらず，

どのように成長し，多国籍大企業であった味の素社を打ち負かしたのだろうか，という伝説であった。果たして，味の素社は本当に敗れたのであろうか。現在多くの研究でいわれているように，味の素社は「ひっそりと中国市場を去った」のであろうか[3]。

これまでの上海における調味料市場では一般的に醤油，酢，油，塩などの調味料のみが扱われており，味の素のような現代化学調味料は全く存在していなかった。味の素社は従来の伝統を打ち破り，新たな発明を中国にもたらしていた。一般の人々の間では，天厨味精廠は味の素を凌駕し，中国第一の民族化学企業となって先端を切り開いたと誤まって認識されることが多い。しかしながら，天厨味精廠が成立した1923年5月以前にも，中国化学工業社や根泰和合粉廠といった会社がすでに存在しており，同様の化学調味料が生産されていたのである。『申報』の報道によると，1920年代初めに現れた上海の調味料は豊富で，味の素と味精のほかに味真素，味之元，味始素，味始祖，万味素，味精素，味元素，味万素，味素，味司，味之粉，味之液，味之泉，味之王，味之誉，味原素，味之基，素之味，味之魁，味之華といった商品があり，みな「味」の字を使用していた[4]。このように類似品がありふれたのは，少ない資本と簡単な技術設備によって製造することができたからで，この業界への参入が容易であったことを意味していた。そのため筆者は，天厨味精廠と味の素社の対決において，これらの会社は第三者としてどのような役割を演じたのか，天厨味精廠と味の素社はなぜ互いを受け入れることができなかったのか，それに対し，他の同業者はなぜ受け入れられたのか，という点に興味を抱く。

また商標裁判のほかに，天厨味精廠と味の素社の競争はどのようなものであったのだろうか。商標，広告，販売戦略といった各方面において，天厨味精廠と味の素社に相似する部分があったことは注目に値する。近代中国では反日運動，日本製品のボイコットは珍しいことではなかった。そうした現象は，天厨味精廠と味の素社の競争にどのような影響を及ぼしていたのだろうか。民族主義の気運が高まったなかで，我々は如何にこの政治的背景を有する商業競争を，客観的に評価できるであろうか。米国の学者ジョルダン・サンドは，味の素社と天厨味精廠の関係はまるで猫がネズミを捕まえる遊び（cat-and-mouse game）のようであり，終わることなく繰り広げれば繰り広げるほど激しくなる，と比喩した[5]。中国の反日の気運がもたらした圧力によって，味の素社はその戦略を再考せざるを得なくなり，現地化の路線でもって中国の市場変化に応じる必要が生じていたのである。

1 味の素と味精の出会い

　味の素社と天厨味精廠はともに化学食品工業に属していた。生産技術面においては，味の素社が常に先行しており，天厨味精廠のそれを盗用する必要はなかった。まして，味の素社は自社の生産技術について企業秘密を貫いており，外に漏れることもなかった。中国はうまみ成分であるグルタミン酸を用いて製造するものの，その方法は日本と似て非なるものであり，シンプルで簡単なものであった。韓組康は，製法について次のように述べる。「先にグルテンと塩酸を還流冷却器に入れ，低温で油を加えずに加熱する。蛋白質を溶かし，続けて高温を加え沸騰させて水に溶けるまで行う。（中略）溶解物を漉し，結晶化させて精製した後に，アルカリを用いて之を中和させる。得られたナトリウム塩は結晶化させて乾燥，粉末にした後に，販売することができる。砒素を取り除く方法は，工場ごとに異なる。グルタミン酸の製造はとても簡単であるが，もし製造コストを抑えて優れた製品を作り出そうとするならば，豊富な経験がなければ不可能である」[6]。呉蘊初と中国化学工業社を設立した方液仙は，みなこのような簡単な方法によって味精と観音粉を製造していた。ただ，韓が指摘するように，中国の製造工場がすべて低コストで優れた品質を保持できたかどうかは定かではない。グルテンは小麦粉のでんぷんを製造する際に生じるものであるが，でんぷんの販路は中国においては限定されていた。また中国産の小麦は蛋白質が比較的少なかったために，カナダ産のような輸入品を使用しなければならなかった。中国で販路の限定されていたでんぷんの処理と小麦の入手先の解決ができるかどうかは，味精が直面した問題であったのである。

　鈴木三郎助が述べたところによると，味の素社が初めて味の素を発明したときには既に「味精」の名を用いていたという[7]。味精の成分にはアルコール（酒精），サッカリン（甘精），デキシトリン（糊精）が含まれていたので，味精と名付けられたのには納得がいく。鈴木商店ではさらに生産を拡大するために，「味精部」を設けていた。味精という名称は，すでに当時から利用されていたのである。しかしながら，鈴木はこの名称を登録しなかったために，後の裁判において，如何なる有力な証拠も残すことができなかった。鈴木三郎助が味精の名を採用しなかったのは，彼が味精の「精」は人々が薬品であると誤解し，販売に不利であると考えたからである[8]。味の素の名称を使用することになったのは，鈴木三郎助の叔父である鈴木宗治が様々な名称の中から選んだからであった[9]。そのため，最も早く味精の名を使用したのは呉蘊初ではなかったことが明らかである。当然

ながら我々は，呉蘊初がもともとこの名の由来を知っていて，味の素社が捨てた名を故意に利用してライバルを刺激する目的があったと考えることは難しい。

味の素の発明が先で，味精が後であるという点については，次の2人の発言からも確認できる。沈成権は，「最近我国が製造した味精，観音粉，和合粉などの名称はそれぞれ異なるけれども，肥皂を石鹸，胰子（肥皂の旧称）というようにその実態は同じものである」と述べ，味精の誕生後すぐにそれが味の素の模倣品であることを示唆していた[10]。また胡佛は，「我国には元々調味粉はなく，日本の味の素が販売されてから，中国の人々は化学調味料が不可欠であることを知った。レストラン，ホテル，会館の厨房では流行し，どこもそれを用いている。毎年，莫大な利益が日本資本である味の素社のものとなっているから，天厨味精廠のように中国のことを考えて，模倣する企業が出てくるのだ……」と述べ，1930年代初めにおいて天厨味精廠が味の素を模倣したと考えていた[11]。

表14-1の数字からは，味の素社が中国市場に参入して以降，日本から輸入した調味料の額が中国の毎年の国内生産量を超えていたことがわかる。味の素社にしてみれば，中国市場は既に開かれており，中国における日本の調味料の需要は徐々に増加していた。中国にしてみれば，この年々増加する数字はまさに商人らの目を覚ますものであり，如何に日本企業への利益の流出をくい止めることができるのか，味の素の輸入代替品を見つけることができるのかを考えさせるものであった。

厳密にいうと，中国大陸は味の素社が最も重視した海外市場ではなかった。表14-2の輸出量から，味の素社が最も重要視していた海外市場がどこであったかがわかる。それは台湾，朝鮮，中国大陸，満洲の順で，その次が東南アジアと米国であった。注目すべきことに，台湾と朝鮮市場の発展はかなり緩やかで，輸出量は毎年増加していた。それに比べ中国大陸の市場は比較的変動があり，1930年から32年，35年から36年の間には減退していた。市場が停滞する要因は，

表14-1　中国製品と日本輸入調味料の金額の比較

（単位：元）

	中国製品	日本からの輸入品	総額
1914年	400,000	600,000	1,000,000
1915年	700,000	1,400,000	2,100,000
1916年	1,000,000	1,400,000	2,400,000
1917年	1,000,000	1,400,000	2,400,000
1918年	1,260,000	1,000,000	2,260,000

出所：韓組康（蔣憲鏊訳）「化学調味品」，『復旦季刊　理工専号』三周年紀念号（1931年），15-16頁。

主に国内で頻発する反日運動と日中の軍事衝突の影響であった。1918年の味の素の総生産量は22,560貫（一貫は3.75キログラム）で，海外市場の24.2%を占めていた。1922年には19.9%まで低下し，1926年には再び23.9%まで上昇した。総じて，20-25%の間を行き来していたといえる[12]。このように表14-2からは，味の素社が一度も中国市場を去ることがなかったことがわかる。

1915年，鈴木三郎助は中国の旅を終え，日本貿易協会において中国市場に対する見解を述べた。

中国には特許法がないので類似品も2，3ありますが，中国人は老牌として古いマークを相当に信用します。それから口にいれる品物である関係と，非常に味覚の発達した国民であるために，品質の優良なこともよく認めてくれている

表14-2　1918年から1940年までの味の素の海外市場の輸出統計

（単位：貫）

	台湾	朝鮮	中国大陸	満洲	南洋	米国及び その他	合計
1918年	3,090	1,440	940	–	–	–	5,470
1922年	7,750	4,480	2,540	2,730	380	400	18,280
1926年	13,430	7,630	6,290	4,860	1,790	2,320	36,320
1927年	15,390	8,490	7,370	5,600	2,350	*3,000	42,200
1928年	21,100	11,170	7,710	7,070	1,190	3,840	52,080
1929年	27,070	12,810	17,450	7,950	1,080	*2,440	68,800
1930年	29,860	13,620	16,450	6,260	1,330	1,040	68,560
1931年	29,925	15,455	10,241	6,491	1,436	*1,037	64,585
1932年	41,443	17,849	3,165	14,470	1,330	*4,256	82,513
1933年	46,523	21,280	8,911	24,924	3,857	*9,895	115,390
1934年	69,399	27,398	19,205	32,106	5,746	*58,387	212,241
1935年	95,441	36,203	23,807	41,177	9,496	*61,366	267,490
1936年	128,558	46,603	22,291	55,035	10,028	77,433	339,948
1937年	145,236	57,988	25,988	73,868	7,820	90,706	401,606
1938年	148,428	*63,574	*39,262	*79,374	*3,751	38,277	372,666
1939年	142,363	66,314	58,946	64,266	4,176	41,948	378,013
1940年	89,004	39,129	27,132	48,385	2,181	36,362	242,193

出所：味の素株式会社社史編纂室『味の素株式会社社史』1巻，味の素株式会社，1971年，224，352頁。

注：*印は推定。
　　約266貫は1トン，資料では1931年より貫からトンへ単位が変更されている。

ように思われました。一流の中華料理店とその他の料理は万遍なく，よくみてきましたが，どこへ行っても，赤い缶の「味の素」をみてうれしく感じました[13]。

　鈴木三郎助が述べたような「類似品」とは，味の素の模造品のことであり，彼がふれた「赤い缶の『味の素』」は，おそらく当時中国に出回っていた偽物のことであろう。1934年の味の素社の調査によると，上海において13社の中国企業が類似品を生産し，そのうちの一つが天厨味精廠であった[14]。これらの模造品は質が悪く，その純度は一般的に60-80％であった。

2　味精と味の素の競争——盗用，模倣，それとも借用か

　呉蘊初が作り出した商標である「佛手」（図14-1）は，多くの人に知れ渡っていた。興味深いことに，味の素社は1926年6月にかつて仏の図柄を使用したことがあり，それは「大佛の功徳」と称されていた。図14-2が示すように，仏像は五指がはっきりと見える形で右手を挙げ，左手には味の素の瓶を持ち，図の上端には「此の美味を知ることができるのもまた，すべては功徳による」という文字が記されていた。ただこれは広告に使用された図柄であり，商標ではなかった。また図柄の内容と味精の商標とは異なるものであったために，争いになることもなかった。しかし日本国内では仏教団体の抗議を引き起こし，仏に対して不敬であると考えられていた[15]。この点について筆者は，味の素を手にした仏の絵は必

味精の商標である「佛手」の図は，はなやかな生花が咲いた姿で，1920年代から戦後まで一貫して用いられていた。

図14-1　味精の商標「佛手」の図柄

出所：『香港年鑑』，香港，華僑日報，1964年，頁不詳。

図14-2　味の素の広告「大佛の功徳」
（1926年6月1日）

出所：味の素沿革史編纂会『味の素沿革史』味の素株式会社，1951年，589頁。

310　第Ⅲ部　中国料理の文化と政治

ずしも味精を意識したものではなかったけれども、人々の関心を引きつけることはできたと考える。日本では、1923年9月に関東大震災が発生し、多くの人々が死傷したために、被災民は癒しを求めていた。そのため、こうした図柄は宣伝に有利であった。

味の素社は一貫して「美人マーク」と呼ばれる商標を使用しており、女性が身に着けているのはエプロンであった（図14-3）。中国人にとってその姿は、「美人」というよりも一般の家庭の主婦であった[16]。この広告は日本国内では中産階級と時代の先端を行く職業女性を引きつけ、良い宣伝効果をもたらしていた。その一方で、中国においてはエプロンを身に着けた女性は、必ずしも好意的に受け止められてはいなかった。ジョルダン・サンドは、味の素社が作り出した女性の姿は中国と日本では明らかに異なり、広告の対象が日本では家庭の主婦や職業女性であったのに対し、中国では主婦ではなく女使用人であったと指摘する（図14-4）[17]。同じ商標あるいは同じ図柄でも、異なる文化や社会、環境においては、異なる意味を持っていたのである。図14-4からは、味の素社が中国人の考え方に相当配慮したことがうかがえる。

1924年に勃発した商標権侵害の裁判は、味の素社と天厨味精廠の戦いが熾烈で、最も人々の注目を集めていた。双方の争議の詳細を、『申報』が報道している。

図14-3　味の素の「美人マーク」の商標

出所：味の素株式会社社史編纂室『味の素株式会社社史』2巻、味の素株式会社、1972年、附録13頁「主要登録商標」。

図14-4　味の素社作成の「中国化」した女性像

右側の女性は使用人、左側奥の女性は家庭の主婦である。

出所：味の素株式会社社史編纂室『味の素株式会社社史』1巻、味の素株式会社、1971年、カラー口絵「販売店店頭用大型ポスター」。

日本の商人である斉藤振一は，味の素と同様の名称20種余りをとにかく並べ，連合商標として商標局に登録申請をした。そのうちの味精という2字は本国の天厨味精廠が先に登録した味精の名前と同じであったため，天厨味精廠は法に基づいて異議を述べ，商標局に対し取り消しを命じるように申請した。ただ，日本の商人は天厨味精廠よりも先に異議を述べていた。（中略）王東園（引用者注：天厨味精廠の代表）が用いる味精の2字は，味の素の専売特許品の名称と商標を真似したもので，当然日常的に使用することはできない。また，味の素社が開発した味の素調味料や味精などは商品名であり商標でもある。もっとも普通商品名とは異なるので，王東園は中国に特許法がないことを利用して，味の素社の特許品を製造したり，その名を真似たりしたのである。王東園は，味精の2字は商品名であって商標ではないとはぐらかすけれども，この味精の2字は中国にはこれまでもともと存在しなかった商品で，故意に模倣していたことがわかる。味の素社はこの半年間の損失額が甚大であり，営業上の悪影響を受け続けている[18]。

　争点は味精という2文字が商標なのか，それとも商品の総称なのかという点にあった。味の素社側は商標として登録し，同じ商品の総称として用いることを望んでいた。しかし，もしその要望が通れば，あらゆる味精と名付けられた中国商品はみな商標条例に抵触してしまうため，当時の反日気運の高まった情況においては，中国政府の許可を最終的に得ることは困難であった。

　味精の缶とガラス瓶の包装は，その形と図柄においても味の素のものと似ていた。特に作家の周作人が意見しているように，味精の瓶は味の素のものと酷似していて，人々に見分けがつかないなどの混乱を生じさせた。周は民族の自尊心を保持するべきであり，そのためには盲目的に模倣や追従などをせずに，四角いガラス瓶に変えて長方形のラベルを貼り，自社の風格を示して人々が容易に識別できるようにすべきだとした[19]。このほか味精の缶の包装には白，黄色，青色の三色が用いられており，同様に味の素のカラーデザインが借用されていた。ラベルだけでなく図柄や文字の配置など，どれも味の素に類似していたのである。ある者は天厨味精廠の目的は，味の素が有するイメージを借りて市場を開拓することにあると述べた[20]。

　消費者が最初に触れたのは，商品ではなく広告であった。味の素社が中国市場への参入を目指すなかで，看板，ポスター，告示，商品見本，宣伝ビラ，景品が有効な広告手段であった[21]。味の素社の中国における宣伝活動は新聞広告がもっとも盛んで，上海，南京，漢口，重慶，太原，広州，香港，澳門など多くの都市

312　第Ⅲ部　中国料理の文化と政治

で見られ，89の新聞に広告が掲載されていた。当時，広告王といわれた仁丹の
ものと比較してみると，その規模において勝っていたことがわかる[22]。

『順天時報』は華北で最も重要な中国語メディアであったが，その主な読者は
北京や河北の各県に分布していたために，味の素社が『順天時報』を選んだのは
当然であった。

味の素と仁丹はこの新聞においては二大広告商品であった。それは数のみなら
ず，その配置や広告の大きさにまで突出していた。広告の掲載率については味の
素と仁丹がもっとも高く，1922年1月1日から1925年12月31日までの4年間で，
味の素の広告の掲載回数は366回，仁丹は327回であった。注目すべきことに，
味の素と仁丹の広告はいつも同じ場所に掲載され，あるときは上下，あるときは
左右にならび，時に全く同じ内容が示されていた。1925年3月9日には同時に
「謹防假冒」（偽物に注意）の広告が掲載された。広告の大きさは新聞の2分の1
(24.7×17.4センチ)，4分の1 (13.2×17.4センチ)，8分の1 (6.2×8.5センチ) の
3種であった。味の素と仁丹がもっとも多く掲載されたのは4分の1版で，時折
全版 (34.8×25センチ) のものもあり，これらは人目を引いた。

表14-3を見ると広告の掲載回数は321回で[23]，それぞれの目的ごとに8つに
類別することができる。

第一に，自社商品を誉め讃えることであった。その数は最も多く，様々な角度
から味の素の長所を主張した。それらのフレーズは使い尽くされたといってもよ
い。例えば「小を以て大に克つ」，「全くその効力に驚かない者はいない」，「真の
美味」，「百聞は一見に如かず」，「味の極み」，「味の素を愛用する人は日に日に増
えている」，「特色ある」，「世界一」，「湧き起こる賛美」，「信頼の品はここにあ

表14-3　1922年から1925年までの『順天時報』に掲載された味の素の広告

広告の目的	掲載回数	代表的なフレーズ	
自賛	82	世界一	（於球上冠夸）
飲食文化	49	他にない味	（食不二味）
勧誘	43	まさにこれ	（就是這個）
伝統的な中国習俗，諺	42	欠かせない一品	（走船是要蓬）
日常生活	39	ささっと手軽に	（快）
商標，包装，商品名イメージの強化	31	調味料	（調味精粉）
偽物に注意	28	純金は火を恐れない	（真金不怕火）
景品	7	金の腕時計を 50個獲得するには	（何以獲得金殻 手錶五拾個）

出所：『順天時報』1922-25年，91-113冊，天津，天津古籍出版社，2014年。

り」,「調味料の偉力」,「名実ともに優れた」,「最高，至上」,「町中に広まる」などのフレーズは多岐にわたった。総じて，味の素といえば最も良いものである，と認識されることが広告の目的であった。

第二に，本土の飲食文化にふれることであった。味の素と中国の食生活は切っても切れないことを説明した。例えば，「和睦と楽しみは食にあり」,「他にない味」,「美味」,「実に美味」,「この一さじが味を調える」,「各家庭の必需品」,「冬季の火鍋の美味のもと」,「みごとな料理」,「今晩の献立」,「食指が動く」など，できる限り味の素が中国本土の日常の食習慣に加えられるようにした。

第三に，勧誘することであった。中国語で問いかける形で，「試したくなる」好奇心を引き起こした。例えば，「なにこれ？」「どうしてこんなに美味なの」,「ちょっとその効果を試してみて」,「まさにこれ」といった内容であった。

第四に，中国人の伝統習俗やことわざに注目することであった。例えば「片時も忘れない」,「家族全員が喜ぶ」,「超然たり」などで，中国人の親孝行や兄弟姉妹間の情，母親の子どもに対する気遣いなど各種の心理に及んだ。このほか，「日進月歩」（中国語の読み方付き）,「欠かせない一品」などの言葉で，できる限り消費者の興味を引きつけた。

第五に，日常生活との密接な関係性を指摘することであった。例えば「中国人は宴席にて箸が進む」,「喜びに満ちた生活リズムの強調」,「お得」で，「貯金ができる」ことなどであった。

第六に，商品名を強調することであった。何の目的をも有せずに，ただ商品や商標，包装を強調して消費者に印象づけた。これらの広告では図柄を強調し，文字の使用が極めて少なく，フレーズは無表記であった。

第七に，偽物に注意を促すことであった。消費者へ偽造品に騙されないよう促した。比較的よく用いられたフレーズは「偽物に注意」,「細かいところも見て」,「本物の金は火を恐れない」,「見えるものは本物で聞くものは偽物である」,「模倣品を調べて」といったものであった。注目すべきは，「模倣品を調べて」というフレーズの広告が出されたのは 1924 年 11 月 10 日で，それはちょうど味精が市場に参入した日であった。このフレーズの動機ははっきりとしていたのである。味の素社にしてみれば，味精は模倣品であった。

第八に，景品を提供することであった。その目的はシンプルで，味の素を購入した人は全員，景品をもらうことができた。それらは大変魅力的なもので，高貴な金の腕時計まで用意されていた。

ここで指摘しておきたいのは，味の素社によって発案された各種の広告は，中国市場の需要とすべてにおいて合致していたことである。1924 年から 25 年まで

の間で，中国市場の販売量を増加させるために，味の素社は再度広告戦略を練り直した。東亜同文書院の卒業生を用いて，できる限り中国文化，社会習慣を中心とした広告を設計したのである[24]。また上海の著名な画家であった胡伯翔，丁雲先，但杜宇の画を起用し，日本から広告専門家の神原幸次郎を招聘してその文言に責任をもたせ，宣伝効果の拡大を目指した[25]。1930年6月にはさらに現地の市場に近づくために，中国語の商品名である「味華」を押し出し，中国風の包装に改めて現地の消費者の好みに合わせていった[26]。そうした長年の模索によって，味の素は現地に完全に溶け込んでいったのである。

　味の素社は，『申報』のような他の新聞では異なる戦略をとっていた。その規模は『順天時報』には及ばなかったものの，味の素社の早期の中国市場開拓の経験を反映させていた。例えば女性の図柄を使用する前の広告では，波のなかを航海する帆船の図柄で人々の関心を引きつけていた[27]。また，味の素の使用方法とその効果の伝達は長らく広告の要となっており，現地では「……使用方法はスプーン約半分の粉をスープに入れると，うま味が続き，食すと肉料理の消化を助け，健康で活気がつき，食欲を促進し血を補う。老若男女あらゆる人々の食に適している」と表示されていた[28]。そして1918年10月18日には，女性の図柄が新聞広告上に掲載された。興味深いことに，その図柄に現れたのは伝統的な「美人マーク」の商標であるエプロンを身に着けた主婦（上半身）ではなく，着物を着た日本の女性（全身）であった[29]。

　一方で，天厨味精廠の広告手段は，味の素社の用いたものとは異なっていた。『申報』を例に挙げてみよう。天厨味精廠の広告はその規模だけでなく，内容の多様性も味の素社のものよりは控えめであった。しかしながら天厨味精廠の戦略はコンパクトで，広告自体の面積は小さいものであったけれども，その内容は十分に練られ，フレーズには吸引力があり，情報を効果的に伝えようとしていた。よって味精の広告の特色をまとめると，次のいくつかの点を挙げることができる。

　第一に国産であること，及び「佛手」のブランド名を掲げていたことであった。中国には仏教徒が多かったために，天厨味精廠は「麦精から抽出し，うま味のある植物性蛋白質で，純粋な素食」であることを強調していた[30]。このようなフレーズは，自然に多くの人々の関心を引きつけた。素食であることを掲げ，「味精1缶で，鶏やアヒルを10匹殺さなくて済む」と強調したので，「物を利して人を利す」という方法は効を奏した[31]。第二に，素食を普及させることは善を行い，福を得ることと宣伝していたことであった。その内容は，「殺生は最も邪悪で，不殺は善である。殺生は重いので，味精によってそのうまみを出す。素食は病を払い，無病は福であるから，いにしえより素食は生命を維持するといわれている。

味精はその味を補うので，つまるところ，善を行い，福を得る」のである，といったものであった[32]。第三に，価格が低廉であることを強調し，遠方からの購入者は切手で代金の支払いが可能なことであった。このほか，うまくち醬油やうま塩といった味精の関連商品も売り出していた[33]。第四に景品を設けることであった。読者は味精で味付けた食べ物とプレゼントを交換した[34]。

3　上海調味料市場の競争

　上海の調味料市場の競争は，なぜこれほどまでに激しくなったのであろうか？それは一言でいうと，利益が非常に高いことにあった。袁少逸の分析によると，味の素の主な原料は小麦粉で，1袋590両の小麦粉（3.5元）で味の素を59両製造することができた。味の素の卸価格は1両0.5元であったため，59両分は29.5元，人件費や添加物9.5元を引くと純利益は20元であった。このほか，味の素の製造過程においてできる副産物のでんぷんが531両であった。でんぷんの価格は100両ごとに0.68元であったために，あわせて3.61元を得ることができた。ちょうど小麦粉原材料のコストと同じで，一袋の小麦粉のコストで20元の利益を得ることができたのである[35]。調味料工場に必要な資本は少なく，生産技術も高いものではなく，かつ高利益であったので，多くの同業者が自然と参入したのである。

　もう一つの理由として，特許専売権の持続問題があった。これまでは一般的に，鈴木三郎助が有していた味の素の特許は1930年までであったために，いたるところで模倣するものが現れたと考えられていた[36]。しかしながら，筆者が資料を読み進めていくなかで明らかとなったのは，鈴木三郎助が保持していたのは，1916年3月に日本で登録した「海藻関係」という一件の特許のみであって，その他の味の素を生産する権利は鈴木と池田の二人で共同所有されていた。また，1921年9月に中国で登録された特許も同様であった。そのため味の素の模倣がいたるところで起きたのは，特許の期限が切れたからであると，筆者は明言することができない。

　表14-4からもわかるように，天厨味精廠を含む9つの調味料製造商は，結晶状，粉状，液状といった商品をそれぞれ製造していたが，とりわけ天厨は優れていた。天厨の設立資本は5万元で，すべての工場の資本91万元の5.5％を占めていた。また1931年の天厨の営業額は110万元にまで達しており，9社の総額339万元のうち32.4％を占めていた。他の企業からははるかに抜きんでていたのである。このように天厨味精廠は業績が突出していたけれども，それでも9つの同業者の

316　第Ⅲ部　中国料理の文化と政治

表 14-4　1932 年以前に上海で設立された調味料製造会社

会社名	設立日時	資本 （元）	商標	商品	営業額 （1931年，元）
中国化学 工業社	1911 年 9 月	400,000	三星，元味	観音粉，醬油精， 味生	252,000
根泰	1922 年 3 月	100,000	和合	和合粉，醬油精	500,000
天厨	1923 年 5 月	50,000	佛手	味精，醬油精，糊精， 醬色，菱粉	1,100,000
天一	1926 年 7 月	150,000	蓮花	味母，味母汁，味粉	500,000
鴻福	1929 年 8 月	50,000	鴻福	味真粉	350,000
太乙	1929 年 8 月	30,000	双桃	麦精粉，麦精汁	100,000
天然	1930 年 7 月	52,000	佛光	鮮味晶，鮮味汁， 醬油精	320,000
味中	1931 年 1 月	50,000	嘉禾	味中素，醬油精	120,000
天生	1931 年 6 月	28,000	豆麦	滋味素，滋味汁	150,000

出所：沈光沛「上海之調味粉業」，『国際貿易導報』4 巻 7 号（1932 年 12 月），49-60 頁。
　　　天海謙三郎編『中華民国実業名鑑』東亜同文会研究編集部，1934 年，1062-1065 頁。

うちの一つにすぎなかった。そのため，もし天厨味精廠が単独で味の素を中国市場から排除していたならば，その他の 8 つの同業者の存在を無視することになる。そこで筆者は，天厨味精廠が如何に他の同業者と競合関係を有していたのかに興味を抱いた。

　表 14-4 のように，各調味料の生産会社はみな自己の商標を有していた。これらの商標名を見てみると，重複したものはないが，「佛手」と「佛光」の商標が似ている。そのほか，商品名も多くが重複しており，これらの会社が商品名を「醬油精」とした場合には消費者の混乱を招いた。上海の製造会社にしてみれば，本当の競争は商標や広告にあるのではなく，販売価格や販売手法（卸会社への貸付期日，リベートなど），製品の質量の差にあった。例を挙げると，味精の販売価格は瓶詰で一箱 40 元であったが，太乙，天一，天生，味中といった他の会社では 38 元から 41.8 元の間で販売されていた[37]。

　上海の調味料市場では，味の素社が参入する以前にすでに競争があり，その品質はどれも似ていた。ある者は「我国の調味料工業は 20 年程度の歴史であり，最も初めて販売したのは味之祖，素精などであった。しかしながらこれらの品は不純物も多く，製造所も明らかでなかったので，本当に自社製造なのか極めて疑わしかった」[38]と述べる。粗悪品の乱造は競争に非常に悪い結果をもたらし，製造コストを下げるためにある会社ではグルタミン酸ナトリウムの含量を 83% に

まで減らしていた[39]。こうした粗悪品は偽物ともいえるものであった。1934年11月19日に『申報』上で掲載された「中国製品工業の調査」によると，熾烈な競争を経て，根泰，天然，鴻福，味中が軒並み倒産した後に存続したのは天厨，天一，中国化学工業社，天生，太乙，天元，天香であった。これらの会社にとって最大の脅威は，日本製品と偽物の存在であった。それは味の素のような日本製品の質は優良であったのに対し，偽物の価格は極めて低かったために，中国の会社ではどちらにも追随することができなかったからである。そのためこれらの会社はコストを低くして製造するほかなかった。例えば，中国製品は10両の缶で3.4元であったが，日本製品の販売が減った場合には価格を2.3元にまで低くすることができた。その差は1元以上であった。時には中国製品と日本製品を見分けることさえ困難であった。「日本製品のボイコットが起きて以降，日本の会社は方針を180度変え，無商標，無ラベルの商品にしたり，策をめぐらせて輸入を試みたり，小麦粉を装ったりした。表面上は日本製品が排除されたように見えたけれども，実際にはそうではなかった」のである[40]。それに加え，出所のわからない商品は「何度もその表装が変えられ，市場で無名の品となって，悪徳商人の販売ルートに流れたり，工場名が偽称されて，新たな中国製品として大々的に宣伝された」ために，防ごうにも防ぎきれなかったのである[41]。

　1938年11月，国民政府経済部はある訴えを受け取った。それは上海の好供廠が出す「味萃」と「新生活」調味料は，ともに上海で生産された純粋な中国製品ではなく，粗悪な日本製品が混ざっている可能性があるとのことであった[42]。偽物は市場のあらゆるところに出回り，正規品の包装で売り出されていたほか，偽造の商標も出現していた。例えば，「味回精」を生産する祥源廠は味精の包装を模倣したために，上海の捕房によって起訴され，200元の罰金が科された[43]。1937年に第二次上海事変が起き，上海の調味料工業は大きな損害を被っていた。太乙のようないくつかの小会社は生き残るために，購入済みの日本製品を「味四素」としてパッケージを変え，自社製品であると偽称した。グルタミン酸ナトリウムの品質も大幅に悪化し，最初は純度80％であったのが，製品の改悪で22％にまで低下した[44]。これらの偽物は，天厨味精廠の通常の販売にも影響を及ぼした。1938年6月5日，天厨味精廠は弁護士を雇って上海の主要な新聞社に，自社製品である「味珍」の偽物を出してはならない，さもなければ法的措置をとる，との声明を発表せざるを得なかった[45]。

　総じていえば，上海の調味料工業は激しい競争のなかにあったということができる。これまでの過程を見てみると，我々は以下の点に着目する必要がある。第一に，市場は製品の品質によって二つに分かれ，一つは味の素と味精の正面から

の戦いというような高品質の競争，もう一つは品質が劣った粗悪な偽物——その多くは現地で中国企業が作ったものであった——の競争であった。第二に，国産品としての地位を確立していた味精は外資と戦う力を持っていたけれども，この会社はすべての同業他社を代表することはできなかった。天厨味精廠は比較的優秀な生産会社ではあったものの，天一，鴻福，太乙，天生，天然，味中といった会社も無視できない存在であったために，日中の調味料工業の対決において中国の唯一の代表とはなることはできなかった。第三に，日本製品は反日

図 14-5 「味」の字を冠した調味料が日中戦争後の上海市場で溢れた
出所：楊徳恵・董文中編『上海之工商業』上海，中外出版社，1941年，58頁。

ボイコットの打撃を受けたが，再び日中関係が回復してきた時に，その遅れを取り戻すことができた。違法商人らはこうしたなかで，「自ら表装を改め，中国製品になりすまして」人々の目をくぐりぬけてきたのである。そのため，上海の調味料市場では早い段階から味精に似た包装が用いられていた（図14-5）[46]。

筆者は上海の調味料工業が盛んとなった原因は，高利益で参入のハードルが低かったことや，中国製品購買運動の影響があったほかにも，呉蘊初が自主的に廃棄した一部の生産特許とも関係があったと考えている。新たに改正された条例によれば，「天厨味精廠は味精の製造方法に関する特許が認められた後，すでに成立または未成立の調味料工場に対して，すべての特許を放棄した。以後はあらゆる人々が調味料の製法に関する特許を申請する際に，原案を参照して特許などを利用できるようにした」という[47]。呉蘊初のこの動きは，当然ながら国民政府からの賞賛を受けた。彼が意図していたかは定かでないが，中小規模の調味料工場を淘汰せずに各々が生存できるようにしていた。このように，この会社の関与がなければ味の素社への抵抗力は大きく異なっていたのである。

おわりに

呉蘊初は中国の有名な民族企業であった天厨味精廠を代表する人物であり，5万元もの資金をもって寂れた家庭内手工業の作業場から，大企業を生み出すという商売伝説を作り上げた。10年にも満たない間にその営業額は100万元を超え，上海調味料製造業の先端企業となって，多国籍大企業である味の素社のすぐあと

を追随した。しかしながら，この話にはさらなる補足が必要である。天厨味精廠の商品はライバルの味の素社を超えることはできず，結局，味の素社も中国市場から離れることはなかった。呉蘊初の成功には様々な要因があるが，彼一人の努力のほかにも，国民政府の彼に対する支援や，反日運動のなかでの中国企業に対する支持なども指摘することができる。注目すべきは，呉蘊初は事業が成功したときに市場を独占するのではなく，逆に発明権の一部を放棄して上海の調味料製造業の発展を促していたことである。そのため天厨味精廠と味の素社のほかに第三の企業が誕生し，それらは両者の熾烈な競争において緩衝材の役割を果たした。言い換えれば，天厨味精廠と味の素社の競争は一対一のものではなく，彼らの背後にはいくつかの中小企業が存在していたのである。こうした第三の競争相手が存在しているなかで，天厨味精廠と味の素社の間で如何なる共闘関係があったのかは，今後さらに検討していく必要がある。しかし味の素社にしてみれば，天厨味精廠の商品は質の良いものではなく，上海の模倣企業のうちの一つであった。味の素社は生産技術において先んじており，1934 年 1 月にはすでに大豆を利用して味の素の原料を生産していた。

　味の素社は海外市場の展開を重視し，台湾と朝鮮の市場で成功を収めていた。味の素社にしてみれば，巨大な潜在能力のある中国市場は大きな一つの攻めるべき目標であった。しかしながら，中国には台湾や朝鮮とは異なり，押し寄せて来る反日運動の波と民間における商品の偽造があったために，味の素社はその戦略を変更せざるを得なかった。味の素社にとって現地化は唯一の選択であって，中国人の文化，思想，言語を利用して広告やその他の宣伝方法を計画することとなった。1935 年より，味の素社は天津や大連に新たな生産拠点を成立させ，日本国内にかかる生産の負担を減らそうとしていたのである。しかしながら本稿では紙幅に限りがあるため，1935 年以降の上海における調味料製造業の発展については，別稿にて論じたい。

　　　　＊本稿の執筆と史料の収集は 2016 年より開始し，その間，岩間一弘氏
　　　　　と陳正卿氏の貴重な意見や徐琳氏と呉静氏の援助を得ることができた。
　　　　　ここに感謝の意を示したい。

　1）味の素は化学精製分解の過程を経てできた調味料で，小麦粉の分解によってできた蛋
　　　白質とでんぷんを粉状にして容易に溶けるようにしたものである。「紹介　鈴木商店
　　　〈味の素〉」『中国実業雑誌』6 巻 4 期（1915 年），2 頁。
　2）この観点からの著作は多い。王興如「呉蘊初與佛手牌味精」，『上海檔案』4 期（1986

年 8 月）39 頁。褚廷夫「味精——呉蘊初與中国的民族化学工業」，『化学教育』10 期
（1997 年 10 月），46-47 頁。李莉・経盛鴻「民国『味精大王』呉蘊初」，『民国春秋』2
期（2001 年 4 月），25-29 頁。左旭初「『佛手』撃敗『美女』」，『中華商標』5 期（2002
年 6 月），47-48 頁。何沛忠「味精大王呉蘊初」，『上海故事』3 期（2017 年 3 月），
51-57 頁。

3) 現在学界では，1927 年に味の素社が中国市場から離れたのは，天厨味精廠が味の素
と全く同じ調味料をすみやかに製造し，市場を独占して，味の素社を越えたからであ
ると広く認識されている。杜恂誠「以技術先進取勝的佛手牌味精」，『上海経済研究』
8 期（1981 年 8 月），21-22 頁。左旭初「味精大王與我国第一件味精商標」，『著名企
業家与名牌商標』上海，上海社会科学院出版社，2008 年，94-109 頁。上海商学院上
海商業博物館編『滬商抗戦遺珍——抗戦時期上海商業史料，実物研究与図鑑』上海，
立信会計出版社，2015 年，51-65 頁。

4)「国貨維持会呈農商部文——請糾正商標註冊案」，『申報』1924 年 4 月 4 日 14 版。

5) Jordan Sand, "A short history of MSG: good science, bad science, and taste cultures," *Gastronomica*, Vol.5, No.4, Fall, 2005, p.42.

6) 韓組康著（蔣憲鋆訳）「化学調味品」，『復旦季刊　理工専号』三周年紀念号（1931 年），17-18 頁。

7)「鈴木三郎助年譜」を参照。故鈴木三郎助君伝記編纂会編『鈴木三郎伝』故鈴木三郎
助君伝記編纂会，1932 年，4 頁。鈴木三郎助『世界旅の味』日本電報通信社，1954 年，
237 頁。

8) 小島直記『味を求めて——三代鈴木三郎助伝』味の素株式会社，1989 年，25 頁。

9) 鈴木三郎助（前掲）『世界旅の味』，237 頁。だしの元，鰹節の元，味だし，味の友，
味の元という候補名があった。

10) 沈成権「味之素合成之原質」，『薬報』36 号（1926 年），68 頁。

11) 胡佛「調味粉対於人体之効用」，『衛生雑誌』3 期（1932 年），5 頁。

12) 1910 年から 1926 年までの間の総生産量と総販売量については，味の素株式会社編『味
をたがやす——味の素八十年史』味の素株式会社，1990 年，56 頁を参照。

13) 同上，114 頁。

14) 味の素株式会社社史編纂室『味の素株式会社社史』1 巻，味の素株式会社，1971 年，
357 頁。

15) 味の素沿革史編纂会『味の素沿革史』味の素株式会社，1951 年，589-590 頁。

16) 当時流行したカレンダーでは，中国人の考える美人像が反映されていた。李培徳「女
性消費与消費女性——月份牌広告画与近代中国『摩登女』形象的塑造」，『広告学研
究』（台北国立政治大学広告学系）40 集（2013 年 7 月），35-63 頁。

17) Sand, *op.cit.*, p.42.

18)「調味品商標注冊之争執——日商亦提出異議」，『申報』1924 年 3 月 25 日 14 版。

19) 杜艶艶「中国近代民族品牌建立与広告伝播的反思」，『当代傳播』2 期（2013 年 3 月），
98 頁。

20) 張君梅「民国海派商業設計的惰性研究」，『明日風尚』11 期（2018 年 6 月），89 頁。

21) 味の素株式会社編（前掲）『味をたがやす——味の素八十年史』，114 頁。

22）味の素沿革史編纂会（前掲）『味の素沿革史』，626-627 頁。

23）表 14-3 のうち 45 点は同じ広告である。分類はしていないが，どれも中国語の「味之素」という商標を用いていた。

24）味の素株式会社編（前掲）『味をたがやす――味の素八十年史』，114 頁。味の素株式会社社史編纂室（前掲）『味の素株式会社社史』1 巻，232 頁。

25）味の素沿革史編纂会（前掲）『味の素沿革史』，627 頁。

26）「年表（戦前）」を参照。味の素株式会社社史編纂室（前掲）『味の素株式会社社史』1巻，30 頁。

27）『申報』1917 年 10 月 2 日 4 版。

28）同上。

29）『申報』1917 年 11 月 5 日 4 版。

30）『申報』1923 年 12 月 1 日 1 版。

31）『申報』1925 年 7 月 10 日 2 版。

32）『申報』1925 年 7 月 12 日 1 版。

33）『申報』1923 年 12 月 8 日 2 版，1923 年 12 月 28 日 1 版。

34）『申報』1923 年 12 月 8 日 2 版。

35）袁少逸「味之素製法」，『同澤月刊』三周年紀念号（1931 年），43 頁。

36）同上，38 頁。

37）沈光沛「上海之調味粉業」，『国際貿易導報』4 巻 7 号（1932 年 12 月），57-59 頁。

38）張紫洞・金大勇「調味粉製造法」，『薬学季刊』7，8 期合刊（1944 年 3 月），226 頁。

39）同上，230 頁。

40）「国貨工業特別調査録：調味品工業」，『申報』1934 年 11 月 19 日 8 版。

41）「調味品業宣言：請国人注意国貨商標」，『申報』1934 年 6 月 23 日 14 版。

42）「調味品製造業中無好供廠設立：味萃新生活調味品，衡情当係冒称国貨」，『申報』1934 年 6 月 23 日 11 版。

43）「天厨訴祥源庵定期判決」，『申報』1940 年 6 月 24 日 8 版。「倣造商標罰款」，『申報』1941 年 1 月 20 日 10 版。

44）「天香味宝廠，太乙調味粉廠，天然鮮味精廠，福昌化工食品廠歴史沿革」，1954 年 7 月，上海市檔案館所蔵檔案（編号 S116-4-29）。

45）「天厨味精製造廠股份有限公司」，1939 年 6 月 20 日調査，上海商業儲蓄銀行有関調味品業調査資料，1934 年至 1950 年，上海市檔案館所蔵檔案（編号 Q275-1-1992-3）。

46）「上海的調味粉業」，『申報』1936 年 1 月 15 日 14 版。

47）「工商部頒発呉蘊初放棄部分味精専利権褒奨令」，1929 年 5 月 16 日，『呉蘊初企業史料――天厨味精廠巻』北京，中国檔案出版社，1992 年，15 頁。

第15章

太平洋戦争下の食と健康
——中国の日本人俘虜は何を食べていたのか

貴志俊彦

はじめに

1945年12月に刊行された『青光半月刊』1巻4期には，「彼ら〔日本人俘虜〕の食べる米は，最上級の白米，豚肉は毎日1人あたり2両，油，タバコ，塩，野菜などは必要に応じて配給している。その配分量は，中国の初期の遠征軍よりもよく，わが軍や他の国軍の食糧と比べても，じつに保証されており，豊かなものであった」と書かれている。はたして，この指摘の通り，日本人俘虜は，食生活の面で，本当に優遇されていたのだろうか？

20世紀中国と日本との関係を検証する際には，平時とともに，両国の交戦期・冷戦期におこった問題を取り上げる必要があることは論を俟たない。中国料理を含めた食の問題を考える場合でも，日常空間における料理とともに，戦争や災害，飢餓など非日常的状況の検討が必要である。なぜなら，こうした特殊状況下における食の問題を通じて検証することは，人間の身体性や人間性の問題とともに，地域社会のみならず，国家間が内包する問題さえも活写することにつながるからである。むろん，こうした非日常的状況で提供される食は，いわゆる中国料理という名称で想像される内容とは著しく異なるが，これもまた中国で食べられていた料理であったことを看過すべきではない。

本章では，浙江大学での報告をふまえて[1]，とくに太平洋戦争時期における食と健康に焦点をあてて，戦況の変化にともなって，在華日本人俘虜たちの生活状況がいかに変化したのかを解明することを目的とする。この時期，日本軍の徴兵対象者は拡大されていき，それにともない戦地で俘虜となった者，逃亡者の数も増加していった。一方，俘虜対策を掌る重慶国民政府軍事委員会軍政部も，激化する戦局のなかで，収容所の設備・環境だけでなく，俘虜の取扱い方針を転換し

323

ていくことになる。そうしたなかで，俘虜たちの生活，とりわけその食と健康に関する問題が深刻になっていき，彼らの活動，そして心身に対して，いかなる影響を及ぼしたのかについて解明する必要があると考えている。

　ただ，在華日本人俘虜の実態を知ることは容易ではない。日本の外務省は，赤十字国際委員会（ICRC）から断片的な報告を受けてはいた[2]。しかし，陸軍省が1941年制定した有名な「戦時訓」のいう「生きて虜囚の辱を受けず」という「軍人モラル」が戦後も過剰に強調されてきたために，戦時中に俘虜になった人々は自らの経験を残すのをためらった。幸い，立命館大学国際平和ミュージアムが所蔵する鹿地亘関係資料には，同時代を生きた俘虜たちが残した記録が含まれている。これらの資料を手がかりとして，当時の俘虜たちの生活状況に迫りたい。

1　収容所環境の変化と俘虜の食事

　1941年1月に安徽省南部で起こった国共両党の対立事件，いわゆる皖南事変（新四軍襲撃事件）を機に，重慶国民政府軍事委員会参謀長の何応欽は反共政策を強化し，8月25日，同委員会政治部第三政庁と連携していた鹿地亘（日本共産党員，反戦作家）率いる日本人反戦同盟に解散を命じた。本章は，まさにこれ以降の俘虜収容所での状況を取り上げる。

第一俘虜収容所（陝西省宝鶏県）

　西安に設置されていた第一俘虜収容所は，1939年に西安行営が日本軍の空爆に遭ったため，陝西省宝鶏県の東7キロのところにあった寺廟に移されることになった。この地は，夏は39度あまりに上昇し，冬は零下になったが，小麦や野菜は豊かであった。この収容所には，もっとも多い時で500名もいたというが，重慶の劉家湾の収容所に移送された者，死亡した者もおり，終戦時には300余名であったという。

　この第一俘虜収容所に，1943年4月19-23日，YMCAのWar Prisoners' Aid（WPA：戦争俘虜救護）の代表，スウェーデン人のニルズ・ベンヅらが訪問した（Nils Arne Bendtz,"Report on Visit to Camp for Japanese Prisoners of War, Paoki-Unoccupied China," on April 19-23, 1943.)[3]。ベンヅは，陝西省黄龍山にあるキリスト教地方教区センターで農村社会部の顧問として，農産業組合の組織化を担当していた。何王欽将軍らは，このWPAの活動を支持していたため，ベンヅは俘虜収容所内でも自由に聞き取りを行い，一般状況は良好だと評価した。この収容所

の環境については，クウェーカー教徒の自主参加救急隊である Friends' Ambulance Unit（FAU：公誼救護隊）のボブ・マクルーア（Bob McClure）博士も言及しており，カナダの収容所並みとのお墨付きを与えている。当時，収容所には，将校 20 名，航空兵 20 名，30-40 名の学徒動員された大学生がおり，選挙された士官航空兵 4 名が全体を統率していた。ベンヅは，ここでの調査のあと洛陽の収容所に視察に行った。

その翌年の 7 月 21-23 日，今度は赤十字国際委員会在重慶代表部の E. セン（E. Senn）らが，この俘虜収容所を訪問している（E. Senn,"First Prisoners of War Camp, Paoki (Shensi)," on July 21-23, 1944)[4]。E. センの記録では，最近まで 282 名の俘虜がいたが，47 名が重慶の劉家湾に移されたため，残っていたのは俘虜 235 名だったという。それでも，俘虜の人数は前年よりはずいぶんと増えていた。人員の内訳は，中尉 2 名，軍医 1 名，軍曹 14 名，伍長 7 名，憲兵 5 名など将兵 169 名，非戦闘員 20 名（ほぼ軍属），女性 4 名，朝鮮人の民間人 11 名（うち女性 2 名），不明 31 名であった。収容所の代表者は，前年の 4 名の航空兵の名前はなくなり，軍人 7 名のほか，スズキタケシ（福祉員），ボグジョルツェ（朝鮮人），タナカテルコ（日本人女性）の名前が挙がっている。収容所には，いくつかの棟があるほか，12 名ほどの航空兵は洞窟式の窰洞で生活する者もいた。俘虜のなかには軍国主義者，天皇制信奉者もいたが，中立的な赤十字には感謝の気持ちをもっていたという。

この第一俘虜収容所に食堂はなかったが，石鹸，砂糖，菓子，タバコ，卵などを売っている店はあった。俘虜たちは，中国兵と同様に，午前 9 時の朝食と午後 4 時の夕食，1 日 2 回の食事が提供されることになっていた。朝夕の食事内容に違いはない。主食に相当する食材は，1 人 1 日あたり，米 25 両（800 グラム弱）（あるいは同量の小麦食），豆（大豆，金時豆，落花生など）2 斤（1 キロ），塩約 10 グラム，また 1 カ月あたり肉 120 元分（ほぼ1斤），野菜 20 斤（10 キロ），植物油は 1 斤（500 グラム）が提供されることになっていた。食の質は中国兵のものよりもましであった。E. センは，俘虜たちとともに食事をとっており，量も質も悪くはないとの感想を述べている。料理は，中国人料理人のもとで，日本人俘虜が手伝っていた。これでも俘虜の体力維持には十分で，サナダムシ，赤痢，マラリアにかかっている者が多いとはいえ，健康状態については他の収容所よりもましだったという。『良友』141 期（1939 年 4 月，21 頁）に掲載されている俘虜の写真「第一俘虜収容所における食事風景」のキャプションには「俘虜 1 人毎月の食費は，陸軍 10 元，海空軍 12 元，その待遇は中国人兵士と比べても，厚遇されている」と書かれている。

第 15 章　太平洋戦争下の食と健康　325

第二俘虜収容所（貴州省鎮遠県）

　第二俘虜収容所は，1937 年 7 月日中戦争の勃発とともに，湖南省の常徳から辰渓，さらに貴州省の鎮遠県の郊外，海抜約 550 メートルのところにあった貴州省立鎮遠師範学校（もと第二模範監獄）へと移動した。この収容所は前院と後院からなり，前院の代表者は，長谷川敏三ら，鹿地亘の活動に共鳴するグループが中心であり，後院は，日本軍国主義者もいれば，天皇制・日本帝国主義・中国戦に対して思想的・心理的に賛同できない者，政治的・社会的な自覚のない者も含まれていた[5]。1940 年 7 月，桂林の第三俘虜収容所が撤廃されるとともに，俘虜 89 名が第二俘虜収容所に送られ，前院の建物に収容された[6]。

　1941 年 8 月，鹿地亘がこの収容所を「和平村」と名づけて，「在華日本人民反戦革命同盟和平村訓練班」（のち「在華日本人民反戦革命同盟和平村工作隊」に改称）を組織したことは知られているが[7]，これに参加したのは前院の俘虜たちであり，和平村の俘虜全員というわけではなかった。その翌年 3 月には，第二次長沙作戦の失敗によって捕えられた俘虜たちも和平村に集められた。

　国際赤十字委員会の E. センがこの収容所を訪れたのは，宝鶏の第一俘虜収容所への視察の前，1943 年 7 月のことだった（"Second Prisoners of War Camp, Chenyuan, Kweichow Province,"on July 3-5, 1943）[8]。E. センの記録によれば，当時の収容人員は，軍属を含む将兵 366 名と民間人で，日本人（3 名の女性を含む），朝鮮人，台湾人，ロシア人（1 名），中国人数名など計 403 名まで膨れ上がっていた。

　前院と後院の中央部には集会室兼食堂があり，中国人の料理人 1 名と数名の日本人助手が働いていた。朝昼晩，1 日 3 回の料理は中華風で，スープ，米，野菜，そして 1 週間に 1 度肉が出された。量的には十分だったが，俘虜たちは，肉，魚，野菜など副菜を欲しており，とりわけ砂糖の不足を訴えていた。ところが，E. センが彼らに食事について尋ねると，栄養不足や貧血の原因とわかりながらも，いつも「宜シウ御座イマス」と答えが返ってきたという。平均的な中国兵の食事よりも良かっただけでなく，彼らが故郷でとっていた食事よりもましだったことも理由であろう。なお物価高騰により，軍事委員会は俘虜への現物支給はとりやめ，食費として月額 50 元を 80 元にアップして，給与として渡すことになった。この改革は，後述するように，物価高騰の影響で俘虜たちに禍根を残すことになる。なお，いまだ仕組みは明らかではないが，国外の知人，親戚から送金を受けることも可能であったといい，それで酒類を購入する俘虜もいたという。

　また，前院にあった病院には，中国人軍医 1 名，日本人医員 3 名のほか，その年の 5 月に中国紅十字会から来た外科医師 1 名がいた。彼らは，マラリア，梅毒，コレラ，チフス，天然痘，リウマチ，貧血，湿疹，肺結核，外傷などの治療にあ

たっていた。治療に使う輸入薬は米国赤十字社（American Red Cross）や，D. ジョン医師（Dr. D. N. John）などから入手していたが，それでも恒常的に不足という状態が続いていた。とりわけ，マラリアの感染率は高かった。収容所内に井戸などはなかったため，収容所の外に水汲みに行っており，汚水が原因だったと思われる。死亡者は，病院開設から6年間で150名に達した。大多数は，敗血症によって入所後まもなく死亡したが，マラリア，結核，貧血，赤痢などが重篤になって死亡に至った場合も多かった。

　ただ，以上のようなE. センの記録は，いささか公式的，表面的な点もあることは否定できない。この点は，1943年11月，軍政部視察員が来所したときのことを記した桜井勝の「俘虜日記」に書かれている次の記述からうかがえる。

　　　私も最後に呼ばれたので行ってみたら，生活状況その他について質問された。その中でも米は1日1人当りいくら支給されてゐるかと聞かれたので，私がそれに対して22両と答へやうとしたら，その横合いから莫所長が私をさへぎつて「25両渡してゐる」と答へた。（中略）だが我々が受領してゐるのは22両だ。それも枡がインチキなので，実際に受け取つてゐるのは20両位のものだらう。副食費その他も同じだ。上から渡つてゐるのと，我々が受け取つてゐるのとではあまりに開きがありすぎる[9]。

　莫錦龍所長らの不正は，収容所が重慶に移ってからも続き，所長在任中の約2年間行われていた。このことは，内島吉郎も，以下のように書き留めている。

　　　〔康天順管理員離任後〕莫所長，職員の熊等の態度一変し，俘虜給与金や物資を，公然と中間搾取し，之が為俘虜の食物悪化し，俘虜の健康状態低下す。これ以降，ずっと，物品給与係の熊，経理の朱等の中間搾取，日々に増大す。例へば，官給の米，塩，衣類，医薬品等は，俘虜に対して定量から差引き支給し，その差額を自己生活や密売に供した。その額は1日，米は300両 - 700両，塩2斤前後，且，俘虜死亡届の詐欺によつて官給物資を私有化した[10]。

　こうした中間搾取は，後述するように，戦後も続いた。その結果として起こった栄養不足は，むろん俘虜たちの心身を蝕むことになった。E. センは，収容所のこうした仕組みについては，まったく気づいていなかったようである。

第二俘虜収容所重慶分所（四川省巴県劉家湾）

　重慶における最初の俘虜収容所は，武漢作戦の際に安徽省安慶や湖北省麻城などで俘虜となった日本人数十名を収容するために，1939年に夫子池街の文廟の左にあった明倫堂に仮設置されたという[11]。しかし収容人数が増えたこともあって，この収容所はまもなく重慶の東南20-25キロ，南温泉の劉家湾に移され，「博愛村」と名づけられた。ここは，もとは地主であった周家の邸宅で，四方を壁に囲まれた建物で狭く，運動場も小さかった。鎮遠の和平村から連れてこられた日本人俘虜が住む所は新亜村，朝鮮人俘虜が住む場所は正義村と名づけられた。

　赤十字国際委員会のE. センがこの収容所を初めて訪れたのは，1943年10月のことだった（"Captive Concentration Camp, Liuchavan Near Chungking" on 16 October, 1943)[12]。収容人員62名の内訳は，将校3名（少佐1，中尉2），下士官19名，兵士36名のほか，朝鮮人1名，中国人3名などであった。俘虜の代表には，航空兵中尉のイタギマツシ，航空兵少佐の山田信次が就いていた。ここは，鎮遠の第二俘虜収容所とは違って，俘虜たちは労働に従事することはなかった。E. センからみれば，ここの俘虜たちは積極的に反抗することはなかったが，協調の態度を示すこともなく，とりわけ「航空兵20名，海軍航空兵6名ノ26名ハ最モ悪質ナリ」と記している。

　1日の活動は，5:30から6:00に起床，そして運動，掃除。7:30に朝食をとって，8:00から正午まで講義を受けて，12:30に昼食があり，以後17:30まで（夏時間では18:00まで）は自由時間となっており，夕食後の自由時間にも散歩，読書ができた。E. センはここに到着してから，俘虜たちといっしょに食事をとった。この収容所での食事は，中国人の料理人だけで作っており，俘虜は手伝うことはなかった。昼食は，蕪の漬物や生姜，辛めの味がついた地元の野菜の料理，緑色野菜と茸，大小の牛肉が入ったスープ，そしてご飯だった。夕食もほぼ同様。朝食は粥と饅頭。いずれの食事でも緑茶がついていた。ここの俘虜たちは給与がないので，副菜を買うこともできなかった。こうしたいくつかの点で，鎮遠の収容所とは，いたく違っていた。

軍政部俘虜集中営（重慶巴県鹿角郷）

　1943年12月に軍事委員会調査統計局（軍統）の戴笠の配下で，軍令部第二庁第一処長の李立柏が，鄒任之と協力して，重慶から東南15-20キロ離れた南温泉に軍政部俘虜集中営を設置した。ここには，宝鶏の第一俘虜収容所の一部の俘虜のほか，成都の収容所の俘虜，浙贛作戦・華北戦線・ビルマ方面で拘束された将兵などが収容された。成都俘虜収容所からは，山田信次陸軍少佐（陸軍大学校卒

業のパイロット），山下七郎海軍大尉ら38名らが連れてこられた。

この俘虜集中営については，羨望の気持ちも込めてか，次のように語られている。

> 食事も，中国軍の前線兵士よりもずっと良い。同じく日本の兵士と比べても，そうだと言える。現在日本では兵士1人当たり1日3合の米が与えられ，1カ月4升までとなっている。ところが，俘虜集中営の俘虜は毎月日本の前線兵士と比べても2倍の米にあたる1人毎月2斗となっている。俘虜集中営に来て1カ月もすると，だれもが身体が健康になり，ぽっちゃり赤ら顔のようになっている[13]。

　この集中営には，1944年の春に，海軍将校や国策企業の重役のほか，ビルマ方面から移送されてきた者も収容され，130名を超えた。このうち，4名は入所後まもなく米国に送られたが，大佐（氏名不詳）1名を残して他の3名は重慶に戻されたという。このことは，米国が重慶の日本人俘虜から日本軍の情報を聴取していたことを示す一例として注目に値する[14]。

重慶北碚収容所（重慶）

　以上のほか，重慶北部には，ドイツの宣教師など民間人を収容する小さな北碚収容所があった。竹の柵に囲まれた中国式の家屋3軒を利用しており，風通し良く，窓ガラスもあった。この収容所でも，労働する者はいなかった。1943年2月，北碚収容所に収容されていた7名の健康状態は良好で，重病者はなく，収容所開設以来死亡者はないということだった。ドイツ留学経験のある中国人医師1名が北碚病院に勤務しており，月3回収容所を訪問していたのである。

　1944年2月11日，E. センが，この北碚収容所にも視察に来ていた（"Camp D'Internes Civils De Pei-Pei" le 11 février, 1944）[15]。収容人員7名のうち，伊藤某，木下寅雄，井村シオ（母），井村トシ子（娘）の4名が日本人で，彼らは管理員と中国語で会話していたという。ここの食事も変わりばえはなかったが，半分は「洋食」であった（「洋食」といえども，小麦を発酵させて焼いたパンのようなものにすぎなかったが）。7:30に朝食，10:00にパン2切れ，12:30に昼食。16:00に再びパン2切れ，そして18:30に夕食が出されることになっていた。E. センが俘虜とともに朝食をとったとき，料理人は中国人で，朝食は，米，小麦料理，肉・野菜の入りのスープ，肉のスライス，青物，緑茶と，なかなかの食事内容だった。というのも，この俘虜収容所の所長は，ドイツ留学経験のあるキリスト教徒で，前

大戦の時代から収容所長を勤めているということも一因であった。

2 1945年，収容所環境の悪化

　1944年12月，日本軍が大陸打通作戦実施のなかで貴州省に攻め入ると，鎮遠の第二俘虜収容所の俘虜たちを，重慶南岸の鹿角郷の軍政部俘虜集中営に強制移送することになった。この移動は16日間に及んだため，319名にのぼる俘虜の疲弊は極限に達した。実際，鹿角郷に到着したときの状況は，上述した桜井勝の日記をみれば，「この半月の移動中一食も食はなかつた日と，一食だけの日が大部分だ。その上，ガスで健康を損じ，皆の顔を見廻せば，色が青く，生きた顔色をしてゐる者は一人もない」という状況であった[16]。そのため，鹿角郷の収容所に到着後1週間は，体力回復のために米1人3両が増加されて28両とされたほか，全体に毎日10斤の豚肉が配給されることになった[17]。

中央俘虜収容所（重慶俘虜集中営）（重慶南巴県鹿角郷）
　鎮遠の第二俘虜収容所の俘虜が鹿角郷に来る直前の1944年9月21日，E. センは，再び軍政部俘虜集中営を訪れ，収容所の変化についての報告書を残している（"The Central Prisoners of War Camp, Nanwenchuang (Szechwan),"on September 21, 1944.）[18]。俘虜が増えたこともあり，前回訪問時よりも収容所の施設が拡大されていた。
　この収容所の1日のスケジュールは，朝5:30に起床・点呼，6:00に室内検査，6:30朝食，7:00洗濯と掃除，7:30から昼まで，労働，勉強，講義，英語・中国語，ニュース，自由討論，自主学習と続き，12:00に昼食，12:30には休息。13:30から，午後の労働，ニュース，英語・中国語，運動，レクリエーション，そして17:00に入浴，17:30夕食，18:00点呼，18:30ニュース，19:00自由時間，レクリエーション，21:30就寝と，細かく規定されていた。
　この収容所における俘虜の食事も1日3回だった。朝食は，粥，豆腐，漬物，茶が出され，昼食には米，濃厚なスープ，地元の緑色野菜，塩漬け人参や生姜，そして茶が提供され，夕食もほぼ同様な内容であった。1週間に1回だけ，だいたいは近所の農家が家畜の解体作業をする土曜日か日曜日に，牛肉または豚肉と骨スープが追加された（1人1カ月1斤＝500グラム）。食事の量は，だいたい宝鶏の第一俘虜収容所と同じくらいで，1人あたり，1日分として主食の米は25両（800グラム弱），副菜として野菜400グラム，豆は2斤（1キロ），植物油20グラム弱，塩は10分の4両（約13グラム）とされていたが，湯茶は制限なく飲めた。

330　第Ⅲ部　中国料理の文化と政治

調理は新しい調理場で行われ，中国人の料理人が作っていた。品数や肉，魚，砂糖などの不足はあるにせよ，俘虜から不満は出ていないと，E. センは記録している。自由時間には，食事の足しにするために，近くの川で魚釣りをしたり，貝や蛇を採ったりしていた。

　一般的な状況は，前回訪問時より改善されていたが，健康状態はなお問題があった。ここでも薬品の不足などのため，第1回視察の後に20名数名の俘虜が死亡していた。その原因は，赤痢8名，結核7名，胃潰瘍2名，肺炎1名，動脈硬化1名，マラリア1名，脚気1名だった。E. センが滞在していた間に，11名の患者が入院しており，小屋には20名ほどのマラリアなどの患者が収容されていたという。俘虜の増加とともに，医療施設が整備され，あらたなスタッフも派遣されてきた。外科は，上海の医科大学出身のシン・チャオシェン（Shin Joushen）やマ・ラティンズ（Ma Latintzu），医療会社のチ・トーツォ（Chi Tho Tso）博士，薬剤師2名，看護師8名がいた。しかし，薬剤については，米国赤十字社が中国紅十字会などを通じて軍事委員会に提供していたが，患者側からは提供される薬剤とその量については不満も出ていた。

　こうして軍政部俘虜集中営は，国民政府の俘虜施設の中心組織として機能することになり，施設の拡大や整備には軍事委員会の資材と資金が投入された。新しい建物は，中国人建築家の指示のもと，俘虜自身の手で建てられた。俘虜・管理員の新棟，YMCAのクラブハウス，野球やバスケットボール用のグラウンドが設置されており，さらに鎮遠や宝鶏，前線の俘虜収容のための新棟4棟が建設中であった。そのほか，YMCAのWPAなど外部からの支援金，俘虜自身による製作物の販売額の3分の1の上納金などの資金によって運営された。ここの収容所では，俘虜による自治生活のための秩序づくりを進めるために，1944年3月に自治会を設置し，選挙で20名の代表を選出していた。また，WPAの指導のもとに，工芸，音楽，運動，宗教，教育，医療，読書，レクリエーションなど，10の委員会が運営を掌っていた。

　1945年1月には生活問題の改善について，収容所の上・下院代表が管理員たちと面談したところ，給与から食糧に換算された基準は，1人1日あたり，米24両（800グラム弱），炭1斤（500グラム），塩0.297両（約9グラム），食用油なし，副食費2.5元，タバコは10日ごとに1人あたり8分の1両（約4グラム）であった。しかし，食物の現物支給ではなかったために，以下のように，戦況悪化による物価の急騰は，そのまま食料の質量に反映した。

今の物価の高い折に到底満足な野菜を買ふことが出来ず，1日2回の食事をや
つてゐても毎回の副食は汁の中に大根の切れが2ツか3ツ浮いてゐる程度，而
も油が無いと来てゐるので，（中略）栄養不調の為に病人が激増の有様で，
我々は何とか此の窮状を打開すべく，最小限度の要求を次の如く提出したので
ある[19]。

　俘虜たちは，この汁を「太平洋汁」と呼んでいた。彼らの要望は，食用油や大
豆，野菜を原物支給に切り替えることのほか，給水設備，衣服や布団の支給，月
1回の入浴，寝室の増設などにも及んだ。しかし，謝恒管理員ら管理室側からは，
「軍政部の命令の出る迄辛抱しなさい。戦争だから苦しいのは仕方ない。色々な
ことを考へないで，平和の来るのを待ちなさい」との返事が戻ってくるだけだっ
た。おまけに，その2カ月後，毎週1回支給されていた豚肉40斤（10人に付1斤）
が35斤に減らされることになった。ところが，この頃，事態は，いっそう深刻
な状況を迎えた。水が枯渇しはじめたのである。

　　　現在炊事で使用する水は，井戸が無い為，村民が交代で近所の田圃の溜り水を
　　　桶で担いで来て辛ふじて炊事をやつてゐる。田圃の水だから不潔なこと夥だし
　　　い，茶碗に汲む開水の中にはゴミや水棲虫類の屍が茶碗の底に沈殿して行く程
　　　汚い水だ。だが，綺麗とか汚いとかの問題は既に通り過して，今はこれが400
　　　名の命を繋いでゐるんだ。而もその生命の源が今枯渇し始めた[20]。

　こうした汚水によって，マラリア患者が増加したため，収容所の外に水汲みに
行くようになる。ところが，距離もだんだんと遠くなり，灼熱のもと半里（250
メートル。※中国の1里は500メートル）から，約1里までのところから水を運ぶ
ようになって，労務負担が増すばかりであった。
　そのうえ，1945年4月から6月にかけて，日中戦争における日本軍最後の攻
勢作戦となった芷江作戦が実施され，このとき中国側の俘虜となった162名が7
月に鹿角郷にあった小学校に臨時収容された。そのうち半数以上は病人だったた
め，それら俘虜たち用の水や米の運搬など労務負担はいっそう重くのしかかるこ
とになった[21]。戦争の激化によって，俘虜たちが分け合う量も，相対的に少なく
なっていった。
　さらに1945年2月，鎮遠以来の訓練班，研究班，新生班の分立を解消し，3
班を統合させて和平村教育隊が結成された。5月に劉長祐が第3代所長に着任す
ると，和平村教育隊は従来の俘虜教育の理論的研究団体としてではなく，実践活

332　第Ⅲ部　中国料理の文化と政治

動も射程に入れた革命軍隊として改組され，名称も「和平村日本民主革命工作隊」に変更された。6月に開催された工作隊の結成大会では，政権の打倒，日本民主革命の達成のために，中国の抗日戦，世界反ファシズム陣営との協力を貫徹することが宣言された[22]。日本人俘虜の位置づけが，大きく変化した出来事であった。

第二俘虜収容所重慶分所（四川省巴県南温泉劉家湾）

赤十字国際委員会の E. センは，上述した 1943 年 10 月の視察に続いて，翌年 9 月にこの収容所を再訪して，簡単な報告書を残している（「在支赤十字国際委員会代表「セン」ノ「在リウチャバン」俘虜収容所視察報告要領」1944 年 10 月）[23]。収容者数は，E. センが前回訪問した時より 171 名も増えて，計 233 名になっていた。その内訳は，将校 6 名，下士官 48 名，兵 74 名，商船員 30 名，民間人 36 名，女性 3 名，子供 3 名，朝鮮人非戦闘員 18 名（うち女性 1 名），台湾人 15 名と記録されている。残念ながら，俘虜の食事についての言及はない。

3 俘虜をめぐる戦後直後の変化

1945 年 8 月 15 日，日本政府によるポツダム宣言の受諾の日から，9 月 3 日中国戦線における日本軍の降伏文書の調印式に至る時期は，ちょうど夏場にあたり，給水などの労務が重なり，俘虜は心身ともに疲弊していた。劉家湾の俘虜代表が管理員の周某に作業の一時中止を願い出たところ，下記のような厳しい叱責が返ってきた。

> 君達は俘虜だ。日本は無条件降伏をしたのだ。君達はまだ解らないのか。君達の日本は戦争に敗れたのだ。負けた国の俘虜は如何なる仕事でも言はれた事は行なければ無らないのだ。（中略）然し今は中国は戦争に勝つたのだ。君達の生命は我等の手に委ねられてゐるのだ。殺しても良いのだが，然し君達も人間だから可愛想だから生かしておいてやるのだ[24]。

周管理員は，1912 年に公布されたハーグ休戦協定が規定する「俘虜ハ人道ヲ以テ取扱ハルヘシ」との条項などを顧みることなく，敗戦国民に同情の余地なしという姿勢で挑んでいたわけである。終戦後における俘虜収容所の状況は，格段に悪化していった。ちょうどその頃，鹿角郷の俘虜収容所では，残飯を捨てたことが露見し，9 月 17 日から 1 カ月間全員の米食がそれまでの 3 分の 2 にあたる 1

人16両（500グラム）に減らされたうえ，その結果余った米4500斤（2,250キロ）あまりが没収となった。例年，夏季に食欲減退などで米の消費量が落ちた分を節約して，食欲が進む秋に提供することが慣例だったのだが，この没収のあおりを受けて，秋季には米を補充することができず，「皆空腹をかかへこぼしてゐる」といった状況となった。過度な労働，そして栄養不足は俘虜の健康を損ない，1944年12月から1年近くの間に，この収容所では104名の死者が出ることになった[25]。

　こうした状況であったにもかかわらず，さらに深刻だったのは，戦後の物価高騰を口実とした管理員の中間搾取が続いていたことだった。

　　　従来庶務係熊鳳鳴氏より支給さるる，米，石炭，塩，油，その他の諸物品は，2つの秤を使用されて居る状態なり。一例を挙ぐれば毎日の炊事使用野菜類に於て，而り，勤務兵が町より購入し来れる南瓜80斤が俘虜の手に入るときには百斤以上となり，金額に於ても亦1斤に対し5元乃至10元の中間搾取を行ひ居れり。軍政部より支給されて居る米に於ても同様なり[26]。

　これについては，俘虜たちは劉長祐所長との協力により，以下のような改善策をとることができた。

　　　最近物価変動は一時鎮り，野菜の価格は南瓜25元，藤菜〔ツルムラサキ〕24元，大根6，70元，蚕豆〔ソラマメ〕1升320元なるも庶務職員熊氏より受領の折には金額において約2割，秤に於ても2，3割搾取される有様なり（中略）役員としては此の中間搾取を逃れんが為所長と数次に亘りて折衝し市日に直接我々の手にて野菜，其の他必需物品を購入すべき方法の実施方針を許可を得，爾後其れを実行す。これに依りて，中間に於ける搾取少なくなり，我々の給与方面に好影響を及せり[27]。

　1946年4月，重慶の俘虜収容所は解体されることになった。日本人俘虜たちは漢口で正式に日本軍の編成下に組み込まれ，南京の集中営に集結させられることになった。南京の食糧状況は，下記のとおりであった。

　　　1日2食。主食として，小麦粉，とうもろこしが大部分であり，1食，アルミ飯碗に8分目程。押麦が2回位あつたがとうもろこしと半半程度にして飯にした。米はあつたかなかつたか覚えてゐない。副食は主に乾燥野菜。菜食器に5

分の1位。煙草の支給は無かつた様に思ふ。（中略）間食も支給しなかつた筈
だ。糧秣庫の使役に行つた者が，こつそり袋やポケットにいれて来たのを，分
けて喰つた[28]。

　とはいえ，戦後に設置された南京の俘虜集中営では，寛大な優遇措置がとられ
ていたことは間違いない。ここの日本人俘虜は，自治が認められており，肩章さ
えあれば自由に町に出かけることができた。また，内科病室もあった。「ピアノ
の音色が奏でられ耳に届く」，「1人1日米17両，小麦麺8両，肉2両，野菜1斤」
との記録が残されている。しかも彼らはいかなる言論も自由であり，自ら陣中新
聞も発行できた。南京の中国人たちは，この「極上の上客」の俘虜生活をうらや
ましがった[29]。本章冒頭の『青光半月刊』の記事は，けっして脚色のあるもので
はなかったのである。

おわりに

　以上みてきたように，太平洋戦争下，重慶国民政府による敵国人俘虜の取扱い
については，特殊な時期を除いて，優遇措置がとられていた。俘虜1人1日の配
給米は，表面上は25両前後という指針が貫かれ，1日3食提供される収容所も
多かった。日本人俘虜は，大陸打通作戦実施前までは，中国兵よりも豊かな食事
をしていたことは，あながち間違いではない。本文では取り扱えなかったものの，
在華日本軍による中国人俘虜の取扱いと比較した場合，国民政府の指針は十分に
評価に値しよう。

　しかし，こうした政府や行政機関の政策や規定とは別に，俘虜収容所という現
場においては，所長や管理員の資質次第で，如何様にも状況が変化しえたことは
確認できたとおりである。俘虜収容所における食材の中間搾取問題は，そのこと
を顕著に示した事例であった。食事の質量の低下は，体力が衰えている俘虜たち
の健康を損なうことになりがちであった。そういう意味で，現場の管理者のモラ
ルがいかに重要であったかは，もはや指摘する必要までもあるまい。

　ともあれ，日本軍が中国大陸での侵攻を進めれば進めるほど，在華日本人俘虜
をめぐる環境は悪化していった。重慶国民政府軍事委員会による俘虜対策も，優
遇措置だけではなく，戦況次第では，戦時動員があったことも本文で見たとおり
である。戦時，戦後のアジアにおける日本人俘虜の処遇をめぐる問題には明らか
にすべき課題は少なくない[30]。

1) 貴志俊彦「反戦，厭戦，終戦——以 1940 年代，国民政府監管下的日本俘虜問題中心的研究」，（第 4 届「蔣介石与近代中国」国際学術研討会，浙江大学，2017 年 6 月 10 日）。

2) JACAR（アジア歴史資料センター）：B02032534300，「大東亜戦争関係一件／交戦国間敵国人及俘虜取扱振関係／一般及諸問題／在敵国本邦人収容所視察報告／在支ノ部」第 1 巻（A.7.0.0.9-11-1-10-3），外務省外交史料館。以下，（資料 A：リファレンスコード）と略記。

3) 「宝鶏収容所視察報告」（英文）（資料 A：B02032535100）。

4) 「パオキ抑留所視察報告」（英文）（資料 A：B02032535200）。

5) 康大川「私の抗日戦争——在華日本人反戦同盟とともに」，『中国研究月報』1987 年 5 月号，37 頁。旧名は天順。台湾出身の康は，横浜華僑馮乃超の勧めで第二俘虜収容所の主任管理員となった。のち中国共産党員であることが発覚して 2 年間幽閉される。

6) 土田正一「桂林，鎮遠，両収容所合併 四川省巴県収容所」，鹿地亘資料調査刊行会編『日本人民反戦同盟資料』第 10 巻，不二出版，1995 年（以下，資料 B と略記），135 頁。

7) 藤原彰・姫田光義編『日中戦争下中国における日本人の反戦活動』青木書店，1999 年。菊池一隆『日本人反戦兵士と日中戦争——重慶国民政府地域の捕虜収容所と関連させて』御茶の水書房，2003 年など。

8) 「鎮遠抑留所視察報告」（英文）（資料 A：B0203253460）。

9) 桜井勝「俘虜日記——1941 年 9 月訓練班成立より 1945 年 11 月現在まで」（資料 B，34 頁）。

10) 内島吉郎「無題」（資料 B，43 頁）。

11) 「巴南曾収容近千名日本戦俘従白市駅機場回国」，『重慶晨報』2014 年 8 月 15 日。

12) 「柳（劉）家湾抑留所視察報告」（日本語翻訳文）（資料 A：B02032534800）。

13) 志光「俘虜集中営訪問記」，『国訊旬刊』第 356 期，1943 年，12 頁。

14) 稲葉正夫編『岡村寧次大将資料』上巻（戦場回想篇），原書房，1970 年，69，71-72 頁。

15) JACAR（アジア歴史資料センター）：B02032534300，「大東亜戦争関係一件／交戦国間敵国人及俘虜取扱振関係／一般及諸問題／在敵国本邦人収容所視察報告／在支ノ部」第 2 巻（A.7.0.0.9-11-1-10-3），外務省外交史料館。

16) 桜井勝（前掲）（資料 B，38 頁）。

17) 長谷川敏三「行軍営日誌（写）」1935 年 11 月 29 日（資料 B，29 頁）。

18) 「ナン・ア・ウェン・チュアン収容所視察報告」（英文）（資料 A：B02032534900）。

19) 江見「〔重慶南岸鹿角郷の収容所にて〕」1945 年 11 月 5 日（資料 B，54-55 頁）。

20) 江見（同上）（資料 B，57 頁）。

21) 土田正一（前掲）（資料 B，169 頁）。

22) 〔和平村日本民主革命工作隊〕「備忘録」（資料 B，16 頁）。

23) 前掲「柳（劉）家湾抑留所視察報告」（英文原文）（資料 A：B02032534800）。

24) 土田正一（前掲）（資料 B，170-171 頁）。

25) 桜井勝（前掲）（資料 B，41 頁）。

26) 土田正一（前掲）（資料 B，173 頁）。

27) 土田正一（前掲）（資料 B，174 頁）。

28) 林誠「長谷川の手記補足」年代不明（資料 B，216 頁）。

29）「珍聞種種——待如上賓的〝俘虜〞」,『大威周刊』第1巻第1期, 1946年, 16頁。

30）貴志俊彦「中国の日本人捕虜と「対敵宣伝ラジオ放送」」, 貴志俊彦・川島真・孫安石編『増補改訂　戦争・ラジオ・記憶』勉誠出版, 2015年参照。

第 16 章

北京老字号飲食店の興亡

——全聚徳を例にして

山本英史

はじめに

　中華人民共和国商務部は2006年4月に「『中華老字号』認定規範（試行）」を発表した。「中華老字号」とは「長い歴史を持ち，代々に伝わる製品，技術，服務を有し，明確な中華民族伝統文化の背景と深い文化蓄積を具え，社会に広く認められ高い信用を生み出している商標」であるという。北京では当初67店がその条件に基づいて認定されたが，そのうち飲食業が20店を占めるという大きな特徴が挙げられる。

　北京は元，明，清の三つの統一王朝の帝都として700年以上の歴史を有し，帝政廃止後も南京国民政府期の22年間を除き，現在に至るまで一貫して中国の首都であり続けている。その特有の政治・経済・文化の環境の下，とりわけ飲食業に関しては清末民初に多様な店が生まれ，評判を得た店はいつしか老字号，すなわち老舗ブランドとしての名声を獲得した。そして，なかには「八大楼」などと並び称されるものも出現するに至った[1]。

　しかし，飲食業は他の業種と異なり政治・経済の状況変化の影響を直接受けやすく，繁栄する店がある一方で営業停止に追い込まれる店も少なくない。「中華老字号」に認定された北京の20店はいずれもみな時代の荒波に耐えて生き残った飲食店である。本章で主として取り上げる全聚徳烤鴨店（以下，「全聚徳」と略）はその象徴的存在といえよう。

　では，全聚徳はなにゆえ老舗ブランドになり得たのか。そして，その後の激動の時代をいかに乗り越え，現代に至っているのか。さらには現代ではどんな問題を抱えているのか。加えて，外国，とりわけ日本においてはいかなる評価を得ているのか。本章ではこれらの問題を明らかにして，一老字号飲食店から見た北京

339

近現代史を描く。

　北京の老字号飲食店の研究は日本ではほとんどない。一方，中国では1980年代後半から「老北京」，すなわち「古き良き時代」の北京を偲ぶ目的で著わされた書籍が数多く出版され，それに関連して北京の老字号飲食店に言及されたため，現在に至るまで記事蓄積は少なくない[2]。ただ，惜しむらくは，そのほとんどが懐古談の域を超えていないことである。

　大きな理由は史料の欠如にある。中国には地方志を定期的に編纂してきた伝統はあるものの，社史や企業の歴史をまとめる慣習がほとんどない。これは歴史編纂という営為が士大夫に特化してきた中国ならではの事情が原因であるのかもしれない。また，当時の経営のあり方を跡づける大福帳などの帳簿類もその存在が明らかにされていない。

　唯一有効な史料とされるのは1980年代になって辛うじて関係者自身が当時の記憶に基づいて語った文史資料，またはその関係者への聴き取りによって得られた口述情報をまとめた記録集であり，本章もこれらの史料に多く依拠している。

　全聚徳に関しては，創業者の孫の楊奎昌が1981年に語った内部の状況（楊奎昌「全聚徳烤鴨店百年滄桑」，中国人民政治協商会議北京市委員会文史資料研究委員会編『馳名京華的老字号』北京，文史資料出版社，1986年，57-69頁），及び独自に聴き取りを行って多くの貴重な情報を集めた邢渤涛『全聚徳史話』（北京，中国商業出版社，1984年）と李燕山『全聚徳的故事』（北京，燕山出版社，2008年）が役に立つ。ただ，これらの情報はみな典拠を示していないことから，その確固たる信憑性が担保できない。こうした点は老字号研究の特徴でもあり限界でもあることを最初に断っておく。

1　創業・発展・戦争

創業

　まず全聚徳の略史を以下にまとめる。典拠については特に注記しない限り上記楊奎昌，邢渤涛，李燕山が著した諸文献に基づいている。

　全聚徳の創業者は楊寿山といい，字は全仁，河北省冀県楊家寨の出身であった。10代の頃，故郷が自然災害に遭い，生活のため北京に移住することになった。

　当初は他人に雇われ，アヒルの飼育や填鴨（アヒルに餌を詰め込んで太らせること）と屠殺の技術を習得した。のち借金で得た少ない元手から生きたアヒルの商いを始めた。商売は順調にいき，少し蓄えができると前門外大街に鴨子攤と呼ばれるアヒル専売の露店を出した。折しも前門外大街の肉市にあった雑貨店が経営

340　第Ⅲ部　中国料理の文化と政治

困難になったことから，楊寿山はその店舗を買い取り，同治3（1864）年に挂炉
鋪（炙り肉屋）を開設した。そして，この店の屋号「徳聚全」を「全聚徳」に改
めた。以来，全聚徳は150年以上の歴史を持つことになる。

　前門外大街は前門（正陽門）の南にまっすぐ延びる，布市，煤市，糧市，魚市
などの多くの専門市場が密集した繁華街であった。肉市は大通りと並行する小胡
同であったが，生肉を売る市場として発展し，ここには多くの飲食店があった。

　全聚徳が営業を始めたばかりのときはまだ規模が小さく，炙り肉以外にまとも
な料理を作る竈がなく，腕のよい厨師もいなかったため，生きた鶏やアヒル，加
工した炉肉（バラ肉の焼豚）のほか，烤鴨（北京ダック）を売るのが主だった。

　烤鴨には二つの流派があった。一方は燜炉烤鴨といい，明初に南京から北京に
伝えられたとされる，キビ殻を用いて熱でアヒルを蒸し焼きにするもので，宣武
門外米市胡同の老便宜坊がその調理法でとりわけ有名だった。他方は挂炉烤鴨と
いい，清宮に発祥し，清末に民間に流伝したとされ，ナツメなどの果樹を用いて
直火で炙る北方由来のものだった。

　楊寿山は烤鴨の店を始めるにあたり，老便宜坊の悠久の歴史と繁盛ぶりを羨む
も，燜炉の後塵を拝したくなかった。そこで彼は清宮烤鴨技術を習得した孫とい
う厨師を招き，その挂炉烤鴨を導入した。全聚徳の挂炉烤鴨は次第に評判を得，
着実に発展していった。

発展

　楊寿山は1890年頃に死んだ[3]。楊寿山には楊慶長，楊慶茂，楊慶祥，楊慶余
の4人の息子がいたが，彼が死ぬと全聚徳の財産は三男で天津にもう一つの全聚
徳を創業した楊慶祥を除く3人で分割された。その結果，次男の楊慶茂が全聚徳
の掌櫃（支配人）になった。ただ楊慶茂は商売に向かなかった。そこで民国初年，
副経理が自分のいとこの李子明を推薦し，全聚徳の経営を託した。

　李子明は山東省栄成県の出身で，副経理となってから5年内に全聚徳の負債を
すべて償還し，経営を安定させた。この間2階建てに変身した全聚徳は各種の炒
菜（炒めもの料理）を献立に加え，実質を伴った飲食店になった。

　楊慶茂が1930年に死ぬと，楊家は身内に経営能力のある者がおらず，李子明
に掌櫃を委ねせざるを得なかった。李子明はこの機に店の一切を自分が仕切るこ
とを求めた。この結果，楊家は経営に口出しできず，店で勝手に飲み食いするこ
ともできなくなった。

　李子明は規則を厳しく定め，同郷の呉興裕を招いて特有の山東風味のアヒル料
理を全聚徳にもたらした。さらに彼は独自の方法でアヒル料理の質を高めた。そ

第16章　北京老字号飲食店の興亡　341

のため全聚徳は大商人，大官僚や大家の接待に使われて繁盛した。1930年代後半，全聚徳の烤鴨は質量ともに北京一との評判になった。日中戦争が勃発して間もなくライバルの老便宜坊が停業し，全聚徳が名実ともに北京烤鴨店の頂点に立った。

戦争

1937年7月7日，北京郊外の盧溝橋で日中戦争の戦端が開かれると，北京はたちまち日本軍に占領され，その支配下に置かれた。日本は国内の経済が悪化すると，戦争需要をまかなうことが国内からは困難となり，大量の物資を現地調達したため，中国の市場に大きな影響を及ぼした。商工業者は収入が原料の値上がりに追いつけず多大な損失を受けざるを得なかった。その結果，全聚徳が蓄積した資金もすべて損失した。

李子明は晩年アヘンに手を染め，酒で体を壊し，60歳余で死んだ。李子明は中興の功労者であったが，彼が掌櫃であった十数年間，楊家は事実上李子明に支配されていた。彼の死後，楊家は操縦可能な番頭の李培之を掌櫃にし，楊慶茂の長男楊奎耀が事実上業務を掌握した。1948年に李培之が死ぬと，楊奎耀が掌櫃になり，楊家は念願の「自東自掌」（店の所有者がみずから経営者になること）を実現した。しかし間もなく北京は「解放」されたため，楊奎耀は結果として最後の掌櫃であった。

全聚徳は日本軍と「漢奸」や特務による強要に苦しんでいたので，戦争が終わると平和な生活が戻ると期待したが，そうはいかなかった。1946年6月に国共内戦が始まると，日本軍に代わって国府軍や米軍が北京に入ってきた。「盟邦友軍」「敗陣傷兵」のただ食い騒動，壮丁の徴発，苛捐雑税の搾取，さらに急激なインフレが加わり，それらは全聚徳の経営に深刻なダメージを与えた。また商売を続けるためには地元の警察，税務署，衛生局，派出所，保甲長などとの関係も断ち切れず，便宜を図ってもらうには多額の賄賂と接待を必要とした。全聚徳はこうした一連の災厄により，まさに瀕死の状態になった。

以上の全聚徳の創業，発展，さらに日中戦争とそれに続く国共内戦下のあり方を概観するとき，全聚徳は，なにゆえ〝無〟の状態から起業し，北京でも屈指の老字号と称されるに至ったのか，また1930年代後半からの激動の時代にあっていかに試練をしのいだのかについて興味がわく。まずはこれら二つの問題を検討したい。

楊寿山は無一文の状況から北京に流れてきて商いを始めたのであるが，烤鴨という北京人に人気のある料理に目をつけたことが最初の成功だったと思われる。

342　第Ⅲ部　中国料理の文化と政治

店舗を設けた場所は北京を代表する商業区であり，「ここに店を出せば必ず儲かる」と判断した商売勘が決め手となった。

烤鴨に関しては北京で評判の店がすでに数多く存在していたが，楊寿山は焼き方に新味を出して対抗した。それには技術の革新，すなわち優れた厨師の獲得が大きい。楊寿山は挂炉烤鴨の厨師を引き抜き，宮廷烤鴨の味を伝えた。さらに楊寿山の後継者たちは挂炉烤鴨の技術を継承する厨師の雇用を維持し，その特有の技術の拡散・衰退を防いだ。

楊寿山の子孫たちは必ずしも商売に向いていたわけではなかったが，彼らを支えて経営を任された者たち，なかでも李子明の功績は無視できない。李子明は全聚徳を楊家の私物的個人経営から脱した企業へと成長させた。また，個人的な人脈を通して山東から炒菜に長けた厨師を招聘し，全聚徳に魯菜の献立を多く加えたことは，全聚徳を単なる烤鴨の店から北京を代表する山東料理の店へと引き上げた。

しかし，全聚徳が発展した要因に政治家，官僚，軍人，著名人との結びつきがあったことは注目に値する。同じく「中華老字号」の認定を受けた東興楼では「民国以後になると服務の対象はもっぱら軍閥や政客になった。当時軍閥が客を招待する時はいつも東興楼であった。そのため北洋政権期は東興楼の最盛期だった。1932年，国民党の要人白崇禧はここで巨費を投じて盛大な宴会を行った」とあり[4]，また豊沢園では「旧北京の高官，貴人，将校，名士，文化人はみな豊沢園を宴会謝礼や慶事集会の場とした。呉佩孚，韓復渠，溥傑，何応欽，白崇禧，張学良，宋哲元，傅作義，張自忠，佟麟閣，梅蘭芳，馬連良，譚富英などはみなここの上客だった」とあり[5]，さらに烤肉季では「辛亥革命後，顧客は次第に官僚，軍閥，大資本家や知名人が主となった」とあるように[6]，顧客の中に政治家，官僚，軍人などの権力者や知名度の高い文化人を獲得し，それが評判になり，さらに顧客を増やしたことである。とりわけ，政治家，官僚，軍人などが公費で宴会を開く際に何かにつけこれらの店を指名したことは大口の儲けを保障した。

全聚徳でもまた「軍閥張作霖や張宗昌もみな全聚徳の挂炉烤鴨を好んで食べた。その後日本とアメリカの侵略者たちもみな全聚徳の烤鴨を食した。激動の時代にあっても首都の挂炉烤鴨の名声を高め，全聚徳の護身符になった」とあるように[7]，このような人物たちが常連客となることで店の信用を増し，さらに多くの利潤をもたらした。梅蘭芳などの文化人もよくこの店を利用した。それは全聚徳が一流料理店であることを証明する役割を果たした。「当時の社交にあって全聚徳で接待するのが最も体裁がよく，最も豪勢だった」とされるように[8]，招かれた客たちの面子に対しても十分に満足を与えるものであった。重要なことは，全

聚徳自身がそれらの情報を「資源」として活用し，宣伝することでさらに顧客を獲得したことである。

　経営のあり方が店の評判を高め，やがて名店に発展していく例は何も北京老字号飲食店に限ったことでないが，このような政治家，官僚，軍人，著名人との結びつきが大きな要因になるのは，とりわけ政治・文化の中心都市北京ならではの特徴というべきであろう。

　中国で出版された多くの書物には，日中戦争が始まり北京が日本に占領されるとすぐに物資統制のためにとりわけ飲食業は経営難となり相次いで倒産したと記されているが[9]，少なくとも開戦当初はむしろ北京に好景気をもたらした。1938年3月19日付の『大阪朝日新聞』北支版の見出しには「北京，天津だけですでに5万人に迫る　物凄い北支邦人進出」とある。同紙はまた当時の前門外大街の様子として，「この付近に点在する色街から花やかな灯の光がただよってけばけばしい化粧の民国姑娘の香の高く遠く近くちらつく紅燈が人々を呼び掛けて来る」と軍制下の〝平和〟とはいえ夜も賑わう状況を伝えている。

　全聚徳は「当初営業は往時の繁盛の状態を保持した」とあるように[10]，日本人たちによる宴会の需要や観光客が落とす金によってしばらく潤ったに違いない。しかし，やがて戦争が長期化し，物資の統制が強まり，治安も悪化すると，全聚徳で食事を楽しむといった雰囲気は一変し，経営難になったことは確かだった。

2　人民中国と全聚徳

社会主義改造と全聚徳

　1949年1月31日，北京が人民解放軍によって無血開城されたことで[11]，全聚徳はその歴史に新たなページを加えることになった。

　この時期には北京私営商業の中でとりわけ飲食業の倒産が目立つ。北京市私営商業統計表によれば，1948年12月末に1,775戸あった飲食店が1951年6月末には217戸に激減している[12]。八大楼として名を馳せた店の多くもまた前後して停業しており，「解放」時に生き残ったとしても長くはもたなかったことを示している（表16-1）。

　「解放」時，楊奎耀は全聚徳の再興にすでに絶望していたので，甥の楊福来に店を収拾させ，自分は引退することを望んだ。楊福来は楊寿山の曾孫にあたる。かつて銀号（銀行業務を兼ねる両替商）の丁稚だったため，事務には比較的習熟しており，「解放」時わずか27，8歳だったが，北京に来て叔父に代わって経理になった。しかし全聚徳はすでに停業寸前の状態だった。

344　第Ⅲ部　中国料理の文化と政治

表 16-1　八大楼の興亡

	創業年	創業地	料理	停業年	復活年	復活地	再停業年
東興楼	1902	東安門大街	魯菜	1944	1982	東直門内大街	
泰豊楼	1874	前門外煤市街	魯菜	1952	1984	前門西大街	
致美楼	1842/1847	前門外煤市街	魯菜	1948	1980	宣武門長椿街	1992
鴻興楼	1930 年代	宣武区菜市口	魯菜	1949 前	1986	宣武区北緯路	1993
正陽楼	1843	前門外肉市	魯菜	1942	1984	前門西打磨廠街	2005
新豊楼	1912/1915	虎坊橋香廠路口	魯菜	1949/1952	1984	広安門内白広路	2004
慶雲楼	1820	地安門外煙袋斜街	魯菜	1950 年代初	2010	地安門外煙袋斜街	
春華楼	民国初期	和平門五道廟	江浙菜	1949 前	2013	西城区馬連道	

　「解放」後，人民政府は市民に質素な風潮を奨励したため，全聚徳は一層衰退した。たとえ当時の有産階級がかつての贅沢な生活様式を守っても，全聚徳の上客になることはなかった。さらに厳格な物価統制の下，店が高額の利益を得ることができなくなった[13]。

　当時，全聚徳の労資間に対立が生じていた。労働者側は，労働者が主人になったからには全聚徳の資産は疑いなく労働者のものだと考えた。一方，経営者側は国家が「公私兼顧，労資両利」を認めたからには[14]，経営者が当然一切の経済利益を受けることができると考えた。全聚徳は労働局の仲裁で通常通り営業はしても双方の意見の隔たりは大きく，行き詰まり状態にあった。

　1952 年初に北京全市で党員幹部の汚職，浪費，官僚主義に反対する三反運動の基礎に立った，資産階級の贈賄，脱税，国家資材の横領，手抜き仕事と材料のごまかし，国家経済情報の窃取を「五毒」として批判する五反運動が展開した[15]。職工たちの糾弾にさらされた結果，楊福来は全聚徳の営業停止，全資産を換金し，それによって得た金をすべて職工の解雇費とすることを提案した。しかし，これには労働者側が，「全聚徳は 100 年近い歴史があり国内外に名が知れているので，このようにして終わることはできない」と反対した[16]。

　楊福来は，前門区書記の李鋭に全聚徳の窮状を訴えると，李鋭は停業に反対し，間もなく市商業局信託公司に行って解決策を相談するよう指示した。信託公司の責任者劉仁龍は楊福来に対して上級の決定として公私合営を実行する旨を伝えた[17]。市政府は劉仁龍を派遣して公方代表の資格で経理を担当させ，楊福来には資方代表として副経理を担当させた。そして 1952 年 6 月 1 日に公私合営が成立した。全聚徳の公私合営は北京市の商工業が全面的に公私合営になる 4 年も前のことだった。

　公私合営は「実際には，党・政府の代表者が，民間企業の経営権を掌握した」

といわれるように[18]，民族資本の事実上の接収を意味した。そのため北京市人民政府が公私合営の対象とした老字号飲食店のすべてがこれによって経営を元のまま維持できたわけではなかった[19]。楊福来にもまた，①一旦合営になれば主権が失われ，創業の祖先に合わせる顔がなくなる，②公私合営後の公方や職工との関係が不明，③公私合営後業務が発展するかどうかは未知数，④株価が低く定められたら多年蓄積した財産が損失する，などの不安があった。半面，合営しなければ死を待つだけだとも感じた[20]。

　しかし，その点では全聚徳は破格に優遇されたといえる。全聚徳の公私合営後の状況報告によれば，「1952年6月1日，北京市信託公司の指導の下，全聚徳は正式に国家資本主義経済の軌道を歩み始め，職工たちの意欲は高まり，業務も次第に好転した。毎日2，3羽しか売れなかったアヒルは20羽以上売れるようになり，最初の1，2カ月で収支が釣り合い，3，4カ月で利潤が生まれ，この半年の営業が公私合営前の上半期に比べて1.5倍になった。1953年の業務はさらに発展し，職工の生活もこれによって向上・改善し，一切の生産には系統的な組織ができた。そのため顧客の不満も著しく減り，年間の収入は1952年に比べて19％増えた」とあり[21]，公私合営後の蘇生ぶりを伝えている。これには政府による優先的な融資や原料供給があったことが容易に推測できる。また，「この1年半の合営中，我々を指導する信託公司は我々の現場に参加して指導することはなく，一切の生産手続きと生産制度はなお元の状況であった」というように[22]，これが事実だとすれば，公私合営以後も信託公司は名目上の公方代表を派遣するだけで，店務活動には多く関与せず，日常業務は副経理の楊福来に委ねられたことがわかる。その結果，全聚徳の商売は年々よくなり，1954年の売上高は1951年の3倍になったという[23]。

　公私合営後，商売はさらに拡大した。1954年に最初の支店を西単に設立，1959年の建国10周年時には東城帥府園店（王府井店）を設立した。さらに1964年には前門本店を改修した。この結果，本店面積は2倍余になり，同時に600人を接待できるようになった。

　このような全聚徳の発展に共産党指導者のバックアップがあったことは否めない。毛沢東は，1949年10月ソ連との外交関係樹立に関連して中南海で宴会を挙行した際，全聚徳に烤鴨を発注したことをはじめとして[24]，国宴にこの店を積極的に利用した。また，公私合営の際に，「王麻子，東来順，全聚徳は永遠に保存しなければならない。内容は社会主義的だ。名称は封建時代的であってもかまわない。〝長城〟と〝省〟は元朝のときからこのように呼ばれているものだ」[25]と語ったことは，他の2店とともに全聚徳の存立に対し確かな保障を与えることになった[26]。

346　第Ⅲ部　中国料理の文化と政治

周恩来はことのほか全聚徳に肩入れした。1957 年 3 月 27 日，チェコスロバキア政府代表団の招宴のため全聚徳を訪れた周恩来は，38 年前に南開大学の学生時代に訪れたときの思い出を語ったという。これ以後，周恩来は北京における飲食業の発展に特別関心を持ち続けた。

　この背景には，中華人民共和国が安定し，多くの国と国交を樹立するに及んで，その招宴のために北京を代表する飲食店を確保する必要があった。また国内の幹部を首都の北京に集めて会議を開くための需要がさらにそれを後押ししたものと思われる。1952 年にいち早く全聚徳が公私合営を実現した際，同和居と豊沢園という同じ山東料理の老字号飲食店がともに公私合営し，国の管理下に置かれたことはそれを裏づけている。全聚徳は「我々が毎日接待する対象の半分以上は機関が招待する外国人賓客の宴会である」[27]というように，とりわけ外国要人の接待に不可欠な老字号飲食店であった。

　文革の際に全聚徳が攻撃の的になったことはしばしば語られる。ただ，屋号を「北京烤鴨店」と強制変更させられた以外，全聚徳の経営は文革期間中でも実質的に変化はなかった。その 1969 年後半，全聚徳は 3 階建の新ビルが落成し，営業を継続した。そして 2,700㎡，職工 256 人を擁し，各階 100 人の客を同時に接待できる大規模な大衆飲食店に発展した。

　1970 年代初，中国が国連に復帰し，アメリカや日本と国交を回復するに及んで外交が西側諸国にまで拡大し，全聚徳の需要はさらに増した。周恩来の外交に「烤鴨外交」なるものがあった。1972 年 2 月のアメリカのニクソン大統領が訪中する前の 1971 年 7 月，周恩来はキッシンジャー特使と会談し，交渉が難航したとき，「まず食べよう。烤鴨が冷めてしまう」と話題を切り替え，和解が実現したといわれる。

　周恩来は生前 27 度にわたって全聚徳で外国の賓客を招宴した。また，大宴会を賄える店舗拡張を提案し，1979 年に和平門店が建設される基礎を作った[28]。

改革開放政策と北京老字号飲食店

　1980 年代，改革開放政策の開始と国民の生活水準の向上に伴い，全聚徳の経営規模は飛躍的に拡大した[29]。1982 年管理体制の改革により前門店は第一服務局に，和平門店と王府井店は第二服務局に帰属し，のちさらに第一服務局と旅遊局が合併したため，前門店は旅遊局に帰属した。改革は企業に活力を与え，3 店はいずれも経営を拡大し，互いに正宗を争うようになった。

　社会主義市場経済が始動した 1992 年 8 月，前門店は敷地面積 3,800㎡，800 人の客に対応する新店を正式に営業し，北京前門烤鴨集団の成立を宣言して国内

26店，国外5店で構成する集団化を開始した。この背景には当時の外資系飲食業の北京進出があった。1987年，肯徳基（ケンタッキー・フライドチキン）が北京前門に1号店を開業し，若者たちにはトレンディなデートスポットとして人気を博した。1992年3月には王府井の一角に吉野家1号店が開業し，北京の市民にとって通常1食の3倍はする価格であったにもかかわらず，「早くてうまい」との評判を得た[30]。しかし，さらに脅威となったのは麦当労（マクドナルド）であった。1992年4月に王府井大街南口に1号店を開業し，1996年以後は全国15都市に100軒以上のチェーン店を展開した[31]。北京のある小学校のアンケートによれば，全聚徳よりもマクドナルドの知名度が高かったという[32]。さらに市場経済の本格化によって生じた経済発展と消費文化，流通革命などの新時代の到来は，北京における飲食業のあり方を大きく変えることになった。新潮の広東料理，海鮮，新奇な味つけや豪華な装飾，質の高いサービスなどが市場を占領した。個体戸経営店，流行火鍋，良質で安く融通のきく店が出現し，四川料理，淮揚料理から全国各地の料理が北京に普及した。

　このような情勢に北京の老字号飲食店はいかに対応したか。八大楼をはじめとして1980年代の北京では多くの老字号飲食店が復活した（表16-1参照）。しかし，往年の味は再現されても長い間に培われた体質の下，服務員たちの意識は時代の変化についていけず，サービスの悪い店は軒並み客を減らすことになった[33]。また，厨師たちも給料の高い新興店に引き抜かれることが多く，味そのものも維持することが困難になった。

　その典型は正陽楼である。かつての八大楼を代表する咸豊3（1853）年創業の山東料理の名店であった正陽楼は，1984年12月30日前門の西打磨廠街に1階は大衆向けのファストフード，2階は本格的な山東料理を提供する店として復活した[34]。しかし，「この店は国営レストランであり，衛生状態と料理の値段にはともに厳格な基準があるので，安心して食事ができるが，サービスはやはり国営レストランの風格と水準のままである」と2004年までのガイドブックには評されていた[35]。そして予想に違わず，翌年の2005年には営業停止に追い込まれた。

　全聚徳も資金や経営の面で外資系チェーン店や新興店に対抗しきれなかった。そのため全聚徳は企業全体の統一した集団化が緊急課題になった。1993年5月，北京市人民政府の肝いりで中国北京全聚徳烤鴨集団公司が成立した。この結果，新たな会社は前門店，王府井店，和平門店の3店を中核とし，50社余りの共同経営企業を系列に入れ，分散独立していた経営を一本化した。その後，全聚徳の集団企業化はさらに進んだ。1994年6月には他の6社と組んで北京全聚徳烤鴨股份有限公司という株式会社を設立した。さらに2003年11月には北京華天飲食

集団と共同して聚徳華天控股有限公司を設立，2004年11月には中国全聚徳（集団）股份有限公司と改名して，北京首都旅游集団有限責任公司の傘下に入った。

　この間，全聚徳をモデルにした舞台劇「天下第一楼」が1988年以来上演を続け，1990年には映画「老店」が上映され，2004年にはテレビドラマ「天下第一楼」が放映されて，その知名度を確たるものにした。また2008年6月にはその挂炉烤鴨の技術が国家級非物質文化遺産（無形文化財）に登録された。

　このような一連の集団企業化やイベント化が北京オリンピックの開催と連動していたことは疑いない。北京オリンピックはその三大理念として「緑色奥運」「科技奥運」とともに「人文奥運」なるものを掲げ，それは「中華民族及び北京の優れた伝統文化を世界に向けて発信するもの」とされ，なかでも老字号の役割の重要性が強調された[36]。2006年に商務部がこれらの店を「中華老字号」に認定したこともこの一環と見られる。

　松本理可子は，全聚徳が改革開放後に発展した理由は単に国営企業の優位性にあるのではなく，北京市政府が長い歴史を持ち北京という地域に密着した無形資産価値を持つ老舗産業を文化産業として位置づけ，その発展を積極的に推進したことにあるという[37]。ちなみに2004年の企業再編において中国全聚徳（集団）股份有限公司と北京東来順有限責任公司の2社だけが特別に北京首都旅游集団有限責任公司という大手国有旅行会社の傘下に入ったのは，そうした背景を物語っている。

　改革開放政策の下においてなお全聚徳は時代の変化の中で姿かたちを変えながらも，依然として国・政府の庇護があったこと，そしてこれまでと同様の文脈において成長・発展を続けていったことがうかがわれる。しかし，「老舗企業の中でもとりわけ飲食企業は，政府のコントロールが及ばない川下産業である」[38]というように，市場経済下にあってそのような国・政府の庇護はどこまで効力を持ち続けるのであろうか。

　近年の北京市民の所得増加は，これまでの老字号飲食店の顧客層に明らかに変化をもたらした。役人や機関の団体客が中心だったテーブルに民間グループや家族連れ客が目立つようになった。同時に雑誌やインターネットで評判になった店には長蛇の列ができ，反対に伝統的な老字号には年配客以外足を運ばなくなる傾向が現れ始めた。比較文化の研究者である張競はすでに1997年の時点で次のように述べている。

　　〔全聚徳は〕かつては事前に予約しないと，席が取れないほど繁盛していたが，いまはひと昔前には想像もできないほど落ちぶれている。そのかわり，新興の

「大董烤鴨店」のほうが大人気だ。（中略）「全聚徳」は昔の味を守り続けたのに，客はかえって逃げてしまったのは象徴的な出来事だ。時代の変化についていけない料理店は早晩，消費者にそっぽを向かれてしまうのだ。脂肪の多い料理は貧困の時代こそ御馳走であったが，いまは不健康の代名詞になってしまった。時代にふさわしい対応を取らなければ，老舗とはいえ，淘汰される運命を免れない。[39)]

また，作家譚璐美は大董烤鴨店について2004年に次のように述べている。

最近の北京では，こうしたさっぱり味の北京ダックが人気を呼んでいるらしい。近代化された中国ではコレステロールの増加に気を配り，健康管理をするのが重要になり，女性たちが必死でダイエットにいそしむ姿も見られるようになった。北京ダックは食べたいけれど，脂身が気になるという客も少なくないのだろう。なるほど店は若い客女性客でいっぱいだった。[40)]

大董烤鴨店は原名を「北京烤鴨店」といい，1985年に創業，2001年に国営から改制された北京ダック専門店で，飽食の時代を迎えた北京にあって淡泊な北京ダックを提供することで一躍人気を得ている。加えて，1997年に創業した新派烤鴨を売りにする鴨王烤鴨店は，価格の安さと機敏な接客が好評で，もう一つの人気店として急成長している。北京人にとって全聚徳はもはや北京烤鴨店の代名詞でなくなったといってよい。

さらに全聚徳自身が2013年上半期の純利益が前年度の10-40％減になった原因として「公務員の接待需要が落ち込んでおり，鳥インフルエンザが悪影響を与える」と説明しているように[41)]，習近平政権が打ち出した節約令や鳥インフルエンザの流行拡大が消費に打撃を与えており，全聚徳の前途に影を落としている。

市場経済の下，こうした諸事情は全聚徳に新たな試練を課しているように思われる。

おわりに

以上，本章では北京老字号飲食店の代表する全聚徳の興亡史を振り返った。その結果，全聚徳はいつの時代においてもその地理的歴史的環境において政治家や官僚，さらには国・政府の大きな庇護のもとに順調な発展を遂げてきたこと，その状態は改革開放の時代にあっても形を変えて維持されたが，近年の市場経済の

350　第Ⅲ部　中国料理の文化と政治

急速な発展の下，大きな転換点を迎えていることが明らかになった。だが，この状況は必ずしも全聚徳という一老字号飲食店に限ったことではない。北京老字号飲食店のもう一つの例として東来順を引き合いに出し，その履歴について簡単にふれておきたい[42]。

　東来順の創業は原籍が河北省滄県の回族であった丁徳山が光緒 29（1903）年東安市場内の一角に清真食品を売る露店飯屋を開いたことに始まる。店は次第に発展し，羊肉を薄く切る技術に長けた正陽楼の厨師を引き抜いて涮羊肉の評判を高め，1930 年代には正陽楼を凌ぐ総合企業に成長した。1940 年代の戦争は東来順にも打撃を与え，「解放」時には停業寸前にまで追い込まれたが，1955 年に公私合営が成立し，「〔政府の〕〝生産を発展させ供給を保証する〟方針の下，窒息状態から蘇生した。こののち数年，経営はさらに向上した。とりわけ原料供給面で政府は〝特需〟によって優先供給を保証した」[43]というように，大きな障害であった原料の供給面の問題が急速に改善された。文革のとき，東来順のすべての人員は暫時新僑飯店に移され，「民族餐庁」（のち「民族飯荘」）と改名を強いられたが，経営は継続維持され，1969 年には 3 階建のビルを持つ大型飲食店に拡大した。1970 年代に入ると外交と旅行事業の発展により，涮羊肉を賞味する外国人が多くなり，東来順もまた高い評価を受けた。鄧小平をはじめとする党幹部たちは度々この店で外国の要人を招待したという[44]。さらに 21 世紀に入ると北京東来順集団有限責任公司として集団化を実現，全聚徳とともに北京首都旅游集団有限公司の傘下に入った。しかし，最近の北京における激辛ブームを背景とした新興火鍋チェーン店の店舗拡大は，東来順の経営に大きな影響を与えており，その対応に苦慮している[45]。

　以上のような状況はひとり東来順だけに止まるものではない。国・政府の下で発展しつつも近年その庇護が及ばなくなった北京に現存する老字号飲食店のほとんどは，程度の差こそあれ似たような道を歩み，似たような立場に置かれているといってよいだろう。

　最後に全聚徳は日本という外国ではいかに評価されているかについて触れておきたい。

　日本人が日本国内で最初に挂炉烤鴨を食したのは戦前であることが確認できるが[46]，それに全聚徳がどのように関わっていたのかは定かでない。全聚徳の本格的な日本との関わりは日中国交回復後に始まると見られる。

　1980 年，日中合弁の京和により東京芝の留園で全聚徳より転属した厨師と輸入食材とを基に北京ダックの店を開業し，日本各界の人士の歓迎を受けたという[47]。また，1997 年には㈱トーコーアドが全聚徳と提携して北京ダックの店「全

紅華」を渋谷に開業した[48]。

　中国全聚徳（集団）股份有限公司になってからの全聚徳自身の日本への進出は2004年4月に㈱東湖と業務提携して全聚徳ジャパンを設立したのが最初である。2004年10月に新宿に1号店を，続いて2005年10月に銀座に2号店を，さらに2014年1月に六本木に3号店を開業した。とりわけ銀座店は初期投資4億円をかけ，内装に四合院を取り入れた日本進出の拠点であり，「今後は，銀座店を軌道に乗せたうえで，年に1店のペースで首都圏や地方都市に出店を続けていく方針」であったとされる[49]。

　しかし，銀座店は2016年2月に調理中排気ダストが作動しなかったことに原因する火事を起こして長期休業を余儀なくされた（2018年11月，同じ銀座5丁目の近くのビルに移転・リニューアルして営業を再開している）。新宿店と六本木店は旧来の店を維持するも，その後の店舗数拡張は果たされていない。

　北京ダック1羽の値段は2019年3月現在，新宿店ではカナダ産9,800円，国産（京都産）14,800円，六本木店ではカナダ産8,800円，国産13,000円であり，北京からの輸入は行われていない（再開した銀座店ではタイ産を11,800円で提供している）。日本の全聚徳に来る日本人顧客は2派に分かれる。北京ダックは皮しか食べないものと信じる本場の味を知らない客にとっては，全聚徳のブランドはさほど大きな意味を持たない。さらに食の不安の広まりが大陸由来の店を敬遠する気分を増幅する。北京の全聚徳での烤鴨食体験があり，日本でもそれを追体験したいと思う客にとっては，アヒルが北京産ではなく，おまけに価格が3倍以上するものであってみれば，それをそう頻繁に食べたいとは思わない。さらに最近の北京観光客の激減が「本場の味」を体験する機会を少なくしている。

　前述のように，全聚徳のこれまでの発展の背景には常に国・政府の支援があった。そうした「親方日の丸」ならぬ「親方五星紅旗」によって育まれてきた北京老字号飲食店は，いまその中国国内における市場経済の厳しい洗礼を受けている。ましてや「親方」の目が行き届かない日本をはじめとする海外の資本主義市場への進出が前途多難であることは，全聚徳の例を見ても容易に理解できるのではないかと思われる。

　　　　　＊追記　本研究は，津田（高橋）芳郎氏を代表とする海外学術調査の一
　　　　　　　　環であったが，2009年3月における津田氏の急逝により頓挫のやむ
　　　　　　　　なきに至っていた。ここに新たな共同研究に参加する機会を得て本稿
　　　　　　　　を完成できたことは，10年に及ぶ宿題のいくらかを果たせた感がする。
　　　　　　　　改めて津田氏の冥福を祈りたい。

1) 「八大楼」とはいずれも屋号に「楼」の字がつく北京の8軒の有名店であり，それは
   東興楼，泰豊楼，致美楼，鴻興楼，正陽楼，新豊楼，慶雲楼，春華楼の8軒をいう。
   ただし，致美楼，鴻興楼，春華楼の代わりに万徳楼，悦賓楼，会元楼を入れるもの，
   慶雲楼の代わりに安福楼を入れるものなど，いろいろな説がある。同時期には他に
   「八大居」「八大春」などと並び称される店も存在した。

2) 主なものとして以下が挙げられる。侯式亨編著『北京老字号』北京，中国環境科学出
   版社，1991年。孔令仁・李徳徴主編『中国老字号』北京，北京高等教育出版社，
   1998年。王紅『老字号』北京，北京出版社，2006年。王憶萍・文彦・張元立主編『中
   華老字号的故事』済南，山東画報出版社，2012年。

3) 全聚徳の公式見解では楊寿山の没年を1890年としている。ただし，楊奎昌は「先祖
   父は創業以来経理を担当したが，1896年，高齢のため次男にそれを譲った」と語っ
   ている（中国人民政治協商会議北京市委員会文史資料研究委員会編『馳名京華的老字
   号』北京，文史資料出版社，1986年，58頁）。

4) 鄒祖川「東興楼興衰記」，中国人民政治協商会議北京市委員会文史資料委員会文史資
   料研究委員会編『文史資料選編』24輯，北京，北京出版社，1985年，269頁。

5) 侯式亨編著（前掲）『北京老字号』，112頁。

6) 季閣臣「銀錠橋畔烤肉季」，中国人民政治協商会議北京市委員会文史資料研究委員会
   編（前掲）『馳名京華的老字号』，129頁。

7) 邢渤涛『全聚徳史話』北京，中国商業出版社，1984年，41頁。

8) 中国人民政治協商会議北京市委員会文史資料研究委員会編（前掲）『馳名京華的老字
   号』，65頁。

9) 例えば，王質如「便宜坊燗炉烤鴨店」，王永斌「都一処焼麦館」，ともに中国人民政治
   協商会議北京市委員会文史資料研究委員会編（前掲）『馳名京華的老字号』，76頁，
   103頁。

10) 中国人民政治協商会議北京市委員会文史資料研究委員会編（前掲）『馳名京華的老字
    号』，63-64頁。

11) 日本国際問題研究所中国部会編『新中国史料集成』第2巻，日本国際問題研究所，
    1963年，416頁。

12) 北京市地方志編纂委員会編『北京志』総合経済管理巻工商業管理志，北京，北京出版
    社，2001年，76頁。

13) 王玨・劉源波「全聚徳烤鴨店従山重水復到柳暗花明」，北京巻編輯組編『中国資本主
    義工商業的社会主義改造』北京巻，北京，中共党史出版社，1991年，525-526頁。

14) 毛沢東が1948年2月27日の商工業政策についての党内指示（中国共産党中央委員会
    毛沢東選集出版委員会編『毛沢東選集』第4巻，北京，外文出版社，1968年，267頁
    所収）を踏まえ，1949年9月に採択された「中国人民政治協商会議共同綱領」による。

15) 中共中央文献研究室編『建国以来重要文献選編』第3冊，北京，中央文献出版社，
    1992年，53頁。

16) 北京巻編輯組編（前掲）『中国資本主義工商業的社会主義改造』北京巻，526頁。

17) 同上，526-527頁。

18) 岩間一弘『演技と宣伝の中で——上海の大衆運動と消えゆく都市中間層』風響社，

2008 年，32 頁。

19) 『北京市人民政府工商管理局案巻』（北京市檔案館蔵，0022-008）。

20) 北京巻編輯組編（前掲）『中国資本主義工商業的社会主義改造』北京巻，527 頁。

21) 「全聚徳飯荘公私合営前後状況報告」1956 年 11 月 2 日（北京市檔案館蔵，0085-001-85）。

22) 同上。

23) 北京巻編輯組編（前掲）『中国資本主義工商業的社会主義改造』北京巻，528-529 頁。

24) 韓凝春主編『商道循之：中華老字号輯録』北京，中国経済出版社，2016 年，8 頁。

25) 毛沢東「同民建和工商聯負責人的談話」（1956 年 12 月 7 日），中共中央文献研究室編『毛沢東文集』第 7 巻，北京，人民出版社，1993-99 年，171 頁。

26) 王麻子は順治 8（1651）年創業の鋏の製造販売を専門とする店。東来順は光緒 29（1903）年創業の涮羊肉（羊のしゃぶしゃぶ）で有名な回民飲食店で，2 店とも現在「中華老字号」に認定されている。

27) 前掲「全聚徳飯荘公私合営前後状況報告」。

28) 韓凝春主編（前掲）『商道循之：中華老字号輯録』，8-9 頁。

29) 北京巻編輯組編（前掲）『中国資本主義工商業的社会主義改造』北京巻，529 頁。

30) 「北京——牛丼店，人気呼ぶのも早い。目立つ若者，家族連れ」，『日経流通新聞』1992 年 3 月 24 日 27 頁。

31) 北京のマクドナルドについては，Yunxiang Yan, "McDonald's in Beijing: The Localization of Americana," in James L. Watson (ed.), *Golden Arches East*, Stanford, California: Stanford University Press, 1997. を参照。

32) 「マクドナルド中国 1 号店移転——現在は 100 余店。北京ダックより有名？」，『日本経済新聞』1996 年 12 月 3 日（朝刊）9 頁。

33) 一方では「人民のために奉仕しよう」とのスローガンが提唱されたにもかかわらず，服務員が顧客に対してサービスに努めることは相手に媚びることを意味し，対等の関係を示さないとして批判される傾向が続いたことが影響している。

34) 許志綺「幾代興亡正陽楼」，『北京工商管理』2002 年 6 期（2002 年 6 月），46-48 頁。

35) 北京城市指南文化伝播有限公司編『吃在北京』北京，中国商業出版社，2004 年，397 頁。

36) 陳文「北京老字号的振興与発展」，『上海商業』2007 年 5 期（2007 年 5 月），54 頁。

37) 松本理可子「文化産業としての中国老舗企業——全聚徳と前門地区を事例として」，『アジア研究』62 巻 4 号（2016 年 10 月），16-32 頁。

38) 同上，17 頁。

39) 張競『中華料理の文化史』筑摩書房，1997 年，263 頁。

40) 譚璐美『中華料理四千年』文藝春秋，2004 年，184 頁。

41) 「中国企業。13 年業績回復力弱く。鳥インフルなど影響」，『日本経済新聞』2013 年 4 月 28 日（朝刊）5 頁。

42) 東来順に関しては，1984 年 12 月に東来順の元副経理であり，当時北京市東城区政協委員であった馬祥宇が語った内部状況（馬祥宇「以涮羊肉聞名的東来順」，中国人民政治協商会議北京市委員会文史資料研究委員会編（前掲）『馳名京華的老字号』，87-91 頁），元北京市東城区副食品公司幹部であった董善元が東風市場檔案，地方文

354　第Ⅲ部　中国料理の文化と政治

献，100 人に及ぶ老職工や商人からの聴き取りに基づいてまとめた著作（董善元『闌闠紀勝：東風市場八十年』北京，工人出版社，1985 年，及び同「東来順三部曲」，謝牧・呉永良編『中国的老字号』北京，経済日報出版社，1988 年，267-274 頁）が有用である。

43）中国人民政治協商会議北京市委員会文史資料研究委員会編（前掲）『馳名京華的老字号』，93-94 頁。

44）董善元（前掲）『闌闠紀勝：東風市場八十年』，124 頁。

45）2006 年に商務省と中国料理協会などが発表した 2005 年飲食業上位 100 社ランキングには火鍋店を展開する企業が 22 社入っており，上位 10 社では 5 社がそのチェーン店であるという（「火鍋チェーン，急成長——中国の飲食業，上位 100 社の 2 割に」，『日本流通新聞』2006 年 6 月 30 日 17 頁）。東来順は 2016 年に新派の新疆料理店「阿凡提嘉年華」と連携して「東来順老北京故事餐庁」というテーマレストランを東大橋に開業した（2019 年 2 月現在，日壇北路の日壇国際酒店内に移転）。内装を現代風にし，涮羊肉と新疆料理が同時に食べられることを売りにして外国人や若者層を顧客に取り込もうとする新しい試みであるが，成功するかどうかは未知数である。

46）古川緑波の 1936 年の日記には「支那街のヘイ珍楼へ行く。うまし。量が多いのでいろいろ食へないのは残念。八宝全鴨や掛炉烤鴨を，次の機会前注文で食馳せろと言っとく」（3 月 24 日）と「それからすぐ傍の陶々亭で，吉岡専務の御馳走会，又こゝでも掛炉烤鴨をたらふく食ひ」（6 月 1 日）の 2 カ所で「掛炉烤鴨」に言及されており，当時横浜中華街の聘珍楼や東京日比谷の陶陶亭では掛（挂）炉烤鴨を提供していたことがわかる（古川ロッパ『古川ロッパ昭和日記』晶文社，1987 年，158 頁，182 頁）。草野美保氏の御教示による。

47）「北京ダックがやってきた」，『朝日新聞』1980 年 1 月 21 日（朝刊）15 頁。

48）「トーコーアドが専門店，北京ダック本格調理で——〔12 月〕2 日，渋谷に 1 号店」，『日本経済新聞』1997 年 12 月 9 日 11 頁。「トーコーアド，北京ダック専門店，東京・原宿に出店」，『日経流通新聞』1997 年 12 月 9 日 11 頁。

49）「秀作店舗 2006 全聚徳銀座店　東京・銀座」，『月刊食堂』541 号（2006 年 1 月），134 頁。

後　記

　2016-17年度の2年間にわたって，公益財団法人高橋産業経済研究財団から研究助成をいただき，「中国料理と近現代日本」という共同研究プロジェクトを実施できた。本書は，慶應義塾大学東アジア研究所のご助力を得て，その成果をまとめたものである。今回の共同研究には，本書の執筆者のほかに，三尾裕子氏（慶應義塾大学），田島奈都子氏（青梅市立美術館），大塚秀明氏（筑波大学）にご参加いただけた。

　本プロジェクトと関連して開いた研究会は，次の通りである（所属は当時のもの，敬称略）。

・2016年6月25日（土）に慶應義塾大学三田キャンパスにて開催。
　山本英史（慶應義塾大学名誉教授）「中国料理をめぐる近現代東アジアの文化交流──四川マーボー豆腐の日本への伝播と展開」（第31回慶應義塾大学東アジア研究所学術大会における口頭発表）。
・2016年7月4日（月）に慶應義塾大学三田キャンパスにて開催。
　講演会　Katarzyna J. Cwiertka（Leiden University），"The Kimchi File: Exploring Inter-Asian Connections during Vietnam War."
・2016年10月2日（日）に慶應義塾大学三田キャンパスにて開催。
　国際シンポジウム「東アジアの食文化交流」
　張展鴻（香港中文大学）「流浮山──香港における牡蠣養殖と食文化遺産に関する比較研究のアプローチ」，赤嶺淳（一橋大学）「日本のサメ産業──気仙沼における津波からの復興と世界的反フカヒレ運動のなかのサメ食文化の普及促進」，ファーラー・ジェームス（上智大学）「上海のグローバルフードスケープ──国際移民と都市食文化」
・2016年10月2日（日）に慶應義塾大学三田キャンパスにて開催。
　公開ワークショップ「中国料理と近現代日本①」
　陳嘉適（マカオ旅遊学院）「戦後日本における中国料理の発展に関する一考察──食品生産・流通産業の視点から」，座談会「近現代日本の中国料理に関する新たな研究の可能性」（岩間一弘，浅野雅樹，三尾裕子，山本英史，貴志俊彦，草野美保，田島奈都子，田村和彦，西澤治彦，陳嘉適，陳來幸，陳玉箴，李培徳）。

357

・2017 年 1 月 23 日（月）に慶應義塾大学三田キャンパスにて開催。

講演会　馬軍（上海社会科学院）「近代上海のダンスホールと食文化——パラマウント（百楽門）を中心として」

・2017 年 7 月 1 日（土）に慶應義塾大学三田キャンパスにて開催。

草野美保（味の素食の文化センター）「日本における中国料理の受容——明治〜昭和 30 年代の東京を中心に」（第 32 回慶應義塾大学東アジア研究所学術大会における口頭発表）。

・2017 年 10 月 14 日（土）に京都大学稲盛財団記念館にて開催。

ワークショップ「中国料理と近現代日本②」

藤原辰史（京都大学）「牛乳の近代日本史——雪印乳業を中心に」，岩間一弘（慶應義塾大学）「日本の中国料理はどこから来たのか——中国料理の世界史に向けて」，草野美保「日本における中国料理の受容——明治〜昭和 30 年代の東京を中心に」，山本英史「北京老字号餐庁の興亡——全聚徳烤鴨店を例にして」，陳嘉適「日本の中国料理と香港の日本料理——料理人の現地化と業界組織の変化」。

・2017 年 12 月 25 日（月）に慶應義塾大学三田キャンパスにて開催。

講演会　巫仁恕（中央研究院近代史研究所）「無肉令人痩——東坡肉的形成興流衍初探」。

・2018 年 2 月 3 日（土）に慶應義塾大学三田キャンパスにて開催。

ワークショップ「中国料理と近現代日本③」

陳玉箴（国立台湾師範大学）「料理人，教学者，食品公司——二次戦後台湾輸出日本的『中華料理』（1945-1970 為中心）」，西澤治彦（武蔵大学）「『中国料理』はいつ生まれたのか？——「国民料理」としての中国料理の成立を巡って」，李培徳（香港大学）「味之素在中国及其与味精的竞争」，陳來幸（兵庫県立大学）「日本の華僑社会におけるいくつかの中国料理定着の流れ」，貴志俊彦（京都大学）「食・病・生活——1940 年代中国の日本人捕虜をめぐって」，川島真（東京大学）「戦前の女性誌の中の『支那』料理」，田島奈都子（青梅市立美術館）「戦前期の婦人向け雑誌に見る中国料理記事について」，大塚秀明（筑波大学）「戦後料理本の書名に見られる中国料理と中華料理について」，三尾裕子（慶應義塾大学）「タピオカミルクティから見たグローバリゼーション——ローカル・ビジネスからグローバルビジネスへ」，浅野雅樹（慶應義塾大学）「国際漢語教育用中級テキストに見られる飲食文化の記載について——学習指導ガイドラインとの整合性を中心に」。

くわえて，このプロジェクトが始まる数年前，日本で料理を対象とした人文社会系の学術研究に本格的に取り組み始めようとしたときには，一抹の勇気が必要であったが，社会学の園田茂人先生（東京大学），文化人類学の西澤治彦先生，歴史学の貴志俊彦先生の激励は本当にありがたかった。

　そして今こうして振り返ると，思った以上に多くの研究会を開いて，豪華なメンバーに見識を披露いただき，親交を結ばせていただけたことに感謝するほかない。これらの研究者の方々や後述する飲食業界の方々などには，見識・情報・資料を惜しげもなくご披露いただき，食の文化交流史を本気で研究し始めて日の浅い編者にとって，それらが財産になったことは言うまでもない。ただし，煩雑な庶務・会計業務が生じる研究会の運営は，矢久保典良氏（慶應義塾大学）の尽力なくしては立ちゆかなかった。どうもありがとうございました。

　それにしても，中国料理を通して多くのご縁に恵まれていることは幸せの限りである。本プロジェクトでは，大学などに所属する研究者のほかに，飲食業・食関連産業の関係者にも貴重なインタビューをさせていただく機会を少なからず持てた。各論文内で記させていただいた方々のほかにも，日本中国料理協会の朝倉孝和氏，関根高志氏，銀座アスターの和多田麻美氏，関口則子氏，ホテル雅叙園東京の近藤紳二氏，松栄興産の細川雅義氏，味の素の牛島康明氏，草野文夫氏，ゼロイチ・フード・ラボ（上海）の藤岡久士氏，小林純子氏，中国料理研究で名高い故・中山時子氏，木村春子氏，中日文化研究所の重森貝崙氏，大栄貿易の陳英明氏，丸美屋食品工業の志澤義治氏，鳴見製陶の野田幸宏氏，高島秀樹氏，梅田早苗氏，日清食品の松尾知直氏，髙橋晶子氏（所属はインタビュー当時のもの）をはじめ多くの方々にお世話になった。心より感謝申し上げます。

　本論集の分厚さ，執筆者の多さ，各論文の濃密さからは，語らずにはいられない中国料理の魅力があふれ出ているようさえに感じられないだろうか？　とにかく食の話となると，研究会の時間も，論集の紙面も足りなくなり，主催者・編者としてはうれしい悲鳴，幸福な嘆きを連発した。そうして大ボリュームになってしまった本論集の出版に向けた作業をご快諾くださった慶應義塾大学出版会の西岡利延子氏に御礼申し上げたい。また，結果として本論集の執筆者の多くが「日本人」となったことは，日本の中国料理業界で日本人コックが大半を占めることと同様に，今日の日本社会に中国料理が深く根ざし，広く愛されていることの証しであるようにも思える。とはいえ，読者からしてみれば，このようにこってりした主菜（メイン料理）ばかり16品以上も続くカロリーオーバーの宴会料理を食べさせられて，もうお腹いっぱい，しばらく中国料理（の著作）は見たくない，ということにならなければよいのだが……。

後記　359

総じて中国料理に関する人文社会系の学術研究はやや停滞気味であったが，本論集がその面白さや可能性を少しでも伝えることができたのかどうかは，読者の評価に委ねるしかない。日本では食文化研究というと，典拠のない思いこみや俗説まがいの言説がはびこって，学術研究としての位置づけが低くなることもあったように思う。しかし，近年には英語圏での食研究（food studies），なかでも日本をはじめとするアジア料理の歴史や文化に関する研究が，フォローするのも大変なほど続々と興味深い成果を生み出している。それに続いて日本及びアジア圏でも，学術的な食の研究がにわかに活況を呈してきた。こうした新たな動向に取り残されることがないように気を引き締めながら，さらに楽しみ，さらに精進して参りたい。

2019 年秋

岩間一弘

付　録

資料①　東京(都心)有名中国料理店地図（全5点）
資料②　中国料理関連文献目録（作成：草野美保）

資料①-1　東京（都心）有名中国料理店地図【1930年代】

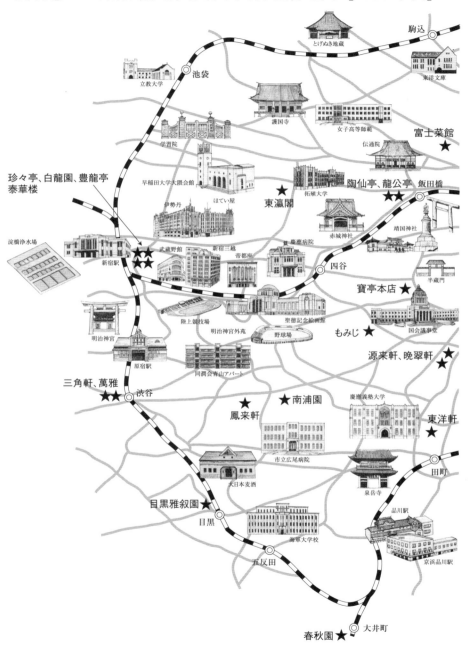

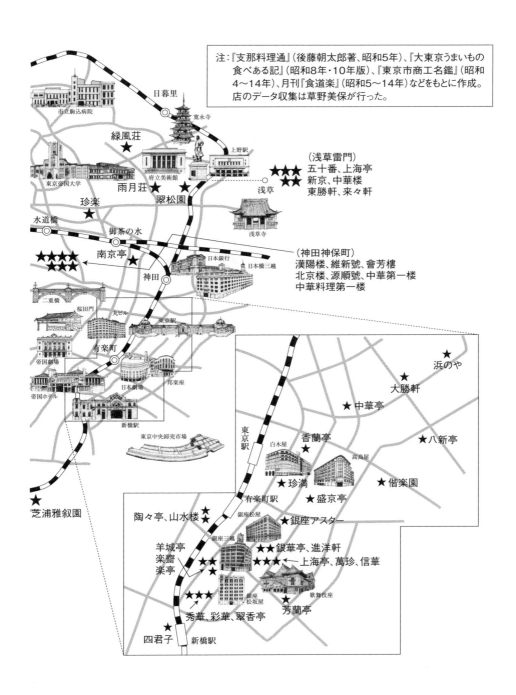

資料① 東京(都心)有名中国料理店地図

資料①-2　東京（都心）有名中国料理店地図【1961年】

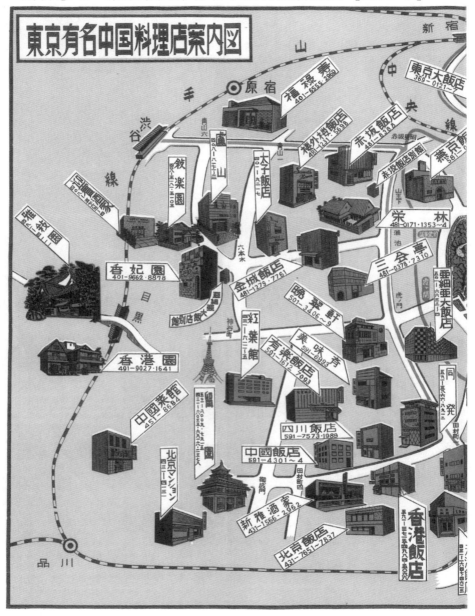

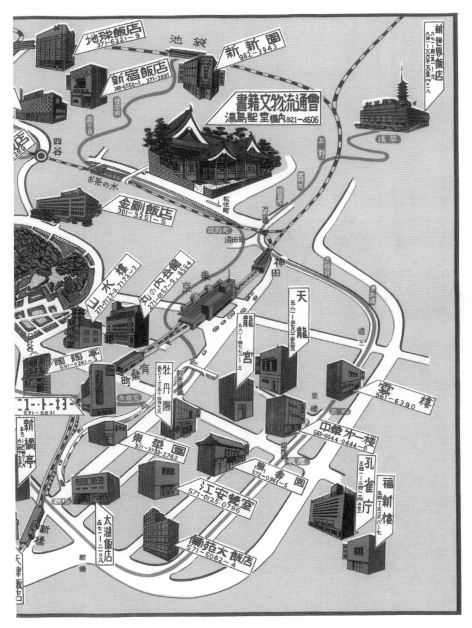

出所：「東京有名中国料理店案内図」，『中國菜——趣味の中國料理』3号（1961年7月号），付録図
（提供：愛媛大学図書館）。

資料① 東京(都心)有名中国料理店地図 365

資料①-3　東京（都心）有名中国料理店地図【1967年】

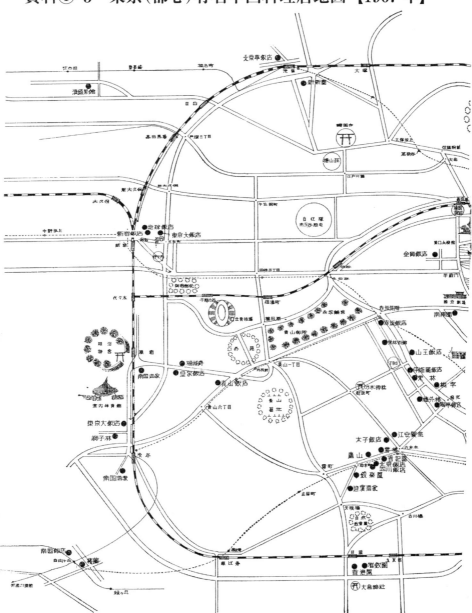

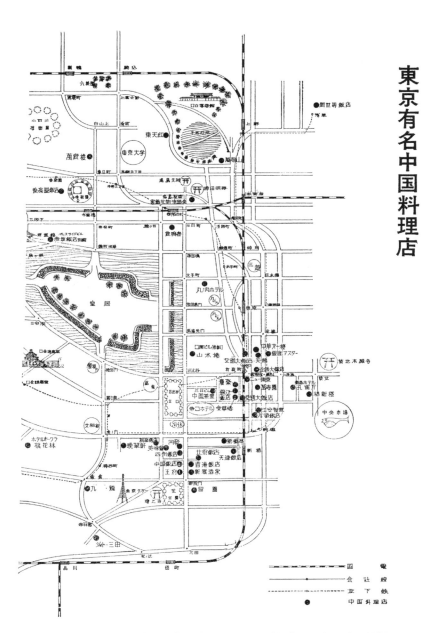

出所:「東京有名中国料理店（図）」,『中國菜——趣味の中國料理』7号（1967年3月号）, 42-43頁
（提供：愛知大学豊橋図書館）。

資料① 東京（都心）有名中国料理店地図

資料①-4　東京（都心）有名中国料理店地図【1992年】

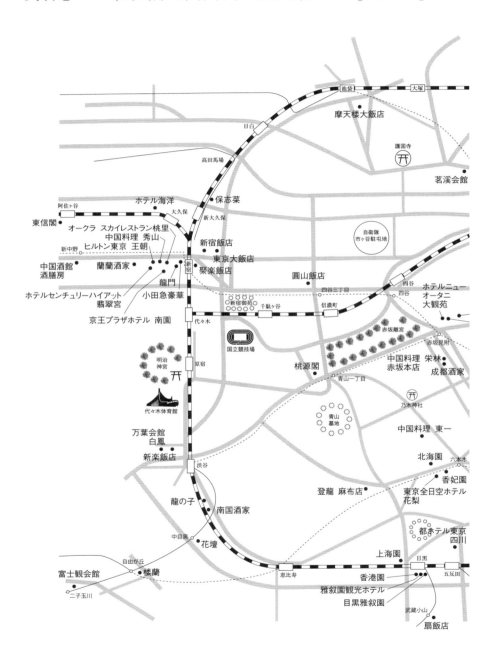

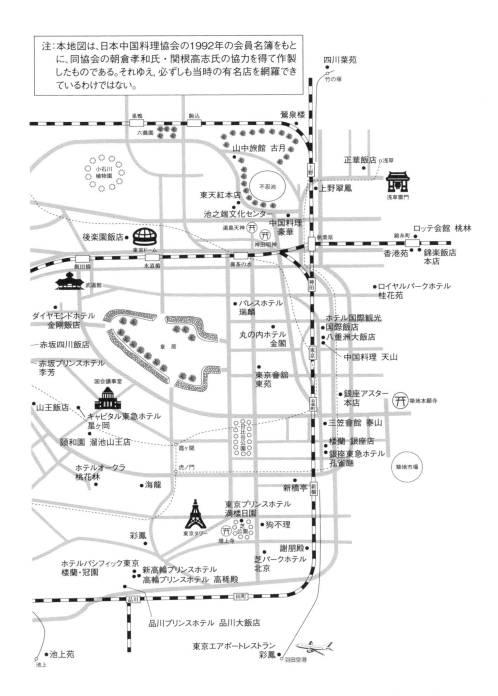

資料① 東京(都心)有名中国料理店地図

資料①-5　東京(都心)有名中国料理店地図【2017年】

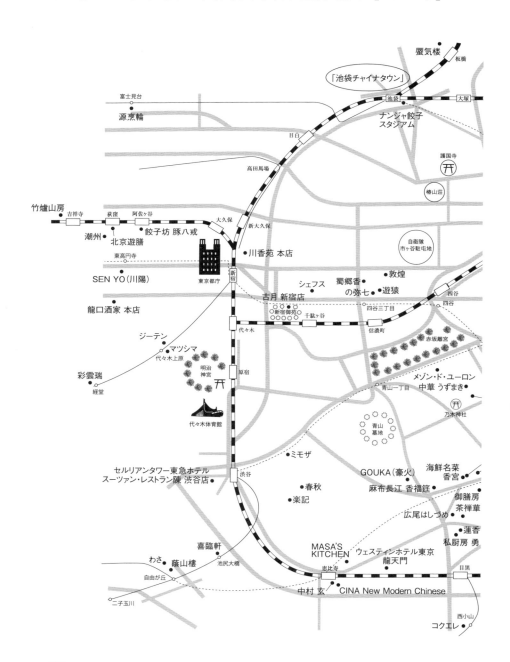

注：本地図では、2017年6月1日において「食べログ」の「東京都の中華料理のお店」を閲覧し、23区内で高評価の上位80店を選出した。なお、「食べログ」では「口コミ数」が少ないと作為的な書きこみによってランクを上げて広告とすることもできるので、本地図は参考程度のものである。

資料① 東京（都心）有名中国料理店地図

資料②　中国料理関連文献目録

草野美保

1　文献目録について

　本書の補足資料として，以下の三つの目録を作成した。

　なお，これらの目録は慶應義塾大学出版会のホームページにて公開しているので，以下の URL を参照願いたい。

「資料② 中国料理関連文献目録」

（慶應義塾大学出版会『中国料理と近現代日本』内）

http://www.keio-up.co.jp/ccmj/

1-1　『料理の友』（1913〜62 年）の中国料理関連記事目録

　（公財）味の素食の文化センター・食の文化ライブラリー（以下，食の文化ライブラリー）所蔵をもとに，作成した（1953 年 6 月号は石川武美記念図書館所蔵を使用）。

　本目録では，レシピ以外に中国料理に関するエッセイなども取り上げた。

　『料理の友』は，中流家庭の女性を対象として 1913（大正 2）年に創刊された月刊誌で，1944（昭和 19）年頃の休刊を経て，戦後も 1962（昭和 37）年頃まで刊行された。日本・西洋・中国料理を交え，総菜から来客料理まで各種料理を紹介しており，全体としては華やかで夢のある料理が紹介される一方で，経済的で栄養的な食事献立の提案も行っており，家庭の日常食への要求に応える実用雑誌としての役割も果たしている（下記ホームページより引用）。

　なお，所蔵各号の表紙・目次テキストはすべてホームページで公開されており，食の文化ライブラリーでの閲覧も可能である。

https://www.syokubunka.or.jp/library/ryourino-tomo/

　中国料理については，1915 年頃から掲載がみられる。山田政平は 1933〜39 年まで，吉田誠一は 1935 年頃〜38 年までレシピを連載した。また，編集長でもあり 1938 年には『随園食単新釋補塡──支那料理基本知識』も刊行した竹田胤久は，1941 年から翌年までを山田・吉田の代わりを埋める形で連載を記している。料理学校講師やいわゆる料理研究家のほか，料理店関係者，編集部による記事があり，女性執筆者が多いのも特徴だろう。

373

1-2 『栄養と料理』（1935〜64年）の中国料理関連記事目録

この目録は，女子栄養大学図書館の「栄養と料理デジタルアーカイブス」（http://www.eiyotoryoris.jp/）を元に作成した。

本目録では創刊号から1964年までの期間，中国料理に関するレシピやエッセイ，そして中国料理店の食べ歩き記事などを取り上げた。

『栄養と料理』は，1935（昭和10）年創刊の月刊誌である。創刊者・香川綾の「食は生命なり」をモットーに現在まで刊行されている。2019年9月時点で創刊号から1993年までは，「栄養と料理デジタルアーカイブス」で全頁閲覧可能であり，「巻号目次」「著者名」「キーワード」で検索ができる。

中国料理について，1935〜40年は，山田政平による「連続講座——支那料理の基礎的研究」を中心に展開されており，その後1943年までは「満州料理」を意識したレシピやエッセイが掲載されている。戦後は勝又温子が1947〜49年まで，大島はま子が1947〜50年まで執筆しており，1954〜62年までは王馬熙純が担当している。1957〜64年の間は，ほかにも馬杉方・張掌珠・馬遅伯昌・蔡志琛・何崇階・潘苑蘭・劉邁・邱苑蘭・楊萬里，そして臼田素娥などの中国人の顔ぶれが多いのも特徴であろう。

1-3 日本における中国食文化に関する研究文献目録（戦後〜現在）

この目録は，1945年から現在まで，執筆者の国籍を問わず，日本で刊行された中国の食文化に関する成果を集めたものである。食文化をめぐる研究は多くの分野とかかわり，さまざまな研究会はあるものの，中国の食文化に関する学会はないため，多くの成果は各分野の学会誌，大学紀要，各種機関誌，そして一般の雑誌類や図書に分散されている。近年は図書・学術情報の電子化にともない，文献リサーチも容易になってきたが，それでも雑誌や共同執筆，全集の中の一篇などは，ややもすれば見落とされがちである。そうしたものも極力拾い上げ，まとめたものが本目録である。研究を目的とする方々が個々のテーマの先行研究を調べる際の一助として，またこの分野の研究動向を俯瞰するのに役立つことを目的としている。

目録作成にあたり，国立国会図書館サーチ（NDL Search），学術情報ナビゲータ（CiNii），さらに食の文化ライブラリーの蔵書検索を利用した。

「中国・中華」，そして「北京」「上海」「四川」「香港」「台湾」「〇〇省／自治区」「日中」などの地域名や「華僑・華人」といったキーワードに，「食」「料理」，あるいは具体的に「茶」「酒」「菓子」「点心」「麺」などの言葉をかけあわせた。また，一つの論文にヒットした著者名でさらに検索を行った。

「食文化」の研究範囲をどこからどこまでに設定するか。これは非常に悩ましく，例えば「中国医学」に関するものや「食品」の栄養分析，「食品製造」など，ややサイエンスや業界寄りと思われるものは含めなかった。ほかにも，一般的な料理レシピ類は割愛している。

逆に，論文の体裁ではないものでも，多くの示唆に富み，貴重な情報として参考になりうる資料は取り上げている。例えば，紀行文などがその典型である。

なお，近年はWeb上のみでの記事掲載，研究調査の個人掲載も少なくないが，本目録は紙媒体で発表されたものに限定している。

簡単には以上のような検索方法であるが，すべての資料の現物にあたることはかなわず，意図せず漏れてしまっているものも多数あろうことをあらかじめお断りしておく。

2　日本における中国食文化の研究動向

上記1-3の研究文献目録には挙げていないが，戦前の中国食文化に関する資料には，井上紅梅や後藤朝太郎といったいわゆる「中国通」らによって中国料理とはいかなるものかを説明したもの，地誌・民族誌的な調査の中で中国の食習俗が記されたもの，あるいは『随園食単』といった古典の紹介・翻訳などにとどまっていた。『随園食単』の翻訳は，戦後，山田政平が1955年に，そして青木正児もまた1958年に刊行した。従来，ほとんど書き下し文程度の翻訳であった『随園食単』に，註を加え解釈を行ったのは青木が初めてであったといえよう。彼は食の古典や文学作品などをもとに『華国風味』『中華名物考』『中華茶書』や『中華飲酒詩選』などを記した。こうした流れは中村喬によってさらに発展した。年中行事と食とのかかわり，そしてこれまであまり取り上げられてこなかった他の食の古典類を多く翻訳し，こうした古典類の時代考証の再検討や，料理や食品，調理の変遷などについて多くの論考を記している。『中国の茶書』『中国の酒書』『中国の食譜』『宋代の料理と食品』『明代の料理と食品』などはその成果の一部である。

篠田統は『中国食物史』『中国食物史の研究』などを執筆しており，石毛直道は彼を評して「世界においてはじめて，中国食物史の本格的研究を開拓した」と述べている（『石毛直道自選著作集　第I期第2巻　食文化研究の視野』ドメス出版，2011年，326頁）。

篠田とともに『中国食経叢書』の編著者としても知られるのが，田中静一である。彼は事典類として『中国食品事典』『中国食物事典』を編纂し，また中国で

資料②　中国料理関連文献目録　375

1966 年に出版された『大衆菜譜』をいち早く対訳版の形で紹介した。さらに，著書『一衣帯水──中国料理伝来史』（柴田書店，1987 年）は日本における中国料理の受容について正面から取り上げた嚆矢といえよう。

　時代は前後するが，中山時子・木村春子らを中心とした「中国料理研究部」は，調理・料理の研究に大きな功績を残した。本書の「資料①　東京(都心)有名中国料理店地図」のうち最初に掲載の 1960 年代の 2 枚は，このグループが深くかかわった「書籍文物流通会」が刊行した雑誌『中國菜：趣味の中國料理』に掲載されたものである。「中国料理研究部」にかかわったメンバーたちは，1970 年代には『中国名菜譜』シリーズや『随園食単』の翻訳，80 年代には『養小録』の翻訳，88 年には『中国食文化事典』を刊行している。この事典は文化篇と実践篇で構成され，付録には食に関すること，味覚表現，食文化人物一覧，文献解題，食文化略年表そして食文化地図なども掲載されるなど，非常に豊富な内容となっており，今日でも中国食文化研究におけるバイブル的な 1 冊となっている。このメンバーや本に限らず，調理にたずさわる人々が料理の技術面を中心として研究の成果を蓄積してきたのも，中国食文化研究における一つの特徴であろう。

　1970 年代頃まで中国大陸での調査は閉ざされていた状況であったが，1980 年代に入ると，とりわけ文化人類学の分野で，フィールドワークを通してこれまで知られていなかった中国各地の食についての報告がみられるようになった。1980 年代は日本において，「食文化」という言葉が知られるようになり，副業ではない分野として研究されるようになった時期でもある。

　1982 年に朝日新聞社から石毛直道監修で『世界の食べもの』（朝日百科）シリーズが始まり，中国の巻では地域別に料理・食品・調理・食の思想・風習などが紹介され，執筆陣としては中山時子・木村春子・高橋登志子・南谷郁子・山本豊など中国料理研究部のメンバーに加え，中尾佐助・石毛直道・周達生などもたずさわった。中尾佐助・佐々木高明らによる，いわゆる「照葉樹林文化論」は 1970 年代以降，1990 年代に入ってからも，さまざまな学問分野─食の研究においても，少なからぬ影響を与えた。

　石毛直道は中国をはじめ，多くの国々を訪れ，魚醤や麺などの切り口で複数の国を通文化的に調査し，食のさまざまな文化圏の分類も試みているが，同じくフィールドワーカーとして中国で調査を行ったのが周達生である。神戸生まれの華僑である周は，福建・貴州・雲南・広西チワン族自治州などこれまであまり日本人が立ち入ることのなかった地域で調査を行い，茶をはじめ，調味料や香辛料・主食となる穀物類・野生の動植物である「野味」について，あるいは味・食具・調理道具・シンボリズム・宗教と食などのテーマで，客家や少数民族の食に

376

ついても幅広く記した。戦後，中国大陸における少数民族の食に注目し，調査の先陣を切ったのは周であったといえよう。

　1990年代以降は現在まで，文化人類学以外の研究者による中国本土での調査も増加し，2000年以降は執筆者に中国人研究者も多くみられるようになった。テーマもさらに多岐にわたり，2005年以降は中国の食文化をテーマにした博士論文も増えている。そして一般雑誌類において，中国の食文化を特集したり，記事が多く掲載されたのは1995～2006年頃までに集中している。現在休刊の雑誌も含め，昨今の出版状況を反映しているといえよう。

　テーマについては，上述のような古典料理書の翻訳や解釈，古典文学などにみる食などは，現在まで主要なジャンルであり，言語を切り口とした研究も定番の一つである。茶や酒に代表される，特定の食品に焦点を当てた研究（中国における歴史的変遷や各地の種類や分布，製造・調理，利用の実態を現地で調査したもの），中国由来の日本にもたらされた食品や日本で発展した料理の食物史的な研究も根強い人気である。日本の中国料理の受容については，日本で刊行された料理書類や外食店の動向などからまとめられた論考もみられる。

　さらに現代化・都市化による中国の食生活の変化，中国における海外の食の影響，華僑・華人の食，日本以外の例えば韓国における中国料理の受容，食事作法，民族に限定せず中国のムスリムの食を扱ったものなども，2000年以降に特徴的なテーマであろう。

　上記三つの目録には掲載していないが，中国・台湾の団体が主催しているシンポジウムの論文集もある。例えば，台湾の財団法人中華飲食文化基金会が隔年で開催・刊行している『中国食文化学術研討会論文集』は，1993～2019年3月現在で14冊を数える。また，浙江工商大学の趙栄光教授が主宰する「亜洲食学論壇」（2011年より毎年開催）の『亜洲食学論壇論文集』は，2019年3月現在8冊が刊行されている。いずれも毎回開催地に関連した大テーマが設けられており，海外研究者も参加しているのが特徴である。こうした論文集も中国食文化研究に大いに参考となる。両論文集は，食の文化ライブラリーで閲覧可能である。

執筆者・翻訳者紹介（日本語読みの五十音順）

＊2019 年 12 月現在

編著者

岩間一弘（いわま　かずひろ）

1972 年生。慶應義塾大学文学部教授。

主要著作：「中国料理はなぜ広まったのか——地方料理の伝播と世界各国の「国民食」」
（西澤治彦編『「国民料理」の形成』ドメス出版，2019 年所収），ほか。

執筆者

浅野雅樹（あさの　まさき）

1973 年生。慶應義塾大学文学部教授。

主要著作：「類義語をどのように教えるか——弁別法の使用を中心に」（『中国語教育』9 号，
2011 年 3 月），ほか。

川島真（かわしま　しん）

1968 年生。東京大学大学院総合文化研究科教授。

主要著作：『中華民国史研究の動向——中国と日本の中国近代史理解』（共編著，晃洋書房，
2019 年），ほか。

貴志俊彦（きし　としひこ）

1959 年生。京都大学東南アジア地域研究研究所教授。日本学術会議連携会員。

主要著作：『日中間海底ケーブルの戦後史——国交正常化と通信の再生』（吉川弘文館，
2015 年），ほか。

草野美保（くさの　みほ）

1968 年生。（公財）味の素食の文化センター職員。

主要著作：『「遵生八牋」飲饌服食牋——明代の食養生書』（共訳註，明徳出版，2012 年），
ほか。

呉燕和（David Y. H. Wu）

1940 年生。ハワイ大学人類学部（Graduate Faculty of Anthropology, University of Hawaii）
教授。

主要著作：*Overseas march: how the Chinese cuisine spread?* Taipei: Foundation of Chinese
Dietary Culture, 2011.（編著），ほか。

周永河（Joo, Youngha, 주영하）
1962 年生。韓国学中央研究院韓国学大学院教授。
主要著作：『食卓の上の韓国史』（韓国語）（ソウル，Humanist，2013 年），ほか。

田村和彦（たむら　かずひこ）
1974 年生。福岡大学人文学部教授。
主要著作：「文化人類学與民俗学的対話──圍繞「田野工作」展開的討論」（周星編『民俗学的歴史，理論與方法』（上）北京，商務印書館，2006 年所収），ほか。

陳嘉適（Chan, Ka Sik）
1971 年生。元・マカオ旅遊学院特邀副教授。
主要著作：「総合度假村零售業的現状與建議」（『澳門旅遊休閑発展報告（2017-2018)』北京，社会科学文献出版社，2018 年所収），ほか。

陳玉箴（Chen, Yujen）
1977 年生。国立台湾師範大学文学院副教授。
主要著作：『食物消費中的国家体現──「台湾菜」的文化史』（台北，聯経出版，2020 年近刊），ほか。

陳來幸（ちん　らいこう）
1956 年生。兵庫県立大学国際商経学部教授。
主要著作：『近代中国の総商会制度──繋がる華人の世界』（京都大学学術出版会，2016 年），ほか。

西澤治彦（にしざわ　はるひこ）
1954 年生。武蔵大学人文学部教授。
主要著作：『中国食事文化の研究──食をめぐる家族と社会の歴史人類学』（風響社，2009 年），ほか。

林史樹（はやし　ふみき）
1968 年生。神田外語大学アジア言語学科教授。
主要著作：『韓国食文化読本』（共編著，国立民族学博物館，2015 年），ほか。

山本英史（やまもと　えいし）
1950 年生。南開大学歴史学院講座教授。慶應義塾大学名誉教授。
主要著作：『清代中国の地域支配』（慶應義塾大学出版会，2007 年），ほか。

李培徳（Lee, Pui Tak）
1964 年生。香港大学現代語言及文化学院名誉教授。
主要著作：「日本仁丹在華的市場策略及其與中国人丹的競争」（『中央研究院近代史研究所集刊』89 期，2015 年 9 月），ほか。

翻訳者
大道寺慶子（だいどうじ　けいこ）
1975 年生。聖マリアンナ医科大学非常勤講師。
主要著作："Treating Emotion-Related Disorders in Japanese Traditional Medicine: Language, Patients and Doctors", *Culture, Medicine, and Psychiatry,* Volume 37, Issue 1, March 2013, pp.59-80., ほか。

丁田隆（まちだ　たかし）
1972 年生。昌原大学校日語日文学科客員教授。
主要著作：「朝鮮時代の済州島風俗をめぐる理念と政策」（韓国語）（『歴史民俗学』55 号，2018 年 12 月），ほか。

持田洋平（もちだ　ようへい）
1986 年生。立教大学非常勤講師。
主要著作：「「国語」教育の分断と連帯――1900 年代後半のシンガポール華人社会における初等学堂の設立に関する一考察」（『中国研究月報』72 巻 4 号，2018 年 4 月），ほか。

湯川真樹江（ゆかわ　まきえ）
1982 年生。香港中文大学歴史系訪問学者。
主要著作：「「満洲国」における興農合作社の組織化と水稲奨励品種の普及活動」（『中国研究月報』73 巻 6 号，2019 年 6 月），ほか。

慶應義塾大学東アジア研究所叢書
中国料理と近現代日本
——食と嗜好の文化交流史

2019 年 12 月 25 日　初版第 1 刷発行
2022 年 7 月 22 日　初版第 3 刷発行

編著者————岩間一弘
発行者————依田俊之
発行所————慶應義塾大学出版会株式会社
　　　　　　〒108-8346　東京都港区三田 2-19-30
　　　　　　TEL　〔編集部〕03-3451-0931
　　　　　　　　　〔営業部〕03-3451-3584〈ご注文〉
　　　　　　　　　〔　〃　〕03-3451-6926
　　　　　　FAX　〔営業部〕03-3451-3122
　　　　　　振替　00190-8-155497
　　　　　　https://www.keio-up.co.jp/
装　　丁————鈴木　衛
カバー写真提供—味の素株式会社
　　　　　　　銀座アスター食品株式会社
印刷・製本——株式会社加藤文明社
カバー印刷——株式会社太平印刷社

Ⓒ2019 Kazuhiro Iwama
Printed in Japan　ISBN 978-4-7664-2643-4

慶應義塾大学出版会

中国料理の世界史
―― 美食のナショナリズムをこえて

岩間一弘著　世界に広がり、人々に愛され「国民食」へと変貌をとげた「中国料理」。国家建設とナショナリズムに注目しながら、アジアからアメリカ、ヨーロッパを縦横無尽に旅して、中国料理と中国系料理の巨大で口福な歴史を味わいなおす。

定価 2,750 円（本体価格 2,500 円）

食卓の上の韓国史
―― おいしいメニューでたどる 20 世紀食文化史

周永河（チュヨンハ）著／丁田隆（まちだ）訳　日本の植民地支配、解放、朝鮮戦争、都市化、グローバル化を経て、韓国の食はどう変わったのか。「食べること」をとおして韓国の歴史と社会をダイナミックに描く「食の人文学」！

定価 3,740 円（本体 3,400 円）